LA MARINE

AU

SIÉGE DE PARIS

L'auteur et l'éditeur déclarent se réserver les droits de traduction et de reproduction.

Ce volume a été déposé au ministère de l'intérieur (section de la librairie) en février 1872.

Paris. — Typographie de E. Plon et Cie, rue Garancière, 8.

LA MARINE

AU

SIÉGE DE PARIS

PAR LE VICE-AMIRAL

B^{ON} DE LA RONCIÈRE-LE NOURY

D'APRÈS LES DOCUMENTS OFFICIELS

OUVRAGE

ACCOMPAGNÉ D'UN ATLAS CONTENANT HUIT GRANDES CARTES
ET PLANS DES TRAVAUX FRANÇAIS ET ALLEMANDS

TROISIÈME ÉDITION

PARIS

E. PLON ET Cie, IMPRIMEURS-ÉDITEURS
RUE GARANCIÈRE, 10

—

1874

Tous droits réservés

AVANT-PROPOS

Ce livre n'est pas l'histoire du siége de Paris. Le moment est éloigné encore où on pourra décrire avec impartialité les événements de ce grand drame. Nous nous bornons à relater ici les faits où la marine a joué un rôle[1]. C'est l'accomplissement d'un devoir envers un corps dont le dévouement a égalé l'abnégation.

Celui qui commandait ce corps ne remplit en effet qu'un acte de justice en essayant de tracer l'historique des travaux, des fatigues, des entreprises de ces marins que Paris a acclamés avec un entraînement peut-être exagéré, mais chez lesquels, on a bien voulu le reconnaître, la discipline n'a pas plus fait défaut que le courage.

[1] Les éléments de ce livre sont puisés dans les documents officiels; on les a reproduits sans commentaires. On s'est borné à l'explication des faits.

Les différents corps de la marine, pendant le siége de Paris, ont été employés à toute nature de services. Après avoir été appelés uniquement à la défense de six des forts qui entourent la capitale, un grand nombre de détachements n'ont pas tardé à être successivement requis sur presque tous les points du périmètre des opérations, pour y être affectés aux emplois les plus divers. La plupart des services militaires et civils avaient dû être improvisés; la discipline s'y implantait avec peine. Les marins, avec leur esprit d'ordre et d'obéissance, avec leur solide organisation, et notamment les canonniers et les fusiliers[1], devaient être ainsi une ressource précieuse. Aussi leur action ne s'est-elle pas bornée à la défense des forts. On a été, par conséquent, amené dans ce récit à faire mention de la plupart des faits du siége, ce qui rendra en même temps plus compréhensible la succession des événements.

Après une relation sommaire des préparatifs de cette défense, la rédaction a dû adopter, à dater de l'investissement, la forme du journal. On a en effet puisé dans les journaux de siége tenus par les différents chefs de service, ainsi que dans les dépêches et rapports successifs,

---

[1] Voir la Note dernière.

l'historique des événements quotidiens. Le récit, nous ne nous le dissimulons pas, perdra ainsi beaucoup d'attrait, et paraîtra d'autant plus aride que la politique en est bannie, que les faits seuls y sont notés dans toute leur simplicité, et que le style pour ainsi dire télégraphique a été conservé. Mais, en revanche, les incidents auxquels la marine a pris part seront saisis sur le fait. C'est l'impression du moment.

La compulsation scrupuleuse des journaux de siége n'était pas un travail exempt de difficultés, plusieurs d'entre eux n'ayant pas été, il est regrettable de le dire, tenus avec la correction nécessaire, quelques-uns ayant été égarés ou même détruits dans la précipitation imposée à l'évacuation.

M. le capitaine de frégate Buge a été chargé de cette compulsation, ainsi que de celle des rapports et dépêches. Son intelligence active, non moins que les fonctions qu'il avait remplies près de nous pendant le siége, lui donnaient pour ce travail une aptitude toute particulière.

A l'exposé des faits est jointe, comme seconde partie de l'ouvrage, une description des lieux indiquant les travaux offensifs et défensifs des deux belligérants. Un certain **nombre de cartes**, dressées d'après un levé spécial **ordonné**, dès l'armistice, par le ministre de la marine, sont annexées à cette description et faciliteront l'intelligence des opérations.

M. Manen, ingénieur hydrographe de la marine attaché à notre état-major général, a été chargé de ce travail et de la confection des cartes. Déjà, par ordre du gouverneur, il avait pendant le siége, sous le feu de l'ennemi, dû relever les positions de plusieurs ouvrages prussiens.

Enfin cet historique n'est pas un bulletin où nous n'aurons que des exploits à enregistrer. C'est la relation simple des faits, des moyens employés, des pensées heureuses, des essais qui ont réussi comme de ceux qui ont échoué. C'est aussi le récit des fautes commises. Les marins y trouveront, il faut l'espérer, des enseignements qui, au milieu de ce grand naufrage, ne doivent pas sombrer dans l'oubli.

La marine n'a pris qu'une très-faible part à la direction générale des opérations. Nommé membre du comité de défense après l'investissement, nous avons dû cesser d'assister aux délibérations de ce comité, lorsqu'au commencement de novembre est venu se joindre pour nous, au commandement des marins, celui du corps d'armée de Saint-Denis.

De toutes manières d'ailleurs, on ne doit pas s'attendre à trouver ici une critique, une discussion même des opérations militaires. Outre que cette critique ou cette discussion dépasserait notre compétence, elle serait une infraction directe aux principes de discipline dont la marine est fière à juste titre. La grande voix de l'opinion publique se chargera de cette enquête. Elle saura attribuer à chacun ce qui lui revient dans ce gigantesque effort, lorsque la passion politique, à mesure qu'elle s'éloignera de la date du 4 septembre, perdra de son ardeur. Écartant alors les préventions comme les engouements, elle pourra apprécier les insurmontables difficultés d'où sont nées tant de défaillances à côté de tant d'héroïsmes.

La situation anormale des marins à Paris était pleine d'inconnu. Le tempérament de ces hommes vigoureux, leurs habitudes à terre dans les ports, les exemples qu'ils avaient sous les yeux, l'instillation pernicieuse produite par la lecture de certains journaux, furent, dès les premiers jours, notre principale préoccupation. La situation intérieure ne pouvait qu'ajouter à nos inquiétudes.

C'était, en effet, la première fois que des

marins venaient opérer si loin du littoral, dans des conditions tellement en dehors de leurs habitudes, et dans des circonstances si exceptionnelles.

En 1854 et 1855, ils avaient mis pied à terre devant Sébastopol. L'infanterie et l'artillerie de marine y figuraient en nombre. M. l'amiral Rigault de Genouilly [1], qui y commandait les batteries débarquées de la flotte, avait su leur faire acquérir une juste renommée.

Au Mexique, on avait joint aux troupes de terre un contingent de marins qui, s'ils ont été peu aptes à la marche, par manque d'habitude, ne s'en sont pas moins montrés durs aux privations, âpres au combat, dociles à leurs chefs. Et l'infanterie de marine, reléguée aussi, sans répit, dans les Terres-Chaudes, a dû s'y voir stoïquement décimée par la maladie et par d'incessantes et obscures rencontres avec l'ennemi. Elle a pu lire dans les documents officiels de l'époque cette appréciation qui est son honneur :
« Que les familles se rassurent; il n'y a de mal» sain au Mexique que les Terres-Chaudes, et
» elles sont occupées par la marine. »

---

[1] Ce sont ces souvenirs sans doute qui ont inspiré à l'illustre amiral la féconde pensée d'appeler les marins à la défense de Paris.

En Cochinchine, en Chine, au Japon, au Sénégal, sur cent autres points du globe, des faits analogues se sont produits.

Mais à Sébastopol les marins étaient sur une langue de terre, en vue de leurs vaisseaux. Au Mexique et partout ailleurs, ils étaient sur un territoire ennemi où tout écart était un danger.

A Paris, ils se trouvaient en présence d'autres écueils, des écueils non moins périlleux qu'offrent les entraînements de la grande capitale, de ceux que présentaient les excitations populaires dont tout militaire était alors systématiquement l'objet, excitations fomentées de longue main, habilement ourdies, et s'essayant sans répit sur la naïve droiture de nos hommes. Ces braves gens ont pu, sous la direction de chefs dévoués, s'éloigner des uns et éviter les autres. Ils ont su, ces nobles natures, rester étrangers aux écarts d'une révolution qui dans un tel moment excitait leur surprise, et aux ambages de la politique qu'ils ne voulaient pas comprendre, et qui, dans ces suprêmes moments de crise, répugnaient à leur honnête bon sens.

Ils voyaient d'instinct que chez la plupart de ces gouvernants improvisés qui venaient les visiter, la patrie n'occupait pas seule et sans partage la place qui devait lui appartenir. Ils comprenaient que les vaines théories de l'égalité ne cherchaient qu'à étouffer le sentiment de l'obéissance, et dédaignaient ces défiances mutuelles qui se traduisaient toujours par le mot : trahison. Enfin ils sentaient que là où le doigt de la Providence laissait une empreinte si éclatante, l'oubli de Dieu, qu'eux n'oublient jamais, avait fait naître l'oubli du devoir et menaçait d'engendrer l'oubli de la patrie.

C'est parce qu'ils étaient pénétrés de ces pensées, que leur organisation ne pouvait subir aucune atteinte. Et c'est là, un marin peut le dire sans forfanterie, que l'on a pu voir ressortir la puissance des institutions fondamentales de l'armée de mer. Elles sont surannées peut-être, mais les invariables traditions du devoir qu'elles consacrent doivent demeurer intactes. On peut, on doit modifier les détails; beaucoup sont défectueux sans doute. Il serait insensé de ne pas tenir compte des progrès de la science, des enseignements de tous les jours. Il faut savoir tirer profit de nos imprévoyances et de nos revers. Mais toucher à ce qui tient à la discipline, ce grand facteur de la valeur militaire, porter atteinte à ce qui constitue l'esprit de corps, serait une entreprise aussi téméraire que périlleuse. Ne nous laissons pas entraîner par l'attrait de ce qu'on appelle pompeusement les réformes nécessaires, ou par des velléités d'assimilations sans motif. C'est notre autonomie qui fait notre force, et c'est la différence de notre origine, de nos habitudes, de notre langage même, qui constitue cette autonomie.

Et à une époque où toutes nos institutions sont menacées de subir des transformations dont le but n'est le plus souvent que l'affaiblissement du principe d'autorité, malgré les enseignements d'un ennemi dont les tendances inverses ont fait la force, la marine, seule peut-être entre toutes, saura conserver, nous devons l'espérer, les fondements de ses solides traditions.

Ces traditions sont simples d'ailleurs. Dans la marine, l'obéissance est passive. Le matelot ne discute pas l'ordre de l'officier, dans lequel il a une confiance absolue, et qu'il sait n'agir que dans ses intérêts. Son officier, c'est son tuteur. Insouciant comme tout homme qui est souvent au danger, il sent qu'il a besoin d'être conduit, et sa docilité pour l'exécution de tout travail n'a d'égale que son abnégation, d'autant plus entière que le travail est plus périlleux. Il a l'instinct et l'orgueil du dévouement. S'il reconnait la supériorité de son chef, il sent en même temps son affection. C'est un trait caractéristique de la vie du marin que cet attachement réciproque des hommes et des officiers. Il prend sa source dans cette vie pour ainsi dire commune au milieu d'un espace restreint, où les qualités comme les défauts des uns et des autres ne tardent pas à paraître au grand jour, et engendrent une indulgence mutuelle. Les caractères se jaugent alors et les affinités se développent.

Dans l'espace restreint des forts, la vie commune a produit la même indulgence, les mêmes affinités que dans l'espace restreint des vaisseaux.

Nos règlements placent constamment l'officier à côté du matelot. Ils exigent de plus que tout le monde à bord soit continuellement occupé ; il n'est pas une heure du jour ou de la nuit dont l'emploi ne soit fixé d'avance. Ces deux principes comptent parmi les éléments de notre puissance disciplinaire. Nous ne pouvions manquer de les faire scrupuleusement observer dans les forts.

Le public, restant encore sous l'impression d'anciens préjugés, est porté à croire que l'obéissance absolue ne s'obtient chez nous que par les punitions les plus sévères, par les traitements les plus draconiens. Il n'en est rien. L'époque des sévérités légendaires est passée depuis longtemps, et on ne devra pas s'étonner d'apprendre que les peines contre l'insubordination sont de celles qui ont le plus rarement lieu d'être appliquées.

Il en a été ainsi parmi nous.

Pénétré du principe de Nelson, *quick punishments and speedy rewards*[1], si nous exercions une répression toujours prompte, nous nous attachions à obtenir des récompenses également rapides. Le gouverneur s'empressait d'accueillir nos propositions, quand sa bienveillance pour notre corps ne les prévenait pas; et le contre-amiral d'Hornoy, délégué du ministère de la marine, mettait ses soins à seconder la sollicitude du général en chef. Les marins et leur chef garderont la mémoire de cette bienveillance et de cette sollicitude.

Quant à la répression, deux ou trois actes de rigueur opérés dès le commencement, parmi les officiers ainsi que parmi les hommes, ont suffi comme exemple, et la pénalité n'a été autre que de renvoyer dans leurs ports, avant l'investissement, ceux que leur conduite ne rendait pas dignes de l'honneur fait à la marine de défendre la capitale[2].

[1] Punitions rapides, récompenses qui ne se font pas attendre.
[2] Presque tous les marins qui ont servi la Commune étaient des Parisiens rentrés au service pour la durée de la guerre.

Après l'éclat de ces exemples, leur chef a été sûr d'eux.

Dès leur arrivée à Paris, nous avons enseigné aux marins à considérer un fort comme un vaisseau, à y observer les mêmes règlements, à y prendre les mêmes habitudes, à y suivre le même régime, en un mot. On y employait le même langage qu'à bord : on faisait partie de l'*équipage* de tel ou tel fort, et on ne pouvait sortir du fort sans demander la permission *d'aller à terre*. Les parapets étaient les *bastingages*, les embrasures les *sabords*. Le dimanche, c'étaient les mêmes distractions qu'à bord. Outre les jeux gymnastiques et les assauts, triomphe des prévôts et des maîtres d'armes, le loto, ce whist des matelots, en faisait le plus souvent les frais. Et la *marchande* venait tous les jours, comme à bord, à des heures prescrites, étaler à une place déterminée, aux yeux de l'équipage, des vêtements, des vivres et de menus objets de luxe, soigneusement contrôlés d'avance par le capitaine d'armes et l'officier en second.

Ces habitudes, ces distractions ont suffi aux marins. Paris ne leur a pas présenté les attraits que nous redoutions tout d'abord. Il n'est pas aisé d'étonner nos hommes. Ils n'ont pas tardé à voir avec répugnance que, dans une partie de la population, plus soucieuse de ses droits que de ses devoirs, l'ardeur de la guerre à la société se dissimulait derrière l'ardeur de la guerre à l'Allemand. Paris fut ainsi pour eux un pays non moins étrange qu'étranger, et lorsqu'ils furent enfin renvoyés dans leurs ports ou dans leurs familles, ils auraient volontiers dit qu'ils allaient rentrer en France.

Quoi qu'il en soit, la marine avait insensiblement, et presque à son insu, provoqué de la part de la population parisienne, toujours si impressionnable, un engouement de plus en plus marqué, et les journaux, se faisant les échos de cet engouement, dépassaient souvent la mesure de l'éloge. Ils rabaissaient de cette manière, par une sorte d'injustice certainement involontaire, tant d'autres efforts, tant d'autres dévouements, tant d'autres sacrifices, et laissaient méconnaître ou tomber dans l'oubli des services effacés peut-être, mais non moins dignes d'appréciation.

Bien des hommes de progrès, en effet, se sont révélés; bien des initiatives particulières se sont produites. Les premiers étaient souvent repoussés ou restaient sans aide et sans guide, les autres n'étaient pas suffisamment secondées. Dans certains services, une multiplicité de chefs indépendants qui changeaient à chaque instant, des rouages administratifs surannés, des routines indestructibles, paralysaient ces initiatives par la prépondérance que ces services empruntaient à leur spécialité.

Les énergies individuelles qui ne demandaient qu'à être dirigées souffraient d'une telle situation : elles fourmillaient cependant. Mais après la perturbation dans les esprits, après le bouleversement dans les existences qu'avaient produits les événements redoutables auxquels nous assistions, peut-être eût-il fallu une autorité plus rigide jointe à une unité absolue de commandement. L'une et l'autre ne se sont pas fait suffisamment sentir; la cohésion a manqué. Mais, qu'on le sache bien, ce défaut doit être attribué moins aux hommes qu'aux institutions de notre établissement militaire, et surtout qu'aux troubles intérieurs du moment.

Si, en effet, le temps n'est pas venu encore d'écrire l'histoire raisonnée du siége de Paris; si dans cette grande épopée les événements sont trop récents, les passions trop brûlantes, les récriminations trop faciles, on peut affirmer néanmoins que, par le fait de la révolution, non moins que par suite des fatales imprévoyances qui avaient paralysé les débuts de cette détestable guerre, la préoccupation politique, avant comme après le 4 septembre, a dominé la situation. A cette date néfaste, après les alternatives d'enthousiasmes et de découragements qui l'avaient précédée, les écluses brisées ont ouvert le cours aux effervescences populaires déjà imparfaitement contenues. Ceux qui excitaient, depuis de longues années, ces redoutables aspirations, inconscients, on doit le croire, des résultats qu'ils préparaient, n'ont pas tardé, arrivés au pouvoir, à se sentir impuissants à les maîtriser. Ils étaient désarmés devant leurs auxiliaires de la veille, que, dans un loyal sentiment du salut de la patrie qui s'éveillait en eux, ils sentaient la nécessité de combattre dès le lendemain. Hier encore, acharnés à détruire l'esprit militaire, cet emblème de la virilité des nations, ils sapaient le principe d'autorité; aujourd'hui ils le reconnaissaient comme le palladium du sauvetage commun, et ils éprouvaient le besoin de le rétablir à leur profit.

Mais ils ne parvinrent pas ainsi à donner le change à la vaillante population de Paris. Son patriotisme fut dévoyé par les tiraillements qui résultaient de ces évolutions; il erra dès lors sans boussole : chacun se créa des devoirs à sa guise; et le chef du gouvernement de la défense nationale lui-même, troublé tout d'abord par les catastrophes de septembre, pouvait-il avoir l'esprit suffisamment libre, lorsque après le soin donné à la direction des opérations militaires, il lui incombait encore de présider des conseils où les opinions comme les hommes étaient d'origine si opposée à celle de ses principes et de ses convictions ? Que de défiances et de calomnies cette situation n'a-t-elle pas fait naître !

Étrangers à ces péripéties de la politique, les marins ne garderont que le souvenir du devoir accompli. Chacun d'eux pourra dire avec orgueil : J'étais au siége de Paris.

Sous la conduite de chefs intrépides et hardis, sous la conduite des amiraux Saisset et Pothuau, qui n'ont pas moins puisé dans les élans d'une vieille amitié pour nous que dans les règles de la hiérarchie l'inspiration du concours sans relâche qu'ils nous ont prêté, ils coururent au danger l'âme pleine comme eux des plus nobles sentiments que fasse naître le saint amour de la patrie. Nous avons à cœur d'avoir mérité l'estime de ces chefs vaillants. Celle qu'ils nous ont inspirée n'a fait qu'accroître la sympathique affection qui nous unissait à eux depuis de longues années.

Que Paris, dans ses amers retours vers les faits

accomplis, conserve dans son cœur la mémoire de ces braves gens qui sont venus concourir à sa défense. Que Paris le sache, que la France le sache, les matelots n'oublieront jamais qu'au milieu de tant de douleurs, dans les succès comme dans les revers, ils ont vu des poignées d'enfants inexpérimentés de la mobile, ou leurs aînés de la garde nationale, les seconder dans ces luttes stériles, les accompagner dans ces fatigues à chaque instant renouvelées, et combattre avec eux comme des hommes de cœur, beaucoup comme des héros !

Que l'armée sache que dans ses régiments, où tout, officiers et soldats, fut improvisé, les marins ont puisé de salutaires exemples et rencontré des frères dont l'union a été cimentée par les dangers et les privations partagés ! Et si quelque jalousie eût pu se faire jour, elle se serait traduite, en maintes circonstances, par la rivalité du devoir, ou se serait transformée dans la confraternité du patriotisme et la douleur commune de l'insuccès.

Que la marine enfin, qui, elle, avait le privilége de son organisation et de sa discipline, que la marine sache que dans l'armée de Paris tout fut à créer et tout fut créé par des efforts inouïs ! L'artillerie, le train, l'administration, tout dut être constitué. Un matériel entier fut à construire. Deux grandes armées, une artillerie formidable sortirent de ces efforts. Que la marine s'incline avec respect devant de telles entreprises ! Et édifiée par ces exemples, elle voudra toujours être prête, au premier appel de la patrie menacée, à verser son sang pour son salut et sa grandeur, à racheter ses douloureux désastres et faire revivre ses gloires évanouies !

La marine n'a fait d'ailleurs que renouveler devant Paris les combats lointains qu'elle livre chaque jour dans ces contrées au climat meurtrier, que l'indifférence publique se refuse à connaître, et où les maladies font dans nos rangs des victimes inconnues, mais non moins regrettables. D'aussi dignes que ceux qui ont succombé devant Paris sont morts, que l'on ne connaîtra jamais.

Et l'infanterie de marine, si héroïque à Bazeilles ; et l'artillerie de marine, si vigoureuse à Paris, ces armes modestes et vaillantes qui dans cette guerre n'ont pas déchu de leur passé, veut-on savoir leur lendemain ? Elles vont partir pour quelque colonie lointaine [1], et là, morcelées en

---

[1] L'artillerie et l'infanterie de marine partant pour les colonies doivent y faire un séjour de trois ans.

Une liste d'ancienneté de séjour en France, tenue au ministère, sert à régler les remplacements à faire, et le tour des officiers et des soldats à envoyer isolément combler les vacances produites par suite de décès ou de maladies.

petits détachements, elles vont s'en aller dans l'intérieur, le plus souvent sans nouvelles, sans écho de la patrie. Après quelques mois, on apprendra que le détachement est réduit à moitié par le climat, par la maladie, ou qu'il a été décimé dans quelque obscur combat. La mort marche à grands pas dans leurs rangs. Voilà le vrai dévouement, l'abnégation, le devoir dans toute sa rigueur.

Tant de sang généreux apaisera la colère divine. Dieu pardonnera à notre chère patrie ses erreurs et ses fautes, et la marine ira bien loin encore, portant toujours le front haut, sur des navires qui plus tard recevront les noms d'*Avron*, de *Rosny*, du *Bourget*, de *Montrouge*, dire au monde entier que la France, blessée à mort, se relèvera cependant un jour, et, déchirant son linceul, reparaîtra plus jeune, plus puissante, et aussi plus sage qu'autrefois.

Vice-amiral B^{on} DE LA RONCIÈRE-LE NOURY.

Versailles, janvier 1872.

LA MARINE

AU

SIÉGE DE PARIS

PRÉLIMINAIRES.

Dès que, le 7 août, la nouvelle de nos insuccès parvint à Paris, et qu'il fallut songer à armer la capitale, S. Exc. M. l'amiral Rigault de Genouilly, ministre de la marine et des colonies, sollicita pour la marine l'honneur de défendre tous les forts.

Cette mesure avait l'avantage de permettre au département de la Guerre d'employer de plus nombreuses troupes de toutes armes à la formation des armées actives, et de conserver dans ces dernières un nombre considérable d'artilleurs pour le service des batteries de campagne.

Six forts seulement, Romainville, Noisy, Rosny, Ivry, Bicêtre, Montrouge et les deux batteries de Saint-Ouen et de Montmartre, furent dès le principe confiés exclusivement à la marine.

En outre, une flottille, composée de navires de divers modèles, fut destinée à opérer sur la Seine.

Le régiment d'artillerie de marine et des troupes d'infanterie de marine et de gendarmerie maritime furent également appelés à Paris.

Enfin huit officiers généraux de la marine, secondés par un certain nombre d'officiers supérieurs ou autres, furent chargés du commandement de huit secteurs sur neuf qui formaient l'enceinte de la capitale.

Les ingénieurs de la marine, les ingénieurs hydrographes, le commissariat, le corps médical, l'aumônerie, prirent une part active dans la défense. L'administration centrale tint également à honneur d'apporter son concours à l'œuvre commune.

De nombreux officiers de marine, retirés dans la vie civile, reprirent les armes et rentrèrent dans nos rangs, ou dans ceux de la mobile ou de la garde nationale. Ils s'y sont acquis de nouveaux titres à l'estime de leurs camarades.

PERSONNEL [1]. — Les ordres furent immédiatement expédiés dans les ports de former douze bataillons de marins, renfermant tous les matelots-canonniers et matelots-fusiliers disponibles. On en trouva les éléments principaux dans les équipages des bâtiments déjà armés à Brest et à Cherbourg, et destinés au corps expéditionnaire de la Baltique, dont le départ venait d'être contremandé. L'équipage entier du vaisseau-école des canonniers, le *Louis XIV*, fournit le plus important et le plus solide contingent de matelots-canonniers.

Quatre bataillons d'infanterie de marine furent

---

[1] Voir sa distribution.

formés et augmentés successivement d'un certain nombre d'hommes revenus de Sedan[1].

Dix-sept cents hommes de l'artillerie de marine furent prêtés au département de la guerre, qui les distribua principalement dans les forts de Saint-Denis et dans les secteurs de l'enceinte.

Tout ce personnel arriva à Paris par les voies ferrées au fur et à mesure de sa complète formation. Chaque homme devait être muni de ses armes et d'un sac approprié au service à terre.

Le personnel de la flottille fut envoyé de Toulon pour les batteries flottantes et les vedettes, de Brest pour les canonnières.

Les officiers généraux des secteurs avaient sous leurs ordres les bataillons de la garde nationale de ces secteurs et les troupes de ligne et douaniers campés ou casernés sur l'enceinte même et dans les postes-casernes. (Note 1.)

Dans le cours du siége, plusieurs bastions de l'enceinte furent armés de canons de la marine servis par des matelots, savoir :

Au 6° secteur, la batterie du Point-du-Jour.

Au 7° secteur, le bastion 73.

Au 4° secteur, bastion 40, une pièce de $0^m,19$ installée sur un affût particulier, inventé par M. le vice-amiral Labrousse. (Note 2).

---

[1] Chaque compagnie ne comportait pas moins de 200 à 250 hommes, faute d'officiers et de sous-officiers pour la constituer au chiffre réglementaire.

RÉPARTITION DU PERSONNEL DANS LES FORTS
OCCUPÉS PAR LA MARINE.

NUMÉROS DES BATAILLONS DE MARINS.	PROVENANCE.	COMMANDANTS.	FORTS.	EFFECTIFS OFFICIERS COMPRIS.
2e marins.	Cherbourg.	Salmon, capit. de frég.	Romainville.	871
3e marins.	Brest.	De Bray, id.	Noisy.	680
4e marins.	Rochefort.	Massiou, id.	Noisy.	639
5e marins.	Toulon.	Valessie, id.	Rosny.	729
6e marins.	Brest.	Ollivier (Jules), id.	Ivry.	694
7e marins.	Rochefort.	Lefort (R. A.), id.	Ivry.	740
8e marins.	Brest.	Ladrange, id.	Bicêtre.	680
9e marins.	Lorient.	Fournier (A.M.), id.	Bicêtre.	604
10e marins.	Cherbourg.	Desprez, id.	Montrouge.	614
11e marins, formé de 8 compagnies du *Louis XIV*, réparties dans tous les forts, qui reçurent chacun 1 compagnie; Rosny et Ivry en reçurent 2; Krantz, commandant, Coudein, second.				722
12e marins.	Toulon.	D'André, cap. de frég.	Montrouge.	710
13e marins.	Brest.	Lamothe-Tenet, id.	Montmartre.	552
Le 1er bataillon se compose des états-majors généraux, des secrétaires, plantons, etc.				73
			Total.	8,308

INFANTERIE DE MARINE.

NUMÉROS DES BATAILLONS.	COMMANDANTS.	FORTS.	EFFECTIFS OFFICIERS COMPRIS.
1er bataillon.	Vesque, chef de bataill.	Rosny.	836
2e bataillon.	Darré, id.	Bicêtre.	812
3e bataillon.	Bargone, id.	Romainville.	813
4e bataillon.	Bousigon, id.	Noisy.	797
		Total.	3,258

ARTILLERIE DE MARINE.

La 27e batterie (bombardiers) est répartie dans les six forts pour le service des mortiers.	161
Le régiment d'artillerie, colonel Ollivier, est réparti dans les forts de la Briche, de la Double-Couronne, le fort de l'Est, celui d'Aubervilliers, et des détachements sont mis dans les autres forts et sur l'enceinte	1,700
Total général.	13,427

PERSONNEL DE LA FLOTTILLE.

5 batteries flottantes...	5 officiers.	200 marins.
8 canonnières......	8 —	208 —
6 vedettes........	2 —	54 —
1 canonnière (Farcy)..	1 —	20 —
Puebla..........	1 —	8 —
Totaux.....	17 officiers.	490 marins[1].
État-major général...	7 officiers.	

[1] A la fin du siège, l'effectif de la flottille atteignit le chiffre de 560.

OFFICIERS GÉNÉRAUX DE LA MARINE COMMANDANTS DES SECTEURS.

SECTEURS.	OFFICIERS GÉNÉRAUX.
1er (Bercy)......	Général d'infanterie de marine : Faron, puis Barolet de Puligny.
3e (la Villette) ...	Vice-amiral Bosse[1].
4e (Montmartre)...	Contre-amiral Cosnier.
5e (les Ternes)....	Contre-amiral du Quilio.
6e (Passy)......	Contre-amiral vicomte de Fleuriot de Langle.
7e (Vaugirard)....	Contre-amiral marquis de Montaignac de Chauvance.
8e (Mont-Parnasse).	Contre-amiral baron Méquet.
9e (Gobelins).....	Contre-amiral Hugueteau de Challié.

Le commandement en chef des marins armant les forts fut confié, le 8 août, au vice-amiral baron de La Roncière-le-Noury, précédemment nommé au commandement de la flotte destinée à l'expédition de la Baltique. Il choisit pour chef d'état-major

[1] Succède au général Ambert.

général le capitaine de vaisseau Le Normant de Kergrist, et pour chef du service administratif le commissaire de la marine Le Fraper.

La flottille fut placée sous le commandement en chef du capitaine de vaisseau Thomasset, avec le capitaine de frégate Rieunier pour chef d'état-major.

Les forts de la marine formèrent deux groupes séparés : les trois forts situés à l'Est, Romainville, Noisy, Rosny, composaient une première subdivision sous les ordres du contre-amiral Saisset, dont le quartier général était au fort de Noisy, et les trois forts du Sud, Ivry, Bicêtre, Montrouge, composaient une deuxième subdivision sous les ordres du contre-amiral Pothuau, qui s'établit au fort de Bicêtre.

Chaque fort fut placé sous le commandement supérieur d'un capitaine de vaisseau, investi des droits et prérogatives que confère aux commandants supérieurs le décret du 13 octobre 1863, portant règlement sur le service des places.

Ces fonctions furent données à des capitaines de frégate dans les forts où résidaient les contre-amiraux.

Le commandement de la batterie établie à Saint-Ouen, dans le parc Le Gentil, fut confiée au capitaine de frégate Coudein; celui des deux batteries établies sur les buttes Montmartre au capitaine de frégate Lamothe-Tenet. Ces batteries furent mises le 14 septembre sous la direction supérieure des commandants de l'artillerie de leur circonscription.

Tout le personnel marin fut soigneusement épuré

dès le début, et les officiers ou les hommes qui, par leur conduite ou leurs antécédents, ne furent pas jugés dignes de l'honneur de concourir dans nos rangs à la défense, furent renvoyés dans leurs ports.

Le vice-amiral commandant en chef, par un ordre général du 13 août, régla ainsi qu'il suit le service intérieur des forts :

« ART. 1er. Les forts seront tenus comme des
» vaisseaux.

» ART. 2. Le service s'y fera conformément au
» décret du 20 mai 1868 sur le service à la mer, en
» tout ce qui ne sera pas contraire aux règlements
» sur le service des places.

» ART. 3. Les commandants des forts se confor-
» meront aux observations qui leur seront faites par
» les commandants de place, en ce qui concerne le
» service de place.

» ART. 4. Le plus ancien des lieutenants de vaisseau
» canonniers sera spécialement attaché à l'artillerie.

» ART. 5. Un officier sera désigné dans chaque
» bataillon pour remplir les fonctions d'officier d'ar-
» mement. Un autre sera chargé du casernement.

» ART. 6. Tous les officiers habiteront les loge-
» ments d'officiers dans les forts, excepté à Romain-
» ville, où le nombre des chambres est insuffisant. Des
» dispositions spéciales seront prises pour ce fort.

» ART. 7. Les officiers tiendront leur table dans
» les forts.

» ART. 8. Les commandants des bataillons se
» feront remettre la liste des hommes choisis pour

» être domestiques d'officiers, plantons, etc. Cette
» liste sera envoyée au commandant en chef.

» Art. 9. Le nombre des domestiques sera dé-
» terminé conformément au règlement sur le service
» à bord.

» Art. 10. Aucune permission ne sera accordée
» aux marins et quartiers-maîtres avant que le com-
» mandant en chef ait donné des ordres à ce sujet.

» Des officiers mariniers en petit nombre pour-
» ront en obtenir, s'ils démontrent que leurs familles
» habitent effectivement Paris. Ils devront être
» rentrés avant le coucher du soleil.

» Art. 11. Après le coucher du soleil, personne,
» excepté les officiers, ne pourra sortir des forts.

» Art. 12. La surveillance la plus active sera
» exercée au sujet de l'exécution des dispositions
» qui précèdent.

» Le vice-amiral commandant en chef,

» *Signé :* DE LA RONCIÈRE-LE-NOURY. »

Un ordre en date du 15 août, prescrit en outre
« que MM. les officiers résidant dans les forts
» devront être toujours en uniforme. La tenue
» devra être correcte et absolument conforme aux
» règlements. »

Un ordre général, en date du même jour, prescrit encore « qu'aucune personne étrangère aux
» forts ne devra y pénétrer, à moins d'être munie
» d'un permis nominatif émanant soit de la place
» de Paris, soit des commandants du génie et de
» l'artillerie, soit des contre-amiraux commandant

» les subdivisions, soit enfin du vice-amiral com-
» mandant en chef... »

Enfin, le 18 août, lorsque la plus grande partie du personnel est arrivée à Paris, le vice-amiral adresse l'ordre du jour suivant à la division des marins détachés dans les forts :

« Officiers, officiers mariniers et marins,

» Vous êtes appelés à Paris pour concourir, avec
» vos frères de la garde nationale et de l'armée, à
» la défense de la capitale.

» La patrie compte sur votre courage, votre dé-
» vouement et votre sentiment de la discipline. Vous
» ferez voir que ces vertus qui animent l'homme
» de mer ne sont pas moindres sur le terrain d'un
» bastion que sur le pont d'un vaisseau. Vous serez
» sur les remparts de Paris ce que vous avez été
» aux tranchées de Sébastopol.

» Et si l'heure devait sonner d'un effort suprême,
» votre patriotisme et votre valeur témoigneraient
» que vous étiez dignes d'être choisis pour défen-
» dre le cœur de notre chère patrie.

» Le vice-amiral commandant en chef,

» *Signé* : DE LA RONCIÈRE-LE-NOURY. »

ADMINISTRATION [1]. — Il importait d'administrer la division des marins, autant que possible, suivant les règles en usage dans la marine.

[1] La commission de l'Assemblée nationale chargée d'examiner les marchés passés pendant la guerre fait res-

Dans ce but, l'équipage entier du vaisseau le *Louis XIV* étant venu à Paris, ce vaisseau devint nominalement le centre administratif de la division des marins.

Chaque bataillon fut considéré comme un bâtiment annexe du *Louis XIV*, et s'administrant comme tel avec un rôle particulier et un conseil d'administration. (Note 3.)

Chaque bataillon d'infanterie de marine s'administra également lui-même sous la surveillance du chef du service administratif.

Les bâtiments de la flottille s'administraient d'après les règles ordinaires du service à bord.

Les conseils d'administration furent munis de fonds de prévoyance dans le but de pourvoir sans retard aux dépenses de première urgence. Cette mesure exceptionnelle produisit le plus heureux résultat, en évitant les retards et en aplanissant les difficultés administratives de toute nature que créait la situation.

Les délégations d'argent aux familles auxquelles les marins attachent un prix si naturel, eurent leur cours régulier. Les états qui devaient en faire effectuer les payements furent successivement expédiés en province par les ballons.

On rassembla dans les forts pour soixante-quinze jours en moyenne d'approvisionnements de toutes

---

sortir dans son rapport (*Journal officiel* du 15 septembre 1871, M. Riant, rapporteur) que le ministère de la marine, dans les marchés qu'il a eu à passer, *est resté fidèle aux règles établies.*

sortes : vivres de campagne, effets d'habillement, chauffage, luminaire, savon et tabac.

Des marchés furent passés pour assurer le renouvellement de ces approvisionnements.

Un certain nombre de médecins de la marine, sous la direction centrale d'un médecin principal, fut attaché à chaque fort. Des infirmeries de vingt-quatre lits par fort, au moins, furent disposées et munies de tous les médicaments et matériel nécessaires.

Dès que la variole commença à paraître, nos hommes furent vaccinés.

Les salons de réception du ministère de la marine furent transformés en ambulance, sous la direction de M. Reynaud, inspecteur général du service de santé de la marine.

Plusieurs médecins de la marine furent appelés à Paris pour être mis à la disposition de l'armée de terre.

Un aumônier de la marine fut attaché à chaque fort.

Tous les ingénieurs hydrographes du dépôt des cartes et plans de la marine furent mis à la disposition du vice-amiral commandant en chef. Ils furent chargés de lever les plans du terrain autour des forts, et des observatoires.

MATÉRIEL. — Au 8 août, les forts de la marine étaient dans la situation réglementaire de l'état de paix. Ils ne possédaient que leur armement de sûreté, composé de dix pièces et d'une batterie de campagne. Ils n'avaient aucune des installations nécessaires pour soutenir une attaque. Ainsi les embrasures n'étaient point prêtes; il n'y avait ni poudrières de service sur les bastions, ni traverses, ni pare-éclats, etc., etc.

Les cours des forts étaient encombrées de matériel et notamment de pièces destinées à armer l'enceinte. Le fort de Montrouge particulièrement était un dépôt central d'artillerie, et un atelier de quatre cents femmes y fabriquait des cartouches.

L'artillerie et le génie, sous le commandement en chef des généraux Guiod et de Chabaud-Latour, se mirent immédiatement à l'œuvre. Ces deux armes, auxquelles tant de devoirs incombaient, furent puissamment secondées par le corps des ponts et chaussées, et aussi par quelques escouades d'ouvriers enrôlés aux frais de généreux citoyens. L'un de ces citoyens, M. Milne-Edwards, membre de l'Institut, à la tête d'une centaine d'hommes, dirigea d'utiles travaux dans les forts du Sud.

La portée et la puissance des pièces destinées depuis plusieurs années à armer les forts étaient aujourd'hui insuffisantes.

On songea de suite à faire venir des ports des canons de $0^m,16$ et de $0^m,19$ de la marine, en fonte, dont les portées vont jusqu'à 6,500 à 7,000 mètres.

Le poids de ces canons, avec leur affût, est de 6 et 12 tonneaux, et leurs obus pèsent 32 et 52 kilos. La charge de poudre est en moyenne le sixième du poids du projectile. 183 canons de $0^m,16$ et 23 de $0^m,19$ arrivèrent à Paris.

Un canon de $0^m,24$ (poids 21 tonneaux, charge 16 kilos, projectile 144 kilos, portée 7,500 à 8,000 mètres), qui se trouvait à Vincennes pour des expériences, fut transporté au Mont-Valérien.

Une partie des canons de $0^m,16$ et tous ceux de $0^m,19$ et de $0^m,24$ se chargeaient par la culasse.

Chaque pièce, munie de son armement complet, fut accompagnée d'un approvisionnement de deux cent cinquante coups.

Huit mille caisses à poudre, pleines ou vides, les suivaient.

On commanda en Angleterre cent cinq mille grands sacs à terre.

Cinq cent mille rations complètes furent envoyées des ports militaires à Paris. L'encombrement des chemins de fer apporta dans cet envoi de très-grands obstacles.

Dès le 21 août, un marché de vivres, pour la valeur de trois millions, fut passé dans les principaux ports de commerce. Les vivres provenant de ce marché purent arriver à Paris avant l'investissement.

Une flottille formée de canonnières et de batteries cuirassées à tranches démontables était destinée à opérer sur le Rhin, sous les ordres du contre-amiral Exelmans. Cet officier général se trouva bloqué dans Strasbourg avec un certain nombre de marins, par la rapidité des événements militaires, et l'envoi sur l'Alsace du matériel flottant dut être suspendu. C'est ce matériel qui, dès le 8 août, fut expédié à Paris pour agir sur la Seine.

La flottille se trouva constituée de la manière suivante :

FLOTTILLE DE LA SEINE.

NAVIRES.	FORCE en CHEVAUX VAPEUR.	ARTILLERIE [1].	TIRANT D'EAU MOYEN.
Yacht *le Puebla*...	10 chevaux.	»	0^m,90
Batterie flottante cuirassée n° 1....	40	2 canons de 14^c.	1^m,10
Id. n° 2....	40	Id.	Id.
Id. n° 3....	40	Id.	Id.
Id. n° 4....	40	Id.	Id.
Id. n° 5....	25	Id.	Id.
Canonnière *l'Estoc*..	25	1 canon de 16^c. 1 de 4 de montagne.	1^m,50
— *Farcy*......	25	1 canon de 24^c.	1^m,20
— *la Caronade*..	25	1 canon de 16^c. 1 canon de 4 de montagne.	1^m,50
— *l'Escopette*...	25	Id.	Id.
— *la Bayonnette*..	25	Id.	Id.
— *la Claymore*..	25	Id.	Id.
— *le Perrier*....	25	Id.	Id.
— *la Rapière*...	25	Id.	Id.
— *le Sabre*.....	25	Id.	Id.
6 chaloupes à vapeur pontées (dites vedettes).....	6 et 8	1 canon de 12^c.	1^m,45
6 canots à vapeur..	15 à 20 ensemble.	»	»
TOTAUX....	460 à 470 chevaux.	33 canons et 8 pierriers sur les batteries.	»

[1] Les canons de 12 cent. et de 4 de montagne se chargeaient seuls par la bouche. Les batteries flottantes avaient une cuirasse de 0^m,08 d'épaisseur.

C'est grâce à la prodigieuse activité de M. l'amiral Rigault de Genouilly, parfaitement secondé par l'administration de la marine, que cet immense matériel et ces approvisionnements de toute nature purent arriver en temps utile dans la capitale.

Dès le mois d'octobre, on songea à mettre des canons sur des trucks de chemin de fer en les garantissant avec un blindage de 6 centimètres d'épaisseur. (Note 4.)

M. Dupuy de Lôme, inspecteur général du génie maritime en retraite et membre du comité de défense, fut chargé de surveiller la construction de ces wagons.

On en construisit primitivement deux, armés chacun d'un canon de $0^m,14$ se chargeant par la culasse et ayant un angle de tir de 30 degrés de chaque côté de l'axe de la voie. Ces wagons furent d'abord mis en mouvement par trois chevaux attelés en arrière de manière à pousser au lieu de tirer. Toutefois, le poids considérable rendait la mise en marche très-difficile.

Plus tard, M. Dupuy de Lôme fit construire deux autres wagons blindés portant deux canons de 16 centimètres se chargeant par la culasse. Dans ceux-ci le canon était fixe, et c'était la partie supérieure du wagon qui, au moyen d'un mécanisme, tournait sur un axe, et le pointage se faisait comme dans une tourelle de *monitor*.

Ces derniers wagons étant encore plus lourds que les premiers, il fallut une locomotive pour les traîner. Mais, comme il eût été nécessaire que cette locomotive fût blindée, et qu'elle eût acquis ainsi un poids dépassant la limite de ce que pouvaient supporter les rails, on se contenta d'installer sur un truck une locomobile qui fût cuirassée et qui pût remorquer deux wagons blindés suivis de wagons d'approvisionnements, à une vitesse de 6 à 7 kilomètres à l'heure.

Chacun des premiers wagons fut armé par treize marins, et chacun des autres par dix-huit.

M. Claparède de Saint-Denis et les ingénieurs de la Compagnie d'Orléans furent chargés, sous la direction de M. Dupuy de Lôme, de la construction et de l'installation de ces wagons. MM. Solacroup, directeur, et Delannoy, ingénieur de la compagnie d'Orléans, surveillèrent les travaux d'installation à la gare d'Orléans.

Travaux. — Dès que les forts eurent un armement suffisant en personnel, leurs équipages se mirent à l'œuvre pour venir en aide aux services du génie et de l'artillerie. Les matelots furent employés à toute nature de travail.

Il y avait un véritable chaos à débrouiller, et chacun se mit avec une fiévreuse ardeur à tous les travaux de défense des forts et de leurs approches. De nombreux ouvriers civils furent embauchés par le génie. Les canonniers et les artilleurs de la marine s'employèrent à la confection des gargousses, des artifices, au chargement des obus et des bombes. Les charpentiers de la marine firent les abatis d'arbres nécessaires. Des maisons, des murs un grand nombre, durent être rasés.

Le génie militaire fit construire sur les bastions des poudrières, des traverses et des abris. Il établit des pare-éclats dans les cours, des masques devant les portes des forts. Il fit étayer les étages inférieurs des casernes et blinder les planchers avec du sable. Enfin, il installa tous les abris qu'il crut nécessaires eu égard à la puissance nouvelle acquise par l'artillerie moderne, les forts ayant été construits à une époque où cette puissance était loin d'être ce qu'elle est aujourd'hui. Une épaisseur de trois mètres de sacs à terre dut être placée contre le mur de fond des casemates, dont l'épaisseur était tout à fait insuffisante [1].

Il importait d'assurer dans les forts l'approvisionnement en eau. Chacun d'eux était muni d'une citerne qui se remplissait à l'aide de dérivations très-habilement faites par M. l'ingénieur Marchant, directeur de la Compagnie des eaux de Paris. Le fort de Rosny seul, par sa position, ne put être alimenté qu'au puisage au tonneau à 2 kilomètres de distance.

La citerne de Romainville n'était pas entièrement terminée, et ne pouvait contenir que 60 mètres cubes d'eau. Il avait fallu la déblayer en entier. Il

[1] Nos matelots installèrent des masques de batteries en filin, de diverses sortes et formes. Mais ils en firent peu usage, aimant mieux voir ouvertement devant eux. L'ennemi vint d'ailleurs très-rarement assez près des forts pour que les balles fussent dangereuses, et ces masques n'eussent pas garanti des balles de fusil de rempart.

eût été trop long de la terminer. On dut, comme à Rosny, l'entretenir au puisage.

Des prises d'eau furent organisées dans diverses parties des forts pour les cas d'incendie et aider au service de propreté.

Les casemates furent disposées de manière que les hamacs des hommes pussent être pendus. Ces hamacs, quoique faute de temps on n'ait pu en faire venir qu'un nombre insuffisant, furent une grande ressource à la fin du siége, alors que la paille vint à manquer.

Des rapports fréquents indiquaient le danger que présenteraient pour la défense les nombreuses carrières qui entourent Paris et dont l'exploitation s'étendait jusque sous certains forts. On les étudia avec soin, sous la direction du génie et de M. Jacquot, ingénieur des mines de la ville de Paris.

A Romainville, ces carrières forment trois étages de pierre à plâtre et entourent complétement l'avancée du fort. Quelques-uns des cavages s'approchent jusqu'à 50 mètres des ouvrages.

A Noisy, elles sont situées sur la face gauche du grand saillant de l'avancée, à 30 mètres du talus. Elles consistent en galeries de 40 mètres d'étendue, soutenues par six piliers de 20 mètres de haut, avec quatre ouvertures extérieures. A 20 mètres plus loin on rencontre une carrière à ciel ouvert.

A 100 mètres des parapets de l'avancée de Rosny, se trouve une plâtrière à ciel ouvert qui avait cessé d'être exploitée et dans laquelle on cultivait des champignons.

Dans le fort d'Ivry même existe un puits de descente dans les carrières, et il fut prescrit d'y faire des rondes fréquentes.

A Bicêtre, les carrières arrivent jusque près des glacis.

Il en était de même à Montrouge. Une communication souterraine avait été commencée anciennement entre ce dernier fort et Paris, et elle fut achevée par les soins du service des mines de la ville.

Le génie fit des travaux pour écraser les principaux cavages, ou faire sauter l'entrée des mines, dont l'ennemi pouvait faire usage.

Toutefois, les habitants des villages environnants réfugiés dans Paris n'ont cessé de venir donner à l'amiral des informations inquiétantes sur l'étendue des souterrains du côté des forts du Sud, et sur les dangers qu'ils présentaient ainsi. L'attention dut donc rester fixée sur ce que ces informations pouvaient avoir de fondé.

Enfin des promenades militaires furent ordonnées pour faire connaître aux officiers et aux hommes le terrain autour des forts.

L'armement des forts fut établi de la manière suivante :

ARMEMENT DES FORTS AU 15 SEPTEMBRE 1870.

DÉSIGNATION DES PIÈCES.	NOMBRE DES PIÈCES PAR FORT.						OBSERVATIONS.
	ROMAINVILLE	NOISY.	ROSNY.	IVRY.	BICÊTRE.	MONTROUGE.	
Canons rayés de 19^c...	»	2	»	»	»	»	
— de 16^c........	9	8	10	10	12	8	
— de 24 de place....	4	4	7	6	5	5	
— de 12 de place....	5	4	6	9	8	»	
— de 12 de siége....	5	4	9	9	8	9	
— de 12 de campagne.	4	»	»	»	»	»	
— de 4 de campagne..	6	9	6	5	4	4	
— de 4 de montagne...	»	»	10	»	»	»	
Canons à balles........	»	»	»	»	»	»	
— de 16 lisse......	8	8	12	14	8	5	Toutes les pièces des forts sont en barbette.
— de 12 lisse......	»	»	»	»	»	»	
Canons obusiers de 12....	12	8	10	16	12	6	Cet armement a reçu pendant le siége plusieurs modifications successives
— de 8 lisse...	»	»	»	»	4	»	
Obusiers de 22^c.......	3	3	3	4	3	4	
— de 16^c........	4	6	4	4	6	5	
— de 15^c........	»	»	»	»	»	»	
Mortiers de 32^c.......	»	»	»	»	»	»	
— de 27^c.......	2	4	2	4	4	2	
— de 22^c.......	2	6	4	4	3	4	
— de 15^c.......	7	8	8	9	9	4	
TOTAL : 472 canons.	71	74	91	94	86	56	

BATTERIE DE SAINT-OUEN : 8 canons de 19^c, 8 canons de 16^c. — BATTERIES DE MONTMARTRE : 11 canons de 19^c, 6 canons de 16^c.

APPROVISIONNEMENTS EN MUNITIONS DE GUERRE LE 15 SEPTEMBRE 1870.

FORTS.	POUDRE	PROJECTILES		CARTOUCHES pour CHASSEPOTS.	SACHETS.	EAU.	APPROVISIONNEMENTS GÉNÉRAUX.		GABIONS.
		PLEINS.	CREUX.				SACS A TERRE.	OUTILS.	
Romainville	45,000 kil.	12,180	28,782	750,000	29,694	Complète.	28,000	800	On en fait partout.
Noisy	35,000	9,044	29,786	836,390	28,411	300 tonneaux.	52,500	Incomplet.	
Rosny	42,200	11,788	32,777	828,000	30,153	Complète.	15,000	Id.	
Ivry	24,000	15,300	31,904	741,000	31,904	Une fuite.	100,000	600	
Bicêtre	62,000	13,055	34,400	949,792	36,130	Complète.	65,000	450	
Montrouge	45,900	1,960	16,835	746,240	17,229	Abondante.	140,000	600	

Vers le 23 août, les premiers navires de la flottille arrivèrent à Saint-Denis, les batteries flottantes par le chemin de fer de Lyon, les canonnières par celui de Cherbourg.

Il ne fallait pas moins de 32 wagons pour transporter une seule batterie démontable.

Les ateliers de M. Claparède, placés sur le bassin du canal, furent employés au montage et à l'armement de ces navires, auquel concoururent les équipages. Le 25, la batterie n° 3 fut lancée. Les batteries 1, 2, 4, et deux canonnières furent prêtes le 2 septembre. Ces bâtiments se réunirent à Saint-Cloud, où le capitaine de vaisseau Thomasset avait établi son quartier général. Enfin, le 14 septembre toute la flottille était à flot et prête à combattre.

Son rôle était tout tracé : elle devait garder les deux points, en aval et en amont, où la Seine traverse l'enceinte de Paris ; éloigner les brûlots que l'ennemi eût pu lancer sur l'immense matériel flottant remisé le long des quais ; protéger les barrages, les ponts de bateaux, et s'opposer à toute tentative de construction de ponts de la part de l'ennemi ; enfin agir sur toute l'étendue de la rivière pour y protéger toutes les opérations de l'armée de terre.

A l'approche des Allemands, la flottille s'occupa à enlever tous les moyens de transport ou de passage sur la Seine. On fit rentrer dans l'enceinte le matériel flottant existant aux environs de Paris. Tout ce qui ne put être ramené fut détruit. Cette opération se termina à Maisons-Laffitte, en face de l'ennemi, du 17 au 20 septembre.

La flottille fut divisée en deux groupes : le 1er, composé de 3 batteries, 6 canonnières, 3 vedettes, avait son centre au quai de Javel, où étaient réunis ses magasins de vivres, de munitions et de combustible. Ce groupe resta sous la direction immédiate du commandant Thomasset. L'autre groupe, formé de 2 batteries, 3 canonnières, 3 vedettes, fut détaché sous les ordres du capitaine de frégate Goux et eut son centre de ravitaillement au quai de Bercy.

De ces deux centres partaient des bâtiments d'avant-garde qui restaient constamment sous vapeur, prêts à se porter partout où on pouvait craindre des entreprises de l'ennemi. Les vedettes servaient aux reconnaissances.

TORPILLES [1]. — On devait naturellement songer à entourer les forts de torpilles.

Le capitaine de frégate Lefort, qui avait été à la tête de l'école des torpilles à l'île d'Oléron, fut chargé de ce travail pour les forts de la marine. On fit venir pour le seconder un certain nombre d'hommes de cette école.

Le capitaine de frégate Trève fut chargé du même service pour certains des autres forts.

M. Dupuy de Lôme s'en occupa autour de l'enceinte de la rive gauche; le génie militaire sur la rive droite.

---

[1] Note 5.

Afin de bien se rendre compte du résultat, l'amiral fit faire des expériences dans le parc de Villeneuve-l'Étang, qui donnèrent des résultats satisfaisants.

Un certain nombre de torpilles fut ainsi disposé dans le voisinage de chaque fort. Les fils qui devaient y mettre le feu venaient aboutir à des batteries électriques bien abritées sur les courtines.

La rapidité avec laquelle ce travail dut être fait obligea à employer une très-grande quantité de poudre, dans la prévision que cette poudre, enfouie dans la terre humide, et qu'on n'avait pas le temps d'enfermer dans des récipients étanches, ne tarderait pas à perdre de sa puissance.

On fit à Noisy des essais de torpilles à pression, mais cet engin fut reconnu comme trop dangereux à employer.

Ingénieurs hydrographes. — M. l'ingénieur hydrographe Delamarche fut chargé, dès le 14 août, de faire dresser des cartes des environs des forts, indiquant tous les points remarquables avec leurs distances aux divers bastions. Le travail fut partagé entre deux ingénieurs assistés des sous-ingénieurs.

L'un d'eux fit les fronts du Nord et de l'Est, depuis la Briche jusqu'au fort de Charenton; le deuxième, les fronts des forts du Sud et de l'Ouest, entre Ivry, le Mont-Valérien et la redoute de Gennevilliers

La carte de l'état-major fut agrandie au $\frac{1}{20000}$ par la photographie.

Chaque carte comprit au centre le fort auquel elle était destinée et les deux forts voisins. Les points remarquables furent portés d'une manière visible, et les distances indiquées au moyen de cercles concentriques, dont les rayons croisaient de 500 en 500 mètres jusqu'à 4,000 mètres. (Note 6.)

On marqua par des teintes différentes les parties de terrain que voyaient les forts et celles qui leur étaient cachées.

Pour faciliter le tir au jugé, un quadrillage numéroté fut dressé sur certaines cartes, afin que chaque fort pût signaler au fort voisin les points que les plis de terrain lui rendaient invisibles et sur lesquels il pouvait diriger son feu.

De nombreux exemplaires de ces cartes furent dressés au Dépôt de la marine et distribués aux officiers.

Un travail analogue fut fait pour les divers secteurs et, plus tard, pour les ouvrages du Moulin-Saquet et des Hautes-Bruyères.

Les cartes de l'Atlas communal de M. Lefebvre, géomètre de la Ville, furent utilisées pour ces travaux topographiques, qui étaient terminés au moment de l'investissement.

A dater de cette époque, le plus grand nombre des ingénieurs hydrographes, sous la direction de M. Estignard, le plus ancien d'entre eux, fut réparti dans les observatoires établis dans l'une des tours Saint-Sulpice, à l'Arc de triomphe, à la tour

Solférino des buttes Montmartre, et enfin à la cathédrale de Saint-Denis. Ils avaient pour mission de suivre les mouvements et les travaux de l'ennemi, dont ils donnaient avis immédiat par le télégraphe au gouverneur et au vice-amiral commandant en chef. Ils en faisaient chaque soir un résumé.

Ces observations permirent de porter sur les cartes les ouvrages allemands, à mesure de leur construction, avec une exactitude plus que suffisante, et constituèrent un renseignement précieux pour les diverses opérations de la défense.

Outre les cartes dressées par les ingénieurs hydrographes, M. F. Duval, chargé du service topographique du gouverneur, et M. Letellier, secrétaire du comité des ingénieurs civils, nous fournirent des cartes de détail des environs de Paris, qui nous furent fort utiles.

Postes sémaphoriques. — Les forts furent reliés entre eux et avec la capitale par des fils électriques dont quelques-uns étaient souterrains.

Ils furent également reliés au moyen d'une communication aérienne établie à l'aide d'un mât, d'une vergue et d'un télégraphe marin à pavillons, et à signaux de grande distance au moyen de bombes et de cônes[1].

Sur certains points choisis de l'enceinte con-

---

[1] On recommanda aux timoniers de veille de bien faire attention aux différents uniformes, de peur des méprises. La multiplicité des costumes des divers corps francs rendait cette étude nécessaire.

tinue, on établit également une communication avec le télégraphe marin. Il en fut de même pour plusieurs monuments de Paris d'où on pouvait surveiller les travaux de l'ennemi.

Le lieutenant de vaisseau Kœnig fut chargé de centraliser le service des postes sémaphoriques.

Les timoniers de la marine, rompus à ce genre d'observations, et munis de longues-vues, de boussoles, de micromètres, de binocles de nuit, desservaient ces postes, qui avaient été pourvus en outre de feux de Bengale et de fusées de diverses couleurs.

La marine fut chargée d'installer de semblables postes dans tous les autres forts et aux points correspondants de l'enceinte continue, et d'y établir un personnel marin permanent.

Pour les signaux de nuit, on fit usage du système Godard.

Ce système consiste en un fanal armé d'un puissant réflecteur et muni de deux écrans mobiles, l'un opaque, l'autre rouge.

Le jeu alternatif de ces écrans donne plusieurs combinaisons de chiffres qui se traduisent dans le dictionnaire télégraphique marin.

Ce système fut perfectionné par M. Lissajoux. Ce savant concentrait les rayons lumineux de façon à ne les rendre visibles que pour les observateurs, et produisait des intervalles de brèves, de longues et de longues doubles analogues aux points et aux traits de l'appareil Morse. (Note 7.)

Un code de signaux complet à l'usage du siége

fut rédigé. Tous les points principaux des environs de Paris avaient une désignation. Des chiffres secrets furent remis à chaque chef.

L'emploi de la lumière électrique fut un des meilleurs moyens de vigilance. A cause du prix élevé, on recula à faire usage des appareils de M. Berlioz, de même que de ceux de M. Bazin. Ce dernier appareil fut employé seulement au sixième secteur, et y rendit d'utiles services.

On eut recours à l'appareil plus simple inventé par M. Serrin. (Note 8.) Au moyen de cet appareil, on peut, par la nuit la plus noire, distinguer un homme à 400 mètres dans la campagne. Afin d'éviter d'en faire un point de mire permanent, ces appareils furent rendus portatifs. Ils pouvaient être ainsi à chaque instant changés de place et même transportés hors des forts.

BALLONS. — Les ballons ont joué un grand rôle dans le siége.

Tout d'abord des ballons captifs furent organisés par MM. Godard et Nadar. Un certain nombre de marins furent mis à la disposition de ces aéronautes. Mais les observations dans ces ballons, rappelés toujours par la corde qui les retenait à terre, étaient très-difficiles, par suite des secousses que donnait cette corde.

On fit partir ensuite un certain nombre de petits ballons pouvant porter un paquet de lettres formant un poids d'un kilogramme, et réglés, en tenant compte des circonstances atmosphériques, de manière à tomber à une distance de douze lieues au moins de Paris. Ces ballons eurent des chances diverses.

Lorsque, sur la proposition de M. Rampont, directeur général des Postes, le gouverneur décida l'envoi de ballons montés, le nombre des aéronautes se trouvant insuffisant, M. Godard organisa à la gare d'Orléans une école composée de marins de bonne volonté qui fournirent pendant tout le siége aux besoins du service des ballons expédiés par cet aéronaute. (Note 9.)

Un de ces ballons, monté par le matelot Prince, parti le 30 novembre de la gare d'Orléans, n'a pas reparu.

Un certain nombre de marins furent également mis à la disposition de MM. Yon et Dartois, chargés semblablement d'expédier des ballons en province.

Le lieutenant-colonel de génie Usquin fut chargé de centraliser le service des ballons.

Sur la proposition du lieutenant de vaisseau Daniel (Paul), il fut fait dans la Seine des essais de communication à l'extérieur par des hommes munis du réservoir à air Denayrouse et cheminant sous l'eau. (Note 10.) Ces essais, entrepris par de courageux matelots, parurent tout d'abord pouvoir réussir, mais le temps et l'eau devinrent tellement froids qu'il fallut y renoncer. On dut se borner exclusivement aux ballons pour les communications avec la province.

Le vice-amiral commandant en chef adressa le 13 septembre aux contre-amiraux et commandants supérieurs l'ordre du jour suivant contenant le résumé de ses prescriptions :

« La période d'organisation des forts, dont la défense est confiée à la marine, est aujourd'hui terminée. Il ne reste plus que quelques détails à perfectionner, que quelques approvisionnements à compléter.

» Nos efforts doivent actuellement, dans le peu de jours qui nous restent d'ici à l'arrivée de l'ennemi, se porter plus particulièrement sur les exercices militaires.

» Vous devez faire journellement des branle-bas de combat complets, pour que chacun connaisse à fond son poste. Vous devez également faire des branle-bas de combat de nuit, en prévenant votre monde la première fois, et ensuite en les ordonnant inopinément.

» La force d'un vaisseau, vous le savez, consiste autant dans l'habileté de l'équipage qui le monte que dans l'esprit de cet équipage. C'est à entretenir cet esprit que vous devez vous attacher. Vos différents rapports me donnent l'assurance que cet esprit est bon parmi nos marins. L'expulsion de quelques hommes qui ne s'étaient pas montrés dignes d'occuper les postes d'honneur qui nous sont confiés ne peut que servir d'exemple.

» L'esprit de l'infanterie de marine, d'une nature peut-être différente, eu égard aux différences d'habitude et de discipline, est également bon. Mettez tous vos soins à l'entretenir, et à ne pas créer parmi les deux éléments qui forment l'équipage des forts d'autre antagonisme que celui de la rivalité du courage et de l'accomplissement du devoir.

» Les troupes du génie se composent d'hommes d'élite. Je ne pourrais assez vous engager à accorder à ces braves et infatigables soldats toute l'estime qu'ils méritent.

» Vous savez qu'il est de règle que l'équipage d'un fort doit être divisé en trois parties ou trois quarts. L'un de ces quarts fait ce que l'on peut appeler le service militaire : il est aux pièces et est chargé de la surveillance, des factions, etc., etc. Un autre quart fait le service intérieur de la caserne, les corvées, la propreté, etc., etc. Enfin le troisième quart se repose.

» Je vous recommande de respecter le repos autant que possible. Un homme ne travaille bien, ne veille bien, nous en avons l'expérience, que quand il est bien reposé.

» Le service le plus important du fort, comme à bord d'un vaisseau, c'est la surveillance extérieure. C'est sur ce point que je tiens à attirer le plus particulièrement votre attention, et je ne saurais assez insister sur la nécessité de faire comprendre à vos subordonnés l'extrême utilité de cette partie du service, dont toutes les autres, pour ainsi dire, dépendent.

» Il n'est pas possible d'admettre qu'un fort puisse être surpris. Une telle occurrence serait la honte éternelle de celui qui le commande. Votre principale attention devra donc se porter sur cette surveillance. Dans ce but, vous multiplierez les factionnaires et les patrouilles, avec lesquels il faut organiser des signaux de convention au moyen des cornets à bouquin et des sifflets de maître; vous ferez un usage constant des longues-vues de jour et de nuit, dont chaque officier, conformément à nos règlements, doit être pourvu; vous dresserez les factionnaires et les veilleurs à se servir de l'ouïe non moins que de la vue; vous rechercherez enfin tous les moyens de savoir ce qui se passe autour de vous. C'est ainsi que vous pourrez vous garder et être toujours prêt, quelque entreprise que tente l'ennemi.

» Votre appareil électrique peut vous être d'un bon secours dans le même but. N'en faites pas un usage permanent, et changez-le souvent de place, en le mettant alternativement aux extrémités des divers bastions, en le transportant même en dehors du fort, afin qu'il trompe l'ennemi sur sa situation exacte. C'est dans ce but que je vous ai prescrit de le rendre portatif.

» Suivez les mêmes prescriptions pour l'appareil Godard, que vous pourriez munir d'écrans.

» Il faut que vos officiers connaissent à fond le terrain qui entoure les forts jusqu'à une certaine distance, qu'ils en étudient les accidents, les points qui pourraient servir d'abris à l'ennemi, les chemins, etc., etc. Cette connaissance est aussi utile aux officiers qui dirigent l'artillerie qu'à ceux qui sont destinés à opérer dans les sorties.

» J'ai, dans ce but, fait dresser des cartes de détail sur lesquelles tous les points remarquables sont indiqués avec leurs distances. Faites apprendre ces cartes par vos officiers, qui doivent en faire des copies. Je vous ai fait distribuer en outre plusieurs exemplaires des plans des environs des forts. Assurez-vous que les officiers les étudient dans le cabinet comme sur le terrain.

» Je vous recommande d'exiger du silence dans le fort. Tout bruit extraordinaire peut être une indication pour l'ennemi, de même que tout mouvement apparent. Rien ne doit faire pressentir à l'extérieur ce que vous vous proposez de faire ni ce qui se passe à l'intérieur.

» Je vous ai prescrit de choisir un certain nombre d'hommes d'élite qui seraient parfaitement familiarisés avec les chemins qui relient les forts entre eux et avec l'enceinte continue. Ces hommes devront avoir un signal de reconnaissance. Les signaux électriques ou aériens peuvent en effet être détruits ou entravés. Les officiers devront eux-mêmes être au courant de cette topographie. Il est telle circonstance où c'est un officier qui doit aller porter un ordre ou une information.

» Pour le service de l'artillerie, je n'ai aucune recommandation particulière à vous adresser. L'éducation de vos canonniers est complète. Étudiez les portées de vos pièces particulièrement. Cette observation est surtout utile pour les pièces de bronze, que nos marins connaissent moins.

» Pour la mousqueterie, vous ne sauriez assez recommander de tirer lentement en visant à chaque coup. Contenez l'ardeur de vos hommes en ne faisant tirer qu'au commandement; ce n'est qu'ainsi qu'on peut viser la majorité des hommes à atteindre. On consomme autrement toutes les cartouches sans effet utile.

» En ce qui touche au génie, je vous prescris de toujours prendre l'avis de l'officier du génie que vous avez près de vous. Il est dans le service des forts une quantité de sujets sur lesquels, nous autres marins, nous ne saurions nous prononcer avec connaissance de cause. La spécialité de l'officier du génie vous sera excessivement précieuse, et vous devez toujours prendre en très-grande considération les opinions qu'il émettra. Dans ce but, vous ferez appel à son dévouement, et vous aurez soin de faire comprendre à vos officiers, même ses supérieurs, toute la déférence dont ses avis doivent être entourés.

» Tout en entretenant chez vos hommes le courage nécessaire devant le danger, évitez soigneusement de les exposer inutilement. Leur vie nous est précieuse, et nous n'avons pas les moyens de renouveler les vides qui se feront dans nos rangs. Dans les sorties seulement, faites preuve de la plus grande hardiesse. L'audace est toujours un élément de succès. Ne craignez pas alors d'exposer votre monde si vous devez en obtenir un résultat.

» C'est contre les projectiles explosibles que vous devez surtout vous garer. Mettez toute votre intelligence à vous préserver de leurs effets. Ayez soin de tenir éloignés les uns des autres, dans l'intérieur des forts, les objets facilement incendiables que vous aurez dû y laisser. Lors du bombardement, ne laissez circuler que les hommes de service. Dans le cas où l'ennemi ferait usage de bombes à pétrole, vous devez savoir que le pétrole s'éteint en le couvrant de sable, ou, à défaut, de terre.

» Si vous êtes exposé à un assaut ou à une escalade, tenez prêts des fagots imbibés de pétrole pour les jeter dans les fossés ou sur les assaillants. C'est dans ce but que j'ai fait munir les forts de cette matière inflammable.

» Plusieurs torpilles ont été posées autour de vous. Vous pourrez vous en servir au moment opportun. Ce n'est pas au passage des premiers assaillants qu'il faut les faire éclater, c'est seulement lorsqu'un certain nombre d'entre eux les a dépassées. Tâchez de ne pas les employer toutes lors d'une première attaque.

» Vous devez avoir dans les casemates qui renferment vos vivres de campagne quelques barils de poudre auxquels doivent aboutir les fils d'une pile électrique placée convenablement. C'est afin que si, dans un moment extrême, après avoir épuisé tous les moyens possibles de défense, après avoir perdu une grande quantité de votre équipage, vous vous voyiez réduit à faire sauter le fort, vous puissiez en même temps détruire tous les approvisionnements les plus utiles à l'ennemi. Il va sans dire que, dans une telle occurrence, vous feriez tous vos efforts pour enclouer d'abord les canons.

» Je n'ai pas besoin de vous recommander d'apporter la plus stricte économie dans vos consommations; nul ne peut prévoir la durée du siége, les communications avec l'enceinte continue peuvent être difficiles. Considérez-vous toujours comme sur un vaisseau naviguant qui n'a d'autres ressources que ses propres approvisionnements.

» Je ne saurais assez insister sur la nécessité d'entretenir le moral de votre personnel. Tout en ne cessant jamais les exercices, encouragez les jeux, les exercices gymnastiques, recherchez toutes les distractions que permettent les circonstances. Le moral de votre équipage ne vous assurera pas moins le succès que son éducation militaire; les marques de votre sollicitude continue pour le bien-être de vos subordonnés ne leur seront pas un encouragement moins puissant que leur patriotisme et le sentiment de leurs devoirs.

» Je n'avais pas besoin de vous adresser les instructions qui précèdent; je me suis borné à mentionner les principales. Les prescriptions qu'elles renferment étaient déjà dans votre esprit, et il en est bien d'autres que votre intelligence rend inutile d'énumérer. Mais je tenais à vous faire savoir que nous étions en communion d'idées, et qu'ainsi vous trouveriez toujours en moi un appui qui n'est que le résultat de la confiance que j'ai en vous.

» En dehors de ce que la Providence décidera, je laisse avec sécurité le succès entre vos mains, certain que votre valeur, votre expérience et votre initiative ne feront pas défaut à ce que la patrie attend de vous. »

» Le vice-amiral commandant en chef,

» *Signé* : De la Roncière-le-Noury. »

L'amiral prescrivit également de se conformer à l'article 253 du décret du 13 octobre 1863, concernant la tenue du journal de siége des commandants supérieurs et des chefs de service dans les places de guerre.

Un des travaux les plus pénibles à exécuter pour les matelots fut la destruction obligée de maisons, d'arbres et de récoltes, que commandaient les nécessités de la défense. Le vice-amiral commandant en chef, mu par un sentiment qui n'échappa à personne, prit des mesures pour adoucir des misères créées par les obligations de la guerre, et dont nos marins durent, non sans souffrir, être les instruments.

Quand l'ennemi fut sous Paris, le gouverneur, par ordre en date du 18 septembre, confia au contre-amiral Saisset le commandement des troupes des divers corps placées en avant des forts de l'Est, ainsi que celui des redoutes qui avoisinaient ces forts, savoir : lunette de Noisy, la Boissière, Montreuil et les ouvrages de Pantin. Parmi ces corps, se trouvaient divers corps francs qui occupaient les villages à leur convenance, et qui, jusque-là, avaient agi presque indépendamment.

Les troupes se composaient de plusieurs compagnies isolées d'infanterie de ligne qui formèrent plus tard le 138e régiment, d'un certain nombre de bataillons de mobiles qui furent changés très-fréquemment, et de corps de francs-tireurs. Avec la garnison de nos forts de l'Est, elles formaient un effectif de 12,500 hommes.

Le génie employait une partie de ces hommes, hormis les corps francs, à relier les forts entre eux par des tranchées et à faire des travaux de défense, depuis le canal de l'Ourcq jusqu'auprès du fort de Nogent.

Sur les fronts des forts du Sud, se trouvait le 13e corps d'armée, commandé par le général Vinoy. Il occupait les hauteurs de Villejuif, Moulin-Saquet, Clamart et Châtillon.

En résumé, au moment où l'ennemi a investi Paris, les forts confiés à la marine étaient dans un état de défense satisfaisant; la flottille, complétement armée, prête à agir.

Dans les forts, divers travaux du génie exécutés à l'entreprise étaient encore à terminer, mais on était en état d'ouvrir le feu et de soutenir avec succès celui de l'ennemi. Ces forts, construits à une autre époque, dont plusieurs par suite étaient placés dans des conditions désavantageuses, étaient néanmoins dans un état de défense matériel qui eût nécessité de grands efforts de la part de l'ennemi. Le moral des marins, chargés de les défendre, était à la hauteur de la mission qui leur était dévolue. Ils avaient confiance en eux-mêmes, confiance en leurs officiers, confiance en leur amiral, enfin ils comptaient sur les instruments mis à leur disposition. Ce moral ne s'est jamais démenti.

Le bien-être relatif de chacun fut la préoccupation incessante du vice-amiral. Pendant tout le temps du siége, les hommes eurent des vêtements complets de travail, des bas de laine, des ceintures de flanelle, de chaudes capotes d'infanterie, de bonnes chaussures, et, autant qu'il fut possible, des peaux de mouton. Les officiers, logés dans l'intérieur des forts, exerçaient sur eux et sur leur bien-être une surveillance de tous les instants. Les habitudes de la marine se prêtaient d'ailleurs à cette sollicitude, qui avait pour fruit une obéissance parfaite.

Au milieu de l'ardeur des préparatifs, survint la révolution du 4 septembre. La discipline ne subit dans ce cataclysme aucune atteinte. La défense de la patrie étouffait tout autre sentiment, et le vice-amiral commandant en chef avait pu écrire, le 8 septembre, au contre-amiral de Dompierre d'Hornoy, délégué au ministère de la marine :

« Dans les circonstances graves où se trouve la

» France, les officiers et marins détachés à Paris
» demeurent animés du plus ardent patriotisme.

» Ayant l'honneur d'être à leur tête, je me porte
» garant que leur unique sentiment est celui d'un
» entier dévouement pour le salut de la patrie, et
» je suis fier d'avoir à leur en donner l'exemple. »

A partir de l'investissement, les événements se succèdent rapidement, et les journaux du siége ainsi que les rapports des officiers nous mettent à même de suivre jour par jour les opérations auxquelles la marine fut appelée à prendre part.

JOURNAL DE SIÉGE.

15 septembre.

Le 15 septembre, à cinq heures du soir, le gouverneur de Paris télégraphia à tous les forts :

« L'ennemi est en vue. »

Nos rapports particuliers nous apprennent qu'il est à Lagny et y répare le pont de fer mal détruit. Une vingtaine de uhlans passent la Seine par bacs en cet endroit.

Cinquante uhlans sont signalés à Claye.

16 septémbre.

Le vice-amiral Fourichon, ministre de la marine et des colonies, part pour Tours, déléguant ses fonctions à Paris à M. le contre-amiral de Dompierre d'Hornoy, directeur du personnel, « avec » pouvoir de décider toute question lorsqu'elle sera » urgente, et qu'il ne pourra prendre les ordres » du ministre ». Il a la signature « pour le ministre et par délégation ».

Le gros de la flottille quitte Saint-Cloud et remonte au quai de Javel. Deux navires restent seuls à protéger cette ville jusqu'au moment où on détruira les ponts. Deux batteries flottantes et deux canonnières, mouillées en aval des fortifications, protégent les deux ponts de bateaux établis sur la Seine.

17 septembre.

Les portes de Paris sont encombrées par des files de voitures de toute espèce, les unes attelées, les autres traînées à bras et chargées de vieillards, de femmes, d'enfants, d'animaux, de mobiliers, de provisions. Ce sont les habitants des villages voisins qui se réfugient en ville, conformément à l'avis qui leur en a été donné. Cet encombrement dure depuis plusieurs jours. La circulation est excessivement gênée dans le voisinage des portes, que les travaux de défense ont dû rendre d'un abord difficile; et c'est un spectacle le plus tristement émouvant.

Désormais les convois de vivres, de munitions et de matériel, allant de Paris dans les forts de la marine et réciproquement, seront accompagnés d'une escorte fournie par le fort et commandée par un officier. Il y aura deux escortes par jour, partant des portes de la ville à des heures fixes. Les plantons, les domestiques et toutes les personnes qui auront à communiquer avec les forts devront en profiter.

FORTS DE L'EST. — Le 17, l'ennemi est en vue sur divers points, vers les bois de Bondy, du Raincy et d'Avron.

Sur la route de Metz, un officier de grand'garde rend compte que vers une heure et demie du matin, douze ou quinze cavaliers sont passés sur la route. Ils marchaient au pas. Des coups de fusil ont été tirés sur eux. Un de nos factionnaires avancés a été tué.

Entre Merlan et le fort de Rosny, trois coups de feu sont tirés d'un fourré sur les francs-tireurs des Lilas, placés en enfants perdus. Ils se replient sur les postes du 90ᵉ de ligne à une heure du matin.

MM. Germain et Feyzeau, enseignes de vaisseau du fort de Noisy, partent en reconnaissance à onze heures du matin. Suivant la route stratégique jusqu'à Nogent, ils ont fait le tour du fort. Ils ont passé la Marne en bachot, et ont pu s'approcher de Villiers sous la conduite d'un paysan. Ils ont compté sept vedettes de uhlans, et sont rentrés sans avoir, dans leurs cinq heures de marche, rencontré de postes français jusqu'à la Marne.

FORTS DU SUD. — Des forts du Sud, nous avons le spectacle d'un engagement du côté de Bonneuil, Mesly et Créteil.

Sur la rive droite de la Seine, près de Thiais et de Choisy, dans une escarmouche, des francs-tireurs et mobiles ont tué six dragons et en ont pris un. Ce prisonnier a dit appartenir au corps de 90,000 hommes du général Vogel de Falkenstein.

L'ennemi aurait, dit-il, jeté dans la nuit un pont à Villeneuve Saint-Georges.

Le commandant de Villejuif informe le gouverneur, par le télégraphe de Bicêtre, qu'il a l'ennemi devant lui, et que par suite de l'ordre de départ donné le matin à la division Maussion, il est réduit à une garnison de 800 hommes, effectif insuffisant pour garder, sans artillerie de campagne, le Moulin-Saquet, le village barricadé de Villejuif, la redoute non encore achevée, mais cependant fermée de trois côtés, des Hautes-Bruyères.

Il n'est plus appuyé que par l'artillerie des forts d'Ivry et de Bicêtre.

En réponse à cette communication, le gouverneur transmet par le même télégraphe à la garnison l'ordre de se retirer devant une attaque sérieuse.

18 septembre.

EST. — A midi, nos derniers fils télégraphiques de l'ouest sont coupés. Paris n'a plus de communications extérieures.

Dans le but d'éviter toute confusion de pouvoirs, et afin que les troupes d'infanterie qui occupent des positions en avant de l'enceinte du côté des forts de l'Est, obéissent à une seule et énergique impulsion, le contre-amiral Saisset prend immédiatement, par ordre du gouverneur, le commandement et la direction des troupes qu'il a devant lui. C'est alors que cet officier général distribue les troupes sur le front des forts de l'Est, de la manière qui a été indiquée plus haut.

L'ennemi occupe Villemomble et un versant d'Avron. Un habitant, resté dans le pays, est rapporté par les grand'gardes frappé de deux coups de sabre sur la tête. On trouve dans la plaine des piquets sortant de terre de 40 centimètres et réunis par des fils de fer. Une poudre noire persistante, déjà remarquée sur la route de Meaux à Paris, fait une trace, s'arrêtant d'abord à Noisy et continuant près de la po.te de Pantin. Les habitants pensent que cette trace de poudre grasse et noire, qui paraît versée avec un entonnoir, est faite pour guider à coup sûr l'ennemi dans ces localités.

D'après un rapport d'espion, 20,000 Prussiens sont dans la vallée de la Marne. Un corps de 6,000 hommes se dirigeant vers nous, les francs-tireurs se replient et se réunissent au-dessus des carrières du plateau d'Avron.

SUD. — Dès le matin, la division de Maud'huy vient renforcer et occuper les positions du Moulin-Saquet et des Hautes-Bruyères, qui sont garnies d'artillerie légère. Des travaux de tranchées sont commencés pour relier ces positions à Villejuif.

Les forts du Sud sont prévenus que le lendemain matin le général Ducrot doit, au point du jour, faire une attaque du côté de Bourg-la-Reine et de Sceaux. Le général de Maussion, placé en avant du fort de Montrouge, doit y concourir.

19 septembre.

EST. — Pendant la nuit, tous nos avant-postes se sont successivement repliés en dedans du remblai du chemin de fer de Mulhouse. Plusieurs tentatives ont été faites, pour tâter les factionnaires des ouvrages avancés, par des individus gravissant les talus sans répondre aux qui-vive. Ils sont reçus à coups de fusil. On veille très-bien partout. Au-dessus de Bondy et vers Villemomble, on voit des feux qui semblent être dans des grilles à écran et donnant une lumière très-vive. Ils sont au ras du sol, et peuvent servir de repères pour retrouver sûrement le campement.

Au jour, nos avant-postes sont reportés en avant vers Bondy et Villemomble. L'ennemi est en vue dans toute la plaine, hors de portée de canon. Il s'avance par masses profondes se dirigeant sur la forêt de Bondy, en occupant le village de Bondy et les bouquets de bois situés en arrière. Des groupes de cavaliers s'enhardissent de plus en plus, et viennent à 1,600 mètres de la Boissière, près du pont du chemin de fer. Deux pièces par fort ouvrent le feu, et, dès les premiers coups, ces cavaliers se replient rapidement sur la lisière des bois.

Les forts de l'Est tirent sur Bondy, et essayent ainsi les pièces de 16 centimètres de la marine. On s'aperçoit que peu d'obus éclatent, d'autant plus que la terre est molle. Des ordres sont donnés immédiatement de rendre plus sensible l'appareil percutant. Cette opération est faite simultanément dans tous les forts de la marine. (Note 11.) A huit heures du soir, on tire des bombes de 27 centimètres, mais les mèches sont trop courtes, les bombes éclatent à mi-distance, et les plates-formes des mortiers s'affaissent. On remédie également à ces inconvénients.

Dans la nuit, des cavaliers prussiens se sont présentés à Bobigny, et ont été repoussés par une compagnie du 20ᵉ de ligne. Un peu plus en avant de Bobigny, ils ont pris des chevaux qui avaient été laissés dans une ferme.

SUD. — Dès le point du jour, les forts sont prêts à appuyer les mouvements de nos troupes.

De six heures à huit heures, on entend une fusillade nourrie, et de temps à autre, des coups de canon du côté du Moulin-Saquet. Nous pouvons constater que sur ce point l'ennemi ne répond pas avec du canon. Le général de Maud'huy occupe fortement les Hautes-Bruyères. Nous voyons le Moulin-Saquet tirer sur une reconnaissance destinée à masquer les mouvements de l'ennemi passant la Seine à Choisy et suivant la route nationale numéro 106, dans la direction de la Belle-Épine. Un corps de cavalerie ennemie se porte sur la route de Fontainebleau. De l'artillerie, amenée à huit heures et demie, le force à se disperser.

Sur la droite, les troupes françaises paraissent devant Bagneux, Fontenay et sur les hauteurs de Châtillon, où on a amené une batterie d'artillerie. Vers neuf heures, une vigoureuse canonnade s'engage entre cette batterie et l'artillerie prussienne placée sur les hauteurs boisées qui la dominent. Elle dure, presque sans cesser, une partie de la journée.

Les troupes rangées devant Bagneux et au delà se retirent sans paraître avoir été engagées. Vers deux heures, les obus ennemis semblent pleuvoir plus nombreux sur la batterie du sommet. De Montrouge, nous voyons de notre artillerie se retirer de Châtillon en ordre, et de l'infanterie ensuite.

L'artillerie des Hautes-Bruyères tire sur Bourg-la-Reine, qui paraît occupé par l'ennemi. Montrouge, sans l'apercevoir, y dirige plusieurs coups très-justes. Bicêtre tire dessus également.

Le général de Maud'huy envoie une reconnaissance contre les Prussiens sans artillerie qui sont devant lui. On entend plusieurs décharges de mitrailleuses. Il prie le fort de Bicêtre de tirer sur Chevilly à toute volée, au juger, par-dessus les Hautes-Bruyères. Il se prépare à passer la nuit dans ses positions, en portant ses grand'-gardes jusqu'auprès du village de l'Hay.

Le vice-amiral commandant en chef est depuis le matin au fort de Montrouge. Le général de Maussion, qui occupait Bagneux, lui demande d'activer le feu du fort sur ce village pour couvrir la retraite. Les routes aboutissant aux forts de Vanves et de Montrouge commencent à se couvrir de troupes françaises se repliant. A deux heures quarante-cinq, on annonce que Châtillon est évacué. Les Prussiens commencent à s'y montrer. Montrouge y dirige de suite son feu. La fumée de tas de paille et de tas de fumier, incendiés dans tous les villages par les francs-tireurs en se repliant, gêne beaucoup le tir. Le fort cesse le feu à quatre heures vingt minutes.

Les nouvelles arrivant de tous côtés confirment ce que nous avons vu des forts. L'artillerie a très-courageusement combattu. Quelques bataillons de mobiles, et surtout ceux de Bretagne, se sont admirablement montrés.

Vers neuf heures et demie du soir, le général de Maud'huy reçoit l'ordre de se retirer de ses positions et de rentrer à Paris.

Les hauteurs de Clamart, Meudon et Châtillon, qui sont les portes de la capitale, sont désormais entre les mains de l'ennemi, qui domine de ces positions les forts d'Issy, de Vanves et de Montrouge.

Le lendemain, Paris, en se réveillant, lisait sur ses murs les affiches annonçant la formation de cours martiales.

20 septembre.

L'infanterie de marine fournit un poste permanent de vingt-cinq hommes aux buttes Chaumont, où se trouve déposé un grand approvisionnement de pétrole.

Le même corps fournit un autre poste permanent de douze hommes pour garder la poudrière de la flottille, établie dans un ponton mouillé à l'extrémité Nord-Est de l'île des Cygnes.

Le lieutenant de vaisseau Nabona et vingt marins sont envoyés au Mont-Valérien pour y servir dix canons de 0ᵐ16 bouche de la marine. Quelque temps après, on lui adjoint l'enseigne de vaisseau Zuber, 25 artilleurs de la marine et 50 artilleurs de la mobile du Rhône. Plus tard, 50 artilleurs auxiliaires de la Loire-Inférieure remplacèrent les 25 artilleurs de la marine.

La navigation de la Seine ayant été rendue impraticable par la chute du pont de Billancourt, on a recours à la mine pour faire un passage destiné à la flottille.

La presqu'île de Billancourt est occupée par des

mobiles, et chaque nuit une batterie flottante s'établit en aval de ce point, précédée de deux vedettes embusquées près du pont de Sèvres, pour surveiller la Seine jusqu'à Saint-Cloud.

EST. — A sept heures du matin, l'ennemi, plus nombreux qu'hier, replace ses avant-postes à deux mille deux cents mètres. Une cavalerie nombreuse couvre Bondy, qui est rempli de troupes. Son artillerie s'établit à quatre mille cent mètres, au plateau de l'ancien parc du Raincy. Drancy est fortement occupé par les Prussiens, qui préparent deux batteries, l'une à droite, l'autre près d'une maison isolée également sur la droite.

On refait les plates-formes des mortiers.

SUD. — Vers deux heures du matin, le commandant de Villejuif, réduit à 800 hommes par le départ de la division de Maud'huy, demande de nouveaux ordres au gouverneur par le télégraphe de Bicêtre. A quatre heures, le gouverneur répond que toutes les troupes « sans distinction doivent se retirer à l'intérieur de Paris ». Ce mouvement est exécuté. A cinq heures, il ne reste plus personne au Moulin-Saquet, à Villejuif et aux Hautes-Bruyères. Les forts deviennent les sentinelles avancées.

Au jour, nous voyons que, du côté de Bicêtre, l'ennemi n'a fait aucun mouvement. La division de Maud'huy, en se retirant la nuit, a dû laisser dans son bivouac une grande quantité de sacs. On envoie des marins les chercher.

Dans la matinée, le fort d'Ivry tire quelques coups sur l'ennemi du côté du moulin d'Argent-Blanc. Montrouge tire sur Bagneux et Châtillon; Bicêtre sur une maison de Bourg-la-Reine, près de laquelle l'ennemi travaille à barrer la route d'Orléans.

Une compagnie de fusiliers, sous les ordres du lieutenant de vaisseau Pelet-Lautrec, est envoyée en reconnaissance. Elle constate que les Hautes-Bruyères ne sont pas occupées par l'ennemi. Il en est de même du Moulin-Saquet et de Villejuif.

Dans l'après-midi, une autre reconnaissance constate la présence d'un détachement de cavalerie derrière les Hautes-Bruyères. A son retour, on voit quelques Prussiens entrer dans l'ouvrage. Bicêtre, après deux obus, les fait disparaître.

Du côté de Montrouge, vers une heure de l'après-midi, l'ennemi tire vivement sur la 5ᵉ compagnie du 12ᵉ bataillon de marins qui va pratiquer des brèches dans le mur de la Grange-Ory.

De leur côté, les Prussiens crénèlent les murs des villages qu'ils occupent.

Pendant la nuit, tout est calme. La garde nationale de l'enceinte continue à tirer de temps en temps des coups de fusil.

Vanves fait fonctionner son appareil d'éclairage électrique.

21 septembre.

EST. — L'ennemi lève le camp d'artillerie du Raincy, que nos boulets peuvent atteindre, et le reporte plus en arrière. Le contre-amiral Saisset en profite pour faire brûler par les francs-tireurs les meules de fourrage près de Bondy.

Cinq compagnies de ligne sortent des redoutes de Montreuil et de la Boissière, font l'exercice en plaine, et brûlent la maison rouge et jaune du parc du Raincy, servant d'observatoire à l'ennemi. Cinquante uhlans sont délogés du parc, ils essayent de charger nos tirailleurs, qui les attendent avec aplomb, et les font fuir aux premiers coups de feu.

Deux bataillons de mobiles du Finistère viennent se ranger sous les ordres du contre-amiral Saisset et occuper Pantin.

Rosny tire à quatre mille quatre cents mètres quelques obus sur les hauteurs de Villemomble.

Le contre-amiral Saisset rend compte que les trois bataillons de mobiles des Côtes-du-Nord ont beaucoup de chassepots sans aiguilles. Des mesures sont prises pour que les armuriers du fort de Rosny mettent ces armes en état.

Dans la nuit, quelques alertes provenant de l'inexpérience des troupes de grand'garde.

SUD. — Rien ne paraît changé devant nous. A huit heures et demie, une forte reconnaissance, partie du fort d'Ivry, constate la présence d'un poste prussien à mille deux cents mètres du village d'Ivry dans la direction de Choisy. Ce petit poste se relie par des sentinelles à d'autres postes placés à la Plâtrière et au Moulin d'Argent-Blanc.

En résumé, des troupes peu nombreuses se tiennent probablement sur le versant Est des collines de Villejuif.

L'ennemi, du côté de Montrouge, essaye d'inquiéter nos tirailleurs.

A midi, plusieurs compagnies sortent du fort de Bicêtre, descendent dans la vallée de la Bièvre, remontent du côté de la redoute des Bruyères et s'y établissent après avoir échangé quelques coups de fusil. On constate que l'ennemi a fait une barricade à Bourg-la-Reine et que c'est de là qu'il envoie, par la route d'Orléans, des tirailleurs inquiéter le fort de Montrouge.

Le soir, divers renseignements font croire que l'ennemi a l'intention d'occuper Villejuif. Par suite, un surcroît de précautions est pris pour la nuit. Les lumières électriques sont disposées, les pièces pointées; les marins fusiliers de service couchent sur les courtines, leurs fusils près d'eux.

Vingt-cinq hommes, commandés par un enseigne de vaisseau, vont passer la nuit à six cents mètres environ en avant du front d'attaque de Montrouge.

La nuit se passe sans alerte.

22 septembre.

EST. — Le vice-amiral commandant en chef et le contre-amiral Saisset vont visiter le plateau de l'Épine, qui doit être occupé demain définitivement par trois bataillons de mobiles du Tarn.

L'ennemi conserve les mêmes positions. Nos vigies signalent une nombreuse artillerie paraissant de fort calibre, passant à grande distance et allant dans le

Nord-Ouest. Des signaux se font entre deux observatoires ennemis, l'un derrière la forêt de Bondy, l'autre probablement à Moulin du Haut-Roi.

Le capitaine de vaisseau Zédé, commandant supérieur de Romainville, qui a sous ses ordres environ 6,000 hommes de troupes diverses, va visiter Pantin, qu'il est chargé de protéger. Il trouve une barricade nouvellement élevée à deux cents mètres de celle construite par le génie. On lui affirme qu'elle a été établie par ordre de l'autorité civile, sans doute par la commission des barricades.

Dans la nuit, les mobiles ont eu quatre blessés dans une fausse alerte.

Au fort de Rosny, quelques coups de fusil sont tirés sur un maraudeur de l'infanterie de marine qui veut rentrer dans l'avancée.

SUD. — La flottille fournit au préfet de police, sur la demande de ce dernier, trois marins excellents nageurs et plongeurs auxquels le gouvernement de la défense nationale donne une mission confidentielle. Ces marins doivent tenter de forcer le blocus de Metz en s'introduisant dans la ville par la Moselle [1].

Quand la brume se dissipe, on voit une grande quantité de maraudeurs dans les champs entre Port-à-l'Anglais, Vitry et Choisy-le-Roi, et sur les coteaux qui dominent Vitry. Des voitures chargées

---

[1] Ces hommes tentèrent vainement de remplir leur mission. Un seul a survécu, les deux autres ont disparu.

de légumes se dirigent vers Choisy. Cette maraude profite donc à l'ennemi; il doit y avoir des Prussiens déguisés en paysans qui font au milieu de tout ce monde des reconnaissances. Les maraudeurs paraissent d'ailleurs vivre en bonne intelligence avec eux. On les disperse et on les fait rentrer en ville.

Une reconnaissance de fusiliers marins et d'infanterie de marine se rend aux Hautes-Bruyères. Deux uhlans seuls s'y trouvent en observation. Une regrettable méprise a lieu; deux soldats d'infanterie de marine sont blessés, le cheval du capitaine adjudant-major Portait est tué par nos marins, que l'éclat du soleil qu'ils ont devant les yeux empêche de distinguer les objets.

L'ennemi occupe Villejuif en forces. Le fort de Bicêtre échange une vive fusillade avec ses tirailleurs, masqués par les plis de terrain à sept cents mètres des glacis. Le tir de l'ennemi est fort juste. A quatre heures, le contre-amiral Pothuau envoie une section d'infanterie de marine en tirailleurs qui, s'abritant derrière les arbres et les maisons, débusque l'ennemi. Le feu cesse après quelques obus de Bicêtre.

A sept heures du soir, la division de Maud'huy sort de Paris pour faire un mouvement offensif dans le but de reprendre les positions du Moulin-Saquet et des Hautes-Bruyères. Une colonne longe le flanc droit de Bicêtre et marche sur les Hautes-Bruyères; sur la gauche, une autre colonne occupe le Moulin-Saquet sans coup férir. La nuit survient.

La colonne de droite, après avoir occupé les Hautes-Bruyères, étend sa gauche jusqu'à Villejuif. L'ennemi, qui est resté dans ce village, ouvre le feu de deux pièces d'artillerie et de sa mousqueterie. Nos soldats, qui n'ont pas d'artillerie, après avoir échangé des coups de fusil, se retirent, et viennent s'abriter sous le fort du côté de la Bièvre.

On remet au lendemain à continuer l'entreprise. On prend les dispositions nécessaires : les forts du Sud doivent fouiller d'abord le terrain par des obus et des bombes pour déloger l'ennemi. Le mouvement des troupes commencera à un signal convenu lorsque les forts auront cessé leur feu. Tout est réglé de concert entre le général de Maud'huy et le contre-amiral Pothuau.

Du côté de Montrouge, à huit heures du matin, le lieutenant de vaisseau Carvès s'établit avec 80 hommes dans la Grange-Ory, et échange une fusillade continuelle avec un détachement prussien embusqué dans une maison située au croisement de la route d'Orléans avec le chemin de Bagneux à Arcueil. Beaucoup d'éclaireurs prussiens vont, viennent et tiraillent avec notre poste avancé.

A une heure de l'après-midi, M. Sales de Banières, lieutenant de vaisseau, va avec une compagnie de 100 hommes et des sapeurs du génie, abattre les arbres de la route et détruire des murs qui nous masquent la vallée de la Bièvre.

A trois reprises différentes, de une heure à trois

heures du matin, la fusillade s'engage entre la division de Maud'huy et l'ennemi.

On entend pendant la nuit le tambour à petite distance en avant. Les postes sont doublés. On veille.

23 septembre.

EST. — Le contre-amiral Saisset va en reconnaissance dans la direction du Bourget. 200 fusiliers marins, 400 hommes d'infanterie de marine et huit compagnies des éclaireurs de la Seine forment sa colonne. Bobigny est fouillé en tous sens et est trouvé évacué par l'ennemi. La colonne a suivi la route d'Allemagne ; l'infanterie de marine contourne Drancy par la gauche, les francs-tireurs par la droite. Après une vive fusillade, les tirailleurs ennemis sont débusqués de Drancy et poursuivis jusqu'à 400 mètres de la gare du Bourget. Là se trouvent, derrière des épaulements, plusieurs colonnes d'infanterie prussienne que le canon de Romainville a refoulées dans le Bourget, chaque fois qu'elles ont voulu en déboucher pour secourir les leurs à Drancy. Aubervilliers de son côté a canonné le Bourget dans le même but. A trois heures, la colonne, manœuvrant avec le même ordre qu'à l'exercice, commence sa retraite par échelons sous quelques balles perdues, et rentre dans ses cantonnements après avoir brûlé toutes les meules à fourrage trouvées à Drancy.

Nous avons quelques blessés. On constate que onze éclaireurs sont atteints aux yeux, plusieurs assez gravement, par le crachement de leurs fusils à tabatière.

Chacun des forts de l'Est est muni d'un ouvrage avancé dont la situation est telle qu'on doit admettre que cet ouvrage puisse être pris et repris, et que même l'opération d'y laisser entrer l'ennemi pût être considérée, dans certains cas, comme un moyen d'action contre lui. Dans une pareille hypothèse, il importe évidemment que l'artillerie de défense de cet ouvrage soit assez légère pour que son évacuation par le chemin couvert soit assurée.

Une batterie de 4 serait nécessaire pour compléter cette partie de l'armement de ces forts.

SUD. — Pendant la nuit, l'ennemi, croyant Villejuif inoccupé, a voulu s'y glisser comme la veille. On l'a laissé approcher et fusillé à bonne portée. En dehors des morts, on a ramassé une dizaine de blessés laissés sur le terrain.

Une autre reconnaissance ennemie dirigée vers le Moulin-Saquet, à l'aube, s'est arrêtée à sept cents mètres. Quelques obus de 12, lancés par le fort d'Ivry, l'ont fait replier en toute hâte vers la Plâtrière.

Conformément aux conventions de la veille, dès cinq heures un quart, l'amiral Pothuau ordonne aux forts d'ouvrir le feu sur les Hautes-Bruyères, Bicêtre sur une face, Montrouge sur l'autre. Au signal convenu, le feu cesse; les troupes du général de Maud'huy, déployées en tirailleurs, s'avancent vers la redoute et s'y installent sans coup férir.

L'artillerie de campagne est placée un peu à gauche, dans la direction de Villejuif. Moins d'un quart d'heure après, l'ennemi ouvre sur la redoute un feu des plus vifs. Son tir, rapidement rectifié, est d'une extrême précision; les obus tombent en grand nombre et atteignent même sur les glacis de droite du fort de Bicêtre. Nos troupes supportent ce feu avec sang-froid; bien abritées du reste derrière les parapets, elles souffrent peu. L'artillerie, au contraire, qui combat avec un grand courage plus à découvert, éprouve de nombreuses pertes en hommes et en chevaux. Montrouge soutient nos artilleurs par un tir d'une précision remarquable sur les batteries ennemies établies à gauche de l'Hay, qu'il ne voit pas, mais dont la position lui a été signalée. Vers midi, le feu de l'ennemi est tout à fait éteint, et il se replie du côté du Moulin-Saquet et de Villejuif.

Les forts du Sud mettent tous les moyens dont ils disposent à réparer la redoute des Hautes-Bruyères. Des sacs à terre, des gabions, des tonneaux y sont envoyés immédiatement de Bicêtre.

Devant Montrouge, les tirailleurs ennemis occupent toujours leurs mêmes positions. Une section d'infanterie de marine, de service à la Grange-Ory, est accompagnée, à son retour au fort, par un violent feu de mousqueterie partant de l'aqueduc d'Arcueil. Elle y répond vigoureusement. Le soir, Montrouge tire, vers cinq heures, quinze coups de 16 lisse sur un mur placé près d'une carrière signalée comme pouvant être occupée par l'ennemi. A neuf heures, il tire encore trois coups sur ce même mur, qu'il éclaire par la lumière électrique.

FLOTTILLE. — La batterie flottante n° 4, capitaine Pougin de Maisonneuve, descend à Suresnes, à la demande du général Ducrot, pour battre un des versants de Saint-Cloud que le Mont-Valérien voit imparfaitement, et surtout pour protéger le barrage mobile de Suresnes. La destruction de ce barrage eût amené un résultat très-grave : l'innavigabilité de la Seine pour la flottille par suite de basses eaux [1].

Pendant ce temps, *le Sabre*, capitaine Petit, et *la Claymore*, capitaine Augey-Dufresse, remorquent à Suresnes un équipage de pont. Ce mouvement s'exécute de jour en passant sous le feu de l'ennemi. Le retour a lieu de nuit. *La Claymore* s'échoue en remontant à Auteuil. *Le Sabre* la dégage. Trois marins sont blessés grièvement.

La Bayonnette et la batterie n° 4 s'abordent sans conséquences fâcheuses. La batterie n° 4 perd son youyou dans l'abordage. Deux marins de la batterie n° 3 vont chercher cette embarcation sur la rive ennemie même, sous une grêle de balles, et la ramènent.

---

[1] Dans la suite, le barrage de Suresnes fut rendu plein.

Le capitaine de frégate Goux prend le commandement de quatre équipages de la flottille, destinés à construire, armer et servir une batterie située au Point-du-Jour, au 6° secteur, que commande le contre-amiral Fleuriot de Langle. Le lieutenant de vaisseau Augey-Dufresse est envoyé au fort de Vanves avec les équipages de deux autres canonnières. Six navires sont ainsi désarmés pour envoyer leurs canons et leurs équipages à ces nouveaux postes.

La subdivision de la flottille stationnée à Bercy se trouve réduite par suite à deux canonnières, *l'Estoc* et *l'Escopette*, et à trois vedettes, sous le commandement supérieur du lieutenant de vaisseau Forestier.

A deux heures, la batterie de Saint-Ouen ouvre son feu. Elle tire sur des travailleurs qui commencent des ouvrages sous le moulin d'Orgemont, à cinq mille huit cents mètres. Les obus atteignent ce but et les travailleurs se dispersent.

24 septembre.

EST. — Une nouvelle reconnaissance part à midi sous la direction du contre-amiral Saisset. L'aile gauche des éclaireurs de la Seine, commandant Poulizac, enlève le village de Bondy avec un entrain parfait, sous une fusillade nourrie. Les matelots et l'infanterie de marine de Romainville, couchés à plat ventre sous les balles dirigées sur les éclaireurs exécutent fidèlement l'ordre de ne pas tirer qui leur a été donné. Puis bientôt ils se relèvent, se déploient en tirailleurs et chassent l'ennemi devant eux jusqu'à la lisière des bois. Bondy est incendié par les sapeurs du génie, ainsi que les deux maisons servant de poste à l'ennemi, dont les tirailleurs, réfugiés bientôt dans les bois, ne sortent plus. On les voit s'accroupir, poser leur casque à côté d'eux, dans une position évidente, pour tromper nos hommes, et aller plus loin tirer leur coup de fusil.

L'aile droite, pendant ce temps, composée de marins, de soldats d'infanterie de marine et de deux bataillons de mobiles des Côtes-du-Nord, contourne le village de Rosny, passe à mi-côte d'Avron, et marche directement sur le pont du chemin de fer de Villemomble.

Le capitaine du génie Roussel et ses sapeurs se mettent à miner le pont de droite du chemin de fer de Mulhouse, qui ne tarde pas à sauter.

Notre front Est est maintenant limité par la tranchée du chemin de fer de Mulhouse, que momentanément nous ne passerons plus. Notre gauche étant assurée jusqu'au canal de l'Ourcq, nous avons de ces deux côtés trois mille mètres en avant que l'ennemi ne saurait franchir impunément.

SUD. — L'ennemi est toujours à l'Hay, Chevilly et Bourg-la-Reine. Il a évacué Vitry, mais occupe la Plâtrière. Le colonel Miquel de Riu continue à réparer ses retranchements aux Hautes-Bruyères.

A une heure, le capitaine de frégate Desprez sort

de Montrouge avec quatre compagnies de marins-fusiliers, dont deux munies de pioches, pour aller visiter une carrière à mille mètres du bastion 3, et abattre des murs qui servent d'embuscade à l'ennemi. Cette sortie est accompagnée par une pièce de 4, qui prend position sur la route de Bagneux.

Une fusillade très-vive s'engage entre nos tirailleurs et l'ennemi, complétement caché dans des carrières et derrière des murailles crénelées. Le canon de Bicêtre et de Montrouge soutient nos hommes. La reconnaissance rentre à trois heures avec trois blessés. Le capitaine de frégate Desprez, dans son rapport, est convaincu « que Bagneux est » peu gardé, et que le versant oriental de Châtillon » n'est pas occupé. Il serait important de s'emparer » de cette crête qui domine Vanves et Montrouge, » et de dégarnir même ces forts pour y établir une » artillerie formidable. »

A six heures du soir, des forces ennemies, plus considérables que de coutume, sont massées à grande distance en vue du fort d'Ivry.

Les pièces des forts sont pointées au juger sur l'Hay et Chevilly. Un petit détachement de marins du fort de Bicêtre, avec MM. Gervais, lieutenant de vaisseau, et Huguet, enseigne, est envoyé aux Hautes-Bruyères pour contribuer à la défense de la redoute et rectifier le tir des forts par des signaux de convention.

Le général de Maud'huy reçoit un renfort d'artillerie. Il est en mesure de soutenir toute attaque de l'ennemi.

25 septembre.

Le vice-amiral commandant en chef fait, dans un ballon captif installé par l'aéronaute Godard au boulevard de Port-Royal, des essais d'observations à grande distance.

EST. — Calme. Bobigny n'est pas occupé. Les éclaireurs y vont isolément prendre ce qu'il y reste de fourrage pour leurs chevaux.

A sept heures, un détachement de spahis et de chasseurs d'Afrique fait une reconnaissance dans le ravin, en avant de Nogent et du château de Montereau.

SUD. — Le télégraphe fonctionne entre les Hautes-Bruyères et le fort de Bicêtre.

Un grand nombre de Prussiens travaillent sur les hauteurs de Châtillon et de Clamart, près du moulin à vent.

Depuis la première évacuation des positions en avant de nos forts, les ouvriers de la pompe à feu de Villejuif ont abandonné leur poste. Le fort de Bicêtre cesse de recevoir de l'eau par sa conduite d'eau, et il lui faut puiser sur sa provision pour le fort et pour les Hautes-Bruyères, où on en envoie dans des tonneaux.

Le quartier général du général de Maud'huy est toujours à l'hospice de Bicêtre; à sa demande, le fort reçoit en dépôt plusieurs barils de cartouches. Le bataillon des mobiles de la Vendée bivouaque à côté de l'hospice.

Ivry tire sur l'ennemi travaillant à une batterie à cinq mille cinq cents mètres, entre Notre-Dame des Mèches et Mesly et le fait s'éloigner.

Il est clair que l'ennemi cherche à protéger avant tout la route qui, de Choisy, le mène à Châtillon et Meudon par l'Hay, Chevilly, Bourg-la-Reine, Bagneux.

26 septembre.

EST. — Forte concentration prussienne vers Bondy, qui est occupé par l'ennemi définitivement. En arrière du village, on voit un mouvement considérable vers l'établissement de la voirie. L'ennemi semble de plus en plus nombreux vers Dugny et Gonesse.

A la nuit, on voit les Prussiens échanger des signaux de nuit comme hier. On veille.

L'ennemi travaille au Perreux, sur le versant de Nogent. Il semble, par ses installations de bigues, qu'il place du gros calibre près de la Maison-Blanche, qui enfile aux angles morts le fort de Nogent à quatre mille mètres.

SUD. — Dans la nuit, on entend le tambour à l'Hay; les Hautes-Bruyères signalent, vers quatre heures du matin, que l'ennemi semble préparer un mouvement. Au jour, des tirailleurs prussiens s'avancent jusqu'à quatre cents mètres de Saquet, et se retirent après avoir échangé quelques coups de feu.

L'ennemi continue à se retrancher dans Choisy : il creuse des fossés en avant du cimetière et tous les murs sont crénelés. Pendant tout le jour, il y a des mouvements de troupes considérables de l'Est à l'Ouest, qui passent la Seine à Choisy et se dirigent vers Clamart et Versailles.

On travaille activement aux embrasures et aux abris des Hautes-Bruyères. On a achevé les retranchements entre la redoute et Villejuif.

Du côté de Montrouge, l'ennemi occupe ses embuscades habituelles et tiraille avec nos mobiles qui vont s'exercer au tir devant le fort. De une heure à deux, il fait un feu assez vif sur la compagnie de M. Santelli, lieutenant de vaisseau, qui va dans la grange Ory chercher des pompes abandonnées par le propriétaire. Elles peuvent être utiles au fort. Ces pompes sont ramenées par nos marins.

Le ministre de la guerre envoie dans l'après-midi son aide de camp, M. d'Adhémar, au fort de Bicêtre. Il est chargé de porter au premier avant-poste prussien une lettre de M. Jules Favre à M. de Bismarck. On lui facilite sa mission.

Le soir, une petite alerte est signalée des Bruyères. Un poste avancé s'est replié sur la redoute, croyant voir un détachement prussien approcher. C'était une erreur. Chacun reprend ses positions.

27 septembre.

A midi quarante-cinq minutes, grand incendie du pétrole réuni dans le lac des buttes Chaumont.

EST. — Travaux de l'ennemi qui peuvent être aperçus des forts de l'Est :

1° Un fort épaulement entre Stains et Dugny, à 3,500 mètres de la Double-Couronne, 4,000 mètres du fort de l'Est.

2° Un ouvrage derrière le Bourget, près de la route de Lille, à 4,000 mètres du fort d'Aubervilliers.

3° Un ouvrage entre la route de Lille et Blancmesnil, à 5,000 mètres d'Aubervilliers.

4° Un ouvrage, probablement sur la Molette, entre Blancmesnil et la maison du chemin de fer, 6,000 mètres de Romainville.

5° Un autre à droite de ce dernier ouvrage, avec un poste un peu à droite dans un bouquet d'arbres.

Incendie considérable à Stains.

Nos avant-postes arrêtent le nommé Bazin, venant de Metz, muni de laissez-passer prussien. Il demande à parler au gouverneur.

Du côté de Rosny, les Prussiens travaillent sur les hauteurs de Livry à 8,000 mètres, et près de Montfermeil à 6,000 mètres.

Le contre-amiral Saisset demande 1,000 chassepots pour les éclaireurs de la Seine[1].

SUD. — A Ivry, les rôdeurs prussiens sont venus la nuit jusque sur les glacis du fort. Ils ont échangé quelques coups de fusil avec les factionnaires des places d'armes.

Aux Hautes-Bruyères, on a entendu le bruit de charrois.

Ivry envoie abattre les arbres du parc Dubois, à Vitry. Ces arbres masquent entièrement la vue

---

[1] Ils n'ont pu être accordés que plus tard.

de Choisy. Deux cents hommes protégent les travailleurs. M. le capitaine d'infanterie de marine Naudin dirige cette opération. Les Prussiens essayent de nous inquiéter. On leur tue deux hommes et on leur en blesse plusieurs. Ils n'ont pas leurs casques, ce qui, au début, nous a fait hésiter à tirer.

Du côté de Montrouge, vers midi et demie, trois cents marins et cent gardiens de la paix vont démolir des murs situés en avant du bastion 3 et quelques maisons de maraîchers. Nos hommes soutiennent bravement le feu de l'ennemi embusqué. Bicêtre tire plusieurs obus sur la maison Millaud, où se cachent les Prussiens. Son tir est très-juste. Son second coup met un instant en déroute les hommes du poste ennemi. L'opération de Montrouge réussit comme celle d'Ivry.

Montrouge a reçu trois cents gardiens de la paix qui constituent une troupe d'une grande solidité.

Nos navires de la flottille détachent journellement quelques hommes en embuscade dans l'île de Billancourt pour surveiller le petit bras de la rivière. Aujourd'hui l'un d'eux est blessé.

Le vice-amiral commandant en chef demande au ministre de la marine de vouloir bien mettre à sa disposition, avec leurs affûts et caissons de campagne, les 6 obusiers de 4 que le désarmement d'une partie de la flottille de la Seine laisse sans emploi. Le ministre adhère à cette demande. Ces pièces sont destinées aux avancées de nos forts de l'Est, et aux positions occupées dans leurs environs par les compagnies de ligne qui coopèrent à la défense des redoutes entre Rosny et Romainville. Elles serviront aussi à venir en aide aux divisions actives qui agissent en avant de nos forts, comme cela a lieu aujourd'hui, par exemple, à Bicêtre, où le contre-amiral Pothuau a eu lieu de prêter 2 obusiers de montagne au général de Maud'huy.

28 septembre.

Au Mont-Valérien, le lieutenant de vaisseau Nabona dirige le service des pièces de marine, dont le nombre est successivement augmenté[1].

Les marins ont travaillé seuls à mettre leurs batteries en état. Tirant le jour, travaillant la nuit, la période d'installation n'a pas été sans fatigue.

Les canons de cette forteresse avaient à surveiller le vaste horizon qu'ils dominaient. Ils rendaient difficile, sinon impossible pour l'ennemi, les communications entre Versailles et le nord de Saint-Denis, par la route de Roquencourt au Pecq et du Pecq à Bezons. Ils inquiétaient les postes et les travailleurs allemands depuis Sèvres jusqu'à Bezons. Ils tiraient principalement : à gauche sur Montretout, où les Prussiens n'ont jamais pu s'établir sérieusement, la ville et le parc de Saint-Cloud, Sèvres, Garches, Ville-d'Avray, Vaucresson, Marnes ; au centre, sur la Jonchère, la Celle Saint-Cloud, Lou-

---

[1] Ce nombre s'éleva à la fin du siége à :
10 pièces de 0^{m}16 bouche, modèle 1858-60.
2 pièces de 0^{m}19 bouche, modèle 1864-66.
1 pièce de 0^{m}24 bouche, modèle 1864-66.

veciennes, Port-Marly, Bougival, la Malmaison, Croissy; à droite, sur Chatou, carrières Saint-Denis, Montesson, Houilles. Les tirs se faisaient chaque jour et à toute heure d'après les indications du général Noël, commandant supérieur du Mont-Valérien.

Le canon de 0^{m}24 n'a jamais pu atteindre ni Saint-Germain, ni la terrasse. On s'en servit surtout pour rendre difficile le passage du pont de bateaux de l'île de la Loge [1].

EST. — L'investissement des forts de l'Est par l'ennemi, au moyen de postes, de tranchées et d'épaulements pour l'artillerie, est aujourd'hui complet, entre 3,500 et 6,000 mètres.

Les travailleurs sont rares, et les troupes de toutes armes font des exercices dans la plaine.

On aperçoit 30 pièces, attelées de 6 chevaux, passant à Blancmesnil, venant de l'ouest; elles sont perdues de vue près d'Aulnay.

A six heures du matin, l'amiral Saisset envoie un détachement de spahis, mis momentanément à sa disposition, explorer la plaine et le plateau d'Avron; ce détachement revient par Nogent en passant à Neuilly-sous-bois.

---

[1] Dans le cours du siége, quatre des canons de 0^{m}16 du Mont-Valérien éclatèrent sans produire d'accident. On en remplaça deux. Les pièces de fonte résistent bien moins que celles de bronze à un tir prolongé. Celles-ci d'ailleurs *préviennent* avant d'éclater, c'est-à-dire qu'elles donnent des marques de faiblesse qui indiquent qu'elles ne peuvent plus supporter le tir. Les pièces de fonte *préviennent* très-rarement.

Au delà de Bondy, vers Nonneville, les Prussiens font un ouvrage.

Aujourd'hui et les deux jours suivants, la flottille protége les troupes de ligne qui déboisent l'île de Billancourt.

SUD. — Nuit calme. Des Hautes-Bruyères on a entendu des trains d'équipage ou d'artillerie sur la route de Versailles.

Au fort de Bicêtre, on travaille à l'établissement de plates-formes destinées à recevoir des pièces qui doivent tirer sur Châtillon.

Montrouge tire quatre obus au-dessous du village de l'Hay, où il y a un certain mouvement d'hommes.

Ivry continue sans opposition ses abatis d'Ivry qui découvrent le village et le pont de Choisy.

Ivry a l'ordre depuis longtemps de surveiller la brasserie Reuter, dont on prétend que les souterrains vont jusque sous ce fort. Les mobiles de la Vendée l'occupent définitivement. Les hommes qui y étaient, la plupart étrangers, et qui continuaient à y fabriquer de la bière, ont, en se retirant, surchargé les soupapes de sûreté de la chaudière pour la faire éclater. On s'en aperçoit heureusement à temps. La bière fabriquée qui était dans les caves fut depuis transportée à Paris et livrée à la consommation.

Le détachement de marins des Hautes-Bruyères envoie quelques tirailleurs en avant. Ils démontent un cavalier prussien.

29 septembre.

EST. — De Romainville, Pierrefitte semble en feu. Le fort de l'Est tire sur Stains. A une heure, 2 compagnies de mobiles, précédées de tirailleurs, sortent d'Aubervilliers et s'avancent vers Drancy. Elles tiraillent avec les Prussiens pendant une heure, entrent dans le village, et en ressortent à deux heures et demie : on y voit divers incendies.

A trois heures, 2 ballons rouges et verts sont enlevés par l'ennemi. Noisy signale de redoubler de surveillance.

Du côté de Rosny, on voit l'ennemi travailler vers Aulnay.

A deux heures, un détachement de marins, d'infanterie de marine et de ligne, se dirige sur Bondy, que l'ennemi a abandonné de nouveau, puis rentre au fort de Noisy. A huit heures du soir, ce fort envoie trois obus sur Bondy.

SUD. — Nuit calme. Dans la matinée, engagement de tirailleurs en avant des Hautes-Bruyères. Un soldat et deux francs-tireurs sont tués.

Vers midi et demi, un très-long convoi défile devant Choisy. Le fort d'Ivry et les Hautes-Bruyères dirigent dessus un feu à toute volée.

L'ennemi a repris son travail des batteries de l'Hay. Il a placé un mât sur la ferme de Montmesly, qui est fortement occupée.

Cent hommes d'Ivry protégent la gauche des travailleurs du fort.

Le gouverneur de Paris, le ministre de la guerre

et le vice-amiral commandant en chef sont au fort de Bicêtre, afin de préparer l'attaque qui a été décidée pour le lendemain matin sur les villages de Chevilly, l'Hay et Choisy. Elle doit être faite par tout le treizième corps. Le but est de s'emparer de ces trois villages, et d'y détruire les ouvrages de l'ennemi, qui s'y fortifie de plus en plus.

Le même jour, vers midi, l'ennemi se met à compléter le crénèlement des maisons de Choisy et à couper et ébrancher des arbres. Les coups de canon d'Ivry, qui le surveille, font fuir les travailleurs, qui reprendront probablement leur besogne pendant la nuit.

Le vice-amiral transmet aux forts les ordres du gouverneur : au jour, Ivry canonnera Choisy, et Montrouge l'Hay. La canonnade durera une demi-heure juste. Il est absolument interdit de tirer un seul coup ensuite. Dès que les forts cesseront leur feu, les colonnes d'attaque seront lancées.

Pendant la nuit, les troupes de la division Blanchard viennent prendre position à Villejuif et aux environs.

Du côté de Montrouge, on continue les démolitions qui gênent les vues du fort. Vanves tire vers deux heures des obus entre Clamart et Châtillon.

A la nuit, on repère les pièces partout sur les positions indiquées.

30 septembre.

Un ordre général du gouverneur enjoint à tous les forts de s'approvisionner d'un supplément de vivres de toute nature pour dix jours, afin de les distribuer aux troupes placées à proximité des forts ou de passage dans leurs environs. Ces vivres seront remplacés dans les quarante-huit heures par les soins de l'intendance. La viande fraîche ne sera plus distribuée que le dimanche et le mercredi de chaque semaine.

EST. — Pendant la brume de ce matin, nos fils télégraphiques ont été coupés entre Noisy et Rosny. Ordre formel est donné aux factionnaires de tirer sur tout individu fouillant le sol ou touchant aux poteaux.

Dans l'après-midi, les éclaireurs à cheval de la Seine, sous la direction de M. de Pindray, appuyés par trois compagnies d'éclaireurs à pied, et sous la protection d'une colonne d'infanterie de ligne tenue en réserve, font une brillante reconnaissance. Après avoir chassé de Bondy l'ennemi qui l'avait réoccupé, ils s'avancent à 500 mètres de la maison blanche située à la lisière du bois. L'ennemi, en ce moment, démasque une batterie qui tire simultanément trois obus sur la cavalerie, et deux paquets de mitraille sur l'infanterie. Un éclaireur et deux chevaux sont blessés. La batterie se retire de suite dans le bois.

Le village de Bondy est fouillé en tous sens, et la reconnaissance rentre vers huit heures.

SUD. — A quatre heures du matin, le général Vinoy arrive de Montrouge à Villejuif, où se trouve le général de Maud'huy. Le vice-amiral commandant en chef est à Ivry. Le gouverneur arrive au fort de Bicêtre à sept heures quarante minutes, d'où il se rend à celui d'Ivry.

A cinq heures et demie, dès qu'on peut viser, Ivry et Montrouge ouvrent le feu, le premier sur Choisy, le deuxième sur l'Hay, suivant les ordres donnés.

Une demi-heure après, conformément aux mêmes ordres, ils cessent leur feu. Aussitôt, les troupes se mettent en mouvement, et disparaissent à nos yeux derrière les crêtes. Des Hautes-Bruyères, on suit leurs mouvements, que l'on transmet à Bicêtre par le télégraphe.

Le combat s'engage sur toute la ligne.

A sept heures, nous voyons nos troupes, arrivées devant un mur doublement crénelé, faire le tour de Chevilly, et se rendre maîtresses de la plus grande partie du village.

L'action nous paraît également vive du côté du Moulin-Saquet, dont on entend l'artillerie.

A droite, le village de l'Hay est attaqué très-vivement. Le général Guilhem, qui conduit l'attaque, est frappé mortellement.

On voit l'ennemi rentrer en force dans les deux villages, et diriger sur nos troupes un feu meurtrier d'artillerie et de mousqueterie.

A huit heures, le général de Maud'huy signale des Hautes-Bruyères ces mouvements à Bicêtre. Nos forts sont prêts à les appuyer dès qu'on leur en fera le signal, l'ordre formel étant jusqu'alors de s'abstenir de tirer.

A neuf heures, ce signal est fait; Montrouge

reçoit l'ordre de tirer sur l'Hay et le couvre d'obus; de neuf heures un quart à dix heures, Bicêtre foudroie Chevilly par-dessus la tête de nos soldats, que ce feu n'émotionne pas.

Les Hautes-Bruyères tirent également.

Du côté de Charenton, on aperçoit du fort d'Ivry un engagement sérieux de la division d'Exéa.

Quelques obus sont tirés pendant le combat par les Prussiens sur le fort d'Ivry.

A dix heures et demie, les troupes ont repris leurs postes primitifs.

Une suspension d'armes de fait a lieu, pendant laquelle on enterre les morts et on ramène de nombreux blessés. Ces devoirs remplissent tout l'après-midi. Les routes sont couvertes de voitures d'ambulance. On se dispute pour ainsi dire les blessés.

Les prisonniers prussiens appartiennent au corps du général Vogel de Falkenstein. Ils s'accordent à dire qu'ils étaient prévenus de notre attaque dès la veille au matin.

La nuit est parfaitement calme.

FLOTTILLE. — La flottille balaye les hauteurs de Bellevue et protége un bataillon qui fait une diversion vers le Bas-Meudon.

1er octobre.

La ration reçoit une nouvelle réduction.

Un approvisionnement de bœufs et de moutons est envoyé dans chaque fort. Cet approvisionnement est augmenté par des acquisitions faites par chaque fort aux habitants qui ont quitté leurs villages et se sont réfugiés à Paris. Des précautions sont prises pour que la population ne s'émeuve pas de la sortie de ces bestiaux. Ces animaux furent parqués dans les fossés, et la consommation en fut ménagée de telle sorte, que c'est dans nos forts que cette ressource dura le plus longtemps.

EST. — Le gouverneur écrit au vice-amiral commandant en chef pour le prier de « témoigner aux » corps francs, sous les ordres du contre-amiral » Saisset, toutes ses félicitations pour l'entrain et le » courage dont ils ont fait preuve dans les nom- » breuses reconnaissances opérées jusqu'à ce jour. »

Tout est calme dans l'Est. Rosny reçoit et installe dans ses avancées les 6 pièces de 4 de montagne provenant de la flottille.

SUD. — A trois heures du matin, on entend le clairon et le tambour dans la direction de Bagneux et de Bourg-la-Reine.

A cinq heures, le général Schmitz, chef d'état-major général du gouverneur, vient prier le contre-amiral Pothuau de s'informer auprès de l'ennemi à quelle heure on enterre le général Guilhem, pour pouvoir y aller seul lui rendre les derniers devoirs.

L'amiral répond que, la veille, un officier, envoyé en parlementaire par le général de Maud'huy, avait appris que le général Guilhem était déjà enterré à Rungis dans la même fosse que les officiers prussiens tués. On a remis à cet officier, M. le capitaine de Malglaive, la croix, la bourse et la montre du général, pour les faire tenir à sa famille.

Le lendemain, le corps du général fut rendu aux agents de l'ambulance internationale, sur la demande et par l'intermédiaire du comte Serrurier, vice-président de la Société internationale de secours aux blessés.

On convient d'une suspension d'armes jusqu'à midi pour continuer à enterrer les morts.

Ivry signale que l'ennemi a établi une batterie de quatre pièces sur la ligne de Lyon, près du carrefour Pompadour. La Plâtrière est évacuée. La grand'garde ennemie est dans une maison à deux cents mètres plus à gauche. L'ennemi évite toujours de se montrer, mais on s'aperçoit qu'il y a plus de monde que d'habitude dans Choisy. Les tirailleurs prussiens viennent très-près du parc de Vitry, au pont du chemin de fer. En avant des Bruyères, ils ont repris tous leurs anciens postes, sans rien changer à leurs dispositions antérieures.

FLOTTILLE. — Une partie de la subdivision de Bercy, deux canonnières et trois vedettes, remonte à Port-à-l'Anglais. La ligne de nos avant-postes partant des hauteurs du Moulin-Saquet descend jusqu'à la Seine, et sur cette rive une redoute a été construite en arrière de l'écluse de Port-à-l'Anglais. Sur la rive opposée, une ligne de tranchées s'étend jusqu'à Créteil.

C'est à ce point de la Seine que furent placés les avant-postes de la flottille. De ce point, ces navires pouvaient battre Thiais, Montmesly, le carrefour

Pompadour, Choisy-le-Roi et la Gare-aux-Bœufs, poste avancé prussien sur le chemin de fer d'Orléans.

Le barrage de l'écluse est réparé et tenu prêt à être relevé, afin de rendre la Seine navigable à nos bâtiments jusqu'à Choisy, point sur lequel on semble prévoir une attaque.

2 octobre.

EST. — Afin de mettre un terme à l'occupation alternative de Bondy par les Français et par les Prussiens, le vice-amiral propose de l'occuper définitivement. Cette proposition n'est pas admise par le gouverneur, qui préfère ne pas sortir de Noisy, et considère Bondy comme un objectif sur lequel on portera de temps en temps des reconnaissances.

Tout est calme dans l'Est. Les grand'gardes en avant de Rosny prennent à trois heures du matin un soldat prussien. Deux autres qui se trouvaient avec lui se sont échappés.

SUD. — Dans la nuit, on a vu et entendu les Prussiens travailler activement à Chevilly.

L'ennemi surveille avec soin ce qui se passe à Ivry. Ses sentinelles sont plus nombreuses qu'avant l'attaque du 30, et plus rapprochées.

Il y a échange de quelques coups de feu aux avant-postes d'Arcueil.

Le général de Chabaud-Latour prescrit aux Hautes-Bruyères divers travaux de génie destinés à accroître l'importance de cette redoute.

Du côté de Montrouge, les Prussiens occupent

toujours la maison Millaud. Nos mobiles font sur eux, de la Grange-Ory, une sorte d'exercice à la cible. Quand la fusillade ennemie est trop vive, un obus de Montrouge la modère.

Par ordre du général Vinoy, Montrouge tire aussi quelques coups, vers quatre heures du soir, sur Bagneux et Fontenay.

3 octobre.

L'ordre est donné aux forts de la marine de se préparer à faire du pain, par leurs propres moyens, à partir du 11, non-seulement pour nos marins, mais pour toutes les troupes que nous avons en subsistance, ou qui viennent opérer dans notre rayon.

FLOTTILLE. — Le canot à vapeur du *Puebla*, ayant un pavillon blanc à l'avant, va porter à Sèvres le chef d'état-major du général Ducrot. A son retour, deux balles sont tirées sur lui des avant-postes prussiens.

EST. — Rien de particulier.

SUD. — A six heures du matin, une compagnie de ligne s'avance sur la route d'Orléans. Dès qu'elle arrive à hauteur de la Grange-Ory, les Prussiens commencent le feu de la maison Millaud. La reconnaissance se replie. Montrouge envoie quelques obus sur des travailleurs ennemis que l'on aperçoit sur la crête de Chatillon, près de l'ancien télégraphe.

Une compagnie de chasseurs de Neuilly, qui a

passé la nuit à deux cents mètres en avant des avant-postes, entre le Moulin-Saquet et le chemin de fer d'Orléans, est accueillie, dans la plaine en avant de Vitry, par un feu très-vif, venant de la Gare-aux-Bœufs et d'une maison crénelée en dessous de la Plâtrière. Ces points sont pour le moment fortement occupés par l'ennemi. Les chasseurs n'éprouvent aucune perte et rentrent à Paris.

Les Prussiens paraissent établir une nouvelle batterie au carrefour Pompadour, à l'intersection de la route de Choisy et du canal de dessèchement de la commune de Créteil.

Des Hautes-Bruyères, on les voit ouvrir à deux mille mètres des tranchées réunissant l'Hay à Chevilly. Il y a sur ce point au moins trois cents travailleurs. Le général de Maud'huy préfère ne pas les inquiéter, pour éviter les représailles sur ses propres travailleurs.

Obsèques du général Guilhem aux Invalides. La marine y assiste en nombre.

4 octobre.

L'ennemi persistant à se renfermer dans les localités boisées et dans les villages, le vice-amiral commandant en chef donne l'ordre aux forts de l'inquiéter dans ses travaux par un tir plus fréquent, tout en ménageant avec sollicitude les munitions, c'est-à-dire en ne tirant que là où on sait qu'il se trouve. Il prescrit de prendre des repères pour tirer la nuit, par intervalles, et troubler son repos par des alertes, à des heures différentes chaque nuit.

A l'avenir, le service des escortes qui protégeait les relations des forts entre eux et avec Paris, cessera d'avoir lieu, l'ennemi se tenant toujours en dehors de la ligne des forts.

EST. — Le colonel Reille, commandant les mobiles du Tarn, fait une reconnaissance dans la matinée. Il constate la présence de l'ennemi en force près de Neuilly-sous-Bois, à portée du fort de Nogent. Il est important de bien veiller de ce côté, les dispositions du terrain entre Nogent et Rosny pouvant faciliter une surprise.

Travaux de terrassement sur la ligne de Strasbourg.

FLOTTILLE. — La canonnière *Farcy* va réparer à l'usine Cail des avaries produites par un tir exécuté près de Billancourt, à 3,000 mètres environ, limite extrême du champ de tir que permet l'affût de son canon de 24 centimètres.

SUD. — Dans la nuit, l'ennemi fait sauter une partie de la ferme de la Saussaye.

Devant Ivry, nous inquiétons de temps à autre ses travailleurs par des coups de canon. Ils se retirent pour revenir peu après.

Aux Hautes-Bruyères, même situation.

Devant Montrouge, une reconnaissance de dix hommes, commandés par le maître calfat Martin, est envoyée pour fouiller les maisons qui font face à la grange Ory. Elle s'avance imprudemment sur la route d'Orléans, en dehors des limites qui lui avaient été assignées, et essuie le feu des Prussiens embusqués dans la maison Plichon. Le maître tombe blessé de deux balles. Le fort de Montrouge envoie immédiatement une section de renfort et se prépare à canonner vivement la maison pour la faire évacuer et permettre l'enlèvement du blessé, qui ne pouvait avoir lieu sans pertes sous le feu de l'ennemi. Avant que cette section ait pu arriver, un brancard de la Société internationale, précédé de son drapeau, enlève le blessé sans être inquiété par l'ennemi.

5 octobre.

Le vice-amiral commandant en chef craint que la fréquentation de corps divers, où la discipline diffère de celle de la marine, et les relations inévitables avec une population peu disposée à l'ordre, n'occasionnent dans nos rangs des germes d'indiscipline. Quelques traces s'en révèlent.

En conséquence, il provoque un arrêté du gouverneur instituant, en date du 7 octobre, une cour martiale dans les commandements supérieurs de Romainville, Noisy et Rosny, fonctionnant d'après les arrêtés du 26 septembre et 2 octobre 1870. (Note 12.)

En outre, il publie l'ordre du jour suivant :

« Divers actes qui ont été récemment signalés au » vice-amiral commandant en chef font craindre

» que l'indiscipline ne tende à s'introduire dans cer-
» tains forts.

» Des cas multipliés d'ivrognerie, des faits de
» maraudage, de pillage dans les maisons, même
» des bris des clôtures et défenses des forts ont été
» constatés.

» Le vice-amiral est déterminé à mettre un terme
» à des actes qui entachent la bonne réputation que
» les marins s'étaient tout d'abord acquise par leur
» discipline, par la rapidité et l'intelligence avec les-
» quelles avaient été armés les forts dont la défense
» leur a été confiée, enfin par le bon esprit que leur
» avait inspiré l'honneur qui leur était fait.

» L'indiscipline et l'ivrognerie étouffent l'ardeur
» au combat autant que la dignité de l'homme; un
» soldat qui se respecte est toujours solide au feu.

» Le vice-amiral n'ignore pas que l'inaction rela-
» tive où les équipages des forts, désireux de com-
» battre, sont laissés par l'éloignement persistant de
» l'ennemi, n'est pas une des moindres causes des
» germes d'indiscipline qui se sont manifestés; mais
» il a fait la part de cette inaction par une tolérance
» déjà trop prolongée. Cette tolérance va cesser.

» Il prescrit en conséquence les dispositions sui-
» vantes :

» 1° Les décrets du gouvernement de la défense
» nationale, en date des 26 septembre et 2 octobre,
» créant les cours martiales, seront lus pendant trois
» jours de suite aux équipages assemblés, en même
» temps que le présent ordre du jour.

» 2° Ces décrets seront affichés dans les parties

» des forts que fréquentent les hommes, et notam-
» ment aux avancées.

» 3° Il sera également donné lecture des arti-
» cles 204 à 229, 239, 240, 241, 242, 249, 250,
» 251 et 256 du Code pénal maritime.

» 4° Les équipages des forts sont consignés jus-
» qu'à nouvel ordre. Il ne sortira des forts que les
» plantons et les corvées nécessaires au service;
» les corvées seront commandées par des officiers.

» 5° Aucun homme appartenant aux corps francs
» n'entrera dans les forts. Ceux de ces corps qui sont
» nourris par la marine recevront leurs vivres à la
» porte extérieure des forts.

» 6° Toute personne civile qui sera surprise intro-
» duisant des liqueurs fortes dans les forts sera mise
» en prison et y restera jusqu'à décision du com-
» mandant en chef.

» Les dispositions qui précèdent seront mainte-
» nues intégralement jusqu'à nouvel ordre.

» Le vice-amiral fait appel au bon sens non
» moins qu'au patriotisme de ceux des hommes
» sous ses ordres qui motivent ces dispositions.

» Il leur rappelle que les délits qui les dictent
» empruntent un caractère déshonorant aux cir-
» constances où se trouve la France, et il veut espé-
» rer qu'il ne sera pas réduit à faire des exemples
» que ces circonstances rendront d'autant plus ter-
» ribles. »

» Le vice-amiral commandant en chef,
» *Signé* : DE LA RONCIÈRE-LE-NOURY. »

Malgré une brume assez épaisse, le Mont-Valérien tire beaucoup du côté de Bougival et de Garches. Les canonnières tirent sur le Bas-Meudon, et le contre-amiral de Langle, commandant le 6ᵉ secteur, se joint aux forts pour la première fois et canonne Montretout, où on voit quelques Prussiens.

L'ennemi semble travailler à une nouvelle batterie en arrière et un peu à gauche de celle qu'il a déjà établie à Orgemont. Cet ouvrage, dissimulé par des abatis, se trouve à la même distance de Saint-Ouen que la batterie déjà en construction, 5,800 mètres.

EST. — Calme dans l'est. Brume épaisse.

SUD. — La nuit a été calme. La brume gêne les observations toute la journée.

Le vice-amiral commandant en chef, qui est à Montrouge, fait tirer sur la maison Plichon et sur Bagneux : on aperçoit en effet dans le parc Dreyfuss, à Bagneux, une éclaircie récemment faite qui semblerait dénoter la construction d'une batterie. A deux heures du matin, on tire dans cette direction.

6 octobre.

La brume est toujours intense. Le vice-amiral recommande la plus grande surveillance. Il faut s'attendre à tout de la part d'un ennemi aussi discipliné. La présence des souterrains aux alentours des forts du Sud et la persistance d'informations données à ce sujet par des gens du pays, rendent, de ce côté, la vigilance plus délicate en ce moment.

Dans nos forts, les canons de 24, tels qu'ils sont installés aujourd'hui, sont trop exposés aux coups de l'ennemi. Dans une attaque suivie contre les forts, ils ne tarderaient pas à être mis hors de service, découverts comme ils le sont. Le vice-amiral donne l'ordre de procéder à la diminution des embrasures. Le canon de 24 n'est utile que pour les tirs à distance. Le seuillet de l'embrasure peut donc être élevé jusqu'à ce que le canon, pointé suivant la direction de la plongée du glacis, se trouve très-rapproché du parapet. Quant à l'ouverture latérale de l'embrasure, elle est naturellement limitée par le pointage latéral extrême que donne la circulaire.

Saint-Ouen. La batterie de Saint-Ouen tire sur Épinay.

EST. — Le vice-amiral donne l'ordre au contre-amiral Saisset de tenir son monde en haleine, et de chasser de temps en temps l'ennemi de Bondy. Il ne convient pas qu'il y ait des Prussiens si près de nous. L'enseigne de vaisseau Germain a été cette nuit en reconnaissance accompagné d'un franc-tireur, ancien braconnier très-brave, nommé Prosper, et d'un second franc-tireur, dont l'ivrognerie rend les services plus nuisibles qu'utiles. M. Germain s'est dirigé vers Villemomble et a pu constater que l'ennemi y était nombreux.

A trois heures, une colonne ennemie vient

prendre position en arrière de Bondy. Quelques obus bien dirigés de Noisy la font rétrograder.

Un soldat d'infanterie de marine sans armes, ayant quitté sa corvée pour aller dans les vignes d'Avron, a été enlevé par les Prussiens. A la même heure, deux paysans de Rosny ont été également enlevés et conduits avec leur voiture et leurs chevaux, d'Avron à Villemomble. L'ennemi les relâche après leur avoir tout pris. Malgré les avis réitérés donnés par les commandants des forts, d'autres cultivateurs ont le même sort.

A la nuit, nos guetteurs signalent quatre postes ennemis établis sur le plateau d'Avron.

Tous les renseignements s'accordant à dire que Villemomble est plein de Prussiens, Rosny reçoit l'ordre de couvrir inopinément cette position d'un tir précipité de vingt obus marins à 3,000 mètres.

A trois heures quarante-cinq, les éclaireurs à cheval étaient en reconnaissance aux Cinq-Chemins. Romainville aperçoit les Prussiens se massant vers Drancy et semblant préparer un mouvement. Ce fort tire immédiatement quelques obus sur ce village pour les déloger, et prévenir les nôtres.

SUD. — La nuit est très-calme. Ivry tire huit coups de canon sur les travaux ennemis.

Nos forts reçoivent l'avis que, le lendemain, le général Vinoy compte occuper Cachan. Ils devront tirer sur Bourg-la-Reine et Bagneux pour contenir l'ennemi. Montrouge reçoit des ordres en conséquence.

Un détachement d'infanterie française s'établit dans l'aqueduc d'Arcueil et y fait des travaux.

Calme absolu; pas un Prussien, à peine quelques coups de fusil très-éloignés.

On n'entend pas comme d'habitude les tambours prussiens.

7 octobre.

Six canonnières de la flottille sont entièrement désarmées. Le lieutenant de vaisseau Augey-Dufresse est envoyé avec 40 marins (équipages de deux canonnières), au fort de Vanves, pour servir 3 canons de 30 de la marine. On installe au Point-du-Jour, à la courtine de Billancourt, avec 90 marins (équipages de quatre canonnières), sous les ordres de MM. de Rosamel, de la Tour-du-Pin et Scias, lieutenants de vaisseau, une batterie se composant de : 6 canons de 30 marine, se chargeant par la culasse et provenant de ces canonnières, 1 canon de 24 de place, et plus tard 2 canons de 7.

EST. — Le vice-amiral prescrit d'inquiéter le plus possible l'ennemi pour nuire à son établissement à Avron. Rosny peut remplir ce but sans se servir de ses gros canons, puisqu'il en est peu éloigné.

L'amiral prescrit de nouveau d'assigner d'une manière formelle, aux paysans qui vont chercher des récoltes, des limites qu'ils ne devront pas franchir, sans risque d'être pris par l'ennemi.

La brume est très-épaisse. Les travaux sont suspendus vers la voie ferrée. Chacun rentre dans ses cantonnements et veille.

SUD. — Dans la nuit, au fort de Bicêtre, une pièce de 16 centimètres de la marine est placée sur une nouvelle plate-forme du bastion 4, afin d'augmenter le nombre des pièces qui doivent tirer sur Bagneux.

Une brume intense empêche de rien voir. A onze heures seulement, le soleil la dissipe un peu.

Cachan a été occupé par les troupes du général Vinoy sans coup férir.

Vers trois heures, dès que la brume est tout à fait dissipée, Ivry tire une vingtaine de coups sur Choisy, Montrouge en tire le même nombre sur l'Hay. Deux obus de Montrouge en tombant sur une grande maison à l'entrée du parc en arrière de l'Hay, en délogent une centaine de Bavarois. Montrouge tire également quelques obus sur la maison Millaud d'où l'on inquiète nos travailleurs, et sur la crête de Châtillon à gauche du moulin où l'ennemi travaille.

Plus tard le même fort tire quelques coups sur un épaulement qui paraît destiné à recevoir au moins neuf bouches à feu. Cet épaulement est sur la croupe de Châtillon vers Bagneux, un peu plus bas que l'ancien télégraphe et à droite.

8 octobre.

Dans les diverses reconnaissances entreprises aux environs des forts, par des corps plus ou moins indépendants, le vice-amiral a constaté qu'il était souvent difficile de reconnaître les troupes, de prévoir ce qu'elles veulent faire, et d'appuyer leurs opérations, soit par le feu des forts dirigé opportunément, soit par un secours d'hommes, de vivres, de munitions, etc., etc. On pourrait citer telle circonstance où un défaut de moyen de communication de cette nature a paralysé une action qui eût pu être très-efficace. Un aide de camp peut, il est vrai, porter un ordre, mais l'exécution de cet ordre n'a pas toujours l'instantanéité nécessaire. Le vice-amiral, pénétré de cette situation, propose au gouverneur de préparer, suivant les usages maritimes, un code sommaire de signaux entre les forts et les troupes opérant dans leur voisinage. Cette proposition ne reçoit pas de suite pour le moment. (Note 13.)

Aujourd'hui, pluie torrentielle. Dans les forts, la terre glaise détrempée rend la circulation très-difficile. On couvre de sable les bastions et les chemins qui y aboutissent. Il devient indispensable également de planchéier les tentes des soldats d'infanterie de marine qui sont campés dans les avancées des forts de l'Est.

Dans la nuit, le temps est devenu très-mauvais. Il y a depuis hier une baisse barométrique de

8 millimètres, et depuis le 5 octobre, une baisse de 30 millimètres.

EST. — Dans l'après-midi, nous chassons l'ennemi de Bondy et occupons ce village jusqu'à la nuit. Cette opération, dirigée par M. le chef de bataillon Bousigon, de l'infanterie de marine, a bien réussi.

Le village est entouré et abordé, et on arrive facilement jusqu'aux abords de l'église. Là, l'ennemi, barricadé et retranché, tient bon, et une vive et longue fusillade s'engage entre les francs-tireurs et lui. Il est délogé enfin, et se réfugie en arrière du village, derrière les grands arbres à l'entrée du bois, protégé par deux mitrailleuses et quelques pièces attelées. A deux reprises différentes, nos obus des forts ont éteint le feu de ces pièces; une mitrailleuse ennemie n'a pu tirer qu'un coup, obligée de se déplacer souvent. Bientôt l'ennemi disparaît dans les bois. A la nuit, nous reprenons nos cantonnements.

Pendant cette expédition, M. de Pindray, avec ses éclaireurs à cheval, protége la récolte des Enfants de Paris dans la plaine.

Pendant l'occupation de Bondy, le génie fait sauter avec des pétards quelques établissements trop rapprochés de nos travailleurs de la voie ferrée.

Nous avons un sergent d'infanterie de marine tué, et un officier d'éclaireurs et six soldats de divers corps blessés.

SUD. — Tout est calme pendant la nuit.

Nous avons aux Hautes-Bruyères un poste de 50 fusiliers marins que l'on relève toutes les quarante-huit heures, de façon à les y faire passer tous à leur tour.

Les forts inquiètent de quelques obus les positions ennemies, notamment le plateau de Châtillon et de Clamart, où Montrouge voit quelques travailleurs.

9 octobre.

EST. — Le vice-amiral félicite, par la voie de l'ordre, les troupes qui ont exécuté l'opération d'hier sur Bondy. Il fait connaître à ces troupes que « leur attitude et leur entrain, guidés par une » obéissance parfaite, inspirent désormais la con- » fiance dans le succès des entreprises destinées à » élargir successivement le cercle de notre action. »

Aujourd'hui, la ligne des forts de l'Est est complètement reliée par des chemins couverts et des ouvrages, depuis le canal de l'Ourcq, près des avancées de Pantin jusqu'au delà du fort de Nogent. En arrière de la voie ferrée de Strasbourg, les tranchées pratiquées par le génie sous la direction du général Tripier, ont un relief suffisant, elles couvrent d'une manière efficace les deux tiers de la plaine. M. Viollet-Leduc, à la tête d'ouvriers auxiliaires du génie, a concouru très-efficacement à ces travaux.

Le commandant en chef demande au gouverneur à porter les Éclaireurs de la Seine, de Romainville à Noisy-le-Sec. Ce mouvement a lieu le 12.

Forte pluie par grains.

Vers midi, dix pièces prussiennes sortent de la forêt de Bondy et prennent position hors de toute portée des forts, près des ouvrages de la route de Lille. L'ennemi travaille à un établissement au-dessous de Vaujours.

A la nuit, l'ennemi échange des signaux entre Vaujours, Drancy et Stains. Le clocher de Bondy est en feu.

SUD. — Dans la nuit, on tire quelques coups sur les travaux de l'ennemi reconnus dans la journée.

Au jour, Ivry en fait autant sur trois épaulements défensifs établis par l'ennemi en avant de Choisy et au-dessus de la Plâtrière.

Un Prussien, tombé dans un avant-poste des Hautes-Bruyères, dit qu'une attaque générale doit être tentée le 10.

Du côté de Montrouge, l'infanterie de ligne occupe la grange Ory et ses tirailleurs la relient à Arcueil.

10 octobre.

EST. — Aujourd'hui, par ordre du contre-amiral Saisset, les compagnies de ligne des redoutes de la Boissière, Montreuil et Noisy, sous les ordres du capitaine Guillot du 81e de ligne, commandant de la Boissière, ayant un bataillon de mobiles en réserve, gagnent le chemin de fer de Strasbourg vers midi.

Les compagnies qui occupent la redoute de Montreuil, sous les ordres du capitaine Gumery, observent Bondy, leur droite surveillant les bois du côté du pont sauté.

Le centre s'avance, couvert par des tirailleurs. A trois cents mètres, le feu s'engage avec les tirailleurs ennemis masqués par la forêt et les replis de terrain. On les débusque et on approche à trois cents mètres des maisons dites Maison-Blanche et Maison-Rouge. Ces maisons ont les murs de clôture de leurs jardins crénelés. Un feu très-vif s'engage, une batterie de deux pièces ennemie ouvre son feu et tire une dizaine de coups. Nos forts la démontent. Le feu diminue bientôt, puis cesse, et chacun rentre dans ses cantonnements. Nous avons vingt et un blessés.

En même temps, le capitaine Gumery se dirigeait sur la Maison-Blanche; ses tirailleurs démontent plusieurs cavaliers d'un peloton qui rentre sous bois. De ce côté, nous eûmes un tué et trois blessés.

Le capitaine Martin, commandant la redoute de Noisy, sur la gauche, protégeant nos travailleurs entre Bondy et la voie ferrée, n'est pas engagé.

Le feu de nos forts a été très-juste. Nous voyons distinctement, pendant l'action, une pièce d'artillerie ennemie emmenée à bras. Ses chevaux errent ou fuient blessés. Peu après, la seconde pièce est emmenée péniblement. Une quinzaine de Prussiens blessés remontent par l'avenue de la Maison-Blanche vers le Dépotoir.

Nos soldats de la ligne ont montré de la fermeté et de l'aplomb.

Aujourd'hui, deux éclaireurs de la Seine ont été enlevés près des versants d'Avron du côté de Nogent. Ils causaient avec un individu qui se disait espion du général d'Exéa et se disposait à leur montrer ses papiers.

SUD. — Vers dix heures et demie du matin, le fort d'Ivry voit à neuf ou dix kilomètres de lui défiler des forces ennemies considérables, au moins 25,000 hommes, allant de Grosbois vers Villeneuve-Saint-Georges.

Le gouverneur vient à Villejuif; il est décidé que Vitry et le Moulin-Saquet seront réunis à la redoute des Hautes-Bruyères par une longue et profonde tranchée passant en avant de Villejuif.

Du côté de Montrouge, le fort tire trois obus sur la maison Millaud, vers deux heures de l'après-midi. Les coups sont heureux; on voit les Prussiens s'enfuir emportant des blessés. Une trentaine sortent de différentes maisons du côté de Bagneux, semblent d'abord vouloir se porter vers la maison Millaud, puis se replient du côté de Bourg-la-Reine. Montrouge envoie de temps en temps des obus sur la maison Millaud pour la tenir évacuée. A sept heures, la division Blanchard l'occupe sans que l'ennemi s'y oppose, et nos troupes travaillent pendant la nuit à s'y retrancher.

FLOTTILLE. — Les batteries flottantes n°^{s} 3 et 5 quittent dans la nuit le quai de Javel et se rendent à Bercy. Elles sont destinées à renforcer la subdivision de Port-à-l'Anglais, dont les grand'gardes se trouvent par le travers de la redoute construite sur ce point sur la rive gauche.

11 octobre.

Le génie continue à perfectionner sans désemparer toutes les installations de défense dans les forts : les abris blindés, les poudrières, les parados devant les casemates, les pare-éclats dans les cours, etc.

EST. — Chaque jour l'ennemi renouvelle ses tentatives d'espionnage. Aujourd'hui, au 6° secteur, à Auteuil, un poste de pompiers arrête pendant la nuit un homme déguisé en vieille mendiante. Il s'empoisonne suivant les uns, meurt de saisissement, suivant les autres, en arrivant au poste du quartier général. Le docteur Tardieu en fait l'autopsie et constate l'empoisonnement.

Trois bataillons de mobiles sont mis sous les ordres du commandant supérieur de Romainville : un bataillon du Finistère de 1,100 hommes, commandant comte de Legge, occupe Pantin et ses abords. Un deuxième bataillon, de la Côte-d'Or, de 1,150 hommes, commandant de Carné, fournit un poste dans l'ouvrage à cornes de l'autre côté du canal, et des factionnaires le long du chemin de fer. Le troisième, 8° bataillon de la Seine, commandant Léger, de 650 hommes, est campé près de l'enceinte, dans une dépendance de la gare. Il fournit des postes au pont du chemin de fer, et une compagnie de grand'garde dans une maison sur la route, par le travers d'Aubervilliers.

SUD. — On s'attend à une attaque de l'ennemi. Dès le matin, une artillerie assez nombreuse est venue renforcer celle des Hautes-Bruyères. On aperçoit de Bicêtre la brigade Caussade et plusieurs bataillons de mobiles établis sur le plateau de Villejuif, et entre Villejuif et Ivry.

La journée se passe dans le plus grand calme.

L'ennemi fait de grands mouvements de troupes allant sur Versailles. Nos soldats fortifient toujours la maison Millaud.

12 octobre.

Le général Ducrot fait une reconnaissance appuyée par le Mont-Valérien.

Le 6ᵉ secteur appuie également ce mouvement en tirant entre Montretout et Sèvres, et en fouillant les bois de Saint-Cloud et les hauteurs de Garches.

EST. — Le commandant en chef félicite par la voie de l'ordre les troupes des redoutes de l'est qui ont fait la reconnaissance du 10, conduites avec habileté par le capitaine Guillot. Ces troupes ont retrouvé « la fougue du soldat français, fougue dont » le résultat est trop souvent rendu stérile par la » justesse et la grande portée des armes nouvelles. »

Pendant la nuit, l'ennemi a peint en gris la Maison-Blanche, au delà de Bondy, dans l'espoir de la rendre moins visible à nos canonniers. Ceux-ci s'appliquent davantage à l'atteindre et le font avec le même succès.

Les francs-tireurs occupent pendant une heure la double maison près du cimetière de Bondy, et y mettent le feu. Ils échangent quelques coups de fusil avec les Prussiens et se retirent sous le village.

Beaucoup d'habitants de Paris, qui vont ramasser des récoltes aux environs des forts de l'Est, ont des permissions pour sortir de Paris signées : Félix Pyat.

SUD. — Le détachement de marins des Hautes-Bruyères est porté à 100 hommes, qui concourent pour le service de grand'garde et autres avec la garnison de la redoute. On les habille en bleu, pantalons gris de fatigue, pour les reconnaître des Allemands, dont la coiffure de petite tenue ressemble au bonnet de travail réglementaire de nos matelots.

Tout est tranquille.

Le soir, à la demande du général de Maud'huy, quelques pièces du fort de Bicêtre sont repérées sur l'Hay et Chevilly pour être tirées au jour.

13 octobre.

EST. — Tout est calme du côté de l'est.

SUD. — Dans la nuit, l'ordre arrive à la brigade de la Charrière d'être à Montrouge à six heures du matin, pour prendre part à une reconnaissance que doit faire le général Blanchard avec toute sa division sur le plateau de Châtillon.

Les forts ont ordre d'appuyer le mouvement

Bicêtre, Montrouge, Vanves et Issy s'y disposent.

La brigade Dumoulin ayant l'ordre de se tenir prête à marcher pour seconder les opérations, le nombre des marins des Hautes-Bruyères, qui peuvent être appelés à garder seuls cette redoute, est porté à 400 hommes.

Le général Vinoy est à Montrouge, où se trouve le vice-amiral.

A neuf heures, Montrouge ouvre le feu sur la ferme en avant de Bagneux, à quatorze cents mètres du fort, puis sur la barricade à l'entrée du village, puis sur le haut du village même. Une batterie d'artillerie de terre tire sur le bas du village.

Nos troupes se mettent en marche; les mobiles de la Côte-d'Or, commandant de Grancey, ceux de l'Aube, commandant de Dampierre, abordent le village par l'est. Le 35e de ligne en fait autant par le nord. Les forts cessent de tirer à ce moment, et, pied à pied, maison par maison, le village est enlevé. Le commandant de Dampierre est tué à la tête de son bataillon.

Du fort de Bicêtre, on aperçoit les Bavarois, qui défendaient la partie Est du village, fuir vers le plateau de Châtillon.

Devant Vanves et Issy, le village de Châtillon et celui de Clamart paraissent être le théâtre d'actions semblables.

Vers dix heures du matin, Bicêtre et les Hautes-Bruyères tirent sur l'entrée de Bourg-la-Reine, d'où les tirailleurs ennemis faisaient sur les nôtres une fusillade nourrie. On fait taire leur feu.

A une heure, l'ennemi a amené une batterie de campagne près de Sceaux. Un obus de Bicêtre démonte une des pièces, et force la batterie à la retraite. Le même fait se reproduit deux fois.

Après avoir occupé Bagneux pendant plusieurs heures, la retraite est ordonnée.

Un détachement de 400 marins, commandés par le capitaine de frégate d'André, accompagné du lieutenant-colonel du génie Lévy, et sous la direction supérieure du contre-amiral Pothuau, part de Montrouge et va abattre les murs du parc de Bagneux. Ils continuent leur travail jusqu'à la complète évacuation du village par nos troupes. A ce moment, ils couvrent la retraite avec le plus grand ordre, et rentrent au fort. Le feu de Montrouge et celui de l'artillerie de campagne contient l'ennemi dans le village.

Une quarantaine de prisonniers sont amenés à Montrouge. L'un d'eux affirme que les Allemands comptent entrer bientôt à Paris, qu'ils ont des pièces de 22 devant lesquelles rien ne peut résister, qu'il y a sept pièces sur Châtillon, et chaque jour un bataillon de garde dans Bagneux.

A quatre heures et demie, toutes les troupes sont rentrées dans leurs cantonnements.

Dans son ordre du jour, rendant compte de cette journée, le gouverneur s'exprime ainsi :

« ... Les marins du fort de Montrouge, commandés
» par le capitaine de frégate d'André, ont pris part
» à l'action et formé l'arrière-garde, avec un aplomb
» remarquable, pendant la retraite de notre gauche. »

Le commandant en chef écrit le lendemain au contre-amiral Pothuau : « Le fort de Montrouge, » hier, a montré ce que pouvait faire l'organisation » qui a présidé à l'armement des forts confiés à la » marine. J'aurais désiré que nos marins pussent » avoir dans toute l'affaire un rôle plus rapproché » de l'ennemi. Une occasion s'est heureusement » présentée, mais vers la fin du combat seulement, » de conduire les hommes plus près du feu. Nos » marins ont marché avec ordre et entrain, et le » commandant d'André a parfaitement dirigé son » détachement. Vous avez été vous-même con- » duire l'opération, et votre présence a été pour » eux un nouvel encouragement. La précision avec » laquelle vous les avez fait replier a eu pour notre » arme l'avantage de rester la dernière exposée au » feu dans le village de Bagneux. J'ai toujours désiré » que nos fusiliers prissent part à toutes les recon- » naissances. Les demandes que j'ai faites dans ce » sens n'ont pas encore été accueillies. Je les re- » nouvellerai. J'espère que le spectacle que nos » hommes ont donné hier m'aidera à réussir. » J'écris au commandant Amet pour le féliciter sur » l'excellente tenue de son fort, où tout s'est fait » avec l'ordre et la précision la plus remarquable. »

Il écrit au commandant de Montrouge :

« Il appartenait à la grande voix du chef du gou- » vernement de vous féliciter sur la journée d'hier. » Il l'a fait dans des termes fort élogieux que nous » apprécierons tous.

» Je veux aussi dans ma sphère plus modeste,

» mais dans des paroles plus senties peut-être et
» tout à fait cordiales, vous dire combien j'ai été
» frappé de la correction avec laquelle toutes choses
» se sont faites aujourd'hui à Montrouge. Du calme
» avec de l'entrain, de la précision malgré la pré-
» sence de ces groupes d'états-majors, qui eussent pu
» être une cause bien naturelle de trouble ; les ordres
» se transmettant sans bruit, et bien d'autres détails
» que j'ai remarqués, tout cela m'a confirmé dans
» la haute idée que j'avais déjà du commandant su-
» périeur du fort de Montrouge. Prenez une bonne
» part, mon cher commandant, des félicitations
» que j'ai une véritable satisfaction à vous adresser,
» et transmettez le reste à vos collaborateurs, qui se
» sont montrés les égaux de leurs chefs. Le comman-
» dant d'André a parfaitement conduit sa troupe, et
» si nous avons le regret d'avoir vu renoncer à garder
» Bagneux, il a la satisfaction d'avoir quitté le vil-
» lage le dernier. »

Du côté d'Ivry, tout est tranquille. L'ennemi a coupé des arbres en avant de Choisy pendant la nuit, pratiqué de nouveaux créneaux et blindé une maison avec des troncs d'arbres.

Le capitaine de vaisseau Krantz fait, avec des mortiers à la Cohorn, des essais de bombes à pétrole. Ces bombes, renfermant une charge de poudre suffisante pour l'éclatement, et une vessie pleine de cinq cents grammes de pétrole, éclatent très-bien. La flamme produite est très-considérable. La plus grande portée de ces bombes a été de quatre-vingt-onze mètres. Ce peu de portée est peut-être dû à l'affaiblissement de la poudre par suite de l'extrême humidité qui règne dans les poudrières nouvellement construites. On étudie en conséquence l'augmentation des charges. Le gouverneur recommande de ne pas faire usage de bombes à pétrole contre l'ennemi, afin d'éviter une réciprocité qui nous serait des plus nuisibles.

Pendant la nuit, la lanterne de Diogène saute. A Saint-Cloud il y a un violent incendie.

Au Mont-Valérien, un canon de 16 centimètres de la marine éclate. Pas d'accident. Deux canons de 19 centimètres de la marine sont envoyés dans ce fort et y arrivent aujourd'hui.

14 octobre.

Le vice-amiral transmet de nouveau au gouverneur une réclamation du 3ᵉ bataillon des éclaireurs de la Seine, commandant Poulizac, pour obtenir un meilleur armement. Quoique formulée en termes assez étranges, il n'hésite pas à l'appuyer, en égard aux services que rend le bataillon.

Le temps est couvert, l'horizon brumeux; Saint-Cloud brûle toujours.

Les Prussiens paraissent travailler avec activité à la batterie d'Orgemont, ainsi qu'au pont d'Argenteuil. Les marins de Saint-Ouen les surveillent avec soin et les inquiètent par leur tir à grande portée.

EST. — Vers deux heures du matin, l'ennemi

s'avance assez nombreux jusqu'à cent cinquante mètres de la gare de Bondy. Accueilli par la fusillade des francs-tireurs, il se retire en désordre.

Deux Enfants de Paris, qui ont pénétré dans les bois de notre droite, constatent qu'ils sont barrés par des fils de fer entrecroisés. C'est peut-être un indice que l'ennemi a un peu dégarni ses forces de ce côté. Une reconnaissance d'infanterie de ligne part à midi de la Boissière pour vérifier le fait. Malgré une vive fusillade, elle s'empare de la Maison-Blanche, devenue la maison grise, d'où l'ennemi s'enfuit. Mais elle ne s'aventure pas jusque dans le bois.

Dans le même temps, une colonne d'infanterie de marine et de marins, sous les ordres du commandant Bargone de l'infanterie de marine, va faire une démonstration du côté de Bondy. On tiraille de part et d'autre. L'ennemi démasque rapidement une batterie d'artillerie. Mais à peine avait-elle envoyé trois boîtes à balles, que Romainville lui envoyait trois obus avec une précision qui l'oblige à se retirer.

Ces deux mouvements n'étaient que des diversions. C'est du côté de Rosny que le commandant supérieur de ce fort, le capitaine de vaisseau Mallet, veut tenter d'enlever un troupeau de bœufs et de moutons, que des renseignements disent peu gardé sur le plateau d'Avron. L'entreprise ne réussit pas. Accueilli par une vive fusillade, on est forcé de se retirer. Les éclaireurs ont un tué, trois blessés; l'infanterie de marine un tué, dix blessés.

Rosny soutient la reconnaissance en tirant vingt-cinq coups de canon sur la Maison-Rouge, où les Prussiens mettent des pièces en batterie.

La batterie de six obusiers de 4 de montagne du fort de Rosny, sous les ordres du lieutenant de vaisseau Lefèvre, fait partie de la colonne. Du plateau d'Avron, elle déloge, à 1,800 mètres, un poste prussien placé dans une usine et dans la carrière de Villemomble. Malgré leur légèreté, les obusiers de montagne, montés sur des affûts en fer, sont durs à traîner à bras dans un terrain mou.

Le vice-amiral commandant en chef, tout en encourageant l'initiative de ses subordonnés, n'approuve pas cette reconnaissance faite sans qu'il en ait été informé, et l'apprécie sévèrement. « La si-
» tuation que la marine occupe à Paris, l'organisation
» de son service, sa discipline, ne permettent pas de
» se livrer à des entreprises de cette nature insuffi-
» samment étudiées, et faites sur des renseignements
» incomplets ou qui peuvent cacher un piége. »

SUD. — Le gouverneur décide que trois pièces de 30 de la marine seront placées aux Hautes-Bruyères.

Un armistice a lieu de onze heures à cinq heures pour relever et enterrer les morts de l'affaire d'hier.

Montrouge envoie à la nuit une corvée de 300 hommes travailler à la tranchée qui doit relier les glacis de Montrouge à ceux de Vanves.

L'ingénieur des ponts et chaussées Krantz vient faire à Ivry des expériences de lancement de pétrole. Les résultats sont des plus satisfaisants, malgré les moyens incomplets dont on dispose. On se sert simplement d'une pompe à incendie ordinaire.

Le jet des pompes va au delà de quatre-vingts mètres, et produit une flamme intense qu'il serait impossible d'affronter. C'est un moyen puissant de résister à un assaut.

15 octobre.

EST. — Dans l'est, on prend sa revanche d'hier.

Les trois forts ouvrent le feu : Romainville sur la ferme de Groslay, 5,200 mètres, d'où il chasse l'ennemi; Noisy sur le pont de la Poudrette, à 4,500 mètres, d'où quatre obus débusquent les troupes qui y sont habituellement établies. Rosny tire sur le Raincy, à 5,400 mètres, et contient l'ennemi.

Profitant de la justesse de notre tir, les éclaireurs de la Seine sortent de Bondy et engagent avec l'ennemi, embusqué de l'autre côté du canal de l'Ourcq, une vive fusillade.

Trente-six matelots charpentiers, sous la conduite de M. Germain, enseigne de vaisseau, s'avancent sous le feu de l'ennemi et à cinq cents mètres de lui, et coupent une vingtaine d'arbres qui masquaient à nos bastions une partie de la vue de la plaine.

A trois heures et demie, l'ennemi arbore le pavillon blanc. On cesse le feu partout. A la faveur de l'armistice, les Prussiens ramassent leurs morts et leurs blessés.

Deux matelots charpentiers sont blessés. Les

éclaireurs ont deux tués, dont le capitaine Burtin, et trois blessés grièvement.

A cinq heures et demie, à la reprise des hostilités, un obus de Noisy, tiré du bastion 2, tue deux officiers d'artillerie prussiens et les cavaliers d'une des deux pièces qu'ils mettaient en batterie. Cette pièce est mise hors de service par ce seul coup, tiré à 4,500 mètres. Les chevaux tués restent sur l'avenue, la pièce démontée est enlevée à bras; l'autre disparaît sans tirer.

L'insuccès d'hier est effacé par la journée d'aujourd'hui.

Les éclaireurs de la Seine se sont vigoureusement conduits, s'approchant d'arbre en arbre très-près de l'ennemi. Déjà d'ailleurs ces troupes, constamment en haleine, ne sont plus l'objet que de plaintes de plus en plus rares. Leur organisation actuelle, après avoir eu des commencements pénibles, se modifie. Il leur manque toujours de bonnes armes.

SUD. — Pendant la nuit, quelques coups de feu aux avant-postes.

Dans la journée, les Prussiens envoient quelques obus sur les travailleurs de la tranchée, exécutée à 600 mètres en avant du Moulin-Saquet.

Vers quatre heures et demie du matin, le commandant supérieur du fort d'Ivry envoie un détachement d'infanterie de marine et de marins dans la direction de la Gare-aux-Bœufs.

Le sous-lieutenant qui commande s'est approché avec cinq hommes à cent cinquante mètres environ sans être vu. Il entend distinctement le bruit de quelques voix. Le poste important de l'ennemi est à 500 mètres plus en arrière. Cette gare peut abriter et cacher beaucoup de monde à un moment donné. Elle sera battue en écharpe par une batterie de 12 que l'on établit à la partie Sud-Est de la Pépinière, qui fait suite à l'usine Groult dont cette batterie est à six cents mètres. Elle est à 700 mètres de la Gare-aux-Bœufs.

Ivry envoie chaque jour quelques obus dans cette gare, où l'ennemi persiste à tenir quelques hommes abrités.

L'attention est éveillée de ce côté.

Du côté de Montrouge, on travaille toujours à la tranchée qui doit relier ce fort à Vanves.

16 octobre.

Le vice-amiral commandant en chef est nommé membre du Comité de défense.

Le gouverneur fait connaître, dans une chaleureuse proclamation, que « l'opinion publique peut » seule récompenser dignement le sacrifice de la » vie » dans les circonstances pénibles que nous traversons, et prescrit aux commandants en chef de lui proposer les noms des plus méritants pour la mise à l'ordre du jour, qui sera désormais la récompense la plus élevée. (Note 14.) Cette mesure n'eut pas toute l'efficacité qu'on en attendait, et cessa, à notre regret, d'être mise en pratique peu de temps après qu'elle fut prise.

Nuit calme, brouillard épais.

L'artillerie de nos forts maintient toujours l'ennemi à distance.

Un ballon sans nacelle et à demi gonflé, la *Liberté*, sort de son filet dans une rafale, échappe des mains de ceux qui le préparaient à un des gazomètres de la Villette, et tombe près de Drancy. Une cinquantaine de Prussiens, sans armes, s'en approchent. Un obus de Noisy les fait fuir, mais aucun détachement français ne se trouvant à portée pour essayer de reprendre ce ballon, ils profitent de la nuit pour s'en emparer.

Depuis quelques jours, un nombre toujours croissant d'habitants de Paris se répandent dans la plaine, devant les forts de Noisy, Romainville et Aubervilliers, pour recueillir des légumes. On tente d'abord d'arrêter cette irruption, mais elle prend de telles proportions qu'il est préférable de lui laisser son cours. D'ailleurs la grande quantité de légumes qui entre ainsi dans Paris est un appoint sensible à l'approvisionnement de vivres. Des contestations s'élèvent entre nos troupes et les maraudeurs, auxquels se joignent quelques-uns de nos soldats. Plusieurs coups de feu sont même échangés.

C'est ainsi qu'un flot de population que l'on peut estimer à vingt mille individus, avec charrettes, fiacres, voitures à bras, sacs, etc., est répandu dans la plaine jusqu'à la ferme de Groslay, et va même au delà de la ferme de Nonneville.

Quelques groupes de Prussiens, sans armes, à la barrière du chemin de fer de Soissons, près du bois, paraissent considérer avec curiosité ces masses humaines qui s'agitent en troupeau dans la plaine. Plusieurs d'entre eux viennent se mêler à cette foule, et on peut croire que des officiers ennemis profitent de cette irruption pour pénétrer dans Paris et en ressortir sans être inquiétés.

Le chef de bataillon Langlois, commandant le 116° bataillon de la garde nationale, revient d'une pointe faite la veille dans la nuit du côté de Villemomble. Ses tirailleurs ont trouvé une barricade à la droite du village et les maisons vers Gagny crénelées. Ils se sont repliés sans avoir vu l'ennemi.

SUD. — Aujourd'hui a lieu l'inhumation du comte de Dampierre à la maison des Dominicains d'Arcueil. Cette cérémonie fort simple a été rendue des plus touchantes par l'émotion des jeunes mobiles de l'Aube qu'il commandait. Quelques jours après, un service solennel est célébré à la Madeleine, où la présence du gouverneur et des principaux officiers de l'armée et de la marine est un hommage de l'estime que méritaient le caractère et le courage de ce brave officier.

On travaille aux Hautes-Bruyères à l'établissement de cinq plates-formes pour les trois pièces de marine transportées de Paris à la redoute. Dans l'après-midi, un ouvrier civil, occupé à ce travail, reçoit une balle dans le crâne qui le tue roide.

Un aide de camp du général de Maud'huy va en parlementaire à l'Hay réclamer contre l'enlèvement d'un sergent fait prisonnier pendant qu'il s'avançait sans armes au-devant d'un Prussien agitant un mouchoir blanc. L'officier prussien commandant à l'Hay s'est refusé à trancher la question, disant qu'il ne pouvait recevoir de parlementaire que par Versailles.

Du côté de Montrouge, on aperçoit pendant la nuit, derrière Bagneux et dans la direction de Sceaux, une vive lumière avec éclats, ressemblant à celle d'un appareil électrique.

Vers dix heures du soir, un assez grand nombre de feux paraissent et disparaissent comme portés par des personnes en mouvement du côté de Châtillon. Montrouge tire sur Bagneux, Vanves en même temps sur Châtillon.

MM. Delamarche, Manen et Caspari, ingénieurs hydrographes de la marine, sont chargés de faire les plans et levés, au point de vue du tir, des redoutes de Villejuif et de Vitry.

FLOTTILLE. — Le barrage de l'écluse de Port-à-l'Anglais est relevé. Les eaux ayant monté, les vedettes de la flottille peuvent faire des reconnaissances et s'avancer jusqu'au coude de la rivière voisin de Choisy.

Des reconnaissances de cette nature eurent lieu chaque jour, malgré une fusillade nourrie de l'ennemi et quelques coups de canon tirés de Thiais. Elles tinrent l'ennemi en éveil, et nous permirent d'assurer notre action de ce côté. En cas d'attaque dans les plaines de Créteil et de Choisy, la flottille pouvait ainsi protéger les ailes de nos troupes et empêcher l'ennemi de faire tout mouvement ayant la Seine comme appui.

Plus tard, la manœuvre de l'écluse fut assurée d'une façon permanente par les ponts et chaussées; tous nos bâtiments purent se rapprocher des avant-postes ennemis.

17 octobre.

Pluie et brume. Vents de sud-ouest assez frais.

Deux officiers et quatre marins de la batterie de Saint-Ouen partent pour aller constater l'état d'avancement des travaux du pont d'Argenteuil. Ils s'en approchent suffisamment, échangent quelques balles, et constatent que les travaux paraissent abandonnés.

EST. — Dans l'est, la masse des maraudeurs continue à recueillir des légumes dans la plaine.

L'ennemi se renforce du côté de Bondy. Trois compagnies de mobiles vont joindre nos éclaireurs de ce côté. A trois heures, Romainville tire dix coups de canon sur le Bourget, où il voit des rassemblements. Le fort de Rosny tire cinquante coups sur Gagny par-dessus Avron, et sur la partie élevée du Raincy, où des informations indiquent la présence de troupes prussiennes.

SUD. — FLOTTILLE. — La flottille de Port-à-l'Anglais exerce la surveillance la plus incessante sur les mouvements de l'ennemi, et sur les torpilles flottantes qu'il peut lancer contre elle. L'observatoire de Vincennes signale des travaux sur la Seine dans Choisy. Les bâtiments de grand'garde, constamment sous vapeur, prêts à ouvrir leur feu nuit et jour, font un service fort pénible.

La journée se passe sans aucun incident.

Montrouge signale au Mont-Valérien, par le télégraphe marin, qu'il aperçoit des Prussiens travaillant à un large fossé à Montretout.

18 octobre.

EST. — Incendie allumé à Groslay par le 8e bataillon de mobiles de la Seine, commandant Léger, après avoir échangé quelques coups de fusil sans résultat.

Une reconnaissance vers Villemomble est faite par un corps franc, dit des Éclaireurs de la garde nationale du deuxième arrondissement. Ils se font tuer du monde, et échangent entre eux, au retour, de violentes récriminations. Une enquête sur ces faits est transmise au gouverneur.

SUD. — Les trois pièces de marine des Hautes-Bruyères sont prêtes à faire feu. Un armement de trente-six hommes y est envoyé, ainsi que deux officiers. Cet armement est changé chaque jour par Bicêtre, qui envoie alternativement des hommes de tous ses bastions.

Vers quatre heures et demie, un pavillon national planté sur la redoute des Hautes-Bruyères fait croire au signal de tirer sur l'Hay. On ouvre le feu, et en un instant ce village est couvert par le fort de Bicêtre d'une grêle de projectiles tirés avec une justesse remarquable.

Vers dix heures du soir, les Prussiens attaquent nos avant-postes de la vallée de la Bièvre et font sur eux des feux de peloton. Nos troupes se tiennent bien. Nous avons quelques blessés légèrement; l'ennemi, qui était massé, a eu des morts et des blessés dont il a laissé une partie sur place.

Montrouge ouvre pendant l'action un feu nourri sur l'Hay, Bourg-la-Reine et Bagneux. Issy, Vanves et Bicêtre tirent également. Le feu dure près d'une demi-heure, avec des alternatives de silence et de reprises. Un incendie considérable dans l'Hay paraît avoir été allumé par nos obus.

A onze heures du soir, Montrouge fouille la plaine avec son appareil électrique.

A trois heures du matin, l'alerte recommence et dure un quart d'heure. Très-vive fusillade de Cachan à la maison Millaud. Nous canonnons de nouveau l'Hay.

19 octobre.

SAINT-OUEN. — Beaucoup de Prussiens dans la batterie d'Orgemont. Saint-Ouen y dirige un très-bon tir à 5,800 mètres.

EST. — Aujourd'hui ont lieu dans l'Est divers changements de cantonnements pour les mobiles : les 1ᵉʳ, 3ᵉ bataillons de la Seine-Inférieure et le 8ᵉ de la Seine prennent position à la gauche, près de Romainville. Les éclaireurs à pied et à cheval, les francs-tireurs de la Seine, ceux des Lilas, conservent leurs positions au centre, près de Noisy. Les 1er, 2e et 3e bataillons de l'Hérault occupent la droite près de Rosny.

Une reconnaissance protégée par un bataillon des Côtes-du-Nord se rend sur Avron pour étudier la situation et choisir, le cas échéant, l'emplacement de batteries et d'un camp retranché.

Une enquête à laquelle a fait procéder le contre-amiral Saisset, sur une plainte collective des habitants de Montreuil relative à des déprédations commises par les troupes qui environnent les forts, est transmise au gouverneur.

SUD. — Vers neuf heures un quart du matin, une batterie de campagne prussienne vient, comme elle l'a fait précédemment, se placer derrière des épaulements près du réservoir de la plaine de Choisy, et fait feu sur nos travailleurs occupés à la tranchée en avant de Saquet. Saquet, les Bruyères, Bicêtre et même Charenton lui répondent.

Bicêtre établit de nouvelles plates-formes pour pièces de 30 sur la courtine 2-3, pour pouvoir obtenir un tir plus puissant dans la direction de Choisy.

Dans la journée, les travaux de l'ennemi dans la plaine en avant de Villejuif sont relevés du clocher du village et des Bruyères. Ces travaux considérables forment deux lignes bien distinctes, l'une passant par l'Hay, Chevilly, la batterie du Réservoir et Thiais; l'autre composée d'ouvrages placés en avant de Fresnes et Rungis, à la Belle-Épine. Enfin il y a une troisième ligne d'ouvrages pour les réserves.

Vers dix heures du soir, l'ennemi renouvelle sa fusillade de la veille. Nos pièces, pointées à l'avance, tirent immédiatement, de Montrouge, de Bicêtre et des Hautes-Bruyères. Le feu cesse après une demi-heure.

A minuit et demi, les Prussiens essayent de nouveau de surprendre un poste de seize hommes, dans une maison près de la gare du chemin de fer de Sceaux, à deux cents mètres de la maison Millaud.

Ils se retirent après vingt minutes, accueillis par le feu de nos troupes établies dans cette maison et derrière la barricade de la route d'Orléans, et par les obus de Bicêtre, Hautes-Bruyères et Montrouge.

Les assaillants paraissaient être au nombre de sept à huit cents; nos pertes sont deux tués et quatre blessés.

20 octobre.

A une heure quarante minutes du matin, on aperçoit un nouvel incendie dans Saint-Cloud.

Le lieutenant de vaisseau Labarthe propose de communiquer avec l'extérieur avec un ballon captif muni d'une lumière électrique qui se verrait d'une très-grande distance. On étudie cette proposition.

Au Mont-Valérien, on décide la construction, à 1,500 mètres à l'Ouest de ce fort, d'une redoute dite du Moulin des Gibets.

Nos marins de ce fort sont chargés d'installer et de servir son artillerie. L'armement de cette redoute se compose de deux canons de 0^{m}16 bouche, quatre canons de 24 court, et deux canons de 4.

Les marins servirent cette batterie jusqu'au 10 décembre, époque à laquelle ils furent relevés par une batterie d'artillerie de marine.

Le général Noël, commandant du Mont-Valérien, se loue beaucoup de nos matelots. Leur discipline, leur habileté comme pointeurs, les précieux services rendus par nos timoniers, familiarisés avec l'immense horizon du fort, provoquent de la part du général les marques d'estime les moins équivoques.

EST. — Les maraudeurs et les pillards continuent à se répandre en grand nombre dans la plaine. L'origine de cette situation est dans l'ordre qui a été donné aux habitants des campagnes de se replier et de rentrer dans Paris, à l'approche de l'ennemi. Ils veulent quand même revoir leur maison et recueillir leurs récoltes. Mais ils ne sont pas seuls. A leur suite et à leur détriment viennent les bandes désireuses du bien d'autrui. Il serait dangereux et impolitique de lutter contre ce flot. Il ne faut pas que l'ennemi voie que nous maltraitons nos propres habitants, qui, malheureusement, fraternisent avec les Prussiens.

Toujours est-il qu'on voit entrer ainsi dans Paris une quantité notable de vivres frais.

Des francs-tireurs établis à Romainville prétendent faire payer un droit aux gens chargés de légumes qui traversent le village. On y met bon ordre.

Aujourd'hui, le commandant Léger, du 8ᵉ mobiles de la Seine, dirige une reconnaissance sur Groslay en passant par la route de Meaux. Groslay est évacué par l'ennemi. Une partie de nos mobiles occupent la ferme et achèvent de l'incendier, comme ils en ont reçu l'ordre. Les autres se dirigent vers la ferme de Nonneville et les bois de ce côté. Ils engagent bientôt le feu avec l'ennemi embusqué dans les fossés, le délogent, et se trouvent en présence d'une seconde ligne déployée le long du chemin de fer de Soissons, qui commence un feu très-vif. Après une fusillade nourrie, on se replie. M. Walewski, lieutenant du 8ᵉ bataillon de la Seine, se distingue dans cette affaire par une vigoureuse initiative. Il se jette sur un poste avancé, en avant de la maison du garde, en chasse les Prussiens, s'en empare, et met le feu à cette maison.

Le commandant du fort de Romainville s'est muni d'un très-puissant télescope qui permet d'interroger plus en détail ce qui se passe dans tout le vaste horizon que l'on embrasse de cette position.

SUD. — Le vice-amiral commandant en chef, considérant que le nombre de timoniers réclamés par le ministère de la Guerre pour le service général de la défense, augmente chaque jour, fait créer au fort d'Ivry, sous la direction supérieure du commandant Krantz, une école de timonerie, à l'instar de celle du *Louis XIV*.

Dans le Sud, les canonnades des nuits passées ont été pour nos hommes un bon exercice. Elles ont fait voir à l'ennemi que nous étions toujours prêts ; elles le décourageront des surprises. Malheureusement on consomme ainsi beaucoup de munitions.

Dans la journée, l'ennemi tire quatre ou cinq obus sur les Bruyères, auxquels il n'est pas répondu.

Comme dans l'Est, mais en bien moins grand nombre, des maraudeurs se répandent dans les champs pour récolter des légumes. Ils s'approchent très-près des maisons crénelées occupées par les Prussiens ; ceux-ci les laissent faire, mais ils tirent sur les hommes armés. La journée se passe sans autre incident.

21 octobre.

Le général Ducrot fait aujourd'hui une grande reconnaissance dans la direction de Rueil, la Malmaison, la Jonchère et Buzenval.

La flottille à Billancourt et le 6° secteur l'appuient de leur artillerie en canonnant Meudon, Sèvres et Saint-Cloud. Saint-Ouen, de son côté, tire sur Épinay et Orgemont.

EST. — Une reconnaissance, composée d'éclaireurs de la Seine et de mobiles du 8° bataillon de la Seine, entre dans Drancy et le fouille en tous sens. Les éclaireurs à cheval, capitaine Miaskouski, s'avancent vers le Bourget, constatent qu'il n'est que faiblement occupé, et rentrent dans leurs cantonnements. Cette pointe, exécutée et conduite par M. le capitaine de Kergalec, a été très-lestement menée.

SUD. — Nos forts du Sud, informés de l'importante opération que dirige le général Ducrot, attirent l'attention de l'ennemi par un feu modéré.

Les troupes du général de Maud'huy coopèrent à cette diversion en faisant une démonstration sur le front des ouvrages avancés d'Ivry à Arcueil. Le signal du commencement du feu a été donné par trois coups de canon partis à une heure et demie de l'après-midi du Mont-Valérien, et tirés à trente secondes d'intervalle.

Du côté du Mont-Valérien, on voit la fumée d'une canonnade violente. A cinq heures le feu cesse, tout paraît fini.

A cinq heures et demie, les Prussiens font sauter le pont du chemin de fer d'Argenteuil.

Au soir, on voit des incendies à Chevilly, l'Hay, Bourg-la-Reine. Le toit de la maison rouge à l'entrée de ce village est en feu.

A dix heures du soir, l'ennemi tire de nouveau sur toute la ligne de nos avant-postes en avant de Cachan et de Bourg-la-Reine. Il ne lui est répondu que par deux coups de canon des Hautes-Bruyères Nos grand'gardes ripostent modérément, en tenant seulement sur le qui-vive.

Le calme se rétablit ensuite jusqu'au matin.

22 octobre.

EST. — Le capitaine de frégate Massiou fait dans la plaine des essais de nouveaux affûts en bois pour obusiers de montagne. Il les trouve maniables et préférables aux affûts en fer. Avant de rentrer au fort, il s'établit derrière un épaulement à Bondy, pendant quelques instants, pour faire un tir sur le pont de la Poudrette, occupé par l'ennemi.

Les francs-tireurs des Lilas, découragés un moment, manifestent le désir de se dissoudre. Le vice-amiral commandant en chef leur fait transmettre ses observations et notamment à M. Anquetil, qui les commande et dont il a apprécié le mérite. Ces hommes sont du pays, le connaissent bien, et se conduisent mieux que la plupart des autres corps francs.

Ils reprennent courage et demandent à continuer leurs services. Ils désirent toutefois être débarrassés du voisinage d'autres corps francs, avec lesquels ils ne peuvent pas toujours s'entendre. On les envoie à la droite, vers Avron, à leur demande.

Le vice-amiral commandant en chef félicite le 8ᵉ bataillon de mobiles de la Seine pour la solidité et l'esprit d'entreprise qu'il a montrés le 20 dans sa pointe sur Groslay.

Des mesures sont prises pour assurer l'instruction très-incomplète des bataillons de mobiles qui dépendent des forts de 'Est et dont l'inexpérience peut occasionner des accidents graves. Le ministre de la guerre approuve ces dispositions, et prie le vice-amiral de « féliciter, en son nom, le contre-amiral Saisset, » du zèle intelligent avec lequel il prépare aux opé- » rations de la guerre les troupes encore inexpéri- » mentées qui se trouvent sous son utile direction. »

SUD. — Vers deux heures et demie de l'après-midi, une batterie ennemie de 4 pièces vient à l'abri des arbres se placer près de Chevilly. Le village la défile des Bruyères. Elle tire deux coups de chaque pièce, et disparaît. Les canons qui sont dans notre tranchée rendent quelques coups.

Six pièces de 24 court de la guerre arrivent aux Hautes-Bruyères, où elles vont être mises en batterie.

La nuit s'écoule sans aucun incident.

23 octobre.

Vents de Sud-Ouest frais, pluie abondante.

L'ordre est donné de vacciner avec soin notre personnel, en prévision de la variole, dont quelques cas se manifestent en ville.

EST. — Tout est calme dans l'est.

SUD. — Dans le sud, aucun incident. On voit au loin passer de petits convois ennemis. Quelques Prussiens sur les coteaux de l'Hay et de Châtillon, mais en très-petit nombre.

24 octobre.

Le temps est toujours mauvais, le baromètre à 737 millimètres.

Par décret en date de ce jour, « les officiers dé-
» missionnaires ou en retraite, employés dans l'ar-
» mée, concourent pour l'avancement avec les autres
» officiers du corps ou de l'armée dont ils font partie
» d'après les règles de la loi du 14 avril 1832. »

EST. — Les éclaireurs à cheval de la Seine reçoivent l'ordre de quitter Romainville et d'aller s'établir à Bobigny.

SUD. — Vers deux heures de l'après-midi, une batterie prussienne, sortie de Thiais, vient se placer derrière les épaulements du Réservoir, près de Rungis. Elle avait été signalée de Villejuif aux Hautes-Bruyères. Aussitôt qu'elle est en position, et dès qu'elle a tiré sur notre tranchée, les pièces de marine répondent. On voit un cheval tué du premier coup; trois autres s'échappent sans cavaliers. Un second obus porte sur le gros de la batterie; la fumée nous empêche de voir exactement l'effet produit. Saquet tire cinq coups de ses canons de 8. L'ennemi se retire, sans nous avoir fait éprouver aucun dommage.

Le soir, magnifique aurore boréale.

25 octobre.

Brume. Violent incendie à Saint-Cloud.

Le gouverneur donne l'ordre de rétablir les travaux d'art et les ouvrages de communication au travers de l'enceinte, pour les voies ferrées d'Orléans, de l'Ouest, du Nord, de l'Est, de Vincennes et de Lyon. Sur le chemin de Mulhouse, qui s'embranche à Noisy sur celui de l'Est, les travaux doivent aller jusqu'au viaduc de Nogent exclusivement.

EST. — Les trois bataillons de mobiles de l'Hérault font des exercices dans la plaine.

SUD. — Nous sommes avertis qu'un certain nombre d'étrangers doivent sortir demain par la porte de Charenton, qu'en conséquence, le feu de ce côté doit être interrompu depuis midi jusqu'au retour du parlementaire qui les accompagnera. Ivry reçoit des ordres en conséquence. Les mêmes ordres sont communiqués au général de Maud'huy et aux canonnières de Port-à-l'Anglais.

A l'aide d'une puissante longue-vue, le commandant du génie Castel, du fort de Bicêtre, fait un relevé des positions prussiennes du côté de Châtillon, et des travaux qui s'y exécutent.

Montrouge est invité à tirer sur un point désigné du plateau. Ce tir a besoin d'être rectifié.

Dans la journée, on signale, de Villejuif, six pièces d'artillerie sur la route de Versailles, se dirigeant vers Thiais. Plus tard, une vingtaine de pièces sont aperçues se dirigeant sur Villeneuve

Saint-Georges, de l'autre côté de la Seine, aux environs de la ferme de la Tour.

Pluie une grande partie de la journée.

Le soir, renouvellement partiel de l'aurore boréale de la veille.

26 octobre.

EST. — Le gouverneur donne l'ordre d'évacuer définitivement Bondy. Il consent à ce qu'on y envoie des reconnaissances, mais il ne veut voir personne s'y établir à poste fixe. C'est en effet ce qu'on appelle un poste en l'air; mais l'inconvénient est que l'ennemi s'établit de plus en plus solidement autour de nous.

Les opérations militaires qui se font chaque jour dans la plaine, dans le rayon de Romainville, rendent nécessaire de réunir sous un même commandement les diverses troupes qui y concourent. Jusqu'ici elles dépendaient de l'autorité du capitaine de vaisseau Zédé, commandant supérieur du fort de Romainville.

Le vice-amiral commandant en chef désigne le capitaine de frégate Salmon pour exercer ce commandement, qui se compose : du 8ᵉ bataillon de mobiles de la Seine; des 1ᵉʳ et 3ᵉ mobiles de la Seine-Inférieure; des éclaireurs à pied et des éclaireurs à cheval de la Seine. On lui adjoindra, suivant les besoins, de l'infanterie de marine et des marins.

A la nuit, le 8ᵉ mobiles envoie trois compagnies pour fouiller Drancy. Mais ce mouvement est éventé et ne produit aucun résultat. Des coups de fusil les accueillent à leur arrivée devant le village, elles rentrent dans leurs cantonnements.

Romainville et Aubervilliers tirent sur le Bourget.

Pendant la nuit, la cheminée du Dépotoir, qui peut servir de point de mire, a été abattue par les Prussiens, qui occupent cet établissement en grand nombre.

SUD. — On aperçoit du clocher de Villejuif se diriger de Choisy vers Versailles un grand convoi qui est sans doute celui vu la veille sur la rive gauche.

Les étrangers, au sujet desquels des ordres ont été donnés hier, quittent Paris par Créteil, suivis d'un nombre considérable de voitures.

27 octobre.

Saint-Ouen aperçoit beaucoup de monde dans la batterie d'Orgemont.

EST. — Une reconnaissance des éclaireurs de la Seine, commandant Poulizac, va vers Drancy. Les éclaireurs à cheval de Pindray descendent dans la plaine. On tiraille jusqu'à la maison du chemin de fer. Un homme et quatre chevaux sont blessés.

Pendant la nuit, le général de Bellemare signale de Saint-Denis au contre-amiral Saisset, qu'avant le jour il essayera une surprise sur le Bourget. Des ordres sont donnés à Romainville, qui peut y atteindre à toute volée, d'observer et d'appuyer le mouvement.

SUD. — Dans la matinée, la batterie prussienne

de campagne qui vient de Thiais, arrive comme d'habitude se placer derrière l'épaulement de la gauche du réservoir, et part après avoir tiré deux ou trois coups sans résultat.

A une heure quinze de l'après-midi, le gouverneur fait savoir que les parlementaires de Créteil sont rentrés et que l'on peut recommencer le feu de ce côté.

Le génie du fort de Bicêtre continue à relever les positions des ouvrages de Châtillon.

28 octobre.

Brume épaisse et pluie.

Du côté de Saint-Denis, à quatre heures du matin, après une fusillade d'une demi-heure, les francs-tireurs de la Presse, commandant Amédée Rolland, se sont établis par surprise au Bourget, où l'ennemi avait des postes avancés, et gardent le village. Ils ont eu quatre blessés.

Des troupes de Saint-Denis viennent les soutenir dans la matinée, en cas de retour offensif de la part de l'ennemi.

EST. — Nous appuyons la droite de ce mouvement en envoyant, à huit heures du matin, la 8ᵉ compagnie du 8ᵉ mobiles de la Seine dans la direction de la gare du Bourget. Le capitaine de frégate Salmon, avec les troupes sous ses ordres, fait barricader et créneler Drancy où il s'établit. Le troisième bataillon de la Seine-Inférieure, posté à Bobigny et à la Folie, reste à surveiller les mouvements de l'ennemi du côté de Bondy.

Vers midi, les batteries prussiennes de Pont-Iblon, formant un total de dix-huit pièces, tirent sur le Bourget, et des renforts ennemis leur arrivent de Gonesse par les routes de Lille et de Blanc-mesnil.

A trois heures, le feu cesse, l'ennemi se retire vers Gonesse, laissant ses pièces en batterie à Pont-Iblon.

On veille toute la nuit; les postes sont doublés. Romainville envoie son appareil de lumière électrique à Drancy.

Il serait désirable d'avoir quelques pièces de canon dans le village; nous n'en avons pas. Elles seraient en excellente position pour soutenir le Bourget. Dans la journée, on a pu en voir l'utilité. On avait amené momentanément du Bourget à Drancy deux pièces de petit calibre qui, après douze coups, ont forcé l'ennemi à éloigner son artillerie, qui était prise en écharpe.

Des signaux de nuit de convention sont préparés pour correspondre du clocher du village avec les troupes en arrière qui sont en armes, prêtes à marcher.

Le capitaine de frégate Massiou est à Bondy. Il fait travailler activement à augmenter les tranchées et travaux de défense de ce village, réoccupé en même temps que Drancy.

SUD. — Dès le matin, on voit de Villejuif des

travailleurs ennemis occupés à l'épaulement à gauche du réservoir vers Thiais.

Deux convois de caissons, un convoi de voitures couvertes et de chariots, sont aperçus sur la route de Versailles allant dans l'Ouest.

Sur le plateau de Châtillon, Bicêtre voit un mouvement de voitures près de l'ancienne redoute. On le signale à Montrouge, qui, tirant deux ou trois coups, fait cesser tout mouvement.

Les guerrillas de l'Ile-de-France, au nombre de 40, sans artillerie, font une reconnaissance du côté de Choisy, en avant d'Ivry. Ils s'engagent avec les avant-postes ennemis, et reviennent ayant deux tués et quatre blessés. Un lieutenant, gravement atteint, est resté aux mains des Bavarois.

Deux chaloupes-vedettes remontent jusqu'à la hauteur de la Gare-aux-Bœufs. Elles reçoivent deux coups de canon, en rendent quatre, et redescendent à leur poste à Port-à-l'Anglais.

Le temps est humide et à grains toute la journée. L'inégalité du vent rend le tir incertain.

29 octobre.

Le vice-amiral charge le capitaine de frégate Lefort de se rendre successivement dans chacun de nos forts de l'Est et de s'assurer si le circuit se maintient dans tous les fils conducteurs des torpilles. On s'est aperçu en effet dans certains forts qu'il y avait des désordres dans la communication. On met tous les soins à cette surveillance.

Pendant la nuit, 3,000 Prussiens essayent de surprendre le Bourget par ruse. Ils s'approchent de la barricade extérieure en essayant de faire croire qu'ils sont Français. Ils sont accueillis par une fusillade qui les oblige à se retirer.

A sept heures, les Prussiens sont dans la plaine, au nombre de 15 ou 20,000 hommes appuyés par dix-huit pièces d'artillerie à Pont-Iblon. Ils ouvrent un feu nourri sur le Bourget.

Aubervilliers et le fort de l'Est tirent par intervalles. Les deux pièces qui avaient été envoyées à Drancy sont rappelées au Bourget, où le général de Bellemare manque d'artillerie et en demande en vain.

Une batterie située à Aulnay tire sur Drancy.

A midi, le feu cesse, et l'ennemi se retire, sans résultat pour lui, sur Gonesse et Blancmesnil. Il n'a pu nous déloger du Bourget.

L'ordre est donné d'envoyer deux pièces de 30 de la marine au fort d'Aubervilliers.

On se prépare à relier, pendant la nuit, le Bourget à Drancy par une tranchée abri.

SUD. — L'ennemi travaille aux environs de Clamart. Les hommes portent continuellement des gabions. Montrouge envoie quatre obus dans cette direction.

De Villejuif, des travailleurs sont aperçus à droite du réservoir, en arrière de la route de Chevilly. Quelques obus des Hautes-Bruyères les forcent à déloger.

On s'attend à un mouvement contre nos tranchées de Saquet à Cachan. Les forts sont avisés, les troupes sont mises sur pied.

Des détachements de garde nationale concourront au mouvement.

Les Hautes-Bruyères tirent une partie de la journée sur les divers villages occupés par l'ennemi.

A partir de midi et demi, Montrouge tire un coup toutes les cinq minutes sur l'Hay.

A trois heures, on aperçoit au loin du côté de Plessis-Piquet, sur la route 186, une troupe assez nombreuse venant de la direction de Versailles. A quatre heures, de la cavalerie et de l'infanterie au repos dans le parc de Chevilly. A quatre heures et demie, une batterie ennemie prend position entre Chevilly et l'Hay. Notre feu des Bruyères l'oblige immédiatement à se retirer.

A la nuit, nos troupes, massées pendant toute la journée, reprennent leurs cantonnements.

30 octobre.

EST. — Dès six heures quarante-cinq du matin, on voit dans le nord l'ennemi faire de grands mouvements de troupes. Trente pièces de canon sont échelonnées vers Pont-Iblon, la première ligne à mi-portée du Bourget. 20,000 hommes d'infanterie sont placés depuis Dugny, Blancmesnil, Nonneville, jusqu'à la forêt de Bondy. Trois mille chevaux sont sur les routes de Bonneuil et de Lille.

Le 4e bataillon d'infanterie de marine, commandant Bousigon, est envoyé en renfort à Drancy;

le 3e, commandant Bargone, renforce Bobigny. Une compagnie de fusiliers marins, traînant ses obusiers de montagne, arrive également de Noisy à Drancy. Deux compagnies de fusiliers marins de Romainville et leurs obusiers de montagne se rendent à Bobigny.

Toutes ces troupes se rangent sous les ordres du capitaine de frégate Salmon, qui a l'ordre d'informer le commandant du Bourget de ces dispositions. Noisy et Rosny tirent sur la forêt de Bondy dans le but d'inquiéter les renforts qui pouvaient en être dirigés sur le Bourget. A huit heures, l'ennemi commence une vive canonnade puis une fusillade contre le Bourget. A neuf heures, nous voyons nos troupes évacuer le Bourget et se replier sur les forts, qui contiennent l'ennemi par leurs feux. Les Prussiens entrent dans le village. Noisy et Romainville le canonnent alors à toute volée.

Jusqu'à ce moment l'ennemi a concentré son action sur le Bourget. A dix heures, il prend ses dispositions pour attaquer Drancy. Il se masse derrière la Molette, où quinze pièces de canon prennent position à quinze cents mètres du village.

Nous y avons le 8e mobiles de la Seine, le 1er de la Seine-Inférieure, cent éclaireurs Poulizac, un bataillon d'infanterie de marine, une compagnie de marins fusiliers. Faute d'attelages, il n'a pas été possible de joindre à ces troupes l'artillerie mobile qui se trouve dans les forts. Elles sont d'ailleurs approvisionnées en munitions et en vivres. La protection des forts, et les travaux faits depuis la veille dans le village, où le parc Ladoucette, entouré de murs

crénelés et de fossés, y forme une sorte de réduit, constituent momentanément une défense suffisante. Les quinze pièces ennemies placées derrière la Molette, auxquelles se joignent huit pièces à Pont-Iblon, ouvrent le feu sur le village. Les tirailleurs font un feu très-vif contre nos avancées. Le vice-amiral, qui est à Romainville, informe le gouverneur par le télégraphe « qu'il a une forte réserve au petit
» Drancy et à Bobigny; que Drancy a été mis depuis
» avant-hier en état de défense, qu'on y est forte-
» ment barricadé et crénelé, que le capitaine de
» frégate Salmon, qui y commande, est très-solide,
» mais que, de toutes manières, il ne le laissera
» pas passer la nuit dans le village, où les grandes
» masses ennemies qui sont en vue pourraient l'en-
» lever. » Le gouverneur répond que « le Bourget
» était en pointe et que Drancy l'est plus encore
» à présent. Il doute que notre monde puisse y
» passer la nuit. Toutefois, si les forts peuvent sou-
» tenir efficacement Drancy, il prescrit d'y rester
» jusqu'à la nuit. » En conformité de ces ordres, le vice-amiral, voyant l'ennemi envoyer de nouvelles troupes en avant de Gonesse, et n'ayant, en fait d'artillerie, que six obusiers de 4 de montagne, donne l'ordre aux troupes de rentrer à Bobigny avant la nuit.

Le 8ᵉ mobiles de la Seine, commandant Léger, soutient la retraite jusqu'au petit Drancy. L'infanterie de marine, commandant Bargone, après s'être solidement maintenue près d'une barricade très-exposée au feu de l'ennemi, couvre le mouvement entre le petit Drancy et Bobigny. Le capitaine de frégate Salmon quitte le village le dernier. Son cheval est tué sous lui par un obus.

Toutes les troupes qui ont concouru à l'occupation de Drancy prennent position à Bobigny, où elles attendent de nouveaux ordres, prêtes à se porter de nouveau en avant; mais il est indispensable d'avoir de l'artillerie, et on n'en a pas.

Ces troupes ont exécuté aujourd'hui leurs mouvements avec ordre et sang-froid et ont montré beaucoup de fermeté. Chacun a fait son devoir. L'entente des chefs de corps, le bon esprit dont chacun est animé, leur fait honneur ainsi qu'au capitaine de frégate Salmon, qui a conquis la confiance de tous. A la nuit, le commandant Léger, du 8e mobiles, rentre habilement dans Drancy, pour y reprendre divers objets de matériel, vivres et munitions que, faute de moyens de transport, on avait dû laisser dans le village. Nos mobiles s'acquittent de cette mission avec entrain, et après avoir échangé quelques coups de fusil, ils reprennent leurs positions à Bobigny.

SUD. — Dans la soirée de la veille, et dans la nuit, la brigade Paturel, du 14e corps, s'établit près d'Ivry. De ce fort, on voit, au jour, l'ennemi faire des tranchées de la ferme de l'Hôpital à la sablière d'Orly, ainsi qu'entre Choisy et Thiais. Il continue à travailler sur les hauteurs de Châtillon; Montrouge y dirige son feu.

De Villejuif, on voit sur la route de Versailles

des voitures chargées de madriers, de gabions et un long convoi d'artillerie.

31 octobre.

Brouillard et pluie.

Saint-Ouen tire sur Épinay et Orgemont.

EST. — Drancy n'est occupé par personne. Romainville tire sur le Bourget.

SUD. — De Villejuif on voit trente pièces de campagne aller dans la direction de Versailles. De nouvelles tranchées près de la route traversent Châtillon et montent sur le plateau. Montrouge envoie quelques coups de canon à gauche du moulin de Châtillon et sur la tour des Anglais.

On apprend dans la journée la capitulation de Metz, l'arrivée de M. Thiers à Paris, son départ pour Versailles. L'hôtel de ville est envahi, la Commune apparaît. Des scènes de désordre ont lieu dans Paris. L'insuccès de la veille au Bourget est exploité contre les membres du gouvernement, qui sont, pour la plupart, prisonniers à l'hôtel de ville. La marine, comme l'armée, reste absolument étrangère à ce mouvement. Elle ne s'occupe que de son devoir, et n'a d'autre ambition que de donner l'exemple de l'ordre, du courage et de la discipline. Les équipages sont consignés dans les forts, les marins fusiliers prêts à prendre les armes. Tous sont animés du meilleur esprit.

1er novembre.

Temps brumeux.

L'ennemi, qui connaît sûrement les événements et les désordres de Paris, est sur pied. Il montre un grand déploiement de force dans la plaine entre Drancy et Blancmesnil. Mais l'ordre est déjà rétabli.

EST. — Tout est calme dans l'Est.

SUD. — La journée se passe sans incident dans le Sud. Montrouge tire toujours quelques coups isolés sur les positions occupées par les travailleurs ennemis.

2 novembre.

Horizon très-brumeux.

L'armée et la marine sont appelés à voter demain sur la question suivante :

« La population de Paris maintient-elle, oui ou
» non, les pouvoirs du gouvernement de la défense
» nationale? »

EST. — L'ennemi est toujours déployé en grand nombre dans la plaine.

Le capitaine de vaisseau Salmon travaille activement à se fortifier solidement dans Bobigny.

Un ouvrage est élevé devant le village pour les six obusiers de 4 de montagne qui y ont été envoyés. Un détachement de cent quinze marins, sous les ordres du lieutenant de vaisseau Lefèvre, est destiné à occuper cet ouvrage et à servir les pièces.

Le commandant Salmon demande à réoccuper Drancy, ce qui ne lui est pas accordé.

Dans l'après-midi, sept pièces d'artillerie prussienne viennent prendre position devant Drancy. Nous doublons nos postes. A six heures et demie du soir, Romainville et Aubervilliers échangent des signaux de nuit. Tous deux tirent sur le Bourget.

On veille avec soin toute la nuit.

SUD. — Dans l'après-midi, on aperçoit de Villejuif l'ennemi ravageant le village de Fontenay. La brume rend malheureusement le pointage très-difficile. Néanmoins Bicêtre tire trois obus dans la direction du village.

Au fort de Montrouge, une corvée de marins travaille à une tranchée qui relie la route de Bagneux à la grange Ory.

3 novembre.

EST. — L'ennemi fait des mouvements considérables de troupes, d'artillerie et de voitures entre Aulnay, Blancmesnil, le Bourget et Gonesse.

On procède dans nos forts et parmi les troupes qui en dépendent, au vote sur la question posée hier, conformément aux instructions données par le vice-amiral. Tout se passe avec ordre et avec calme. (Note 15.)

SUD. — Des convois considérables de voitures couvertes sont sur la route de Choisy à Versailles, allant et venant.

Tout est calme.

On forme l'équipage de deux wagons blindés, armés chacun d'une pièce de $0^m,14$ se chargeant par la culasse. Il se compose de treize hommes par pièce. Le lieutenant de vaisseau Fournier (Charles H. R. L.) en a le commandement et s'installe avec ses hommes à la gare d'Orléans.

4 novembre.

La brume est très-épaisse.

Des matelots d'élite du fort de Bicêtre, sous la direction du capitaine de frégate Ladrange, sont mis à la disposition de l'administration des télégraphes pour relever dans la Seine, près de Nanterre, le fil télégraphique qui avait été immergé dans le fleuve avant l'investissement, et qui eût permis la communication électrique avec Rouen.

Mais le courant se trouva interrompu dès les premiers jours. On releva d'abord facilement le câble devant Neuilly. Puis on voulut procéder à la même opération plus loin à la hauteur de Nanterre, devant le village de Carrières-Saint-Denis, occupé par l'ennemi. C'est à cette opération, préparée par M. Raymond, directeur du matériel des lignes télégraphiques, que les marins durent concourir. Après une première tentative infructueuse, le câble fut relevé; mais on put se convaincre que les communications étaient interrompues en aval, tandis qu'elles fonctionnaient en amont. Nos marins employés à ce travail surent garder le secret sur cette opération[1].

---

[1] Depuis l'armistice, nous avons appris que ce câble a été coupé à Bougival par les télégraphistes de l'armée alle-

EST. — Drancy est toujours inoccupé. Les Français et les Prussiens y vont tour à tour isolément à la maraude.

SUD. — L'ennemi travaille dans la direction du réservoir en arrière de la ligne de Choisy à Versailles. Il travaille aussi contre la maison de garde du chemin de fer de Lyon, à côté de la ferme de la Tour.

Nous avons une batterie de campagne établie en avant de la redoute des Bruyères. Elle envoie quelques obus dans la plaine en avant de Cachan. Montrouge est avisé de la présence de travailleurs ennemis derrière la baraque en bois de Châtillon voisine de la Tour aux Anglais. Il y envoie successivement huit coups de canon.

5 novembre.

EST. — Calme complet. On s'occupe de mettre des planchers en bois dans les tentes des troupes campées autour de nous pour les préserver de l'humidité.

L'étude du plateau d'Avron continue. Toutefois le gouverneur a renouvelé son interdiction de tenter toute entreprise sur ce point important.

On travaille à fortifier Bobigny. Par suite de

mande. Une enquête, faite récemment sur les lieux mêmes au moment du relèvement du câble, a établi péremptoirement que les Allemands, à leur arrivée, ne soupçonnaient pas son existence. Elle leur a été dénoncée par un pêcheur de la localité. Avec ce renseignement, un capitaine allemand fut chargé de le rechercher; il parvint à le retrouver après quatre jours de travaux, et s'empressa de le couper.

l'évacuation de Drancy et de l'ordre de ne pas occuper ce village, les tranchées de Bobigny à Drancy sont abandonnées, et on en commence d'autres qui relient Bobigny à Aubervilliers.

Les travaux de défense de Bondy sont achevés. Les barricades sont faites, et un chemin de ronde les relie en arrière à la tranchée qui va de l'église au cimetière et à la gare. Le 4ᵉ bataillon d'éclaireurs, commandant Barbe, l'occupe immédiatement. Les sentinelles de l'ennemi n'en sont plus qu'à quatre ou cinq cents mètres.

Des manifestations chaleureuses sont adressées au vice-amiral en faveur du commandant Salmon par les troupes que cet officier supérieur commande.

SUD. — Ivry constate définitivement, par des expériences, que les portées des bombes sont beaucoup plus courtes qu'elles ne doivent l'être réglementairement. Le motif ne peut en être attribué qu'à l'affaiblissement de la force de la poudre, qui s'enflamme lentement dans les mortiers, et ne brûle pas entièrement, bien qu'elle donne à peu près la force calculée dans les bouches à feu ordinaires. Les poudrières des remparts étant tout récemment construites, sont nécessairement humides. On y met du chlorure de calcium.

Vers deux heures, quand la brume se dissipe un peu, on voit sur la route de Choisy à Versailles deux mille hommes environ allant dans l'Est; de nombreux convois de voitures chargées de caisses et de barriques vont et viennent.

Enfin une réunion de travailleurs est aperçue en arrière de Choisy et du carrefour Pompadour.

Le contre-amiral Pothuau envoie des officiers à Vanves pour observer de ce fort des travaux ennemis sur le plateau de Châtillon.

Vers une heure, les Hautes-Bruyères et une batterie d'artillerie en arrière de l'aqueduc de Cachan envoient une douzaine d'obus sur les maisons qui servent de postes à l'ennemi sur la route de l'Hay.

On voit de nouveaux mouvements de terrain principalement du côté de la Tour aux Anglais, mais il est impossible d'en préciser la nature; on n'y aperçoit d'ailleurs ni pièces d'artillerie, ni travailleurs.

Des mobiles ayant trouvé des embarcations près de l'île de Billancourt, s'en servent pour aller à la maraude. Le général Ducrot prescrit à la flottille de détruire toutes les embarcations vues en aval de l'enceinte.

6 novembre.

Par suite de la situation de défensive que l'ennemi conserve habituellement, les matelots fusiliers des forts ne sont pas employés selon leurs aptitudes. Le vice-amiral propose au Comité de défense de former ces hommes en trois bataillons de six à sept cents hommes chacun, qui seraient disponibles pour toutes les expéditions, et qui peuvent sans inconvénient être distraits des forts, si on les y remplace numériquement par des mobiles. Cette proposition est accueillie. Il est formé en conséquence trois bataillons sous le commandement des capitaines de frégate Desprez, Ladrange et Valessie. (Voir le tableau du Personnel : page 4.)

EST. — Dans l'Est, tout est calme.

SUD. — Dans le Sud, il n'y a également rien de saillant. Montrouge tire quelques coups sur les travaux du plateau. Ses obus soulèvent en éclatant un tourbillon de poussière, ce qui indique une terre fraîchement remuée.

Le vice-amiral et M. Dupuy de Lôme vont à sept heures du soir à la gare d'Orléans faire un essai des deux wagons blindés de quatorze centimètres.

Ils s'avancent, remorqués par une locomotive, jusqu'à la gare d'Ivry, et reviennent à Paris. Le système fonctionne bien, sauf quelques détails auxquels on remédie.

7 novembre.

Le *Journal officiel* annonce le rejet des propositions d'armistice par suite des exigences de l'ennemi, qui ne propose cet armistice que sans ravitaillement.

EST. — Le temps est brumeux. Tout est calme dans l'est.

SUD. — On reçoit l'avis que le lendemain doit avoir lieu un nouveau départ d'étrangers par Charenton et Créteil. Le fort d'Ivry et les canonnières de Port-à-l'Anglais sont avertis de ne pas tirer sur la rive droite de la Seine à partir de sept heures.

Dans la nuit, l'enseigne de vaisseau Lemyre de Vilers, officier d'ordonnance du vice-amiral, accompagné de l'enseigne de vaisseau Caron du fort de Montrouge et de quelques matelots, descend dans les carrières dont l'entrée est près de Bagneux, et qui sont signalées par les habitants du pays comme pouvant être employées par l'ennemi à faire sauter les forts. Il s'assure, en les parcourant et en faisant la topographie de leurs sinuosités, qu'elles ne peuvent être utilisées dans ce but.

8 novembre.

Le vice-amiral est nommé au commandement supérieur des troupes réunies à Saint-Denis et des forts qui en dépendent. Ce commandement, qui vient se joindre à celui dont il est déjà investi, de la division des marins et des forts qu'ils occupent, l'éloigne forcément des travaux journaliers du Comité de défense.

L'importance que prend la défense autour de Saint-Denis, en prévision d'événements prochains de ce côté, détermine le gouverneur à constituer les troupes qui y sont réunies en un corps d'armée dont le vice-amiral a le commandement en chef. Il appellera près de lui des contingents de marins-fusiliers qui représenteront la marine dans ce corps d'armée, où l'artillerie de marine arme déjà les forts qui entourent cette place.

A cette occasion, le gouverneur publie un ordre du jour se rapportant aux écarts de discipline auxquels s'étaient livrées antérieurement les troupes de Saint-Denis. Il le termine en ces termes :

. . . .

« La garnison et les forts de Saint-Denis vont
» être réunis au commandement du vice-amiral
» commandant en chef ces divisions de marins qui
» ont fait dans la défense de Paris des preuves
» éclatantes. Le gouverneur est convaincu que,
» sous un chef dont les services et l'expérience ont
» une telle autorité, le corps d'armée de Saint-
» Denis reprendra l'attitude qu'il avait eue jusqu'à
» ces derniers temps, sous les officiers généraux qui
» l'ont commandé.

» Obéissant, discipliné, soumis à toutes les règles,
» prêt à tous les sacrifices, il voudra être compté
» parmi ceux des défenseurs de Paris qui donnent
» les meilleurs exemples. »

Nous donnons ci-après la composition du corps d'armée de Saint-Denis et l'armement des forts et batteries qui en dépendent, au moment où le vice-amiral en prit le commandement, le 12 novembre :

CORPS D'ARMÉE DE SAINT-DENIS.

ÉTAT RÉCAPITULATIF DES TROUPES DU CORPS D'ARMÉE.

BRIGADES.	DÉSIGNATION DES CORPS.	OFFICIERS.	TROUPES.
1re BRIGADE. Général Lavoignet.	134e régiment d'infanterie.	44	2,594
	13e bataillon de la mobile de la Seine.	23	1,153
	15e Id.	22	1,222
	16e Id.	30	2,029
	17e Id.	28	1,281
	18e Id.	24	1,336
2e BRIGADE. Général Hanrion.	135e régiment d'infanterie.	51	2,601
	1er bataillon de la mobile de la Seine.	24	1,241
	2e Id.	23	1,190
	3e Id.	24	1,335
	10e Id.	29	1,341
	11e Id.	28	1,482
3e BRIGADE. Capitaine de frégate Lamothe-Tenet.	138e régiment d'infanterie.	66	3,511
	12e bataillon de la mobile de la Seine.	26	1,056
	14e Id.	23	856
	3e bataillon de marins fusiliers et 2 Cies de la 11e annexe.	25	914
ARTILLERIE.	Général Ollivier.	42	1,503
GÉNIE.	Chef de bataillon Charon.	9	109
PLACE. Colonel Pein.	Train.	»	11
	Administration.	15	42
	Infirmiers.	9	200
CORPS DÉTACHÉS [1]	Régiment de Saône-et-Loire.	74	3,571
	— de l'Hérault.	75	3,236
FRANCS-TIREURS.	de la Gironde.	5	55
	de la Presse.	19	310
	Éclaireurs de la République.	10	60
	TOTAUX.	748	34,239

[1] Ces corps détachés ont été souvent changés. A la fin du siége, plusieurs bataillons de la garde nationale mobilisée ont été joints au corps d'armée.

SITUATION DE L'ARMEMENT

ET DE L'APPROVISIONNEMENT EN MUNITIONS DES FORTS ET DE LA PLACE DE L'ARRONDISSEMENT DE SAINT-DENIS.

DÉSIGNATION des BOUCHES A FEU [1].	FORT DE LA BRICHE.		DOUBLE COURONNE.		FORT DE L'EST.		FORT D'AUBERVILLIERS	
	ARMEMENT.	NOMBRE DE COUPS PAR PIÈCE. Projectil.	ARMEMENT.	NOMBRE DE COUPS PAR PIÈCE. Projectil.	ARMEMENT.	NOMBRE DE COUPS PAR PIÈCE. Projectil.	ARMEMENT.	NOMBRE DE COUPS PAR PIÈCE. Projectil.
Mortiers de 15^c...	6	100	4	262	4	301	4	315
Id. de 22^c...	6	22	4	299	9	12	6	188
Id. de 27^c...	3	147	2	290	3	200	2	311
Obusiers de 22^c...	5	255	3	350	3	214	2	513
Id. de 16^c...	3	418	3	351	2	445	6	298
Canons rayés de 24.	7	298	3	375	6	173	5	362
Canons rayés de 12 de siége......	10	366	9	334	9	260	8	346
Canons rayés de 12 de place......	7		4		5	471	8	360
Canons lisses de 16.	14	324	10	375	6	338	14	368
Canons - obusiers de 12.........	6	219	7	300	»	»	10	215
Canons rayés de 4 de campagne.....	6	367	6	441	4	206	5	317
Canons rayés de 12 de campagne...	»	»	»	»	»	»	»	»
Canons rayés de la marine de 19^c. .	2	100	»	»	1	200	»	»
Canons rayés de la marine de 16^c. .	2	355	11	367	4	359	3	347
Mitrailles (quantités totales......	»	2,248	»	1,901	»	2,390	»	2,846
TOTAUX....	77		66		56		73	

[1] Il y avait, en outre, des batteries établies en divers points. C'étaient :
La batterie Basse, deux obusiers de 22 centimètres et dix canons de 12 de siége ;
La batterie du Crould, quatre canons de 12 de siége.
La batterie de Marville, deux canons de 16 centimètres de la marine ;
La batterie de Soissons (transportée plus tard à la Courneuve), six canons de 12 de siége ;
Et la batterie de Saint-Ouen, dont nous avons déjà souvent fait mention, armée de seize canons de marine.
La répartition des pièces a subi de nombreuses modifications pendant le siége.

EST. — La brume est épaisse. A sept heures vingt-cinq, Romainville, par ordre du gouverneur, ouvre le feu sur Drancy et le Bourget, au signal de Noisy. Noisy tire également. Le feu cesse à huit heures.

Rosny tire dix coups à 6,000 mètres sur le Raincy.

Le commandant Salmon continue à se fortifier dans Bobigny.

SUD. — Le matin calme. On ne tire pas du côté de Créteil à cause de la sortie des étrangers

Le général Dumoulin fait tirer de l'aqueduc d'Arcueil, vers midi et demi, quelques coups pour chasser les tirailleurs prussiens, qui d'une maison au fond de la vallée inquiètent nos travailleurs.

A trois heures et demie, le parlementaire qui a conduit les étrangers à Créteil rentre dans les lignes.

Au fort de Montrouge, quelques compagnies de marins vont successivement faire le tir à la cible en avant de la barricade de la route de Bagneux.

9 novembre.

Le vice-amiral commandant en chef obtient l'autorisation de réunir les conseils d'avancement dans chaque fort de la marine, et d'accorder pour les marins et les officiers mariniers des avancements sur le pied de six mois.

EST. — Brume très-épaisse, pluie.

Romainville et Noisy tirent quelques coups dans

la journée sur le Bourget et sur un ouvrage à gauche.

Rosny tire, à deux heures, vingt-cinq coups sur les hauteurs de Villemomble et sur le Raincy. Les six pièces de 4 de montagne qui étaient à Bobigny rentrent à leur fort.

A Bobigny, les troupes sont réduites à 1,100 hommes. Avec ce personnel il faut prendre des précautions pour ne pas être surpris dans le village, et s'y défendre en cas d'attaque.

Il faut donc faire des travaux, mais les mobiles de la Seine, qui ne sont pas habitués à manier la pioche, y sont peu enclins et peu propres.

SUD. — A droite du Réservoir, six cents Prussiens environ remuent de la terre. Les Hautes-Bruyères leur envoient quelques coups qui les font s'éloigner.

A dix heures, un grand mouvement de troupes a lieu sur la route de Versailles. Bicêtre envoie quelques obus à toute volée, très-bien dirigés sur le plateau; il continue par intervalles toute la journée, et envoie également quelques coups la nuit.

Les mouvements de troupes ennemies continuent tout le jour. Il semble que de nouveaux renforts leur arrivent.

Le brouillard redevient épais au commencement de la nuit, la neige tombe.

Vers dix heures du soir, une fusillade est entendue en avant des Hautes-Bruyères. L'ennemi s'est approché de la tranchée et a fait feu sur nos hommes et même sur la redoute, qui tire une dizaine de coups de canon, dont un à mitraille.

Les Prussiens ont abattu le mur Nord du cimetière de Choisy. Ivry concentre maintenant sur ce village le feu de 3 pièces de 30, 3 de 24 et 5 de 12.

Montrouge tire dans la journée quatorze coups sur l'Hay, et une trentaine sur les hauteurs de Châtillon, en haut du village, à gauche de la barricade et dans le voisinage de la Tour-aux-Anglais.

10 novembre.

Temps pluvieux et neige.

Par suite d'une nouvelle répartition des troupes en corps d'armée, différents officiers généraux et supérieurs de la marine sont nommés à des commandements de division ou de brigade.

Le contre-amiral Pothuau est désigné pour le commandement de la 6e division de la 3e armée. Cet officier général continue à commander en même temps la subdivision des forts du Sud de la marine.

Le capitaine de vaisseau Salmon remet le commandement supérieur de Bobigny au chef de bataillon d'infanterie de marine Bousigon, et prend le commandement d'une brigade de la division Pothuau.

Le capitaine de frégate d'André quitte le fort de Montrouge, où il commande le 12e bataillon de marins, pour commander une brigade de la 3e division de la 3e armée.

Le capitaine de frégate Lamothe-Ténet quitte le commandement de la batterie de Montmartre pour prendre celui d'une brigade dans le corps d'armée de Saint-Denis.

Le général d'artillerie de marine Frébault est commandant en chef de l'artillerie de la 2ᵉ armée.

Le général d'infanterie de marine Faron commande la 2ᵉ division de l'armée de réserve.

Le général d'artillerie de marine Pélissier commande l'artillerie de la rive droite.

Plusieurs officiers de marine, demandés par le ministre de la guerre, vont servir avec leur grade dans les batteries d'artillerie montée de l'armée active.

Il en est de même pour quelques officiers d'artillerie de marine des forts.

Le contre-amiral Saisset continue à commander la subdivision des forts de l'Est et les troupes qui opèrent sur leurs fronts.

EST. — Tout est calme dans l'Est.

SUD. — Ivry s'aperçoit que l'ennemi a encore abattu une quinzaine de mètres du mur du cimetière de Choisy. Derrière cette partie abattue se trouve un épaulement, comme derrière la partie détruite la veille. Quelques obus font cesser tout travail apparent. La nuit s'écoule tranquillement.

11 novembre.

Mouvements sur le chemin de fer du Nord. Les Prussiens établissent une batterie au sud de Blanc-mesnil.

Vers une heure, la batterie de Saint-Ouen ouvre le feu à gauche d'Orgemont sur un poste prussien

EST. — Romainville tire sur le Bourget, où on distingue des mouvements de troupes.

SUD. — Le temps, couvert le matin, s'éclaircit vers midi. On voit plus clairement que les jours précédents le plateau de Châtillon. L'ennemi a poussé ses travaux avec activité à l'abri des brumes. Il paraît s'être principalement installé dans l'ancienne redoute[1]. Il a augmenté les terrassements de la barricade de la tour de Crouy. Ces épaulements doivent cacher une batterie. Montrouge, qui s'en est aperçu, tire de temps à autre un obus dans cette direction.

De Villejuif, on voit de nombreux ouvriers occupés à des batteries du côté de Thiais, à gauche de ce village, et sur le bord de la crête qui domine Choisy et la vallée de la Seine. Quelques obus envoyés de Saquet n'arrivent pas à la distance voulue.

Vers quatre heures, Ivry tire sur une longue colonne d'infanterie suivant la rive droite de la Seine, et allant de Villeneuve-Saint-Georges vers le carrefour Pompadour. Cette colonne est obligée de quitter la ligne du chemin de fer.

La nuit se passe sans incident.

12 novembre.

Le vice-amiral prend son service à Saint-Denis. Il règle à nouveau le service des officiers de l'état-major général :

---

[1] Ce qui était une erreur.

Le chef d'escadron d'état-major Boscal de Réals prend les fonctions de chef d'état-major du corps d'armée.

Le capitaine de vaisseau de Kergrist continue ses fonctions de chef d'état-major général des marins au quartier général de Paris. Le commandant en chef est certain que sous la vigilante activité de cet officier supérieur, le service se continuera avec la même régularité.

Comme par le passé, deux officiers iront chaque jour, l'un dans les forts de l'Est, un autre dans les forts du Sud.

Une compagnie de 80 marins de Montmartre, sous les ordres du lieutenant de vaisseau Gourguen, et de l'enseigne de vaisseau Wollaston, va armer une batterie de 5 pièces de 16 centimètres de la marine au bastion 73 de l'enceinte de Paris, 7e secteur, sous les ordres du contre-amiral de Montaignac.

Les trois bataillons de marins-fusiliers sont prêts à entrer en campagne au premier ordre.

EST. — Aucun incident dans l'Est.

SUD. — Les forts de Bicêtre et de Montrouge tirent de temps à autre quelques obus sur Châtillon, dont la redoute s'observe très-bien de Villejuif, et dont les travaux paraissent très-notablement augmentés par l'ennemi. Le génie fait dessiner un panorama de ce qu'il voit de ce côté dans le télescope.

Dans la journée et dans la nuit, **Vanves** et **Issy** tirent sur le plateau.

La nuit on entend à deux reprises une vive fusillade dans la vallée de Cachan.

13 novembre.

EST. — Rien de nouveau dans l'Est.

M. l'ingénieur Callon est chargé de conduire à Saint-Denis un ballon captif destiné à observer les mouvements de l'ennemi, et les signaler au sol avec un fil électrique.

La conduite du ballon tout gonflé de la Villette à Saint-Denis a très-bien réussi, à l'aide des marins. Malheureusement, à peine le ballon était-il fixé à Saint-Denis qu'un vent très-violent s'est élevé, et l'aérostat, qui recevait ainsi de trop violentes secousses, a fini par éclater, malgré toutes les précautions prises par les aéronautes Yon et Dartois pour prévenir cet accident.

SUD. — Au jour, on voit d'Ivry et de Villejuif une grande quantité de petits pavillons blancs placés par l'ennemi en avant du cimetière de Choisy et devant Thiais, jusqu'à la batterie gauche du Réservoir. Ces pavillons sont de la grandeur d'un mouchoir.

Auprès de Thiais, des travailleurs font une tranchée sur laquelle Ivry dirige quelques coups. Le Moulin-Saquet en fait autant, mais ses derniers coups portent généralement trop loin.

De nombreux convois allant en sens divers sont aperçus sur la route de Choisy à Versailles.

A neuf heures et demie du matin, l'ennemi conduit 4 pièces, qui paraissent être du 12 de campagne, derrière l'épaulement en arrière de Chevilly. A la fin du jour, il ne les avait pas retirées.

Montrouge et Bicêtre tirent sept ou huit coups sur Châtillon.

Dans la nuit, une fausse alerte occasionne une vive fusillade du côté de la maison Millaud.

14 novembre.

EST. — Dans la journée, une petite reconnaissance est faite, l'après-midi, par le commandant Poulizac avec une compagnie du 3ᵉ éclaireurs et 25 éclaireurs à cheval de la Seine, vers la voie ferrée de Soissons, derrière Drancy.

Un court engagement a lieu avec l'ennemi sans tués ni blessés de notre côté. L'ennemi est promptement débusqué de ses avant-postes, et tourné par une charge à fond de train des cavaliers. Il laisse entre nos mains deux prisonniers avec leurs armes. Les obus de Romainville et de Noisy leur tuent en outre deux hommes, et nos éclaireurs en blessent plusieurs.

SUD. — Grands mouvements de troupes ennemies aux environs de la ferme de la Belle-Épine. Une partie de ces troupes a passé par Rungis, une autre avec un long convoi par la route de Wissous, se dirigeant sur Versailles.

Les pavillons blancs placés la veille en avant des

épaulements ennemis, et enlevés le soir, sont replacés ce matin.

Les Hautes-Bruyères tirent sur l'Hay.

Vers neuf heures, Montrouge tire quelques obus sur le mur d'enceinte du parc de Bagneux, que les Prussiens travaillent à réparer.

15 novembre.

La nouvelle, connue la veille dans les forts, d'un succès du général d'Aurelle de Paladines, la bataille de Coulmiers, se confirme ce matin.

La ration de viande fraîche est réduite à cent grammes.

EST. — Le général Schmitz, chef d'état-major général du gouverneur de Paris, va à Bobigny dans la journée. Il transmet la défense du gouverneur d'occuper Bobigny et Bondy pendant la nuit.

Les troupes quittent ces villages et prennent leurs cantonnements dans Pantin. Les éclaireurs Poulizac évacuent leurs postes avancés de Petit-Drancy, du cimetière, et se replient à la Folie, sur le canal de l'Ourcq. Tous les matins, à six heures, un bataillon de mobiles ira, avec armes et bagages, reprendre ses postes à Bobigny, et en chasser l'ennemi s'il y a lieu. Il rentrera dans Pantin le soir à quatre heures. Un deuxième bataillon fournira des travailleurs; un troisième restera au repos et en réserve dans Pantin, et fera des exercices quand le temps le permettra.

De même, du côté de Bondy, les éclaireurs reçoivent l'ordre de se replier sur le Moulin à Gravats, la gare de Bondy et le Merlan. Chaque matin on ira occuper Bondy.

L'abandon de Bobigny et de Bondy est motivé par des mouvements de troupes qui vont quitter l'Est. L'infanterie de marine et un bataillon de fusiliers marins des forts de l'Est, doivent ultérieurement faire partie d'un corps d'armée active en formation.

Aujourd'hui Romainville signale un grand nombre de maraudeurs, dont quelques-uns sont blessés. Plusieurs individus, hommes et femmes, se mettent en communication avec les sentinelles prussiennes à la lisière des bois.

Le général commandant le 2ᵉ secteur informe le contre-amiral Saisset que, sachant pertinemment que le mot d'ordre a été souvent porté aux Prussiens, il ne le donnera plus aux troupes qui dépendent du secteur qu'après la fermeture des portes.

SUD. — On voit, vers neuf heures et demie, de nombreuses troupes prussiennes à droite de Thiais. Peu après, une forte colonne d'infanterie, environ cent quarante caissons d'artillerie, et de la cavalerie, apparaissent sortant de Wissous. L'artillerie et la cavalerie vont vers Orly; l'infanterie, au contraire, se dirige au Sud, sur la route de Fontainebleau. On suit ce mouvement jusqu'à dix heures quarante-cinq.

Des convois de vivres et de voitures vont dans les deux sens sur la route de Versailles. On voit quelques feux à Sceaux; on en voit en plus grand nombre à Fontenay. Il paraît constant que le chiffre des troupes ennemies en avant de nous est plus considérable.

Bicêtre et Montrouge tirent sur Fontenay quelques obus qui mettent plusieurs hommes en fuite.

Du côté d'Ivry, les tirailleurs ennemis sont en plus grand nombre que de coutume; ils s'approchent davantage des avant-postes. Ivry les inquiète par de fréquents coups de canon, et tient pendant la nuit 200 hommes prêts à se porter au secours de nos grand'gardes si elles étaient menacées.

Montrouge tire dans diverses directions.

A onze heures du soir, on entend une violente canonnade du côté du Point-du-Jour et du Mont-Valérien. Ce dernier tire à plusieurs reprises des salves de sept et huit coups de canon à de longs intervalles.

16 novembre.

Sur la butte d'Orgemont, les Prussiens font de nouveaux travaux qui semblent tournés du côté de Saint-Denis.

A Saint-Denis, des avis constants informent le vice-amiral qu'on fait, de cette ville, des signaux à l'ennemi. La surveillance la plus stricte ne cesse de s'exercer, mais on ne parvient à rien découvrir sur ces signaux.

EST. — Du côté de Romainville, les éclaireurs de la Seine, cavalerie et infanterie, font une reconnaissance en avant de Drancy. Le fort les soutient de son artillerie. Noisy tire sur le Bourget.

Les francs-tireurs des Lilas essayent d'enlever les vedettes ennemies, placées d'habitude à droite du plateau d'Avron. Ils partent à une heure et demie, sous la conduite de leur commandant, M. Thomas Anquetil; ils prennent les sentiers couverts de gauche, atteignent le haut du plateau, traversent vivement le bois et se dirigent vers la droite. Tout est désert. Ils contournent toute la butte d'Avron sans rencontrer personne. Enfin, ils passent en arrière par la gauche, en se cachant, descendent à la partie extrême de Villemomble et se rabattent sur l'église : personne encore. Ils prennent alors les deux côtés de l'avenue conduisant à la station du Raincy, et s'avancent prudemment vers la barricade : elle est abandonnée. Ils rentrent à six heures du soir sans avoir vu un Prussien.

SUD. — Quatre-vingts marins, fournis par les trois forts du Sud et placés sous les ordres de M. Verschneider, enseigne de vaisseau, sont envoyés au Champ de Mars à la disposition du général Ducrot. Ces hommes sont destinés à concourir à des essais de ponts de bateaux qui doivent se faire sous la direction de M. l'ingénieur des ponts et chaussées Krantz, au pont d'Iéna.

A Montrouge, de trois heures à quatre heures, on fait des expériences sur des projectiles creux pour le canon rayé de 0^m16 de la marine, fabriqués à Paris par l'industrie.

17 novembre.

Le gouverneur donne l'ordre de fermer chaque jour les portes de Paris à cinq heures du soir.

De nombreuses mutations de troupes ont lieu en vue de la formation de nouveaux corps d'armée.

EST. — Dans l'Est, par suite de la nouvelle répartition des troupes, le général d'Hugues prend le commandement de celles qui opèrent à l'Est et établit son quartier général à Montreuil. Du côté de Romainville et de Bondy, nous sommes faiblement gardés en ce moment, et la vigilance n'en est que plus grande.

Le vice-amiral donne l'ordre de préparer dans les forts de nouveaux armements de pièces pour de futures redoutes que l'on va établir de ce côté.

Les Prussiens tirent aujourd'hui quelques coups de fusil sur les maraudeurs de la plaine, sans réussir à en diminuer le nombre. Ils les ont souvent laissés s'approcher et même communiquer sans tirer.

SUD. — Les deux bataillons de marins fusiliers des forts du Sud vont s'exercer aux manœuvres d'infanterie.

Dans la matinée, on voit des troupes ennemies se dirigeant sur Chevilly; un grand nombre de travailleurs au delà de Plessis-Piquet, près du Petit-Bicêtre, sont occupés à construire une redoute, probablement pour commander la route de Versailles et celle de Châtillon.

Ivry reçoit l'ordre de fournir 100 hommes pour garder la batterie de la pépinière de Vitry pendant la nuit.

Quatre charpentiers sont envoyés rejoindre le détachement de M. Verschneider, pour l'établissement des ponts de bateaux.

A Montrouge, on s'occupe d'augmenter l'épaisseur des terres sur les traverses abris.

18 novembre.

Le capitaine de frégate Coudein, commandant de la batterie de Saint-Ouen, fait dans la plaine de Gennevilliers, sous la surveillance de M. le capitaine d'artillerie de marine Robaut, des essais de mitrailleuse Chapel. Cette mitrailleuse, construite avec soin, pourrait mériter une étude sérieuse; mais celle qu'on expérimente est d'une fabrication imparfaite [1].

Là, comme dans l'Est, comme partout, la crainte d'être atteints par les coups des mitrailleuses dans les essais n'a pas éloigné les maraudeurs des champs, où ils recherchent ce qui peut y rester

---

[1] Bien des expériences de diverses natures furent semblablement faites pendant la durée du siège. Il serait superflu de les mentionner toutes. Le vice-amiral accueillait volontiers les inventeurs, qu'il importait de ne pas repousser absolument. L'effet moral en eût été très-fâcheux sur la population. Mais le plus souvent, même aux conceptions les plus heureuses, les moyens de fabrication, les encouragements matériels, les conseils techniques, faisaient défaut. Le temps manquait souvent aussi pour les expériences, ou bien les circonstances n'étaient pas favorables. Beaucoup d'idées utiles ont dû ainsi être laissées dans l'oubli.

de légumes. Un détachement de mobiles est employé à les contenir, pour obtenir un espace de tir raisonnable et éviter les accidents.

EST. — Rien de nouveau dans l'Est. La brume est très-épaisse toute la journée.

SUD. — Au fort de Bicêtre, la compagnie du génie du capitaine Bezard quitte le fort. Le contre-amiral Pothuau la réunit avant son départ et la remercie de ses services au milieu de nous. Elle est remplacée par 50 hommes et un lieutenant de la 18ᵉ compagnie.

Les avant-postes prussiens de Bagneux tirent quelques coups de fusil sur les mobiles de grand'garde qui occupent la tranchée entre Montrouge et Vanves.

19 novembre.

Des marins de Montmartre sont envoyés à la gare de Bercy pour y prendre deux canons de $0^m,19$ de la marine, qu'ils conduisent au fort de Nogent.

EST. — Calme complet dans l'Est. Brume épaisse. La position élevée de Romainville est favorable aux observations. Le génie y installe, au sommet du bâtiment des officiers, un observatoire muni d'un puissant télescope, sous la direction de M. Laussédat. Ce savant en installe également un à Bicêtre. A l'occasion de l'établissement de ces observatoires, le vice-amiral rappelle aux contre-amiraux Saisset et Pothuau que, dans un fort comme dans un vaisseau, toute personne qui y est employée est soumise à la discipline du bord. (Note 16.)

SUD. — L'ennemi continue ses travaux sur la crête, au delà du Plessis-Piquet.

A dater d'aujourd'hui, le corps d'éclaireurs qui avait succédé aux mobiles de la Vendée à la brasserie Reuter, cesse d'exister, par ordre du gouverneur. Ces hommes, ni armés, ni habillés, recrutés de çà et de là, eussent difficilement fait un bon service. Au dernier moment, les officiers n'étaient plus obéis par leurs soldats. Le contre-amiral Pothuau envoie son chef d'état-major et un de ses aides de camp rétablir l'ordre et licencier le corps.

A minuit et quart, la fusillade s'engage en avant de la redoute des Hautes-Bruyères. Elle cesse au bout de dix minutes sans avoir pris un caractère sérieux.

20 novembre.

SAINT-DENIS. — Calme général. Au fort de la Briche, on installe l'élévateur Girard, instrument ingénieux à l'aide duquel on peut élever un observateur à une hauteur de 30 mètres à un endroit quelconque d'où l'on peut surveiller l'ennemi.

EST. — Dans l'Est, les troupes reçoivent une nouvelle distribution dans leurs emplacements.

A droite, les 6°, 7° et 8° mobiles de la Seine, faisant partie de la brigade Valette, division d'Hugues, sont cantonnés au village de Rosny et à Montreau. Les francs-tireurs des Lilas occupent les avancées.

A gauche, les 1er, 2e et 3e mobiles de l'Hérault, sous les ordres directs du contre-amiral Saisset, pour les mouvements militaires, sont cantonnés à Pautin, et rayonnent de jour sur Bobigny et les travaux avancés. Les éclaireurs Poulizac sont à la Folie. Les éclaireurs à cheval de Versainville, qui a remplacé M. de Pindray, sont au château de la Plâtrière.

Au centre, deux bataillons de guerre du 138ᵉ de ligne[1] sont cantonnés dans les redoutes de Montreuil et de la Boissière, sous les ordres du chef de bataillon Guigou, faisant fonctions de colonel.

Deux bataillons de garde nationale mobilisée sont cantonnés à Noisy-le-Sec, sous les ordres du capitaine de frégate Massiou. Le 4ᵉ bataillon d'éclaireurs, commandant Barbe, garde le Moulin à Gravats et la station de Bondy. Le jour, il occupe le village de Bondy.

Tous les ordres et informations sont envoyés en duplicata au général d'Hugues et au contre-amiral Saisset.

SUD. — Mêmes travaux de l'ennemi au delà de Plessis-Piquet. Nous en donnons la direction à Vanves, qui essaye de tirer à l'aide d'un alignement, en nous demandant de rectifier son tir.

L'ennemi tire plus fréquemment de l'Hay sur les Hautes-Bruyères. Il emploie des balles qui doivent être lancées par un fusil de rempart; elles ont la forme d'une olive ayant $0^m,022$ de diamètre au milieu. Un ouvrier est tué par un de ces projectiles, un matelot de tranchée est blessé.

[1] Le 22, ce régiment a été envoyé à Saint-Denis, pour y remplacer le 128ᵉ.

Vers trois heures, 200 hommes travaillent sur la rive droite de la Seine du côté de Villeneuve-Saint-Georges.

Nos forts tirent comme d'habitude quelques coups de canon sur les positions ennemies qu'ils peuvent atteindre et sur lesquelles ils voient des travailleurs.

21 novembre.

EST. — L'Est est toujours calme.

SUD. — Dans la nuit, vers minuit et demi, un feu de mousqueterie est entendu devant les Hautes-Bruyères, Cachan, et jusqu'à la maison Millaud. Nos avant-postes continuent à tirer pendant une heure environ.

A cinq heures du matin, la fusillade s'engage dans la vallée de la Seine en avant d'Ivry. Ce fort tire quelques coups de canon ainsi que le Moulin-Saquet.

Ces fusillades sont plutôt des alertes que des attaques sérieuses.

Au jour, on constate que les travaux de l'ennemi du côté de Plessis-Piquet ont été notablement accrus; des blindages ont été ajoutés aux épaulements.

Montrouge tire dans diverses directions où se montre l'ennemi, et entre autres sur la Tour de Robinson, autour de laquelle stationne, vers quatre heures de l'après-midi, un nombreux état-major.

Vanves tire sur Châtillon.

La journée s'écoule pluvieuse, sombre et calme.

22 novembre.

Les difficultés de la vie matérielle deviennent de plus en plus pénibles dans la capitale. Nos marins, appelés par leur service à résider hors des forts dans les postes sémaphoriques de l'enceinte et dans les observatoires de Paris et de Saint-Denis, les secrétaires, les plantons, ne trouvent plus à se nourrir avec l'indemnité journalière de 2 francs qui leur est allouée. Il est décidé qu'il sera établi à Montmartre un magasin chargé de distribuer à tous ces isolés des vivres à titre remboursable.

Vers Aubervilliers, par suite de l'évacuation de Bobigny, nos avant-postes, qui s'étendaient sur la route de Bondy jusqu'à la route des Petits-Ponts, se sont repliés sur la route de Flandre. Non-seulement de jour nos travailleurs ne peuvent plus continuer l'ouvrage commencé en avant de la route de Bondy, sans occuper le petit Drancy par un poste; mais l'évacuation de Bobigny pendant la nuit met le fort d'Aubervilliers dans une situation très-avancée; l'espace entre ce fort et Pantin est dépourvu de défenseurs. Cette large trouée permettrait à un ennemi audacieux de tourner le fort, et même d'aller ainsi par le Sud tenter une attaque sur Saint-Denis, qui est une ville ouverte de ce côté, et d'autant plus que le canal de Saint-Denis, qui devrait être un obstacle naturel, est presque à sec. Une telle entreprise produirait inévitablement une confusion extrême.

Le commandant du corps d'armée de Saint-Denis prend des mesures pour combler ce vide et se relier avec les troupes qui occupent Pantin et qui dépendent de Romainville. Mais cette position est toujours un des points dangereux de la défense. On pratique une tranchée d'Aubervilliers à la route des Petits-Ponts, en vue de cette situation.

EST. — La brume augmente de plus en plus. Noisy fait un tir heureux, dans une éclaircie, à cinq heures du soir, sur la ferme de Nonneville, occupée par l'ennemi.

SUD. — Pluie et vent toute la journée. Temps très-clair le soir. Le fort d'Ivry envoie des marins disposer de l'artillerie dans une batterie établie sur le bord de la Seine près de Port-à-l'Anglais, qui menace Choisy.

L'ennemi entreprend de nouveaux travaux du côté de Villeneuve-Saint-Georges et Valenton. On remarque de nouvelles tranchées et des épaulements faits à l'aide de barriques. A la tombée de la nuit, on voit une centaine de travailleurs sur le plateau de Châtillon, non loin du moulin de la Galette.

Vanves et Montrouge tirent.

Pendant la nuit, on entend le Mont-Valérien faire, selon son usage, plusieurs salves de sept à huit coups de canon chacune.

23 novembre.

Le capitaine de frégate Coudein est mis à la disposition du général de Liniers, qui commande la presqu'île de Gennevilliers. Le capitaine de frégate de Bray prend le commandement de la batterie de Saint-Ouen.

EST. — Aucun incident dans l'Est.

Le fort de Romainville fait les essais d'une nouvelle balle allongée et pointue aux deux extrémités, présentée par M. Bouquet de la Grye, ingénieur hydrographe de la marine. Ce projectile est heureusement conçu; il ne produit aucun sifflement en traversant l'air, ce qui est un indice certain des conditions avantageuses dans lesquelles s'opère son mouvement. Les balles du fusil de rempart prussien ont la même forme. Sa portée est peu supérieure à celle des projectiles ordinaires en usage.

Un boulet de forme olive de ce même ingénieur fut ensuite expérimenté dans la plaine de Gennevilliers. Un essai satisfaisant eut lieu. La question, qui d'ailleurs n'est pas nouvelle, mérite d'être étudiée avec soin.

Nos forts font aussi plusieurs expériences de pénétration sur différentes cuirasses portatives présentées par leurs inventeurs civils. Toutes ces cuirasses ont été percées même à grande distance par nos armes nouvelles.

SUD. — Tout est calme. Les trois forts du Sud désignent 50 marins pour aller rejoindre la corvée mise aux ordres du général Ducrot pour les ponts de bateaux, ce qui porte cette corvée à 144 hommes, non compris les matelots de la flottille.

Du côté de Bicêtre, on croit reconnaître que la batterie de Châtillon est blindée avec des rails.

Montrouge continue le travail déjà commencé de blindage de ses traverses et de ses abris. Il tire sur une nouvelle tranchée, en arrière de l'Hay, et partant de l'angle du parc, à 3,700 mètres du fort.

Calme complet à nos avant-postes.

24 novembre.

EST. — Aujourd'hui, le 72e bataillon de guerre de la garde nationale, qui demande à aller à l'ennemi, opère vers Bondy avec le 3e bataillon d'éclaireurs de la Seine, commandant Poulizac. Ces troupes, sous les ordres du capitaine de frégate Massiou, partent à deux heures, pour aller occuper le village de Bondy. On y entre sans coup férir, les gardes nationaux veulent aller plus loin. Ils franchissent les barricades de Bondy, et s'avancent en tiraillant sur la route de Metz et le long du canal de l'Ourcq. L'ennemi les accueille avec une vive fusillade. Le commandant Massiou se multiplie en vain pour modérer les ardents et contenir les fuyards. Mais l'ennemi est trop nombreux, il faut bien se replier.

La garde nationale a 4 blessés, et le capitaine de frégate Massiou reçoit une blessure très-grave à la jambe. Pendant ce temps, le 3e bataillon d'éclaireurs garde la droite dans les tranchées de Bondy, au cimetière et à la gare. Noisy, de son côté, envoie quelques obus sur le pont de la Poudrette et sur les bois. Son feu oblige l'ennemi à mettre le pavillon d'ambulance sur la quatrième maison de droite. Le feu cesse, et dans le mouvement de retraite à découvert qu'exécutent les Prussiens à l'abri du pavillon, nous pouvons constater qu'ils sont très-nombreux.

Notre colonne rentre sans autre incident.

Au fort de Rosny, on s'occupe de visiter les torpilles qui, placées dans de la terre glaise verte, ont besoin, avec les pluies torrentielles, d'être examinées avec soin.

SUD. — A Vitry, les travaux des batteries sont terminés. Elles sont complétement installées et sont placées sous la direction de M. Chasseriaud, lieutenant de vaisseau, du fort d'Ivry. Elles se composent : 1° derrière le mur de la Pépinière, de deux batteries de trois pièces de 22 centimètres chacune; 2° près du chemin de fer, d'une batterie de trois pièces de 22 centimètres également. Les feux sont tous dirigés du côté de Choisy.

On compte vingt-deux embrasures à la batterie ennemie de Montmesly.

Le 2ᵉ bataillon de marins-fusiliers fait l'exercice sur les glacis du fort de Bicêtre.

Les Hautes-Bruyères tirent sur la redoute de Rungis, mais les coups ont besoin d'être rectifiés. On recommencera l'essai demain.

Un état-major prussien visite les travaux de la Belle-Épine, qui augmentent chaque jour.

Montrouge tire toute la journée quelques coups dans différentes directions, et veille l'ennemi avec le plus grand soin.

25 novembre.

EST. — L'occupation d'Avron est enfin décidée On se prépare à y établir des batteries d'artillerie. Le colonel d'artillerie Stoffel et le lieutenant-colonel du génie Devèze vont étudier sur les lieux l'emplacement à leur donner. Le contre-amiral Saisset doit commander les troupes qui occuperont le plateau.

Le vice-amiral donne l'ordre au fort de Rosny, qui, par sa position, est le plus rapproché d'Avron, de mettre tous ses moyens à la disposition de l'artillerie et du génie, et de leur prêter une aide sans limite.

En conséquence, le fort de Rosny commence à recevoir dans ses cours une quantité considérable de canons et de munitions destinés au plateau. Nos forts de l'Est reçoivent en dépôt un million de cartouches. Le transport de ces munitions, destinées à l'armée, doit se faire, au fur et à mesure des besoins, en petites caisses ou en barils, placés sur des hamacs transformés en brancards, pour passer dans les sentiers. Le fort de Romainville dispose, dans ce but, 500 hamacs de nos marins. Ces hamacs, en revenant de porter les munitions, sont destinés à rapporter les blessés.

SUD. — Vers dix heures du matin, on aperçoit des troupes massées du côté de Wissous. A une heure trente-cinq minutes elles se mettent en marche vers Villeneuve-Saint-Georges. Toute la journée, il y a un mouvement continul de convois sur diverses routes.

Les Hautes-Bruyères tirent de nouveau sur la redoute de Rungis.

26 novembre.

La batterie flottante n° 4, commandée par le lieutenant de vaisseau Pougin de Maisonneuve, reçoit l'ordre de se rendre à la disposition du vice-amiral commandant le corps d'armée de Saint-Denis. Elle quitte Suresnes à quatre heures du soir et passe de nuit dans le bras gauche de la Garenne.

Au pont de Saint-Ouen, que l'on a fait sauter et dont les débris encombrent les arches, elle touche sur un de ces débris, et est obligée de s'échouer pour boucher une voie d'eau que le choc a produite. Elle parvient à l'aveugler, et vient dès le matin mouiller devant la ville de Saint-Denis.

Deux batteries sont établies dans la presqu'île de Gennevilliers, où commande le général de Liniers. Elles sont placées à la Folie et à Charlebourg, armées avec des canons de la marine et servies par 90 marins et 4 officiers de Saint-Ouen. Ce sont : à Charlebourg, MM. Laplace, lieutenant de vaisseau, et Thesmar, enseigne ; et à la Folie, MM. Latapy, lieutenant de vaisseau, et Douillard, enseigne. Elles sont commandées par le capitaine de frégate Coudein, qui reçoit l'ordre de rester à la disposition immédiate du général de Liniers.

EST. — Aucun incident dans l'Est.

SUD. — Le mouvement des convois continue, moins considérable que la veille. On a cru remarquer de l'artillerie derrière les batteries voisines de Thiais.

A onze heures, tous les forts tirent pendant une demi-heure sur divers points occupés par l'ennemi.

Les gardes nationaux mobilisés commencent à occuper les avant-postes.

Montrouge perce une embrasure à son bastion 4 pour une pièce de 24 sur affût de siége. Il change une plate-forme de ce même bastion.

27 novembre.

SAINT-DENIS. — Malgré la surveillance active qui s'exerce partout, beaucoup de journaux de Paris parviennent aux Prussiens; la lettre suivante, adressée de Stains, qu'occupe l'ennemi, au chef de notre poste avancé et portant la suscription : *A M. le commandant d'en face,* en est la preuve :

« Stains, le 27 novembre 1870.

« Commandant et camarade !

» Vous m'obligerez beaucoup en me faisant par-
» venir par un factionnaire des journaux de date
» récente. Je ne crois pas en ceci vous adresser une
» demande que votre devoir vous empêche de rem-
» plir, puisqu'il sort un assez grand nombre de
» journaux de Paris.

» Je profite de cette occasion pour vous dire que,
» de notre côté, nous regrettons d'être obligés de
» tirer sur des chercheurs de pommes de terre s'a-
» vançant de trop près, ou sur des tirailleurs qui
» visent nos factionnaires.

» Nous sommes d'avis que ce petit harcèlement
» d'avant-postes est inutile.

» *Signé :* Un Camarade. »

Une autre lettre analogue parvint plus tard de la même manière. Elle avait le même but, et elle se terminait en disant de « prendre de suite les d'Or-
» léans pour terminer la guerre, et que chacun s'en
» aille chez soi. »

Les journaux de l'extérieur ne parvenaient pas aussi facilement dans Paris, n'y parvenaient même presque jamais. Le vice-amiral essaya de bien des moyens pour s'en procurer, et par des combinaisons de police, il avait fini par en obtenir assez régulièrement, qu'il envoyait au gouverneur.

EST. — La brume est très-épaisse.

Une reconnaissance vient de Drancy et n'y a trouvé personne.

Nos forts de l'Est travaillent vigoureusement, en vue du grand mouvement qui se prépare sur Avron.

Romainville dispose ses hamacs en brancards.

Du côté de Rosny, on déblaye les routes des abatis d'arbres, et on dégage la voie du chemin de fer de Mulhouse.

Sur Avron, on s'occupe à fixer l'emplacement futur des batteries. Déjà, à la fin d'octobre, le contre-amiral Saisset en avait fait faire l'étude, et avait recherché les situations les plus favorables pour l'établissement de ces batteries et d'un camp retranché.

Le plateau d'Avron est partagé en deux parties bien distinctes : 1° le plateau d'Avron proprement dit ; 2° la grande pelouse à l'Est.

La grande pelouse est bien réduite par des plantations récentes, des constructions nouvelles. Sur le plateau proprement dit, l'emplacement est large, une défense organisée facile.

L'eau y est pour le moment insuffisante. Les maisons particulières ont des mares d'eau bourbeuse.

Des études furent faites pour pourvoir le plateau d'une quantité suffisante d'eau potable ; mais elles restèrent sans résultat définitif. La neige y a souvent subvenu.

SUD. — A deux heures, nouvelle canonnade de tous les forts sur divers points. Cette canonnade, faite deux jours de suite, par ordre du gouverneur, a pour but de dérouter l'ennemi, et de lui faire croire que c'est de ce côté que doit porter notre principal effort.

Toutes les mesures sont prises pour la mobilisation, dès le lendemain, des bataillons de fusiliers-marins des forts du Sud.

A neuf heures du soir, Montrouge envoie un obus de 24 sur l'avant de la Tour-aux-Anglais, où l'on aperçoit des lumières.

28 novembre.

La brume est très-épaisse.

SAINT-DENIS. — Deux prisonniers prussiens sont faits à Drancy. Ils réclament contre l'illégalité de leur capture. Ils disent que nos mobiles ont agité des mouchoirs blancs pour les appeler. Accoutumés à ces familiarités quotidiennes, ils se sont avancés sans armes, avec une bouteille d'eau-de-vie, du consentement de leur chef. Ils étaient trois : un sergent, un caporal et un soldat. Les mobiles les reçurent, disent-ils, comme d'habitude, très-amicalement. Ils étaient dans le voisinage soixante, dont deux officiers. Survint un capitaine de mobiles qui les fit arrêter; le sergent parvint à s'échapper.

Un fait analogue récent s'est passé aux environs de Charenton : un de nos sergents a été arrêté dans des conditions semblables et les Prussiens ont repoussé la demande de restitution formulée par le gouverneur; en conséquence, le vice-amiral pense que l'autorité supérieure peut seule aviser, et lui envoie les deux prisonniers.

M. l'ingénieur des mines Callon fait gonfler à la Villette un nouveau ballon captif. Quarante marins le conduisent ensuite tout gonflé à Saint-Denis, où doivent avoir lieu des observations le lendemain matin. Comme précédemment, MM. Yon et Dartois viennent surveiller les manœuvres.

EST. — Le capitaine de frégate Trève est nommé au commandement supérieur du fort de Noisy, en remplacement du capitaine de frégate Massiou, grièvement blessé. Cet intelligent officier suppléera habilement à la présence du contre-amiral Saisset, retenu à Avron, à un moment où toutes les ressources du fort doivent être utilisées pour l'armement et la défense du plateau.

Le capitaine de frégate Lefort prend le commandement supérieur du fort de Nogent, armé par la guerre, en remplacement du titulaire, appelé à servir dans l'armée active. Cet officier supérieur saura suppléer à ce qu'aura d'incomplet l'organisation de la défense dans un fort dont les ressources sont loin d'être celles que nous avons pu accumuler dans les forts de la marine.

Une opération sérieuse se prépare; on conserve le secret sur ses dispositions. Le mouvement principal doit être dans l'Est, avec diversions dans le Nord et dans le Sud : cent trente mille hommes doivent agir sur la Marne, soutenus par quatre cents bouches à feu.

Nous allons suivre nos marins dans toutes les actions auxquelles ils prennent part, en indiquant rapidement les mouvements de troupes en vue de nos forts ou dans leurs environs.

Le contre-amiral Saisset, qui commande les forts de l'Est, est appelé à jouer un rôle important dans l'opération qui se prépare. Son activité, son entrain, son ardeur infatigable, son esprit plein de ressources, vont y être d'un grand secours. Il saura tirer parti de tout, et obtenir des marins sous ses ordres les services les plus variés et les plus sérieux.

Les troupes destinées à agir sur Avron sont sous les ordres directs du gouverneur de Paris.

Elles se composent :

1° De la division d'Hugues, réunie à Montreuil et environs, et qui comprend :

12

Division D'HUGUES.
- Trois bataillons des mobiles de la Seine ;
- Un bataillon des mobiles d'Ille-et-Vilaine ;
- Un bataillon des mobiles de la Vendée ;
- 21ᵉ bataillon de chasseurs à pied ;
- 137ᵉ régiment de ligne ;
- 7ᵉ bataillon de guerre de la garde nationale ;
- Trois batteries divisionnaires.

2° De trois mille marins sous les ordres du contre-amiral Saisset.

Ces troupes sont appuyées par :

Six pièces de 24 court de siége ;

Six pièces de 12 court de siége ;

Une batterie de 12 de campagne détachée de la division de Bellemare ;

Une batterie de 7, capitaine Pothier[1].

L'artillerie est commandée par le colonel Stoffel.

Le génie, par le lieutenant-colonel Devèze.

Ces troupes doivent commencer leur opération sur Avron à la nuit close, dans la soirée du 28 novembre, et être appuyées, dès le 29, au point du jour, par la division de Bellemare du 3ᵉ corps de la deuxième armée, qui va occuper, dans la nuit du 28 au 29 novembre, les positions entre Rosny et la redoute de Fontenay, avec son artillerie divisionnaire.

Le but de l'opération est de prendre position sur toute l'étendue du plateau d'Avron, d'y installer des batteries, de manière à pouvoir, dès le 29 au

---

[1] C'est la première fois que l'on fait usage de canons de ce calibre, qui viennent d'être fabriqués à Paris.

matin, appuyer la deuxième armée, général Ducrot, qui doit passer la Marne sur des ponts de bateaux.

Les dispositions suivantes doivent être prises pour arriver au résultat définitif :

Le 28 novembre, dès la nuit close, sans qu'il ait été fait de jour aucun préparatif extérieur, le contre-amiral Saisset doit se mettre en marche avec ses trois mille marins pour occuper le plateau d'Avron. Les marins sont munis, au préalable, des outils nécessaires pour débroussailler le plateau et y ouvrir des voies.

Le contre-amiral Saisset doit pousser son opération jusqu'à l'extrémité de l'éperon Est.

A l'abri de cette opération, qui est appuyée par le 137ᵉ de ligne, deux bataillons de mobiles prennent position aux château et parc d'Avron; dix compagnies de travailleurs, porteurs de gabions et de fascines, accompagnant des voitures d'outils, font les travaux défensifs nécessaires du côté du Raincy et de Gagny. Elles préparent de plus, sous la direction de l'artillerie, l'établissement de cinq batteries sur les emplacements suivants :

1° Une batterie au-dessus des Carrières, un peu à l'Est, destinée à tirer sur Ville-Évrard et Noisy-le-Grand. Elle doit être couverte des feux du Raincy, par le bois, autant que possible.

2° Une batterie à mi-distance entre les carrières et l'extrémité du plateau.

3° Deux batteries sur l'éperon même, pour battre les carrières de Chelles.

4° Une cinquième batterie, au-dessus de Villemomble, tirant sur Gagny.

Le colonel Stoffel doit armer les épaulements, aussitôt les travaux suffisamment avancés.

Il importe au plus haut point de couvrir la gauche de cette opération. C'est dans ce but que l'on place les pièces disponibles pour battre le Raincy, près du parc d'Avron, où elles sont soutenues par les troupes qui s'y trouvent.

On opère la reconnaissance des routes par où passeront les pièces à amener sur le plateau; on a étudié celles qui peuvent être défilées des vues de l'ennemi.

Chaque convoi de pièces doit être précédé par un détachement employé à frayer le chemin.

Le colonel Stoffel, d'accord avec le contre-amiral Saisset, doit faire toute diligence, pour que, dès le point du jour du 29, les batteries, et principalement celles de 24 et de 12 de siége, soient en position et prêtes à appuyer les grands mouvements que l'armée du général Ducrot fera sur la droite.

Le contre-amiral Saisset, le colonel Devèze et le colonel Stoffel doivent s'entendre, de manière que tous leurs efforts soient dirigés dans le but d'accomplir l'opération aussi rapidement que possible.

Le reste de la division d'Hugues est placé en réserve en arrière, et presque sur la crête du contre-fort avoisinant le chemin de fer. Le général d'Hugues doit se tenir en rapport constant avec le contre-amiral Saisset et les autorités militaires du plateau.

Le gouverneur de Paris doit être, de sa personne, le 28 novembre au soir, au fort de Rosny, et le 29 au matin, sur le plateau d'Avron.

La division Bellemare tout entière a l'ordre d'entrer en ligne dès le point du jour du 29 et a reçu des instructions directes; elle ne doit pas monter sur le plateau, elle doit se ranger sous le flanc droit des pentes, et opérer en avant d'elle, ayant la libre disposition de son artillerie, moins la batterie de 12 qui est mise à la disposition du colonel Stoffel.

Enfin, dans la matinée du 29, trois mille gardes nationaux mobilisés sont mis sous les ordres du général d'Hugues, qui doit les employer, pour les placer en vue suivant le cas, sur le plateau avoisinant le château de Montereau ou entre les forts de Noisy et de Rosny, en arrière des redoutes de Montreuil et de la Boissière. Ces trois mille hommes doivent déboucher par la voie stratégique et s'arrêter à la hauteur du fort de Rosny, de manière à y recevoir les ordres du général d'Hugues.

En dernier lieu, les deux wagons blindés, portant des canons de $0^m,16$ de la marine, et commandés par le lieutenant de vaisseau Charles Fournier, sont envoyés sur la voie du chemin de fer de Mulhouse jusqu'au viaduc de Nogent, où ils prennent position.

Tel est l'exposé du dispositif adopté pour l'opération d'Avron.

Le 28, dès quatre heures du soir, il est fait défense, sous les peines les plus sévères, d'établir des feux de bivouac, de fumer et d'allumer toute espèce de feu apparent, pendant la durée des deux premières nuits d'opération. La brume a été très-épaisse toute la journée. Le contre-amiral Saisset, le colonel Stoffel, le lieutenant-colonel Devèze ont été une dernière fois sur le plateau régler l'emplacement de chacun. Les marins-fusiliers et l'infanterie de marine de Romainville et de Noisy se dirigent vers Rosny et se massent sur les glacis de ce fort, où se trouvent déjà ses compagnies de marins-fusiliers. Les troupes du général d'Hugues commencent également leur mouvement, partent de Montreuil et se dirigent sur Rosny.

A la nuit close, les équipages restant dans nos forts sont mis à leurs postes de combat, et sont prêts, toute la nuit, à ouvrir leurs feux, si l'ennemi s'oppose à notre entreprise.

Le mouvement général commence. Nos marins, ayant à leur tête le contre-amiral Saisset, gravissent le plateau; ils sentent qu'un grand effort se prépare enfin, et que c'est dans le succès de leurs travaux de cette nuit qu'est le point de départ d'une action décisive.

De Rosny, on expédie à leur suite le matériel accumulé depuis plusieurs jours, les outils, les gabions, les fascines, les pièces d'artillerie et les munitions. Le personnel de chaque batterie se rend à son poste, à l'emplacement qu'il doit occuper, se met à l'œuvre avec ardeur, déblaye, coupe, creuse, terrasse et dispose toutes choses, sous la direction supérieure du génie. Les batteries que nos marins de Romainville, Noisy et Rosny doivent servir au Sud-Est, battent : la Marne et les versants de Villiers, Noisy-le-Grand, le pont de Gournay, le plateau de Chelles et Montfermeil. Ce sont celles qui sont placées sur l'éperon sud-est du plateau d'Avron.

Elles se composent des batteries :

1° Batterie LABARTHE, lieutenant de vaisseau.
GERMAIN, enseigne de vaisseau.
DE CARNÉ, enseigne de vaisseau.
} Composée de six pièces de 12 de siége.

2° Batterie ARDISSON, lieutenant de vaisseau.
GELLY, enseigne de vaisseau.
} Deux pièces de 16 centimètres marine.
Deux pièces de 24 rayé de siége.

3° Batterie MARQUIS, lieutenant de vaisseau.
DE BOURMONT, enseigne de vaisseau.
} Quatre pièces de 24 rayé de siége.

Les deux batteries n° 2 et n° 3 sont sous la direction de M. Kiesel, lieutenant de vaisseau.

4° Batterie GUIBAUD, lieutenant de vaisseau.
DE LARTURIÈRE, enseigne de vaisseau.
DE PERCIN, enseigne de vaisseau.
} Six pièces de 12 de siége.

En outre, deux batteries armées par l'artillerie de la garde nationale mobilisée, de six pièces chacune.

Sur l'éperon du Nord-Est du plateau d'Avron, les batteries de la marine battent : le plateau de Livry, le Chesnay, le Raincy, le Dépotoir et le pont de la Poudrette.

Elles se composent de :

5° Batterie Touboulic, lieutenant de vaisseau. Feyzeau, enseigne de vaisseau. D'Infreville, enseigne de vaisseau. } Six pièces de 12 de siége.

6° En outre, deux batteries armées par l'artillerie de la garde nationale mobilisée, de six pièces chacune.

En réserve, en arrière, deux batteries attelées de l'armée.

Toutes ces pièces reçoivent un premier approvisionnement de cent coups par pièce.

Au jour, après un travail incessant de toute une nuit, elles sont prêtes à ouvrir leurs feux.

Nous complétons ce dispositif d'artillerie en désignant les autres positions dans l'Est, où, dans cet ensemble d'opérations, nos marins sont appelés à servir des pièces de la marine :

Pendant la nuit, le lieutenant de vaisseau Touchard et l'enseigne de vaisseau Arnaud, avec un détachement de quarante marins, mettent en batterie, dans le village de Nogent, deux pièces de 16 centimètres de marine. Elles battent le plateau de Villiers à 4,500 mètres, et la route de Cœuilly à Chennevières à 5,500.

Deux pièces de 19 centimètres sont envoyées au fort de Charenton avec vingt marins commandés par M. l'enseigne de vaisseau Le Guen.

Deux autres pièces de 19 centimètres sont mises en batterie au fort de Nogent. Trois pièces de 16 centimètres sont en outre placées dans les environs de ce fort. Ces cinq pièces sont servies par soixante-deux matelots sous les ordres de M. Berbinau, lieutenant de vaisseau.

Nos trois forts de l'Est disposent en outre leurs pièces de gros calibre pour coopérer au feu de ces batteries. Enfin, la canonnière Farcy et la vedette n° 6 passent par le canal de Saint-Maurice et vont prendre position à Port-Créteil sur la Marne.

Pendant ce temps, on prépare, sous la direction de M. l'ingénieur en chef des ponts et chaussées Krantz, les ponts de bateaux qui doivent, le lendemain 29, faire franchir la Marne à l'armée du général Ducrot. Le point choisi pour leur établissement s'étend de Joinville-le-Pont à l'île de Beauté, pour le gros de l'armée. La redoute de la Faisanderie, les hauteurs de Vincennes et de Nogent protégent ce travail et protégeront le passage. Deux ponts, l'un pour l'infanterie, l'autre pour l'artillerie, doivent être établis par les pontonniers en aval de l'écluse de Nogent-sur-Marne. Deux derniers ponts doivent être portés, dès le principe, sur cent trente camions, fournis par le chemin de fer du Nord, pour être jetés, dès que nous nous serons emparés de Brie-sur-Marne, sur la partie de la rivière située sous les hauteurs de ce village.

Dans l'après-midi du 28, ces ponts, qui avaient été remisés dans le bassin du canal de Charenton, remontent à la remorque d'une vedette et de la canonnière Farcy, jusque sous la voûte de Saint-Maur.

A la nuit, le vapeur *la Persévérante* commence le remorquage des équipages de pont. Ceux destinés à être disposés sous le feu de l'ennemi, à Brie-sur-Marne, prennent la tête. A la demande de M. l'ingénieur Krantz, ce sont des marins de la flottille et des forts du Sud, au nombre de cent cinquante, qui, sous les ordres du capitaine de frégate Rieunier et de l'enseigne de vaisseau Verschneider, seront chargés de les établir dès que l'action sera engagée et que le général Ducrot en donnera l'ordre.

Le courant est rendu très-violent par les débris du pont de Joinville, détruit au moment de l'investissement, qui obstruent le passage de l'eau. Les mouvements préparatoires de faire remonter au-dessus de ce pont tous ces équipages de pont sont des plus pénibles. Diverses tentatives sont faites jusqu'à une heure du matin. Sous les arches du pont le courant est si rapide qu'on ne peut le remonter, et bientôt on acquiert la certitude que, de ce côté, on ne sera pas prêt pour le lendemain matin. La fortune nous trahit encore une fois. Les conséquences en seront sensibles, tant au point de vue du moral des troupes, arrêtées dès leurs premiers pas, qu'à celui des opérations militaires de ce côté, dont l'importance est désormais divulguée à l'ennemi.

Du fort de Rosny, où il apprend cette funeste nouvelle, le gouverneur lance de nouveaux ordres. Les mouvements de troupes ont commencé et s'accentuent, les contre-ordres ne peuvent pas partout arriver à temps.

SUD. — Dans le Sud, les deux bataillons de fusiliers-marins (1,300 hommes), le bataillon d'infanterie de marine du commandant Darré (800 hommes), se sont rendus au fort d'Ivry, où ils passent la nuit; le soir, le contre-amiral Pothuau s'y rend également avec son état-major.

Une compagnie de marins et une compagnie d'infanterie de marine sont envoyées à la garde des batteries en avant de Vitry, pour relever dans ce poste les troupes de la division de Malroy, partie ce même jour pour rejoindre la deuxième armée.

La division Pothuau a pour mission de s'emparer de la Gare-aux-Bœufs pendant que la division de Maud'huy opérera sur l'Hay.

La division du contre-amiral se compose : 1° de la brigade Salmon; 2° de quatre bataillons de mobiles (Marne, Indre, Puy-de-Dôme et Somme), formant une nouvelle brigade de 4,100 présents, commandée par le colonel Champion; enfin, 3° de quatre bataillons de gardes nationaux mobilisés, les 106°, 116°, 127° et 17°, sous les ordres du colonel Roger du Nord, et campés depuis la veille au Petit-Ivry.

En dehors des opérations qu'elle doit entreprendre, la division Pothuau, ainsi constituée, doit, en outre, garder en permanence la ligne avancée qui s'étend de la Seine jusqu'au sommet du plateau de Villejuif, devant l'ouvrage du Moulin-Saquet, et se relier là avec les troupes de la division de Maud'huy.

Cette ligne se compose : 1° d'une redoute située

sur le bord même de la Seine, en avant de Port-à-l'Anglais, et occupée par une batterie attelée de 12, capitaine Guérin ; 2° d'une tranchée perpendiculaire à la Seine, reliant cette redoute à une batterie dite du chemin de fer, élevée près du pont dit pont Mazagran, sur le chemin de fer près de la Pépinière ; 3° de cette batterie du chemin de fer, qui est armée de trois pièces en fonte de 22 centimètres. En avant et à gauche du chemin de fer est une place d'armes qui communique, par un passage souterrain percé sous la voie ferrée, à une tranchée qui, passant devant la batterie de la Pépinière, va jusqu'à la route de Choisy. La batterie de la Pépinière est armée de six pièces de 22 centimètres en fonte. A partir de la route de Choisy, notre ligne occupe la Plâtrière, et de là la tranchée se dirige obliquement en arrière vers Saquet, jusqu'au pigeonnier situé sur le bord du plateau. Là est la droite du contre-amiral Pothuau ; là commencent les postes du général de Maud'huy.

La batterie flottante n° 2, commandée par le lieutenant de vaisseau de Rosamel, et une vedette, renforcent la subdivision de la flottille à Bercy. Près de la redoute de Port-à-l'Anglais se tiennent les batteries flottantes n°ˢ 3 et 5, commandants Chopart et Manescau, lieutenants de vaisseau, les vedettes n°ˢ 1, 2, 3, 5, sous les ordres du lieutenant de vaisseau Chauvin, et les canonnières *l'Estoc*, lieutenant de vaisseau de Montpezat, et *l'Escopette*, lieutenant de vaisseau G. Pouvreau.

La vedette n° 4 reste seule à Billancourt avec la

batterie n° 1, lieutenant de vaisseau Rocomaure, pour tirer en même temps que les bastions sur les positions ennemies de Meudon, Bellevue et Sèvres.

En outre, les deux wagons blindés de 14 centimètres, commandés par l'enseigne de vaisseau de Marliave, vont prendre poste sur la ligne d'Orléans près de la batterie de la Pépinière.

A une heure du matin, tous les forts du Sud ouvrent le feu de toutes leurs pièces sur les positions ennemies à leur portée, ils tirent soixante-cinq coups chacun. A quatre heures du matin, ils reprennent tous de nouveau leur feu sur les mêmes positions, soixante-quinze coups chacun.

29 novembre.

Les proclamations du gouvernement, du gouverneur et du général Ducrot, affichées dans les rues de Paris, apprennent à la population le commencement de ces grandes opérations; mais la nouvelle du contre-temps survenu dans l'établissement des ponts jette un découragement sensible.

Cependant toutes les troupes sont sous les armes.

SAINT-DENIS. — L'objectif des opérations de la défense de la section nord de Paris était de s'emparer aujourd'hui du village d'Épinay.

Ce village, placé sur une langue de terre, entre la Seine et l'inondation du ruisseau qui borne cette langue de terre au Nord, n'est abordable que par une de ses extrémités. Il est en outre sous le feu des batteries d'Orgemont, de la Barre, de Deuil, de la butte Pinçon, et à proximité des nombreuses forces ennemies cantonnées à Saint-Gratien.

On devra donc, aussitôt qu'on s'en sera emparé, se préoccuper des dispositions les meilleures à prendre pour l'évacuer, sans y être forcé par l'ennemi, afin de ne pas perdre l'effet moral d'un premier succès. Dans cet ordre d'idées, le moment le plus favorable pour attaquer Épinay est l'après-midi, ce qui permet de s'y établir de jour et de se retirer à la faveur de la nuit.

Une vive canonnade doit précéder l'attaque du village par l'infanterie. Saint-Ouen battra Orgemont. Le fort de la Briche et la batterie flottante n° 4, capitaine Pougin de Maisonneuve, qui s'avancera sous les murs du village, couvriront Épinay de leurs feux.

Pour donner le change à l'ennemi, depuis trois jours, à l'heure où aura lieu l'opération, on fait un feu nourri sur Épinay.

Le général Hanrion est chargé de l'attaque. Il a sous ses ordres :

Deux compagnies de marins-fusiliers, commandées par le lieutenant de vaisseau Glon-Villeneuve, le 135ᵉ de ligne, colonel de Boisdenemetz, et les 1ᵉʳ et 2ᵉ bataillons des mobiles de la Seine, colonel Piétri, enfin le 10ᵉ bataillon des mêmes mobiles, commandant Dautrement.

La brigade Lamothe-Tenet forme la réserve.

Les colonnes d'attaque doivent sortir de Saint-Denis par le chemin qui longe la Seine, et se placer en avant du fort de la Briche.

La batterie flottante n° 4, dans le bras nord de la

rivière, doit s'établir de façon à enfiler le chemin de halage.

Les postes de Villetaneuse et du Temps-perdu sont renforcés par des contingents des 12ᵉ et 13ᵉ bataillons de mobiles de la Seine.

Le 17ᵉ et le 18ᵉ s'établissent, dès le matin, au moulin de Stains.

Enfin, une opération d'une autre nature doit avoir lieu dans la plaine en avant d'Aubervilliers, dans le but de faire une diversion et d'occuper les forces ennemies sur ce point. Elle est confiée à la brigade du général Lavoignet, appuyée par la division de cavalerie du général Bertin de Vaux. Le fort d'Aubervilliers est le centre de cette opération. Les troupes employées sont :

Les 3 bataillons de mobiles de Saône-et-Loire ;
Les 3 bataillons de mobiles de l'Hérault ;
Les 15ᵉ et 16ᵉ mobiles de la Seine ;
3 bataillons du 134ᵉ de ligne ;
La division de cavalerie.

Elle sont divisées en quatre colonnes ayant pour objectif Drancy.

Pour protéger leurs mouvements, la batterie de la Courneuve est armée avec les pièces de la batterie qui était placée au pont du chemin de fer de Soissons, sur le canal de Saint-Denis. Elle canonnera Stains et le Bourget. Le fort de l'Est tirera sur ces mêmes villages, et essayera d'atteindre Pont-Iblon. Le fort d'Aubervilliers a pour objectif le Bourget et Drancy. Romainville et Noisy sont prêts à ouvrir leurs feux sur les troupes ennemies qui se présenteraient à leur portée.

Les troupes qui doivent enlever le village d'Épinay porteront la couverture pliée en quatre et doublée de la tente-abri, en plastron sur la poitrine. Des expériences qui viennent d'être faites démontrent que les couvertures ainsi disposées amortissent une balle de fusil prussien tirée à 400 mètres. (Note 17).

Une batterie de 4, servie par des artilleurs de la marine, commandés par le capitaine Durand, prendra position sur la gauche de la Seine, vis-à-vis d'Épinay, et au nord de la redoute non achevée de Villeneuve, de manière à enfiler les rues du village qui descendent à la rivière. Afin d'être moins gênées par le tir d'Orgemont, les pièces seront très-espacées.

Telles sont les dispositions prises par le vice-amiral et approuvées par le gouverneur.

Pour ce jour-là, le vice-amiral étend son commandement jusqu'au canal de l'Ourcq.

Par contre, le commandant de la batterie de Saint-Ouen est mis momentanément sous les ordres du général de Liniers, qui commande dans la presqu'île de Gennevilliers, mais elle doit concourir à l'opération en tirant sur Épinay d'abord et ensuite sur Orgemont.

En conséquence de ces dispositions, le 29 au matin, les troupes du corps d'armée de Saint-Denis, formant un effectif de 20,000 hommes dans la plaine d'Aubervilliers et de 6,000 devant Épinay, prennent les positions qui leur ont été assignées.

L'esprit des troupes est bon. Chacun est prêt à faire son devoir. Lorsque la nouvelle du contre-ordre général amené par l'incident des ponts de la Marne se répand dans les rangs, on doit se résoudre à rentrer dans les cantonnements. C'est un retard de vingt-quatre heures.

Pendant la nuit, des dépêches de la presqu'île de Gennevilliers annoncent que les Prussiens passent la Seine à Bezons.

A la réception de cette nouvelle, le général Schmitz, chef d'état-major général du gouverneur, transmet au vice-amiral l'ordre de se porter avec ses troupes dans la presqu'île de Gennevilliers, au secours du général de Liniers.

Les dispositions sont prises pour faire sauter au besoin le pont fixe de Saint-Denis. On se dispose à replier le pont de bateaux. On n'entend, du reste, encore le bruit d'aucun engagement. Les troupes qui occupent l'île Saint-Denis sont sous les armes. La batterie de 4 qui est à la redoute inachevée de Villeneuve se replie sur l'île.

Des aides de camp de l'amiral sont envoyés en toute hâte dans diverses directions. L'un d'eux, M. de Sagan, a eu le temps de parcourir la presqu'île; il acquiert la certitude que ce n'est qu'une fausse alerte, et arrive à temps pour empêcher qu'on ne fasse sauter le pont du chemin de fer à Asnières.

Tout rentre dans le calme de ce côté.

EST. — Dans l'Est, on emploie cette journée de retard à perfectionner les batteries d'Avron. De

Rosny, on continue à y expédier des munitions et un matériel considérable.

On travaille vigoureusement aux ponts. Dans la journée, on fait passer en amont de Joinville, en les halant le long de la rive, les divers équipages de pont.

Cent cinquante marins destinés à jeter demain, sous le feu de l'ennemi, deux ponts sous Brie-sur-Marne, viennent utilement en aide à ce travail. Ils doivent prêter leur concours à la construction, pendant la nuit, des ponts placés en amont de Joinville. Leur aide est indispensable aux pontonniers civils, fournis par le service des ponts et chaussées.

On fait sortir du canal de grands bateaux destinés à établir deux nouveaux ponts en aval de celui de Joinville, qui lui-même est réparé. Ces derniers, solidement construits, pour le cas de mouvements imprévus, favorisèrent singulièrement plus tard le passage des troupes et celui des services roulants. Ils demandèrent quarante-huit heures pour leur construction.

SUD. — A quatre heures du matin, la division Pothuau se met en mouvement. Les deux bataillons de marins-fusiliers et l'infanterie de marine quittent le fort d'Ivry, et vont rallier leurs compagnies qui gardent les tranchées.

La garde nationale quitte son campement et vient se placer comme réserve à la gauche, et en arrière des marins.

Deux compagnies de marins sont désignées pour

s'emparer de la Gare-aux-Bœufs ; l'une doit suivre la gauche, l'autre la droite du chemin de fer. La première, capitaine Le Gorrec, lieutenant de vaisseau, est conduite par le capitaine de frégate Desprez, chargé de diriger l'opération ; l'autre est sous les ordres du lieutenant de vaisseau Gervais. Deux compagnies de la garde-nationale mobilisée, l'une du 106ᵉ bataillon, commandant Ibos, l'autre du 116ᵉ, commandant Langlois, sont désignées pour opérer comme soutien.

Le contre-amiral Pothuau est en tête et surveille personnellement les mouvements.

A six heures et demie, avant le jour, les deux compagnies de fusiliers-marins partent des tranchées en avant ; trente hommes du génie les accompagnent avec des fascines. Les compagnies de soutien de la garde nationale les suivent.

Après vingt minutes de marche, malgré une assez vive fusillade de la gare de Choisy et des maisons crénelées de droite qui bordent la route, les marins-fusiliers enlèvent le poste sous la puissante impulsion de l'intrépide contre-amiral Pothuau. Les Prussiens qui l'occupaient ont pu s'échapper ; cinq prisonniers restent entre nos mains. On se met en mesure immédiatement de se retrancher et de résister à un retour offensif.

La flottille protége le mouvement et ouvre son feu. Un vif combat s'engage à petite distance.

La batterie d'artillerie de 12 qui arme la redoute de la rive gauche se porte en avant avec les troupes ; les navires la protégent, alors que l'ennemi concentre sur elle tous ses feux. Le feu des navires gêne le tir ennemi, et la batterie flottante n° 5, capitaine Manescau, soutient hardiment le combat d'artillerie qui sur ce point se prolonge toute la journée.

Quelques heures après cette opération vigoureusement menée, on apprend que le succès de l'attaque sur l'Hay n'est pas encore dessiné, et que le grand mouvement du général Ducrot sur la Marne est retardé. Par suite, le général Vinoy donne l'ordre d'évacuer la Gare-aux-Bœufs. Ce mouvement s'exécute avec beaucoup d'ordre, et sans que nos troupes soient inquiétées par l'ennemi. L'expédition n'a coûté que huit hommes blessés.

La ligne de tranchée à garder est répartie entre les deux brigades : la brigade de la marine gardera la ligne depuis la Seine jusques et y compris la batterie de la Pépinière, la brigade de mobiles, depuis la Pépinière jusqu'à l'extrémité de notre droite.

L'emplacement et la force des grand'gardes et piquets de soutien sont déterminés, et le cantonnement pris dans Vitry. Le quartier général de la division est établi à la maison Groult à Vitry, en arrière du centre de la ligne.

De Montrouge, on entend, dès le matin, une vive fusillade du côté de l'Hay. Les Hautes-Bruyères et les batteries placées en avant de nous ne tardent pas à appuyer le mouvement en avant de nos troupes. Montrouge tire sur Bourg-la-Reine, Sceaux, Fresnes et Fontenay. Nos batteries en avant du fort font un feu très-nourri. La fusillade, très-vive au début, se ralentit, et paraît s'éloigner dans l'intérieur du village. Du côté de Cachan, elle ne cesse pas entièrement.

La brume est d'ailleurs intense et empêche Montrouge de suivre toutes les péripéties de l'action engagée à l'Hay. Se conformant aux ordres qu'il a reçus, ce fort se borne à tirer sur les points de concentration ou de passage des renforts que l'ennemi pourrait envoyer de ce côté.

Vers huit heures vingt minutes, il fait feu sur des batteries prussiennes placées entre Bourg-la-Reine et Sceaux, tirant dans sa direction sans l'atteindre; les obus prussiens portent en avant de la Grange-Ory sans grande précision; un certain nombre n'éclatent pas, d'autres fusent en ricochant.

Cependant, la fusillade reprend plus vivement à l'Hay. On aperçoit nos troupes se retirant du village. Malgré la brume, nous pouvons nous assurer que l'ennemi a réoccupé ses tranchées et la maison blanche du coin de la route, d'où part un feu nourri. Nous avons encore quelques tirailleurs, abrités derrière des levées de terre, entre les tranchées ennemies et les nôtres. Les ordres les plus formels reçus pendant la nuit empêchent les forts de tirer sur le village, qu'on attaque sans un ordre spécial.

Toutefois, par suite de la certitude qu'il n'y a aucune troupe à nous dans le village, on se décide à canonner les points où l'ennemi paraît le plus en force, principalement sur la maison blanche et le mur contigu, où chacun de nos coups porte. Nous ne cessons que lorsque l'ennemi cesse lui-même son feu, en arborant le pavillon parlementaire.

A dix heures, bas le feu des deux côtés. Les Prussiens font des signes à nos soldats pour les faire venir à eux; et, pendant la suspension d'armes, on voit les voitures et le personnel des ambulances procéder à l'enlèvement des morts et des blessés. Les voitures sont nombreuses, et nos pertes paraissent avoir été sensibles.

Vers deux heures du matin, sur un signal de Bicêtre, une vive canonnade s'engage sur toute la ligne des forts du Sud. Nos avant-postes de l'Hay à Châtillon sont très-calmes.

30 novembre.

Les ponts sont prêts, les troupes en marche. Le temps est très-beau.

EST. — A sept heures trente-cinq minutes du matin, le gouverneur télégraphie, de Rosny, au contre-amiral Saisset, qui se trouve au plateau d'Avron :

« Tout se met en mouvement pour la grande
» entreprise. Demandons ensemble au Dieu des
» armées de la protéger après tant de cruelles
» épreuves. Donnez-moi des nouvelles d'Avron, où
» je ne tarderai pas à aller. Merci pour vos admi-
» rables efforts. »

A sept heures du matin, en effet, l'armée du général Ducrot passe la Marne ; ses colonnes prennent successivement position en avant des rives.

Un feu roulant d'artillerie d'Avron, de la Faisanderie, de la Gravelle, de Nogent, de Rosny et des wagons blindés est dirigé sur les lignes ennemies qui garnissent les hauteurs de Villiers.

A neuf heures et demie, l'action est engagée. Nos troupes massées le long de la Marne marchent en avant, vers Villiers et Cœuilly, sous un feu très-vif d'artillerie et de mousqueterie, et elles gravissent les hauteurs, sous l'entraînante impulsion du général Ducrot.

A dix heures et demie, le général donne l'ordre d'établir les ponts de Brie-sur-Marne. La *Persévérante* et un bateau-mouche ont remorqué les deux équipages jusqu'à ce village, que l'ennemi occupe encore. Sous la direction du capitaine de frégate Rieunier, nos marins se mettent à l'œuvre, malgré une vive fusillade partant de maisons crénelées et des hauteurs. Trois bateaux de pont d'artillerie sont coulés dès les premiers coups. Les deux ponts sont néanmoins construits rapidement, mais on ne les achève pas à dessein, pour ne pas livrer passage à de nombreux soldats qui fuient le combat. Tout en travaillant, les marins font le coup de feu avec les Prussiens, qui les incommodent des maisons de Brie.

Le capitaine de frégate Rieunier est blessé dès le début, et n'en reste pas moins au poste périlleux qu'il occupe.

Vers midi, Avron, qui surveille avec soin le pont de Gournay, voit de fortes colonnes prussiennes descendant de Chelles, et qui veulent probablement passer la Marne sur ce point. Il y dirige un feu soutenu, pour rendre tout passage impossible.

Un moment, sur la gauche, les troupes ont plié ; mais les canons d'Avron et de Nogent les soutiennent ; c'est alors qu'elles sont entraînées par l'impétueux élan du général Ducrot, un héros, et qu'elles regagnent leurs positions. L'artillerie de campagne fait des prodiges. Elle est dirigée par le général d'artillerie de marine Frébault, un autre héros [1].

Pendant que se livre cette grandiose et sanglante bataille, les marins sont forcés de rester à défendre et compléter les ponts, éloignés de leurs frères de l'armée qu'ils admirent, et auxquels ils voudraient se joindre.

A la nuit, le feu cesse sur toute la ligne. Avron seul tire par intervalles. Notre armée couche sur les positions qu'elle occupe. Dans la soirée, le général Ducrot fait replier sur la rive droite les ponts d'infanterie de Brie-sur-Marne.

SAINT-DENIS. — A Saint-Denis, dès le matin, les troupes prennent en bon ordre les positions qu'elles occupaient hier.

La brigade Lavoignet, soutenue par la division de cavalerie du général Bertin de Vaux, s'avance dans la plaine d'Aubervilliers, et occupe sans coup férir Drancy et Groslay.

L'ennemi, avec une nombreuse artillerie, se con-

---

[1] Trois officiers d'artillerie de marine sont grièvement blessés dans cette bataille. Ce sont MM. Plonquet, lieutenant, mort des suites de ses blessures ; Périssé, lieutenant ; Joyau, sous-lieutenant.

centre dans ses retranchements, en arrière de la Morée, mais ne sort pas de ses positions.

Le manque absolu d'artillerie de campagne empêche de notre part toute entreprise sérieuse en dehors de l'action des forts. L'ordre formel du gouverneur est d'ailleurs de ne rien engager dans la plaine.

Après avoir parcouru les positions de ce côté et donné au fort d'Aubervilliers ses derniers ordres pour la surveillance et la protection de la plaine, le vice-amiral se rend devant Épinay, où la brigade Hanrion, massée derrière des plis de terrain en avant du fort de la Briche, attend le signal de l'attaque. Les deux compagnies de marins-fusiliers sont en tête à la gauche : l'une, commandée par MM. Glon-Villeneuve, lieutenant de vaisseau, et Salaün de Kertanguy, enseigne; l'autre par MM. Cordier, lieutenant de vaisseau, et Néron, enseigne.

Il est deux heures. A un signal convenu, le fort de la Briche, la batterie flottante n° 4 et la batterie de 4 établie sur la rive droite de la Seine, ouvrent sur Épinay une vive canonnade qui dure une demi-heure; l'amiral donne alors l'ordre au général Hanrion de lancer les colonnes d'attaque. Le lieutenant de vaisseau Glon-Villeneuve, à la tête de ses marins, se porte en avant, suit le chemin de halage, enlève la barricade qui s'y trouve à hauteur de l'entrée du village, et y pénètre en un instant. D'autres marins escaladent les murs du parc et en chassent les Prussiens. En même temps, le 1er bataillon de la Seine, puis les 2e et 10e bataillons et le 135e régiment de ligne attaquent le village de front, et après une fusillade meurtrière, y pénètrent à leur tour. Le général Hanrion est au milieu de ses troupes, et dans le combat de rues, de maisons qui commence, dirige l'attaque avec autant d'habileté que de sang-froid. La batterie de 4 et la batterie flottante sont couvertes d'obus par les canons prussiens d'Orgemont. Elles n'éprouvent aucun dommage.

Le fort de la Briche dirige son tir sur la droite d'Épinay, où les Prussiens sont refoulés. Le lieutenant de vaisseau Pougin de Maisonneuve conduit la batterie flottante un peu plus loin, par le travers du village, prêt à battre les rues latérales dans le cas où nos hommes seraient ramenés. Il dirige son feu en arrière du village, de façon à empêcher les renforts prussiens, qui descendent d'Enghien et de Saint-Gratien, d'entrer en action.

Le courant, rendu violent en cet endroit par la proximité du coude de la Seine, l'oblige à envoyer des amarres à terre pour s'éviter convenablement pour son tir. Cette manœuvre s'exécute correctement sous le feu de l'ennemi.

Enfin, après un violent combat de rues, nos troupes achèvent d'enlever le village ; les Prussiens sont refoulés sur la droite, où nos forts dirigent un feu très-vif. Une batterie prussienne, établie à Montmorency, tire perpendiculairement à la route, entre Épinay et Saint-Denis, sans doute pour empêcher l'arrivée de renforts.

A quatre heures, un aide de camp du vice-amiral, le commandant de l'Héraule, informe le général Hanrion que, conformément aux ordres du gouverneur, il doit évacuer le village et rentrer à Saint-Denis avant la nuit.

Au coucher du soleil, le général, efficacement secondé par M. de l'Héraule, rallie, non sans peine, son monde qui s'acharnait au combat, et rentre dans ses cantonnements.

Soixante-douze prisonniers du 79° saxon, dont un aide de camp, des munitions, deux fusils de rempart en bronze, restent entre nos mains. Le colonel Piétri a conduit résolûment son régiment. Le commandant Saillard, du 1ᵉʳ bataillon, qui commandait la première colonne d'attaque, reçoit trois blessures et succombe quelques jours après. Le lieutenant de vaisseau Glon-Villeneuve est blessé légèrement à la main. L'adjudant de la marine Joachim fait des prodiges de courage. Il est mis à l'ordre du jour.

Nos pertes sont : 36 tués, dont 3 officiers, et 237 blessés, dont 19 officiers.

Sur le passage des troupes qui rentrent en ville, la population de Saint-Denis, qui du haut des remparts a assisté au combat et a pu en suivre les dispositions préliminaires et les péripéties, salue nos troupes et le vice-amiral de ses applaudissements et de ses vivat.

Un sous-officier prussien, prisonnier, a servi dans la légion étrangère française et a fait la campagne du Mexique dans nos rangs. Il nous explique le mécanisme des fusils de rempart avec une intelligence qui fait augmenter la surveillance dont il est l'objet. Quant à l'aide de camp, l'accueil plein de réserve autant que de courtoisie que lui fait le commandant en chef produit sur lui une profonde impression.

Pendant la nuit, sur les instances de M. Salle, président de la Société de secours aux blessés de Saint-Denis, le vice-amiral envoie un de ses aides de camp, le lieutenant de vaisseau Buge, en parlementaire vers Épinay. Cet officier va avec M. Salle traiter de la remise des blessés et de l'enterrement des morts. Il accomplit heureusement sa mission.

FLOTTILLE. — La flottille prend part à différents combats : à Billancourt, aux ponts de la Marne, à Créteil et devant Choisy-le-Roi.

La canonnière Farcy et la vedette 6 sont à Port-Créteil et canonnent la hauteur de Montmesly.

La subdivision de Port-à-l'Anglais opère contre les positions ennemies de Thiais, de la Gare-aux-Bœufs, de Choisy-le-Roi, du carrefour Pompadour et de Montmesly.

La batterie flottante n° 1 et la vedette 4 canonnent, en même temps que les 6e et 7e secteurs et le fort d'Issy, les hauteurs de Meudon.

SUD. — Dans le Sud, toutes les troupes sont sur pied dès le matin, et reprennent leurs mêmes postes de la veille.

On entend au loin la violente canonnade de l'Est.

Nous apercevons sur la rive droite de la Seine les troupes françaises partir de Créteil et attaquer Montmesly. Les tranchées ennemies sont abordées par elles avec une remarquable vigueur et enlevées. Montmesly est occupé, Mesly ne l'est pas. L'ennemi revient en grandes masses, se dirige sur ce dernier village, et menace de tourner le premier. Nous voyons alors nos troupes évacuer Montmesly.

Le général Vinoy donne l'ordre au contre-amiral Pothuau de reprendre la Gare-aux-Bœufs, les maisons crénelées de la route de Choisy, et de tâter ce village avec quelques éclaireurs.

Pour la Gare-aux-Bœufs, les mêmes dispositions que la veille sont prises. Les deux compagnies de garde nationale seules sont remplacées par deux compagnies d'infanterie de marine. Le capitaine de vaisseau Salmon commande le mouvement; le capitaine de frégate Desprez est toujours à la tête des marins.

A une heure, toujours sous la direction personnelle du contre-amiral, nos hommes s'élancent, et malgré un feu des plus violents et des mieux conduits, réoccupent le poste, où ils se retranchent immédiatement.

Le capitaine de frégate Desprez tient à honneur de conduire lui-même la reconnaissance ordonnée sur Choisy. Il part avec 25 marins, et à 100 mètres du village il est atteint mortellement d'une balle dans le bas-ventre. Ainsi succombe ce brave officier supérieur, dont le mérite exceptionnel, la noblesse de caractère, les sentiments profondément religieux, et les aimables qualités du cœur, ont captivé l'estime et l'affection de tous ceux qui l'ont connu.

Pendant ce temps, le colonel Champion, de la

division Pothuau, avec les mobiles de l'Indre, franchit la barricade de Vitry et attaque les maisons crénelées de la route avec un entrain remarquable. Malgré la fusillade la plus vive, ces postes sont enlevés.

Les feux des batteries flottantes, des wagons blindés de 14 centimètres, des batteries de la Pépinière et du pont du chemin de fer, celui de la batterie de 12 (18ᵉ batterie du 11ᵉ d'artillerie), sortie de la redoute et poussée jusqu'à 400 mètres de Choisy, le tir du fort d'Ivry enfin, tiennent l'ennemi en respect et arrêtent tout retour offensif qu'il voudrait tenter.

L'ennemi, par le feu de ses batteries de Thiais et du bord de l'eau, par une fusillade partant du cimetière de Choisy, essaye de nous inquiéter et de nous déloger. Il n'y réussit pas, et doit maintenir en face de nous des forces importantes qui ne peuvent ainsi concourir à l'action qui se passe de l'autre côté de la Seine.

A la nuit, nous évacuons les points occupés. Nous avons eu sur ce point 10 tués, 62 blessés. Deux officiers du bataillon de l'Indre, le lieutenant Boucheron et le sous-lieutenant Bernardeau, succombent aux suites de leurs blessures. Nos marins ressentent profondément la mort du capitaine de frégate Desprez, et cette perte assombrit leurs succès de la journée.

Les forts du Sud reçoivent l'ordre de ne tirer pendant la nuit qu'en cas d'attaque.

1ᵉʳ décembre.

EST. — Les batteries d'Avron continuent à inquiéter l'ennemi.

La journée est calme. Par suite d'une suspension d'armes convenue par l'intermédiaire de M. le comte Serrurier, nous enlevons les blessés et enterrons les morts, qui sont nombreux de part et d'autre.

Le fort de Rosny envoie sur Avron un canon de marine et sa plate-forme. Le soir, cette pièce est établie et prête à faire feu. On continue toujours à approvisionner de munitions l'artillerie du plateau. Dans les forts, des hommes chargent des projectiles creux et font des gargousses.

Dans la nuit, une corvée de marins, sous les ordres du capitaine de frégate Lefort, va consolider les ponts situés près de Neuilly-sur-Marne, sur la solidité desquels le gouverneur a des inquiétudes.

Noisy, Nogent et Avron tirent quelques coups de canon. Tout fait présager pour demain une attaque sérieuse.

SUD. — La journée se passe sans incidents. Les troupes restent bivouaquées et prêtes à prendre les armes.

Les wagons blindés de 14 centimètres rentrent à la gare d'Orléans pour réparer quelques avaries.

Tous les forts se taisent. L'ennemi ne se montre nulle part.

2 décembre.

EST. — Le contre-amiral Saisset est promu au grade de vice-amiral.

Au réveil, l'ennemi, répandu sur les hauteurs, attaque vivement l'armée du général Ducrot. Cette attaque s'étend de Champigny à Brie-sur-Marne. Nos troupes, qui avaient d'abord perdu du terrain, le regagnent bientôt ; le gouverneur lui-même, avec le stoïque courage qui ne l'a jamais quitté, se jette aux premiers rangs et enlève nos soldats.

M. de Grancey, ancien lieutenant de vaisseau, commandant des mobiles de l'Aube, qui s'était déjà distingué à Bagneux, est tué dès le début de la journée.

Les pièces de 19 centimètres de Nogent produisent un grand effet par leur portée considérable et semblent contribuer puissamment à contenir l'ennemi. C'est sur la droite que l'engagement nous paraît le plus vif. Une batterie prussienne, placée entre Villiers et Noisy-le-Grand, tire sur nos troupes près des ponts de la Marne. Les obus d'Avron et de Rosny la forcent à se retirer.

La brume gêne les observations. Les Prussiens amènent des troupes fraîches sur la droite. Nos soldats, qui ont passé sans abri les deux nuits précédentes dans la plaine, par un froid très-vif, commencent à être fatigués. L'armée du général Vinoy, le corps d'armée de Saint-Denis reçoivent alors l'ordre de se tenir prêts à envoyer des renforts. Le chemin de fer de ceinture se dispose à en transporter une partie. Mais à trois heures et demie, les Prussiens se replient en arrière, et le feu cesse sur toute la ligne.

Près de Groslay, on voit de nombreuses troupes

prussiennes se diriger dans le Nord-Est. Pendant la nuit, nous allumons des feux de bivouac. On n'en aperçoit pas chez l'ennemi.

Dans cette grande journée, non moins sanglante et glorieuse pour l'armée que celle du 30, nos marins, à leur poste obscur mais périlleux, ont encore gardé leurs ponts de Brie-sur-Marne, qui n'ont pas cessé d'être canonnés. Ils ont maintenu l'ordre sur ce point, envahi soit par des fuyards, soit par des maraudeurs et certains ambulanciers. Le docteur Ricord, à la tête des ambulances de la Presse, celles-ci toujours disciplinées, qui se rendent sur le champ de bataille, aide le commandant Rieunier à prévenir toute confusion.

Dans la soirée, l'enseigne de vaisseau Verschneider, officier d'ordonnance du vice-amiral commandant en chef, détaché aux ponts de Brie-sur-Marne, est tué roide par un des nombreux obus tirés sur les batteries françaises établies au-dessus des ponts de bateaux. Ce jeune officier, solide, dévoué et plein d'entrain, avait, dans la tâche pour laquelle il était désigné, montré la plus intelligente énergie.

SUD. — Charenton tire sur Mesly. Les gardes de tranchées sont doublées partout. Ivry envoie quelques obus dans la maison blanche de la route de Choisy, où l'on voit des travailleurs ennemis.

Un détachement est envoyé aux obsèques du capitaine de frégate Desprez, à la Madeleine. C'est dans cette église qu'eurent lieu, pendant le siége, la plupart des services funèbres des officiers de marine et des marins frappés par l'ennemi. Le regrettable abbé Deguerry aimait les marins et les regardait comme ses paroissiens. Il ne manquait jamais, dans ces tristes circonstances, de donner lui-même l'absoute et d'adresser à l'assistance quelques paroles émues qu'il savait rendre encourageantes, et pleines de patriotisme et d'une paternelle affection.

Pendant la nuit, on envoie quatre marins par le déblai du chemin de fer voir si la Gare-aux-Bœufs est occupée. Ces hommes reviennent, après s'être assurés que l'ennemi y a rétabli un poste.

Le général Corréard porte pendant la journée son quartier général au fort de Montrouge. On s'attendait à une attaque sur toute cette ligne, et principalement du côté de Cachan. Tout est calme.

3 décembre.

EST. — Dès le jour, notre armée paraît menacée d'une nouvelle attaque sur la Marne. On entend le canon sur les hauteurs de Villiers et de Cœuilly. Avron répond et tire aussi sur Gournay et Noisy-le-Grand.

Le temps se couvre.

A midi, le général Ducrot donne l'ordre de faire replier les deux ponts de Brie sur l'île de Beauté. L'armée française repasse la Marne sur tous les autres ponts, sans être inquiétée ou même aperçue par les Prussiens, qui ont accumulé de nouvelles forces sur toutes les positions qu'ils occupent. A sept heures et demie du soir, le mouvement est terminé, et l'armée bivouaque dans le bois de Vincennes.

Le capitaine de frégate d'André, à la tête de sa brigade de mobiles, reste à Polangis, de l'autre côté de la Marne, pour observer l'ennemi.

SUD. — L'ordre arrive d'envoyer à Joinville-le-Pont mille hommes de renfort. La moitié de l'effectif des fusiliers-marins et de l'infanterie de marine est dirigée de ce côté, sous le commandement du chef de bataillon Darré, de l'infanterie de marine. A sept heures du soir, ces troupes reviennent sans qu'il y ait eu lieu de les employer.

Calme parfait de ce côté.

4 décembre.

Des actes d'indiscipline des mobiles de la Seine faisant partie du corps d'armée de Saint-Denis, se produisent aux portes de Paris au 4° secteur, qui est vis-à-vis de Saint-Denis. Un grand nombre de ces hommes se présentent vers trois heures du soir avec leurs fusils devant ces portes, et menacent de leurs armes pour entrer de force, malgré la consigne qui leur interdit d'entrer dans la ville sans permissions écrites. Le contre-amiral Cosnier, qui commande le secteur, prend immédiatement, d'accord avec le vice-amiral commandant le corps d'armée, les mesures nécessaires pour empêcher ces violences. La plupart de ces hommes regagnent leurs bataillons, les autres se dispersent.

Des actes d'insubordination analogues se sont présentés fréquemment parmi ces mobiles. Incorporés dans les armées de province, ils eussent pu rendre des services très-efficaces. Il y avait dans chaque bataillon un noyau solide qui aurait servi d'exemple. Mais employés aux portes de Paris, près de leurs familles, sous l'influence délétère des passions violentes qui agitaient la capitale, ils se trouvaient dans les plus mauvaises conditions de discipline. L'élection des officiers était un autre motif d'insubordination. Et ils sentaient si bien les inconvénients de cette élection, que peu de votants se présentaient au scrutin, et on a vu des officiers élus par 25 voix dans des compagnies de 150 hommes. Aussi ont-ils accueilli comme un bienfait l'ordre qui, vers la fin du siége, a enfin supprimé ce système de l'élection décrété le 18 septembre, et rendu la nomination des officiers au pouvoir exécutif. Cet ordre avait d'ailleurs été devancé dans plusieurs corps, et notamment à Saint-Denis.

EST. — Le gouverneur quitte le fort de Rosny et se rend à Vincennes.

Au jour, les ponts de Brie et de l'île de Beauté sont ramenés à Joinville par les soins des marins du capitaine de frégate Rieunier.

L'armée prussienne couvre les hauteurs près de Cœuilly. Nos forts et nos batteries de position surveillent leurs mouvements et les tiennent à distance. L'ennemi fait de grands mouvements de troupes sur la gauche par la ligne de Soissons se dirigeant vers Aulnay. Noisy tire au delà de Bondy.

A Saint-Ouen, on fait, en présence du vice-amiral et de nombreux curieux, des expériences sur un projectile à double portée, inventé par M. Bazin. Ce projectile, qui était un obus de 0^m,19, renfermait un autre obus muni d'une fusée à temps qui allumait une charge de poudre et le faisait partir du premier à un moment donné et quand la trajectoire était encore ascendante. Le second projectile acquérait ainsi une nouvelle vitesse. Le premier obus faisait, pour ainsi dire, fonction de canon. Malheureusement, la brume trop épaisse ne permettait pas de voir où tombaient les projectiles. On entendait seulement le bruit que faisait le départ du second obus. La brume a été si persistante jusqu'à la fin du siége que l'on n'a pas pu reprendre ces expériences intéressantes.

SUD. — D'Ivry et de Villejuif, on voit une concentration de troupes ennemies sur Villeneuve Saint-Georges. Il y a des fourgons, des caissons d'artillerie. Ces troupes viennent de Wissous et de Valenton. Il semble qu'elles se réunissent sur ce point pour se diriger au Sud; une partie de celles qui viennent de Valenton prend la route de Versailles.

5 décembre.

Le commandant Poulizac a fait cette nuit, de deux à cinq heures, une reconnaissance à Drancy. Il n'y a trouvé personne, ni à la maison du chemin de fer, ni à Groslay.

Dans la journée, il part avec deux cents hommes pour faire une pointe vigoureuse vers Aulnay. Il enlève les trois postes du chemin de fer de Soissons.

Sept Prussiens sont restés sur place. Ses hommes rapportent trente sacs, quarante casques, deux fusils, des munitions, des couvertures, etc. Il rentre a quatre heures du soir.

EST. — La brume est épaisse.

Le lieutenant de vaisseau Touchard quitte le village de Nogent avec son détachement de marins et ses deux pièces de 16 centimètres. Il se rend à la gare d'Ivry, où le général Ducrot doit lui donner ultérieurement des ordres pour sa future destination.

Blancmesnil est en ce moment fortement occupé par l'ennemi, qui en a fait un centre d'approvisionnement. Le fort de Noisy demande à porter un canon de 19 centimètres aux avancées, pour tenter d'atteindre ce point, ce qui est accordé.

Avron tire sur des convois prussiens vers Gournay et sur la Maison blanche. Noisy tire sur Groslay. Dans la nuit, tous deux tirent par intervalles.

SUD. — Des mutations de troupes ont lieu dans la division du contre-amiral Pothuau.

Les 106e, 116e et 17e bataillons de la garde nationale rentrent à Paris. Ils sont remplacés par le 190e et le 182e. Une pièce de 4 du fort d'Ivry est envoyée à la Pépinière. Des signaux, à l'aide de feux blancs et rouges, s'échangent la nuit entre Montmesly et Thiais.

6 décembre.

Le comte de Moltke annonce au gouverneur la reprise d'Orléans le 4 décembre par les Prussiens.

Le général Clément Thomas, commandant supérieur des gardes nationales de la Seine fait paraître un ordre du jour où il signale la conduite honteuse aux avant-postes des tirailleurs de Belleville et propose leur dissolution.

EST. — La brume empêche de rien distinguer. Par ordre du gouverneur, le feu est suspendu partout pour l'enterrement des morts. Les grands froids occasionnent une baisse considérable du niveau des eaux. La vedette n° 6 et la canonnière Farcy ne peuvent séjourner plus longtemps sans danger sur la Marne. La canonnière reprend son poste d'avant-garde vers Choisy.

SUD. — Dans la nuit, un Prussien, Polonais d'origine, se rend aux avant-postes. Il parle de mines que l'ennemi essayerait de pratiquer. Il est envoyé au général Vinoy.

Le 202ᵉ bataillon de la garde nationale arrive à Vitry et est cantonné dans le village. Il vient se joindre à la division Pothuau. Nos forts surveillent toujours avec soin les positions ennemies et y envoient des obus de temps à autre.

La batterie flottante n° 2, lieutenant de vaisseau Petit, va en grand'garde vers Billancourt, où elle reste en station.

7 décembre.

Le rapport officiel des dernières opérations militaires donne les chiffres suivants de nos pertes depuis le 29 novembre : 1,008 tués, dont 72 officiers ; 5,022 blessés, dont 342 officiers.

EST. — A neuf heures, conformément aux ordres du général en chef, le fort de Rosny hisse le pavillon blanc, qui indique une suspension d'armes.

SUD. — Journée sans incidents. De nouvelles recherches faites dans les galeries des plâtrières ôtent toute inquiétude pour les mines que pourrait y préparer l'ennemi. Les galeries sont tellement profondes qu'un fourneau de mine ne saurait soulever les masses qui les couvrent.

Le fort de Montrouge fait des expériences sur des pièces de 7 de nouvelle fabrication livrées par l'industrie.

Il neige dans la soirée.

8 décembre.

Le vice-amiral commandant en chef les marins et le corps d'armée de Saint-Denis est élevé à la dignité de grand'croix de la Légion d'honneur. Le capitaine de vaisseau le Normant de Kergrist, son chef d'état-major général, est nommé contre-amiral.

Le lieutenant de vaisseau Kœnig, chargé du service sémaphorique, est attaché à une commission présidée par M. Reynaud, inspecteur général, directeur de l'École des ponts et chaussées; ayant pour but d'établir des communications avec des armées françaises venant de l'extérieur au moyen de signaux lumineux. (Note 18.)

L'état des approvisionnements oblige à une nouvelle réduction de la ration.

« Ce n'est pas sans un profond sentiment de
» regret, écrit le contre-amiral de Dompierre
» d'Hornoy, délégué du ministre de la marine à
» Paris, que je me vois de nouveau contraint
» d'étendre la réduction de la ration journalière de
» vin à nos marins, qui doivent partager courageu-
» sement, avec leurs camarades de l'armée de
» terre, les privations qu'impose la situation. »

Nos braves gens, si sensibles dans les circonstances ordinaires à toute réduction de vivres,
quelque nécessaire qu'elle soit à les soutenir pour
la somme considérable de travail auquel ils sont appelés de tous côtés, supportent cette réduction sans
mot dire ; la prolongation de la défense avant tout.

L'horizon est obscurci par la neige.

EST. — A neuf heures du matin, sur l'ordre
qu'il en reçoit, le fort de Rosny met de nouveau
le pavillon blanc. On est encore occupé sur le
champ de bataille à relever des morts qui n'ont pu
être inhumés la veille.

SUD.— Tout est calme dans le Sud. Nos hommes
déblayent la neige qui couvre les bastions et les
courtines.

A Montrouge, le génie civil vient faire des expériences de pièces de 7 se chargeant par la culasse.
Comme précision et tension de la trajectoire, les
résultats obtenus semblent très-satisfaisants. Comme
rapidité du tir, ces pièces laissent beaucoup à dési-
rer. La plupart du temps, on doit refouler par la
bouche, afin de chasser la gargousse en carton

dont le culot métallique est trop fortement emboîté et coincé dans la chambre. D'autres fois le culot métallique reste attaché à la rondelle de la visculasse, et la gargousse, séparée de son culot, reste dans l'âme et n'en sort que difficilement.

Les inconvénients que nous venons de signaler tiennent, paraît-il, au mauvais ajustage des visculasses, et parfois aussi à un vice de fabrication de l'enveloppe de la gargousse. Les avantages très-appréciables réalisés par cette nouvelle pièce sont, autant qu'on a pu voir, une trajectoire très-tendue, une plus grande régularité de portées et l'absence de dérivation. On doit regretter que les affûts employés ne permettent pas de donner à la pièce ses portées extrêmes, sans être obligé de creuser le sol sous la crosse. Le brouillard ne permet pas de juger si les fusées Maucourant, adaptées aux nouveaux projectiles, ont une grande supériorité sur les fusées percutantes ordinaires de la guerre. Il a semblé cependant qu'un certain nombre de projectiles n'éclatent pas.

9 décembre.

EST. — La brume est fort épaisse. Pas de vues. Noisy tire à de longs intervalles.

Le capitaine de vaisseau Salmon est sur le plateau d'Avron avec les bataillons d'infanterie de marine qui font partie de sa brigade. Cette brigade, campée sur les versants du plateau, fournit chaque jour six cents hommes de corvée au génie pour les travaux de terrassement. L'infanterie de marine des forts de l'Est, déjà fatiguée par un long séjour sous la tente, fait un service de grand'garde fort pénible en cette saison. Depuis le commencement du siége, ces bataillons, sauf celui de Bicêtre, ont constamment vécu sous la tente. On s'occupe avec sollicitude de pourvoir à leurs besoins.

L'état-major du capitaine de vaisseau Salmon est définitivement composé de MM. Lenéru, lieutenant de vaisseau; de Chessé, lieutenant d'infanterie de marine; Stamm, élève de l'École polytechnique.

SUD. — Le bataillon d'infanterie de marine Darré quitte Vitry pour se rendre au plateau d'Avron sous les ordres du capitaine de vaisseau Salmon.

Les postes qu'il occupait sont désormais gardés par la brigade du colonel Champion.

Les gardes nationaux mobilisés continuent à être répartis et intercalés dans les tranchées et dans les soutiens.

Ivry tire sur des Prussiens qui paraissent sur la crête du coteau, en avant de la tranchée.

A neuf heures du soir, le fort de Montrouge fait des expériences de lumière électrique avec l'appareil Foucault.

10 décembre.

Deux pigeons pris par les Prussiens arrivent à Paris avec des dépêches fausses.

EST. — La neige empêche de rien distinguer.

Vers minuit et demi, à Romainville, un factionnaire tire sur deux hommes qui ne répondent pas au « qui vive ».

SUD. — La journée se passe sans incident. On ne tire pas un seul coup de canon.

11 décembre.

EST. — Journée calme dans l'Est. Le temps s'éclaircit dans l'après-midi.

SUD. — La batterie flottante n° 5, commandée par M. le lieutenant de vaisseau Manescau, mouillée près de Port-à-l'Anglais, recueille une torpille flottante remplie de poudre et munie d'un appareil percutant; mais on veille avec soin ces engins, les précautions sont prises depuis longtemps. On aperçoit celle-ci de loin; une embarcation va la recueillir. Les bâtiments sont d'ailleurs munis d'estacades en vue d'éventualités de cette nature, et sont ainsi garantis de tout danger.

Dans la matinée, le temps, extrêmement brumeux, ne permet de distinguer aucun des points sur lesquels nous tirons habituellement.

Dans la nuit, on entend le canon du Mont-Valérien et celui des canonnières de la flottille à Billancourt qui tirent sur Saint-Cloud, Sèvres et Meudon.

12 décembre.

Pluie et brouillard.

EST. — Dans les forts de l'Est on travaille à disposer des plates-formes pour pièces de la marine destinées à battre depuis Bondy jusqu'à Avron, et le Raincy.

M. Kiésel, promu au grade de capitaine de frégate, quitte Rosny et va continuer ses services à Montrouge.

SUD. — Une maison près de la maroquinerie de Choisy est en feu.

A Montrouge, se font dans l'après-midi de nouvelles expériences de six pièces de 7 se chargeant par la culasse. La commission chargée des expériences laisse une de ces pièces au fort pour l'essayer à diverses distances et déterminer les hausses correspondantes. On la met en batterie au bastion 3.

A deux heures, on voit en avant de l'Hay des Prussiens transportant des madriers. Montrouge tire dessus du bastion 3.

Vers dix heures du soir, une centaine de coups de fusil partent des tranchées, en avant de Montrouge, et cessent subitement, sans qu'on puisse en connaître le motif; alerte provenant sans doute de l'inexpérience des hommes.

13 décembre.

La batterie flottante numéro 1, capitaine Rocomaure, descend du quai de Javel à Saint-Denis, avec la vedette numéro 1 et un canot à vapeur. En passant sous les hauteurs de Sèvres, vers quatre heures du matin, ces bâtiments essuient une vive fusillade qui ne cesse qu'au delà du pont de Saint-Cloud. Aucun marin n'est atteint. On s'étonne que l'ennemi n'essaye jamais de barrer le chemin à nos bâtiments, en mettant sous les arches marinières des ponts des obstacles ou des torpilles.

Brume épaisse et pluie.

Une pièce de $0^m,19$ de Montmartre et 20 marins sont envoyés à Aubervilliers. Il ne reste plus à Montmartre que deux pièces marine.

On fait un examen de la situation des chemins de fer qui environnent Paris. Voici, à la date du 13, l'état des voies ferrées : Versailles, rive droite : une voie libre jusque entre Suresnes et Saint-Cloud. — Saint-Germain : une voie libre jusque entre Nanterre et Rueil. — Rouen : deux voies praticables jusqu'en face de Bezons, dont le pont est coupé. — Argenteuil : deux voies praticables jusqu'au pont, également coupé. — Chantilly : une voie libre dans deux jours, quand on aura réparé le remblai coupé sous la Briche. — Pontoise : une voie praticable de Saint-Denis vers Épinay. — Soissons : deux voies praticables jusqu'à 500 mètres du Bourget, sauf une lacune de 600 mètres aux abords du pont du canal, où il n'y a qu'une voie. — Strasbourg : deux voies jusqu'à la forêt de Bondy. — Mulhouse : deux voies jusqu'au viaduc de Nogent. Il a fallu pour certains chemins de fer abaisser les trottoirs des stations pour faire place à la carapace des wagons blindés qui descend jusqu'à $0^m,25$ du sol.

EST. — Romainville travaille à envoyer dans son avancée deux nouvelles pièces de 16 centimètres et quatre pièces de 24 de siége. Ces travaux sont rendus pénibles par suite du mauvais temps.

On a eu l'information que des officiers prussiens doivent venir pendant la nuit à Bondy; une embuscade a été, par conséquent, établie hier dans ce village. Ce matin, vers quatre heures et demie, en effet, six soldats prussiens franchissent la barricade. Ils avaient fait à peine quelques pas dans la grande rue, qu'un bruit causé par le vent les fait fuir. Le sous-lieutenant de grand'garde ne fait pas tirer, pour ne pas donner l'éveil, et espère toujours voir arriver les officiers annoncés; mais ils ne paraissent pas.

SUD. — Un ordre du jour fait connaître la création d'un corps d'armée commandé par le général Blanchard, et qui s'appellera le 1er corps de la troisième armée. La division du contre-amiral Pothuau devient par suite la 3e division de ce corps. Le général Blanchard prend le commandement à partir de ce jour.

En avant du fort de Montrouge, vers deux heures et demie, un franc-tireur de la Seine s'étant trop avancé dans la plaine de Bagneux, les Prussiens tirent sur lui des murs du parc. Montrouge lance cinq coups de canon sur eux; le franc-tireur, blessé, tombe sans mouvement au pied d'un arbre. L'aumônier de Montrouge, M. l'abbé Levêque, suivi d'un matelot porteur d'un drapeau d'ambulance, se porte au secours de cet homme, qui paraît grièvement atteint. En passant à la barricade de la route de Bagneux, deux mobiles se joignent à eux, et ils se dirigent ensemble vers le blessé, qu'ils rapportent. L'ennemi cesse le feu ainsi que nous, et par extraordinaire se fait voir quelques instants au-dessus des barricades.

Au 6ᵉ secteur, le capitaine de frégate de Rosamel prend le commandement de la batterie de marine du Point-du-Jour.

14 décembre.

Grande pluie. Horizon complétement couvert.

Le capitaine de frégate d'Oncieu de la Bâtie prend le commandement du 10ᵉ bataillon (2ᵉ de marins-fusiliers), en remplacement du capitaine de frégate Desprez, tué à l'ennemi. Le lieutenant de vaisseau Bouisset prend les fonctions d'aide de camp du capitaine de frégate Lamothe-Tenet, commandant une brigade du corps d'armée de Saint-Denis.

Les quatre wagons blindés ont fait de nouveaux essais et sont prêts à aller au feu au premier ordre.

EST. — Nos forts continuent leurs travaux, et emploient le système Lavison pour le transport de leurs pièces de 16 centimètres, rendu difficile par le dégel et la pluie.

Rosny continue à approvisionner Avron du matériel dont il a besoin.

SUD. — Quelques Prussiens se montrent sur les crêtes; Ivry les force à se retirer, avec quelques coups de ses pièces de 4.

Conformément aux ordres du gouverneur, il est procédé à la reconstitution du corps franc des guerrillas de l'Ile-de-France, dépendant de la division Pothuau. Le chef d'état-major examine tous les hommes appelés à servir, complète le corps à 250 hommes, divisés en 3 compagnies. Quarante-huit hommes, rayés des contrôles, sont renvoyés à Paris.

Montrouge essaye un canon rayé de 7, à diverses distances bien connues, pour vérifier les hausses.

15 décembre.

SAINT-DENIS. — M. Alexandre (Édouard) est l'inventeur d'une sorte de plastron qui couvre une grande partie du corps, et qui est disposé de telle sorte que plusieurs hommes, munis de ce plastron, et placés en rang sans armes, peuvent en abriter un grand nombre derrière eux. Ils forment ainsi une sorte de blindage ambulant.

Formé principalement d'une tôle d'acier de $0^m,006$ et demi d'épaisseur, recouvrant une plaque de feutre, puis une feuille de cuivre jaune, ce plastron, du poids de 23 kilogrammes, est à l'épreuve d'une balle prussienne tirée à 60 mètres.

Cinquante de ces plastrons furent d'abord mis à la disposition du corps d'armée de Saint-Denis, et un certain nombre d'hommes intelligents furent dressés à leur usage.

Le vice-amiral commandant en chef, fait venir des forts de l'Est à Saint-Denis le 3ᵉ bataillon de marins-fusiliers, commandé par le capitaine de frégate Valessie. Ce bataillon est incorporé dans la brigade Lamothe-Tenet, où se trouvent déjà les compagnies de marins Glon-Villeneuve et Cordier.

EST. — Pluie et brouillard. Calme.

On prend chaque soir des repères pour tirer la nuit sur des positions où l'ennemi se montre.

Le 137ᵉ de ligne et le 22ᵉ chasseurs à pied sont envoyés à Avron, aujourd'hui, pour faire partie de la brigade du capitaine de vaisseau Salmon.

SUD. — Un ordre du jour rectificatif dispose que le 1ᵉʳ corps de la troisième armée prendra le nom de corps de la rive gauche. Par suite, la division Pothuau devient la 3ᵉ division du corps de la rive gauche de la troisième armée.

Les guerrillas de l'Ile-de-France élisent leur commandant et leurs officiers. Le vote maintient M. Péri à leur tête.

Nos forts qui n'ont pas tiré depuis quelques jours, et ont conservé, la plupart, leurs pièces chargées, vérifient les charges et rechargent quelques pièces dont la poudre a souffert, ou qui ont besoin d'être refoulées.

Montrouge, les Hautes-Bruyères, Vanves et Issy tirent dans diverses directions et entre autres de l'autre côté de la crête de Châtillon où des travailleurs sont signalés.

16 décembre.

EST. — Le temps est toujours brumeux et pluvieux.

Rosny charge avec activité des obus de 12 et de 24, pour pouvoir satisfaire aux demandes d'Avron.

L'infanterie de marine, toujours à Avron, sous tente abri, où elle fait le service de grand'gardes et des travaux de terrassement, est placée, par ce mauvais temps et le froid rigoureux, dans de pénibles conditions qu'elle supporte avec courage. Un quart de l'effectif de ses officiers, dix-huit, est aux hôpitaux.

Depuis que l'ennemi ne nous inquiète plus, de grands travaux ont été faits à Avron, qui est devenu une citadelle redoutable.

Nous avons indiqué la composition des cinq batteries que nos marins y servent, et leurs objectifs.

De leur côté, nos forts ont installé de nouvelles pièces, pour faire converger leurs feux à grande portée sur les points les plus importants qu'ils peuvent atteindre. Voici le dispositif de ces nouvelles pièces :

FORT DE ROMAINVILLE.

Avancée. — Trois pièces de 16 centimètres, battant le Bourget, Drancy, Groslay et Nonneville.

Bastion 2. — Deux pièces de 16 centimètres, battant la ferme de Nonneville, la forêt de Bondy.

Bastion 4. — Une pièce de 16 centimètres, battant le Bourget et Groslay.

Cavalier. — Trois pièces de 16 centimètres, battant du Groslay au Dépotoir.

En tout, neuf pièces marine.

FORT DE NOISY.

Avancée. — Une pièce de 19 centimètres, battant Blancmesnil et Aulnay-lez-Bondy.

Bastion 1. — Deux pièces de 16 centimètres, battant le Raincy et la forêt de Bondy.

Courtine 1-2. — Trois pièces de 16 centimètres, battant

le Raincy, la forêt de Bondy, le Dépotoir, le pont de la Poudrette.

BASTION 2. — Deux pièces de 16 centimètres, battant la ferme de Nonneville et la ferme de Groslay.

En tout, huit pièces marine.

FORT DE ROSNY.

AVANCÉE. — Une pièce de 16 centimètres, battant le Dépotoir, la forêt de Bondy, le Raincy.

BASTION 2. — Trois pièces de 16 centimètres, battant le Dépotoir, Bondy et le Raincy.

BASTION 3. — Deux pièces de 16 centimètres, battant Groslay et le Dépotoir.

COURTINE NORD. — Une pièce de 16 centimètres, battant Nonneville.

En tout, sept pièces marine.

Les redoutes de la Boissière et de Montreuil battent tout le parcours des chemins de fer de Soissons et de Strasbourg.

La lunette de Noisy bat le chemin de fer de Soissons jusqu'à la Folie et le canal de l'Ourcq.

En outre, chacun des trois forts a fourni une pièce de 16 centimètres, qui forment une demi-batterie de réserve, mobilisée par le système du lieutenant de vaisseau Lavison, et commandée par cet officier, secondé par MM. Lefèvre, lieutenant de vaisseau, et Salats, enseigne de vaisseau.

Cette demi-batterie mobile quitte Noisy ce soir même. Nous la suivrons dans tous ses mouvements, qui sont des plus remarquables par leur rapidité.

Ce système de transport de grosses pièces a rendu pendant le bombardement des forts de très-utiles services. Le vice-amiral commandant en chef,

ayant proposé au gouverneur d'attacher à ce système le nom de son auteur et de l'appeler *système Lavison*, le général Trochu, toujours bienveillant appréciateur, après avoir fait transmettre à cet officier ses félicitations, répondit : « Le système Lavi-
» son, comme il convient de l'appeler, sera une nou-
» velle page à ajouter à l'histoire déjà si riche de la
» marine dans la défense de Paris. » (Note 19.)

SUD. — Le 9° régiment de la garde nationale de Paris, composé des 17°, 82°, 85°, 105° et 127° bataillons mobilisés, remplace dans la division du contre-amiral Pothuau les 89°, 202°, 5°, 131° et 193°, rentrant à Paris.

Dans l'après-midi, le temps est doux, l'horizon très-clair; nos forts en profitent pour tirer sur diverses positions. Montrouge fait toujours des essais de pièces de 7, à grandes distances, sur le coin du parc de l'Hay. Les coups sont assez réguliers, et les obus éclatent bien.

17 décembre.

SAINT-DENIS. — Une batterie de huit mortiers de 32 centimètres est établie à la Courneuve.

Des expériences d'acoustique, par ondes sonores, ont lieu aujourd'hui dans la plaine de Saint-Denis, à travers les couches du sol. On doit continuer ces opérations.

Des essais de dynamite pour renverser des murailles sont faits en dehors de la Double-Couronne et donnent des résultats remarquables. Le vice-amiral commandant en chef prescrit de préparer des caisses d'une forme déterminée devant être remplies de cette substance et munies d'un cordon Bickford; elles sont destinées à être placées le long des murs à renverser, et portées par des hommes protégés par le plastron Alexandre dont il a été parlé plus haut. Un approvisionnement de 400 kilogrammes de dynamite est formé dans ce but à Saint-Denis.

EST. — La brume est épaisse. Le terrain, toujours mauvais, rend les communications difficiles. Cependant, au jour, la demi-batterie Lavison est installée dans la Tannerie et prête à faire feu sur Blancmesnil.

Des soutes à poudre, des abris, des épaulements, y ont été construits par nos marins dans cette seule nuit.

SUD. — Il n'y a rien d'important à signaler. Montrouge continue les essais de canon de 7. Ces essais sont faits à la portée de 5,800 mètres, et donnent de bons résultats. La dérivation latérale à droite est peu considérable, et la correction à porter sur la traverse, est, pour cette distance, de $0^m,009$. Les essais terminés, on veut comparer le tir de cette pièce avec celui du canon de $0^m,16$ rayé de la marine, et on en tire un coup sur le même point. Mais l'obus se brise dans la pièce. La nuit empêche de renouveler l'expérience.

Le type des canons de 7 avait été créé par le colonel Verchère-Reffye. Le capitaine Pothier, qui lui avait été adjoint, dirigea la fabrication de ces canons pendant le siége. Dans les expériences qui se poursuivent à Montrouge, la justesse du tir est satisfaisante. Mais il n'est pas possible de constater la précision de la portée.

18 décembre.

Paris est informé, par affiches, qu'à partir de demain 19, à midi, toutes les portes de la ville seront fermées.

EST. — Les deux canons de $0^m,16$ du lieutenant de vaisseau Touchard, qui ont déjà servi à armer le village de Nogent, quittent la gare de Vitry, pour être mis en batterie près du canal de l'Ourcq, du côté de Bondy, dont la défense, confiée au vice-amiral Saisset, est l'objet de travaux sérieux.

L'équipage du fort de Rosny, par suite de l'envoi successif de détachements à l'extérieur, se trouve réduit à 350 hommes tout compris.

Sur le plateau d'Avron, le colonel Stoffel, qui y commande l'artillerie, fait subir des modifications dans l'emplacement et la distribution des pièces. Sur l'ordre du gouverneur, des batteries vont armer tout le versant septentrional du plateau. Elles sont terminées comme épaulements, plates-formes, et il ne reste plus qu'à y amener les pièces, dès que l'ordre en sera donné. Entre le fort de Rosny et l'ancienne batterie du lieutenant de vaisseau Guibaud, située à l'éperon Est, le colonel a fait construire trois grandes batteries de dix pièces chacune, qui seront armées de canons de 24 et de canons de 7 se chargeant par la culasse. Sur les instances du colonel, le gouverneur envoie à Avron dix nouvelles pièces de 7. Par suite, la troisième grande batterie sera armée avec du 7 et quelques pièces de 12. Elle tirera sur Gagny. Le but est d'avoir beaucoup de pièces à longue portée, qui puissent inquiéter le plus loin possible l'ennemi, qui ne se montre pas, mais travaille sans nul doute. Nos marins ont ainsi l'occasion de tirer, pour la première fois, le canon de 7 se chargeant par la culasse. On leur fait faire une instruction préalable de ce tir. Le nombre des pièces d'Avron se trouve porté à 74.

SUD. — A deux heures quinze, des coups de fusil de rempart sont tirés sur nos avant-postes, des tranchées de l'Hay. Montrouge y envoie quelques coups de canon. Ce fort fait, dans l'après-midi, des essais de six nouvelles pièces de 7.

19 décembre.

Le temps s'améliore dans la journée.

EST. — Les éclaireurs à cheval font une reconnaissance, et poussent jusqu'à Drancy.

Le général Vinoy vient, avec son état-major, s'établir au fort de Rosny. Des mouvements de troupes françaises commencent autour de nous.

Au plateau d'Avron, l'infanterie de marine fait une petite expédition pour démolir les murs du cimetière qui servent continuellement d'abris, d'où de petits postes ennemis harcèlent nos lignes et nous blessent du monde. Cette opération se fait avec succès sans un coup de fusil de notre part.

Les postes avancés ennemis se replient en voyant nos huit cents tirailleurs, échelonnés le long de la Marne. Nos soldats en profitent pour faire une large moisson de légumes. Demain, ce sera le tour d'une autre brigade.

SUD. — Aucun incident. A Montrouge, on tire une pièce de 7 sous des angles en hauteur variant de 28 à 32 degrés, dans la plaine à droite de Fresnes. Nous n'apercevons bien nettement l'éclat de l'obus qu'une fois. La portée, sous l'angle de 32 degrés, paraît avoir été de 6,200 à 6,300 mètres.

Pendant la nuit, Montrouge tire douze bombes de $0^m,22$ sur Bagneux. D'abord, il les tire à la charge de $1^k,129$, il réduit ensuite cette charge à $1^k,110$. Six de ces bombes éclatent bien sur le sol et à bonne portée, trois éclatent à 40 mètres en l'air, et deux, à 7 ou 8 mètres. Enfin une seule fuse sans éclater.

Le temps se couvre, il vente frais du Sud-Ouest.

20 décembre.

Toute l'après-midi, de nombreuses troupes sortent de Paris par les portes du Nord et de l'Est. Elles se réunissent dans l'Est autour des forts. Dans le Nord, de nombreux bataillons de garde nationale se massent en arrière de la plaine.

Une grande opération se prépare depuis Saint-Denis jusqu'à la Marne. Le gouverneur établit son quartier général au fort d'Aubervilliers.

EST. — Romainville organise ses quatre pièces de 24 à l'avancée. Le lieutenant de vaisseau Moye et l'enseigne de vaisseau de la Pérouse établissent au Moulin à gravats une batterie marine.

Le soir à neuf heures, le commandant Poulizac occupe Drancy sans tirer un coup de fusil. On y installe de suite un télégraphe, qui est prêt à minuit. L'ennemi a quelques hommes à Groslay, qui allument un feu en avant de la ferme. Calme complet le reste de la nuit.

A une heure quarante minutes du matin, le vice-amiral Saisset arrive à Bondy et s'y établit.

Les quatre wagons blindés s'avancent sur la ligne de Soissons jusqu'auprès de la Courneuve.

SUD. — Dans le sud, il n'y a rien d'important à signaler.

21 décembre.

SAINT-DENIS. — Les opérations militaires de cette journée doivent commencer par l'attaque du Bourget, vers sept heures du matin, précédée d'une vive canonnade de tous les forts qui durera trente minutes.

Le signal de l'ouverture du feu doit être donné par les wagons blindés, qui s'avanceront vers le Bourget jusqu'au point où le chemin de fer est détruit.

L'artillerie de la division Berthault battra la droite du village du Bourget jusqu'au moment où les troupes y entreront, puis la route de Lille entre le Bourget et le Pont-Iblon, pour empêcher l'arrivée des renforts.

Cette division doit faire une démonstration de ce côté pour attirer l'attention de l'ennemi et lancer même une colonne d'attaque si le besoin s'en fait sentir et si le terrain le permet.

Le corps d'armée de Saint-Denis fournit trois colonnes :

La première, sous les ordres du général Lavoignet, est composée du 134° de ligne, du 6° régiment de mobiles, et du bataillon des francs-tireurs de la Presse.

La deuxième, sous les ordres du capitaine de frégate Lamothe-Tenet, est composée de deux bataillons du 138° de ligne, du 3° bataillon de fusiliers-marins, du 11° bataillon des mobiles de la Seine, des deux compagnies de fusiliers-marins Glon-Villeneuve et Cordier, et d'une batterie de 4 servie par l'artillerie de marine.

La troisième colonne forme la réserve, sous les ordres du général Hanrion, et se compose du 135° de ligne, d'un bataillon du 138° de ligne, et d'un bataillon de marche de la garde nationale de Saint-Denis.

Des détachements du génie, munis d'outils, font partie de chaque colonne. Deux prolonges d'outils sont envoyées, l'une à la Croix de Flandre, l'autre à la Courneuve.

Trente hommes du 138° sont munis du plastron Alexandre, qui a été essayé le 15 décembre. Ce détachement est commandé par le lieutenant Charpentier.

Le commandant de l'Héraule, officier d'ordonnance de l'amiral, et le commandant Rolland, des francs-tireurs de la Presse cantonnés devant la Courneuve, ont été, dans la nuit précédente, reconnaître la Molette. Ils rapportent qu'on peut la passer à gué en suivant le chemin de Dugny, et qu'on peut également la traverser plus près du Bourget, à l'aide de fascines.

Des fascines sont en conséquence disposées à la batterie de la Courneuve. Deux compagnies de marins doivent s'en charger et marcher avec la deuxième colonne.

Des munitions d'infanterie sont transportées moitié à la Courneuve, moitié à la Croix de Flandre, 72,000 cartouches sur chaque point.

Les voitures d'ambulance se tiennent également sur ces deux points.

Les troupes doivent marcher sans sacs; chaque soldat doit emporter sa couverture; elle peut être disposée en plastron.

Chaque homme est muni de deux jours de vivres de réserve et de quatre-vingt-dix cartouches.

On ne doit faire aucune sonnerie et éviter tout bruit.

A six heures et demie du matin, la première colonne doit être rendue à la Croix de Flandre, et se masser en avant de l'établissement désigné sous le nom du Noir-Animal, la gauche appuyée au chemin de fer, la droite à la route de Lille.

La deuxième colonne sera rendue à la même heure en avant de la Courneuve, où elle se placera sur une ligne parallèle à la Molette et à cinq cents mètres en arrière de ce cours d'eau. Sa gauche ne doit pas dépasser la route de la Courneuve au pont de la Molette, au point coté 41 sur la carte.

Les troupes doivent être placées soit sur deux lignes, soit en colonnes à distance entière.

La troisième colonne est en réserve à la Courneuve.

Le bataillon de marche de la garde nationale ne doit quitter Saint-Denis que quand les deux autres colonnes auront défilé. Il doit alors se placer entre la Courneuve et Crèvecœur.

Les colonnes entreront en mouvement un quart d'heure après l'ouverture du feu des wagons blindés, qui s'avanceront le plus près possible de la barricade établie sur le chemin de fer près de la gare du Bourget. Les wagons emportent des chevalets et des fusées.

Les autres troupes du corps d'armée sont ainsi distribuées :

Le 13° bataillon de mobiles reste au fort de l'Est, le 15° au fort d'Aubervilliers.

Le 1ᵉʳ régiment de mobiles, colonel Piétri, occupe l'île Saint-Denis, observant la presqu'île de Gennevilliers et les mouvements d'Argenteuil.

Le lieutenant-colonel Dautrement, du 4° régiment de mobiles, a sous ses ordres les 10° et 12° bataillons, dont des détachements restent aux forts de la Briche et de la Double-Couronne. Le 14° mobiles, lieutenant-colonel Roussant, et deux bataillons de marche de la garde nationale de Saint-Denis, lieutenant-colonel Arthur de Fonvielle, complètent l'énumération des troupes avec lesquelles le colonel Dautrement doit faire des démonstrations devant Épinay, Pierrefitte et Stains, mais en évitant de s'engager à fond. Ces troupes, dans la même tenue que les colonnes d'attaque, doivent être au jour en position en avant de la Double-Couronne.

La batterie de Saint-Ouen commencera le feu en même temps que les autres forts, et doit tirer sur Orgemont et sur Épinay.

Les batteries flottantes 1 et 4, commandées par les lieutenants de vaisseau Rocomaure et Pougin de Maisonneuve, descendront en même temps la Seine le plus loin qu'elles pourront, mais toujours sans dépasser le pont d'Argenteuil, et canonneront Épinay et Orgemont.

Quant à l'artillerie de campagne, une batterie de 4, servie par l'artillerie de marine, marche avec la deuxième colonne; une batterie de 12 et deux canons de 24 qui sont à la Croix de Flandre, sont prêts à être attelés pour se porter vers le Bourget, s'il y a lieu.

Tous les forts doivent tirer en même temps : la Briche sur Épinay, la Double-Couronne sur Pierrefitte, Stains, et surtout sur la partie droite de Dugny; le fort de l'Est sur le Bourget, la partie droite de Dugny et Pont-Iblon; la batterie de canons et les mortiers de la Courneuve sur Dugny (la partie droite), le Bourget et Pont-Iblon; Aubervilliers enfin sur le Bourget et Pont-Iblon.

Le feu sur le Bourget ne doit durer que trente

minutes après le premier coup de canon des wagons. Mais il continuera ensuite sur tous les autres points désignés.

Les éclaireurs Poulizac, qui ont occupé Drancy la nuit dernière, se tiennent dans le parc au nord du village ; le 21 au matin, ce village est en outre occupé, la partie Ouest par 400 hommes de la division Berthault, et la partie Est par 400 hommes de la division Courty.

Pendant cette journée, l'ingénieur hydrographe Manen doit observer, en ballon captif, les mouvements de l'ennemi ; mais la brume qui règne toute la journée contrarie ses observations.

Tel est le dispositif prescrit pour le corps d'armée de Saint-Denis.

L'armée du général Ducrot est dans l'Est de la plaine. Un très-grand nombre de bataillons de la garde nationale sont en réserve en arrière depuis la veille.

Enfin, pour terminer l'ensemble général des opérations militaires de la journée, notons que le corps du général Vinoy est en mouvement sur le front des forts de l'Est, que le général Noël fait une diversion du Mont-Valérien vers Montretout, et que les troupes cantonnées dans le Sud de Paris sont rangées en bataille sur les points les plus apparents.

SAINT-DENIS. — Dès quatre heures et demie du matin, les troupes sont en mouvement et vont prendre les positions qui leur ont été assignées.

La nuit est encore obscure, et la brume, extrêmement épaisse, ralentit leur marche. Un bataillon de mobiles, de la brigade Lamothe-Tenet, se trompe de route. Le chef de bataillon Guigou, qui commande le 138ᵉ, est grièvement blessé d'un coup de pied de cheval. L'heure de l'attaque est retardée jusqu'à ce que la brume se dissipe, vers sept heures trois quarts.

A ce moment, les wagons blindés, qui se sont avancés jusqu'au point où la voie est interrompue, donnent le signal, et le feu des forts commence. Un quart d'heure après, les colonnes d'assaut de la brigade Lamothe-Tenet s'élancent en avant.

La batterie de 4, commandant Durand, qui accompagne la colonne d'attaque, dirige un feu vif contre le village, jusqu'au moment où les troupes s'y précipitent.

Le 3ᵉ bataillon de marins-fusiliers, capitaine de frégate Valessie, est en tête, puis le 138ᵉ de ligne. Ce régiment enlève vivement le cimetière, puis les barricades qui défendaient les rues adjacentes à l'église. En même temps, le 3ᵉ bataillon de marins attaque le village par la partie Ouest, et y pénètre en enlevant également les barricades.

Le capitaine de frégate Lamothe-Tenet, qui dirige l'attaque avec une rare énergie et une bravoure qui fait l'admiration de tous, a son cheval frappé au poitrail à bout portant, à la première barricade.

Les rues, les maisons, les jardins s'enlèvent successivement. A neuf heures et demie nous étions maîtres de la partie du village que la deuxième colonne avait mission d'occuper. Il ne restait plus que quelques ennemis qui tiraient encore des maisons et que l'on poursuivait activement. Nous avions déjà une centaine de prisonniers.

L'attaque dirigée par le général Lavoignet sur la partie Sud éprouve une grande résistance. Ses troupes, après être entrées dans les premières maisons du village, sont arrêtées par un feu très-vif des barricades et des murs crénelés, tiraillent longtemps et ne peuvent pousser plus loin. Elles s'établissent dans les maisons et les hangars, ainsi que dans les champs à gauche de la voie, sans pouvoir franchir le mur de fer qui leur est opposé.

Le lieutenant de vaisseau Peltereau, appréciant la situation, et voulant faciliter à la brigade Lavoignet l'entrée qu'elle ne peut franchir, fait le tour du village et attaque à revers, avec la compagnie de marins qu'il commande, les barricades du Sud.

Les enseignes de vaisseau de Vilers et de la Panouse, officiers d'ordonnance de l'amiral, s'avancent à l'Est du village pour s'assurer si de ce côté on peut passer la rivière. Ils sont accueillis par une vive fusillade des murs crénelés, et trouvent la rivière, marécageuse sur ce point, difficile à franchir. L'ennemi alors, massé au nombre de 300 environ derrière un mur, envoie des tirailleurs le long de la Molette pour nous défendre l'accès du parc du Bourget. A dix heures, un premier bataillon de renfort lui arrive; il est suivi successivement de plusieurs autres. Une batterie d'artillerie accourt en toute hâte de Pont-Iblon. Un retour offensif se dessine. Dugny, Garges et Pont-Iblon ouvrent un feu violent sur la partie du village que nous occupons et où nous nous barricadons.

Alors s'engage une lutte terrible dans laquelle le capitaine de frégate Lamothe-Tenet, ses héroïques marins et les solides soldats du 138° s'acharnent à garder leur position pendant plus de deux heures, dans l'espoir que la brigade Lavoignet pourra vaincre de son côté la résistance de l'ennemi, qui assurerait la possession du village.

Dans la position périlleuse qu'il a prise avec sa compagnie, le lieutenant de vaisseau Peltereau se trouve bientôt séparé de tous. Il succombe avec elle, l'ennemi seul a pu être témoin de leur héroïsme.

Dès neuf heures, le gouverneur, suivi d'un nombreux état-major, était arrivé par la route de Flandre à la Suiferie. C'est de là que vont rayonner ses ordres. A dix heures, voyant que la résistance des murs crénelés, d'où partent les terribles fusillades qui arrêtent la brigade Lavoignet, ne peut être vaincue, il prescrit d'amener une batterie d'artillerie. Cette batterie se place près de la route et commence un feu très-bien dirigé contre ces murs. Plusieurs brèches y sont faites. Mais ce feu d'artillerie devient funeste à nos marins et aux autres troupes qui tiennent toujours dans le village. Ceux des obus qui dépassent les murs crénelés, viennent tomber au milieu d'eux et se joindre aux projectiles que font pleuvoir Dugny, Garges et Pont-Iblon. Le fort d'Aubervilliers, qui a l'ordre de tirer au delà du Bourget pour arrêter les renforts prussiens, a un tir incertain. Plusieurs de ses obus tombent dans le village. Enfin une batterie, établie à Drancy, qui devait également tirer sur la route de Lille, à droite du village, apercevant encore des Prussiens dans les maisons, tire sur le village même, et quelques-uns de ses projectiles viennent encore tomber au milieu de nos troupes.

Le capitaine de frégate Vignes et le sous-lieutenant de Sagan, aides de camp de l'amiral, reviennent rendre compte de cette situation. A ce moment, la colonne du général Hanrion, tenue en réserve, s'élançait pour soutenir la colonne du commandant Lamothe-Tenet. Mais la colonne Lamothe-Tenet s'aperçoit que des boulets français se mêlent aux boulets prussiens. Se voyant doublement décimée, à onze heures et demie elle se retire en ordre et va se former dans un pli de terrain vers la Courneuve, derrière la batterie de 4. Les renforts ennemis arrivent par masses ; il est impossible de songer à rentrer dans le village. Les forts et les batteries reçoivent alors l'ordre de le couvrir de leur feu.

A midi et demi, le gouverneur retourne à Aubervilliers, après avoir informé le général Ducrot à Drancy que « l'attaque du Bourget paraissant avoir » échoué, il ne devait encore prononcer aucun mou- » vement, et en informer le vice-amiral Saisset. »

La brigade Lavoignet tient son poste jusqu'à deux heures et demie, où elle reçoit l'ordre de cesser le combat inutile que soutiennent ses tirailleurs. A trois heures, toutes les troupes ont repris leurs cantonnements.

Pendant l'opération sur le Bourget, le colonel Dautrement, commandant le 4ᵉ régiment des mobiles de la Seine, dirigeait une diversion sur Stains. Cette opération, à laquelle concourent le 10ᵉ bataillon, commandant Jenny, le 12ᵉ, commandant de Neuvier, le 13ᵉ, lieutenant-colonel Roussan, le 14ᵉ, commandant Jacob, un détachement du 62ᵉ bataillon de marche de la garde nationale de Saint-Denis, lieutenant-colonel Arthur de Fonvielle, a été menée très-énergiquement. Elle s'est vaillamment engagée au delà même des instructions du vice-amiral, qui prescrivaient, puisqu'il ne s'agissait que d'une diversion, de ne pas pousser à fond.

Enfin, le 68ᵉ bataillon de marche de la garde nationale de Saint-Denis, commandant Escarguel, a fait une démonstration devant Épinay.

En même temps, les batteries flottantes 1 et 4, commandées par les lieutenants de vaisseau Rocomaure et Pougin de Maisonneuve, descendent la Seine jusque devant le même village, qui les accueille par un violent feu de mousqueterie auquel se mêlent les batteries d'Orgemont et du Cygne d'Enghien. Elles rentrent à Saint-Denis avant la nuit, sans qu'aucun boulet ait atteint leur pont, partie essentiellement vulnérable de cette sorte de navire.

Les pertes de nos marins sont des plus sensibles. Nous avons 254 hommes hors de combat. Six hommes seulement de la compagnie Peltereau revinrent. Les lieutenants de vaisseau Morand, Peltereau, Laborde, les enseignes de vaisseau Duquesne, Wyts, sont tués. Le lieutenant de vaisseau Bouisset, aide de camp du commandant Lamothe-Tenet, succombe le lendemain à ses blessures. Le lieutenant de vaisseau Patin succombe également quelques jours après. L'enseigne de vaisseau Caillard, blessé, parvient à s'échapper après l'évacuation, et traverse en rampant la Molette jusque près de l'emplacement des ambulances, qui le recueillent épuisé. En somme, dans cette journée, la marine perd 8 officiers et 254 hommes sur 15 officiers et 689 hommes présents au début de l'action.

Le 138ᵉ régiment a un officier tué, le lieutenant Charpentier, 7 officiers blessés et un total de 365 hommes tués, blessés ou disparus.

Dans la brigade Lavoignet, le 134ᵉ a un officier tué, 7 officiers blessés, dont le chef de bataillon Bouquet de la Jolinière.

Les francs-tireurs de la Presse ont 2 officiers tués et 35 hommes tués ou blessés.

Enfin les troupes sous les ordres du colonel Dautrement perdent le chef de bataillon Jenny, commandant le 10ᵉ bataillon de mobiles de la Seine, qui est tué ; le commandant de Neuvier du 12ᵉ, et 7 officiers sont blessés. Le 13ᵉ a un officier blessé. L'ensemble de la troupe a 9 tués et 150 blessés.

Les ambulances de la Presse, sous la conduite de M. le docteur Ricord, secondé par M. l'abbé Baüer et M. de la Grangerie, se sont avancées près du Bourget, et leurs brancards, portés par les frères des Écoles chrétiennes, sont allés chercher les blessés au milieu du feu. C'est là que le digne Néthelme a été frappé mortellement.

Le lieutenant de vaisseau Fournier (François-Ernest), officier d'ordonnance du vice-amiral commandant en chef, déploie un courage et une énergie dignes des plus grands éloges, et est mis à l'ordre du jour.

Le médecin de la marine Leroy accompagne dans le Bourget le 3ᵉ bataillon de marins dont il fait partie, et se fait remarquer par son intelligent sang-froid.

EST. — Aux environs de Bondy, où commande le vice-amiral Saisset, une puissante artillerie a été disposée :

1ʳᵉ Batterie. Trois pièces de 24 court de siége, au pont du chemin de fer de la station de Bondy, battent le Raincy.

2ᵉ — Six pièces de 12 de siége et deux mitrailleuses, au cimetière, battent le Raincy et le pont de la Poudrette.

3ᵉ — Quatre canons de 12 de campagne et deux mitrailleuses, à gauche du village, battent le Dépotoir, l'intervalle entre la route, le canal et le pont de la Poudrette.

4ᵉ — Deux canons de 12 de campagne, un peu plus loin, battent Nonneville.

5ᵉ — Trois pièces de 24 de place, montées sur affûts de 22 centimètres, à droite du canal, près du pont, battent Nonneville, Groslay et Aulnay.

6ᵉ — Deux pièces de 16 centimètres marine du lieutenant de vaisseau Touchard, à droite

		du canal, près du pont, battent Aulnay et Nonneville.
7e	—	Trois pièces de 24, se chargeant par la culasse, du lieutenant de vaisseau Moye à gauche du pont, battent Aulnay et Groslay.
8e	—	Six pièces de 12 de siége, deux mitrailleuses, sur la route de Drancy, battent le Dépotoir.
9e	—	Six pièces de 7 se porteront où besoin sera.
10e	—	Trois pièces de 16 centimètres, de la batterie mobile Lavison, à la Tannerie, battent Groslay, Blancmesnil', et se déplaceront suivant les besoins.

Cette artillerie imposante protége la droite de l'armée du général Ducrot.

Dès le point du jour, la demi-batterie mobile Lavison, canons de 0m16 de la marine, envoie de la Tannerie cinquante obus sur Blancmesnil. Elle reçoit, à dix heures du matin, l'ordre de se porter à Drancy. Elle y arrive à midi et commence le feu sur Pont-Iblon, se mêlant au combat d'artillerie que le général Ducrot engage sur ce point avec l'ennemi. Le feu de celui-ci est remarquable de vigueur; notre artillerie de campagne vient prendre position en arrière de Drancy, vers Aubervilliers. A ce moment, sur l'ordre du général d'artillerie de marine Frébault, la demi-batterie Lavison va s'établir plus en avant à la ferme des Alouettes. Le soir elle revient à la Tannerie n'ayant qu'un blessé, et ramenant deux artilleurs de l'armée blessés très-grièvement et restés sur le champ de bataille.

A onze heures et demie, la batterie de Bondy, sur l'ordre du général Ducrot, tire vivement sur

Aulnay, qui gêne beaucoup nos troupes. Un de ses canons éclate au premier coup et ne cause aucun accident.

De midi et demi à une heure et demie, Romainville fait un tir rapide sur l'entrée de la forêt de Bondy, d'où l'ennemi essaye de faire déboucher du monde, et le force à rentrer dans le bois.

Le général Vinoy, pendant cette journée, a opéré avec toutes ses troupes sur Neuilly-sur-Marne, Ville-Évrard et la Maison-Blanche.

A sept heures du matin, le gouverneur lui avait télégraphié : « N'oubliez pas que dans cette jour-
» née la garde nationale de Paris veut et doit être
» engagée avec l'ennemi. »

EST. — Avron, nos forts de l'Est et nos batteries ouvrent, dès le matin, le feu sur les positions de l'ennemi qu'elles peuvent atteindre.

Les troupes du général Vinoy se mettent en marche. La brume nous empêche de suivre leurs mouvements. Nous ne nous attacherons qu'à ceux de la brigade du capitaine de vaisseau Salmon, dont fait partie l'infanterie de marine

Cette brigade quitte Avron et prend la route qui descend du plateau vers Neuilly-Plaisance. Elle défile dans le village et se divise en deux colonnes en débouchant dans la plaine.

La première colonne, sous les ordres du colonel Deffis, est composée de deux bataillons du 137ᵉ et du 1ᵉʳ bataillon d'infanterie de marine, commandant Vésque. Cette colonne a avec elle la batterie d'artillerie de Foucault et deux sections de mitrailleuses.

La deuxième colonne, sous le commandement direct du capitaine de vaisseau Salmon, est composée des 2e et 3e bataillons d'infanterie de marine.

Ces deux colonnes ont pour réserve le 22e chasseurs à pied, commandant O'Neil, et deux compagnies du 4e bataillon d'infanterie de marine.

Les deux autres compagnies de ce bataillon sont réparties comme soutien entre les deux batteries d'artillerie destinées à la colonne.

Aussitôt les colonnes formées, la première d'entre elles se porte sur la droite du parc de la Maison-Blanche. Elle occupe et couvre cette position en refoulant les grand'gardes ennemies, sous un feu très-nourri d'artillerie partant des hauteurs de Noisy-le-Grand.

Pendant ce temps, la deuxième colonne se dirige sur la gauche du parc, que 25 éclaireurs, spécialement désignés et soutenus par une compagnie déployée en tirailleurs, fouillaient préalablement.

La Maison-Blanche occupée, le parc est mis immédiatement en état de défense. Les bataillons de la brigade, répartis sur chaque face, détachent des grand'gardes en avant. Une première brèche aux murs du parc faisant face au plateau est rapidement ouverte par les sapeurs du génie. En peu de temps, les murs, sur toute l'enceinte, sont crénelés et renversés en plusieurs endroits.

La batterie d'artillerie et les deux sections de mitrailleuses attachées à la colonne de droite, après avoir suivi le mouvement en avant de cette colonne, reçoivent l'ordre de se replier de manière à être couvertes par le petit bois qui masque le mur de droite du parc. Les batteries de gauche prennent position entre la gauche du parc et le pied des pentes, de manière à battre au besoin les hauteurs de Gagny.

Toutes les mesures sont prises pour garder nos positions pendant la nuit, si on nous en donne l'ordre; mais rien ne nécessitant plus l'occupation des lignes où nous sommes établis, nous commençons le mouvement de retraite qui nous est commandé.

Toutefois, deux compagnies du 1er bataillon d'infanterie de marine sont laissées pour garder, sous les ordres du chef de bataillon Bousigon, la face du parc vis-à-vis du plateau d'Avron. Ce demi-bataillon détache des sentinelles pour relier sa droite à Ville-Évrard, sa gauche aux grand'gardes du plateau.

Cette troupe est soutenue par deux compagnies du 137e de ligne placées à mi-distance entre le plateau et le parc.

Vers neuf heures, et quelques instants après que le commandant Bousigon s'est entendu avec le général Blaise pour la défense du terrain occupé, une fusillade très-vive s'engage sur la gauche de Ville-Évrard, et les postes isolés se replient à deux cents mètres environ des murs du parc. Successivement les deux compagnies se replient sur les postes habituellement occupés par nos grand'gardes. Le capitaine de vaisseau Salmon fait aussitôt garnir la tranchée par un bataillon d'infanterie de marine, afin de prévenir tout retour offensif de l'ennemi.

D'un autre côté, nos troupes s'emparent sans coup férir de Ville-Évrard. Plusieurs batteries ennemies viennent prendre position entre Noisy-le-Grand et Champs et ouvrent le feu pour les déloger. Avron et Nogent attaquent vigoureusement ces batteries. Rosny se joint à eux avec une pièce de 0^m,16 de la courtine 3-4. Bientôt les batteries prussiennes sont obligées de se retirer; mais Ville-Évrard n'en reste pas moins exposée au feu des batteries que l'ennemi peut amener la nuit sans être aperçu, et cette situation est inquiétante.

Un dénoûment plus triste devait survenir : à la nuit, des Prussiens restés cachés dans les caves et les maisons de Ville-Évrard, en sortent, attaquent nos troupes qui s'y trouvent, et produisent une panique regrettable. Une grande partie de nos soldats se débandent, et le général Blaise, qui fait de vains efforts pour les rallier, est blessé mortellement.

Dans cette journée, l'action de l'artillerie d'Avron, celle de nos forts, à laquelle s'est jointe celle de nos redoutes et batteries isolées, a été décisive, et a couvert utilement les mouvements de nos troupes.

Les pertes de la brigade Salmon, dans cette journée, ne sont que de deux tués et quatorze blessés, dont six de l'infanterie de marine, et, parmi eux, le sous-lieutenant Rotguié de la Valette.

Avron a plusieurs hommes blessés très-grièvement.

Le fort de Rosny a consommé 301 obus de 0^m,16 tirés sur la ferme de Nonneville, le Dépotoir, Bondy, le Raincy et Noisy-le-Grand.

SUD. — Toutes les troupes sont sous les armes pendant la journée, et disposées dans la plaine de façon à menacer constamment l'ennemi et lui faire croire à une action de ce côté. Elles ne rentrent qu'à la nuit tombante.

Les bataillons de la garde nationale ont été déployés derrière nos lignes, et, conformément aux ordres du général en chef, disposés pour être engagés avec les autres troupes en cas d'action.

Nos forts et les redoutes tirent quelques coups de canon par intervalles. Le calme est complet à nos avant-postes de ce côté.

FLOTTILLE. — Au petit jour, la vedette n° 5, rentrant de grand'garde, est jetée par la violence du courant sur une des piles du pont de Billancourt et coule. La batterie n° 5 sauve l'équipage. Un quartier-maître se noie.

22 décembre.

SAINT-DENIS. — Il fait très-froid. Les vents sont au Nord-Est. Nos troupes, qui ont couché sans abri dans la plaine d'Aubervilliers, souffrent cruellement. Il y a de nombreux cas de congélation.

Nous ne faisons aucun mouvement, et à part des travaux de tranchées que fait exécuter dans la plaine, en avant de Drancy, l'infatigable général du génie Tripier, on est inactif.

Du côté de l'ennemi une batterie prussienne est en position à droite de la route de Lille à Pont-Iblon. On ne lui voit aucune troupe de soutien. Les travaux de l'ennemi qui sont en vue ont progressé.

A Montmorency, on aperçoit une batterie nouvelle au sommet du pavé neuf allant au village de Groslay. Six embrasures à jour, revêtues d'un parapet épais, paraissent dirigées sur Saint-Denis. Cet ouvrage semble destiné à recevoir de grosses pièces. La batterie d'Orgemont semble aussi prendre du relief, et on croit y voir des embrasures dirigées également sur Saint-Denis. Vers Sannois, autant qu'on peut le voir, de longues tranchées enveloppent presque toute la colline. Elles sont sur deux lignes vers l'extrémité Est. Derrière, en troisième ligne, sont des ouvrages plus considérables.

Dans l'après-midi, un conseil de guerre, composé des différents commandants de corps, se réunit au fort d'Aubervilliers sous la présidence du gouverneur.

EST. — De Bondy, à six heures et demie du matin, le vice-amiral Saisset donne ordre à la demi-batterie mobile Lavison de quitter la Tannerie, de prendre la route de Metz et le pont de Bondy, et de se mettre en position à 5,200 mètres de Sevran. La veille, à la nuit, on a vu en cet endroit des masses prussiennes groupées. Nul doute qu'on ne leur fasse beaucoup de mal si on peut les surprendre. En effet, à neuf heures, la demi-batterie Lavison, protégée par quelques compagnies échelonnées de la division d'Exéa, ouvre un feu lent mais très-précis sur Sevran et Aulnay-lez-Bondy, où sont des masses compactes, et sur les batteries prussiennes placées derrière la ligne du chemin de fer de Soissons.

L'ennemi persiste à tenir cette position malgré les ravages que produit cette batterie, et subit son feu non-seulement toute la journée, mais encore pendant les deux jours suivants.

Nos troupes qui occupaient Ville-Évrard et Neuilly-sur-Marne se replient sur la ligne des forts.

Les batteries prussiennes établies à Noisy-le-Grand les couvrent un moment de feux, mais ces batteries ne tardent pas à être réduites au silence par Avron, Nogent et Rosny.

On voit de nombreux mouvements de troupes prussiennes à grande distance, manœuvrant dans toutes les directions.

La brigade Salmon, dès la pointe du jour, descend du plateau d'Avron dans l'ordre suivant : 137ᵉ de ligne, 22ᵉ chasseurs, et les quatre bataillons d'infanterie de marine. Les deux premiers corps se dirigent sur le cimetière de Neuilly-sur-Marne. L'infanterie de marine formée en colonnes suit le 22ᵉ chasseurs à deux cents mètres de distance.

Le premier bataillon se dirige sur la gauche du parc de la Maison-Blanche, pour couvrir tout mouvement de l'ennemi de ce côté.

Les trois autres se placent entre le cimetière et la droite du parc.

A ce moment, les batteries prussiennes de Noisy-le-Grand nous font éprouver des pertes sensibles. Un mouvement général de retraite étant ordonné, la brigade Salmon se replie avec calme sous le feu continu de la batterie de Noisy-le-Grand et d'une nouvelle batterie qui est venue s'établir sur les coteaux en avant de Gournay. Les quatre bataillons d'infanterie de marine, au bas du plateau ou échelonnés sur les pentes, ont attendu que le mouvement du 137° et du 22° soit terminé.

Dans cette journée, la brigade Salmon a 1 soldat tué, 28 blessés, 7 disparus, parmi lesquels l'infanterie de marine compte le soldat tué et 19 blessés. Le lieutenant de vaisseau Lenéru, aide de camp du capitaine de vaisseau Salmon, est contusionné par un éclat d'obus.

SUD. — Les troupes sont toute la journée sous les armes et disposées comme la veille.

Le fort de Montrouge envoie, à six heures du matin, trois pièces de 4 et trois caissons aux batteries établies en avant de la maison Millaud. Deux maisons de gauche, sur la route de Cachan à l'Hay, ont été démolies pendant la nuit par les Prussiens qui travaillent derrière les démolitions.

Montrouge tire dessus par intervalles. Les pièces de 4 tirent toute la journée sur le moulin de l'Hay et Bourg-la-Reine. En général, leurs obus éclatent trop tôt ou n'éclatent pas. Elles rentrent au fort à six heures.

23 décembre.

L'armée du général Ducrot a encore passé cette nuit dans la plaine. Le froid est intense, la brume épaisse. On continue à ouvrir des tranchées sur notre front; la terre gelée à une assez grande profondeur rend ce travail long et pénible. Le fort de l'Est et celui d'Aubervilliers tirent de cinq à six heures du matin. Dès que la brume se dissipe, on voit tout un corps d'armée ennemie venant de l'Est. Son artillerie prend sa position ordinaire à Pont-Iblon. Elle se compose de dix-huit pièces à droite, seize à gauche de la route de Lille. Tous les épaulements sont garnis par des troupes nombreuses. En seconde ligne, deux batteries, soutenues par quatre régiments d'infanterie, se tiennent en réserve.

Les voitures d'ambulance et des troupes diverses sont à la Patte-d'Oie. Le long de la Morée et à deux kilomètres en arrière, toutes les batteries ennemies paraissent occupées. A droite de Dugny, une batterie d'artillerie est attelée et prête à marcher. Un grand nombre d'hommes sont massés dans ce village.

Ces forces semblent disposées pour soutenir le Bourget en cas d'une nouvelle attaque de notre part. Elles restent toute la journée dans la plaine, faisant quelques mouvements de temps à autre, semblant parfois menacer Drancy, et se retirent enfin vers Gonesse vers trois heures et demie.

Nos troupes, sous les armes, sont prêtes à repousser toute attaque : le fort de l'Est et celui d'Aubervilliers, auxquels viennent se joindre ceux de Romainville et de Noisy, tirent sur le Bourget et tiennent l'ennemi à distance. La canonnade est très-vive par instants.

EST. — La demi-batterie Lavison, établie à Bondy, a la satisfaction d'empêcher l'ennemi de s'établir comme d'habitude dans les tranchées en avant du village et de pouvoir ouvrir le feu sur nous.

Rosny tire quelques coups de canon sur la maison grise.

SUD. — On signale que quelques gros bateaux ont été amenés au delà de Choisy. Doivent-ils servir à l'établissement d'un pont, ou apportent-ils des approvisionnements ou du matériel? C'est ce qu'il est difficile de déterminer.

Montrouge tire encore sur l'Hay et Bagneux, où il voit fumer des cheminées, ce qui est très-rare. La batterie de 4 du fort va de nouveau à la maison Millaud. Elle doit s'y rendre tous les jours. On lui tire quelques coups de fusil de rempart des tranchées de l'Hay.

24 décembre.

SAINT-DENIS. — Le temps est sec et froid. Nos soldats, à part quelques travaux de tranchée, restent inactifs dans la plaine. Une distribution extraordinaire de bois leur permet enfin de se chauffer pendant cette inaction.

On voit peu de troupes dans les lignes prussiennes; adroitement dissimulé dans ses tranchées et derrière ses épaulements, l'ennemi ne nous révèle sa présence que par des armes qui brillent au soleil. Mais vers une heure de l'après-midi, l'horizon étant plus clair, nous pouvons apercevoir la gare de Villiers pleine de monde, et un corps considérable de cavalerie marchant de Gonesse à Villiers, sur une longueur d'au moins trois kilomètres.

L'infanterie suit le même mouvement sur une voie parallèle plus éloignée. Vers deux heures, ces troupes dépassent Villiers et vont vers Sarcelles. La journée se passe sans incident.

FLOTTILLE. — La Seine charrie de nombreux glaçons. Elle est très-haute, et cependant on peut craindre de la voir prendre malgré la rapidité du courant. Les ponts prussiens, au-dessus de Choisy, sont emportés en partie. Leurs débris entraînent les ponts de bateaux établis en aval de l'écluse de Port-à-l'Anglais, que l'on commençait à replier. Le pont d'Ivry arrête tous ces débris, les glaces s'y amoncellent, et la Seine se prend en quelques heures jusqu'au-dessus de Choisy.

Les bâtiments de grand'garde qui observent Choisy se trouvent ainsi bloqués dans l'écluse.

En prévision d'une attaque des Prussiens, il devient nécessaire de provoquer une débâcle. Des ouvriers aidés par les marins de la flottille, sous la direction des ingénieurs, pratiquent un chenal dans la glace, dont l'épaisseur dépasse parfois un mètre.

Ce ne fut qu'après quinze jours de ces rudes travaux, et grâce à l'emploi de la dynamite, que la flottille put être débloquée.

EST. — Nous sommes certains que les Prussiens établissent depuis plusieurs jours des batteries sous bois au-dessus du Raincy et à Gagny.

Le vice-amiral Saisset demande au gouverneur à les inquiéter d'Avron. « Merci de ce nouvel
» effort, lui répond le gouverneur, en un moment
» où il faut réunir tous nos efforts pour lutter contre

» les difficultés et les souffrances que la rigueur du
» temps nous impose. Nous les dominerons avec
» l'aide des braves gens. Faites ce que vous deman-
» dent les défenseurs d'Avron. »

Les défenseurs d'Avron ouvrent alors le feu sur les positions signalées, que l'ennemi a protégées contre notre curiosité par des avant-postes envoyés plus près de nous que de coutume.

Nous nous attendons à chaque instant à voir le plateau bombardé, et malheureusement aucun abri important n'a pu encore y être fait pour protéger nos soldats, qui devront subir le feu de l'ennemi presque entièrement à découvert. Le plateau est complétement déboisé, et nos troupes n'auront pour abri que leurs tranchées, où l'immobilité par ce froid rigoureux les fera cruellement souffrir.

SUD. — Mêmes dispositions que la veille. Ivry tire quelques obus de 4 sur les tirailleurs embusqués en face de nos lignes.

Montrouge envoie encore des corvées travailler à la batterie de la maison Millaud, où se rendent les pièces de 4 comme d'habitude. Quelques coups de canon sont envoyés dans la journée sur Bagneux; on tire aussi la nuit sur ce village; on y a aperçu des lumières, circonstance qui se présente très-rarement.

25 décembre.

SAINT-DENIS. — Vents du nord. Froid vif. Brume et nuages de poussière. La Seine charrie. On est obligé de replier le pont de bateaux auxiliaire de Saint-Denis. Les batteries flottantes 1 et 4 se rangent le long de la berge de gauche de la rivière, et prennent toutes les précautions nécessaires pour se garer des glaçons et être en sûreté si elle gelait.

Nos soldats souffrent beaucoup. De nombreux cas de congélation se produisent chaque jour.

Les ambulances de la Presse, à la tête desquelles se trouvent toujours alternativement l'infatigable docteur Ricord et le docteur Démarquay, ramènent un grand nombre de gelés. Les travaux de tranchées sont interrompus, et les troupes cantonnées autant que possible. La plus grande partie de la garde nationale rentre à Paris.

Vers midi, le vice-amiral commandant en chef envoie un de ses aides de camp, le lieutenant de vaisseau Brunet, en parlementaire sur la route d'Enghien. Il est accompagné d'un clairon, sonnant par intervalles un demi-appel, et muni d'un drapeau blanc. Cependant des balles, tirées des avant-postes prussiens, viennent siffler à son oreille. Il persiste à s'avancer, et accomplit heureusement sa mission [1].

Les Prussiens semblent travailler à une batterie

---

[1] *Journal officiel* du 14 janvier 1871.
Note pour M. le ministre des affaires étrangères :
« . . . . . Aux exemples qui sont cités, j'ajouterai celui
» du lieutenant de vaisseau Brunet, aide de camp du vice-
» amiral de la Roncière-le-Noury qui, parlementant en
» avant des lignes de Saint-Denis, a été fusillé par un sol-
» dat prussien, circonstance qui a conduit l'officier supé-
» rieur allemand, commandant sur les lieux, à lui adresser
» des excuses cordialement accueillies. . . . .
» *Signé* : Général Trochu. »

sur la ligne de la Morée, entre deux groupes de maisons situées à gauche de Blancmesnil. Leur batterie de Pont-Iblon prend position comme d'habitude.

EST. — L'ennemi travaille à des lignes de retranchement à Villemomble, à 4,500 mètres de Rosny. Ce fort y dirige quelques obus qui font cesser tout travail.

Sur Avron, les artilleurs, les marins, l'infanterie de marine, souffrent cruellement du froid. Sous la tente, l'encre même se congèle, et il est difficile à nos officiers de travailler. L'eau et le vin sont gelés, et le pain ne peut être tranché qu'à coups de hache. Pendant la nuit, deux sentinelles des postes avancés, où on ne peut faire de feu, sont gelés.

On s'attend à tout moment à voir les Prussiens ouvrir sur le plateau d'Avron le feu de leurs batteries établies sur divers points où on sait qu'ils exécutent, à l'abri, d'importants travaux. En prévision de ce moment, qui ne peut tarder, trois bataillons d'infanterie de marine, dont les tentes n'étaient qu'à 2,500 ou 2,800 mètres des hauteurs de Gagny, reçoivent l'ordre de déplacer leur campement. Ils prennent position sur l'autre versant du plateau qui regarde la Marne et le fort de Nogent.

Le maire de Romainville se plaint que la présence du 26° régiment de marche de la garde nationale est désastreuse pour son village. On y brûle, on y brise, on y vole tout, et son petit poste de gardes nationaux est insuffisant. Il désirerait des patrouilles pour lui prêter assistance, et supplie le vice-amiral Saisset de les lui accorder. Cet officier général prend des mesures pour le protéger efficacement.

SUD. — La Seine est gelée. Celles des canonnières de la flottille qui n'ont pas été prises dans l'écluse par les glaces parviennent à descendre jusqu'à Port-à-l'Anglais. Une batterie de 12 de campagne arrive le soir et occupe la redoute du bord de l'eau pour soutenir ces canonnières.

Le fort de Montrouge ne tire aucun coup de canon dans les vingt-quatre heures. Sa batterie de 4, établie à la maison Millaud comme d'habitude, reçoit des balles de fusil de rempart des tranchées de l'Hay. Elle riposte par quelques obus.

26 décembre.

EST. — Le temps est sec et froid.

Le colonel Valette, à la tête de trois bataillons de mobiles, s'empare, après une vive fusillade, de la Maison-Blanche, près de Neuilly-sur-Marne. La brigade Salmon, qui avait occupé cette position dans la journée du 21, avait pratiqué des meurtrières dans le mur du parc du Sud-Ouest. L'ennemi qui la réoccupe peut s'en servir contre nous. Le colonel Valette fait détruire le mur entièrement, et rentre ramenant six prisonniers.

Près de Noisy-le-Grand, l'ennemi établit une nouvelle batterie qui bat Maison-Blanche et Avron. Avron est à bonne portée pour répondre vigoureusement. Rosny est trop éloigné.

SUD. — La journée se passe sans incident.

27 décembre.

Il neige, la vue est entièrement bornée.

Le général Ducrot, qui est à Aubervilliers, informe le vice-amiral commandant le corps d'armée de Saint-Denis, que l'ennemi a refusé l'armistice qu'on lui a demandé pour enterrer les morts de l'affaire du Bourget qui gisent encore près du village. M. de la Grangerie, des ambulances de la Presse, s'est avancé en vain dans ce but jusqu'aux avant-postes. Le général recommande la plus grande surveillance.

EST. — A sept heures et demie du matin, l'ennemi démasque ses batteries auxquelles on le voit travailler depuis plusieurs jours, et ouvre le feu par un mouvement général d'attaque sur Avron, Rosny, Noisy, Nogent.

L'artillerie d'Avron, celle des forts et des redoutes qui protégent notre front Est, ripostent vigoureusement. Nous avons pu, dans ces derniers jours, dès que le bombardement prochain nous fut révélé, accumuler de nouvelles pièces pour contre-battre les positions ennemies qui semblent nous menacer.

Sur Avron, le feu de l'ennemi est des plus précis. Quatre batteries placées sur les coteaux de Montfermeil, au-dessus de Gagny et du Raincy, deux batteries placées à Noisy-le-Grand et une batterie de très-gros calibre sur Chelles, croisent leur feu et balayent tous les emplacements occupés par nos hommes. Les premiers obus tombent de plein fouet dans les camps de l'infanterie de marine et y jettent le désordre.

Beaucoup de soldats, au commencement du bombardement, affolés par cette pluie de projectiles, cherchent un abri sur le versant qui regarde les forts. Mais le gros des bataillons se porte dans les tranchées, et se tient prêt à repousser une attaque d'infanterie à laquelle on doit s'attendre. Les soldats qui avaient fui rejoignent. Le capitaine de vaisseau Salmon reste ainsi tout le jour dans ces positions, qui n'offrent qu'un abri très-insuffisant contre le croisement des obus ennemis. Il y fait très-froid, et on ne peut faire de feu ni pour la cuisine ni pour se chauffer.

Le colonel Stoffel, qui commande toute l'artillerie du plateau, déploie une habileté et une énergie qui ne se démentent pas un instant.

L'infanterie de marine a, dans cette journée, 8 tués et 42 blessés, dont 5 officiers. Les capitaines Gillot et Kelland succombent peu de jours après à leurs blessures. Le capitaine Escande et le sous-lieutenant Lamanille sont atteints.

Nos matelots canonniers, sous cette pluie de fer, s'acharnent à la lutte.

« Si le bombardement se généralise, télégraphie
» le gouverneur au vice-amiral Saisset, c'est la
» preuve que l'ennemi, vaincu par notre résistance
» de cent deux jours, se décide à employer les
» grands moyens. L'esprit public en recevra un
» vigoureux appoint, et je sais l'énergique concours
» que je rencontrerai dans la marine pour la lutte
» ainsi transformée. »

Les pièces démontées sont immédiatement remises en état de faire feu. Les marins rectifient soigneusement leur tir, qui est d'une grande justesse. Par moments, l'ennemi va dans cette journée jusqu'à tirer cent vingt coups à l'heure sur tout le plateau qu'il attaque.

Les lieutenants de vaisseau Ardisson et Labarthe, les enseignes de Larturière, Gelly, de Carné-Marcein sont blessés. M. Ardisson succombe à ses blessures quelques jours après.

Sur le fort de Rosny, c'est le bombardement en règle qui commence. Le capitaine de vaisseau Mallet commande ce fort. Secondé par de vaillants officiers, il fera honneur à la marine, et se montrera, sous les yeux du gouverneur qui sait l'apprécier, à la hauteur du commandement qui lui est confié.

Soixante obus tombent dans son enceinte. Les hommes apprennent vite à se défiler, et deux seulement sont blessés légèrement par des éclats. Il riposte avec quatre pièces de 30 marine et deux pièces de 24 ; mais ces deux dernières atteignent à peine la batterie ennemie, qui, placée d'abord à 4,200 mètres, ne tarde pas à prendre position à 200 mètres plus en arrière. Nos chefs de pièces ne tirent qu'à coup sûr, quand le but est bien en vue, pour employer utilement nos projectiles. Mais la brume qui règne toute la journée rend le pointage difficile.

Le général Vinoy et son état-major reviennent s'établir au fort de Rosny. Les casernes, atteintes par les obus, sont inhabitables. Elles sont évacuées. Depuis longtemps d'ailleurs presquetous nos hommes vivent dans les casemates. Des cornets à bouquin ont été distribués dans tous les forts. Des hommes de veille, placés sur les bastions, dès qu'ils voient la lueur d'un coup de canon tiré par l'ennemi, donnent, selon la batterie qui tire, un signal d'avertissement variable qui permet de se garer et de s'abriter à temps. Les projectiles de l'ennemi ont une direction des plus précises et éclatent bien.

Le fort de Rosny tire dans la journée 222 obus de 30, et 68 de 24. Un projectile prussien ramassé dans le fort et qui n'a pas éclaté, mesure 0^m,14 de diamètre sur 0^m,35 de hauteur. Ce sont les plus gros projectiles dont l'ennemi se sert pour le moment.

Au fort de Noisy, les dégâts produits par quelques coups isolés sont insignifiants; deux marins sont blessés.

A Bondy, dès le matin, la batterie des Gravats riposte lentement mais très-utilement à celles du Raincy.

Dans l'après-midi, des contingents d'artilleurs de la garde nationale viennent de Paris renforcer la garnison de nos forts de l'Est, considérablement diminuée par les nombreux détachements qui en ont été tirés.

Cent cinquante de ces artilleurs sont envoyés à Rosny, et désignés pour servir les pièces légères.

Le plus grand nombre rend des services intelligents. Certains se montrent d'une grande habileté.

A quatre heures du soir, l'ennemi cesse son feu.

SUD. — Dans la nuit, les Prussiens font sauter

la Gare-aux-Bœufs, à l'aide d'une dizaine de fourneaux de mine.

Nos forts du Sud tirent des coups isolés.

28 décembre.

EST. — L'horizon est toujours brumeux. Il neige.

Pendant la nuit, l'ennemi n'a tiré sur nos positions de l'Est que par intervalles assez longs. A huit heures du matin le bombardement reprend activement.

Sur Avron, nos soldats sont, comme la veille, à leurs postes dans les tranchées. Le feu de l'ennemi est plus précis encore. Le tir de nos marins ne l'est pas moins. Le plateau, battu par des batteries croisant leurs feux à angle droit, du Raincy, de Montfermeil et de Noisy-le-Grand, éprouve des pertes toujours sensibles certainement, mais qui ne sont pas encore proportionnées à la puissance et à la précision de l'artillerie ennemie.

Le gouverneur de Paris se rend dans la journée sur Avron.

Les troupes dans leurs tranchées y souffrent beaucoup, et sur plusieurs points leur attitude ne gagne pas à ces souffrances.

Le gouverneur décide que la position sera évacuée pendant la nuit, et donne des ordres en conséquence.

Dans cette journée, MM. Touboulic, lieutenant de vaisseau, d'Infreville et Feyzeau, enseignes, sont contusionnés. 3 marins sont tués, 5 blessés grièvement ; le nombre des marins contusionnés est considérable, mais ils persistent à rester à leurs postes de combat ; plusieurs succombent plus tard à ces blessures, qui tout d'abord semblent insignifiantes, mais que la fatigue et le froid ne tardent pas à rendre graves.

L'infanterie de marine a 14 blessés. Un bataillon du 137ᵉ (brigade Salmon) a 3 tués, 29 blessés et 7 disparus.

L'ennemi s'attache à battre la route stratégique qui joint les forts entre eux et avec Avron, dans le but d'interrompre les communications

Au fort de Rosny, sur lequel le feu a été repris également à huit heures du matin, les obus arrivent moins nombreux, mais mieux dirigés encore que la veille.

Le fort répond lentement et avec précision à des batteries qui bientôt se déplacent de gauche à droite en s'élevant sur la route de Montfermeil. Le lieutenant de vaisseau Bionne et un seul marin sont contusionnés. On a fait évacuer l'avancée du fort par l'infanterie qui la garde. Elle est trop exposée. Elle prend position en arrière sur la route de Montreuil. Rosny tire dans la journée 97 coups de pièces marines et 57 coups de pièces de 24.

Le feu de l'ennemi a été très-vif sur le fort de Nogent ; quelques coups seulement sont dirigés sur Noisy.

A la nuit, le feu cesse sur toute la ligne.

Aussitôt que l'obscurité le permet, des corvées de marins des trois forts de l'Est se dirigent sur le plateau d'Avron pour procéder, suivant les ordres du gouverneur, à l'évacuation du matériel qui s'y trouve. Les chefs d'escouade sont munis de cartouches de dynamite propres à provoquer la destruction de nos pièces en cas d'abandon précipité de la position.

La dynamite, qui jouit de cette propriété singulière de produire des effets de brisement à l'air libre, est, depuis quelque temps, souvent employée par nos officiers et notamment par le capitaine de frégate Trève, dans les travaux d'établissement de batteries, quand la terre, gelée à une grande profondeur, a la dureté du roc.

Du côté de Bondy, l'artillerie de position rentre également.

3 canons de 24 long, les 2 canons de 0^m,16 Touchard partent dans la nuit.

3 pièces de 24 court et 6 pièces de 12 de siége rallient le carrefour des Cinq-Chemins.

Les 3 pièces de 24 de la batterie Moye rentrent par la route de Noisy.

On ne laisse provisoirement à Bondy que 9 pièces : 3 pièces de 24 à la batterie des Gravats, 6 pièces de 12 de siége près de la barricade de la route de Metz. Ces pièces sont masquées avec soin, pour ne pas attirer l'attention de l'ennemi, et ne doivent ouvrir le feu que dans le cas d'une attaque sur Bondy. Le colonel Reille, avec 2,000 mobiles, reste à Bondy pour protéger ces batteries. Des patrouilles prussiennes s'en approchent vers trois heures du matin, mais se retirent promptement.

A la nuit, la demi-batterie mobile Lavison quitte également la Tannerie, ses marins attelés aux pièces, et fait, grâce à l'entrain de ces hommes, des mouvements de traction qui, par les moyens usuels, eussent exigé de puissants attelages. Elle arrive à neuf heures du soir derrière la redoute de Montreuil, où les pièces sont déposées. Le lieutenant de vaisseau Lavison repart immédiatement pour Avron avec son personnel et ses chariots, pour contribuer à l'enlèvement des pièces de $0^m,16$ marine du plateau. Il en ramène ainsi trois, sur une pente très-rapide, rendue presque impraticable par le verglas, au milieu de fourgons d'artillerie, de matériel de l'armée encombrant les routes. Les chevaux ne peuvent tenir sur ce verglas; on manœuvre partout à bras. L'énergie et la vigueur de nos matelots suppléent à tout, et il est d'un devoir rigoureux de rendre justice au détachement Lavison, qui enlève, en moins d'une heure et demie, au moyen du nouveau système de transport dont il est l'auteur, 3 pièces de $0^m,16$ du plateau. A côté de lui, quatre heures suffisent à peine à en enlever deux, avec les moyens ordinaires.

L'évacuation est terminée avant le jour, malgré l'obscurité et l'état des routes. L'artillerie tout entière a été ramenée, à l'exception d'un canon de 24 dont un tourillon est cassé, et d'un canon de 30 tombé dans un fossé à la descente d'Avron, et qu'on ramène deux jours après.

Enfin, à cinq heures du matin, les troupes du plateau se replient et abandonnent en silence leurs positions.

SUD. — Pas d'incidents. Coups de canon isolés sur les travaux de l'ennemi. Montrouge fait des essais de canons de 7.

29 décembre.

SAINT-DENIS. — Les ambulances de la Presse avaient fait le 27 et le 28 des démarches infructueuses au Bourget pour se faire livrer les corps de nos hommes tués à l'attaque du 21. Chacun de ces jours, une suspension d'armes avait été proposée dans ce but, mais le commandant prussien du Bourget avait opposé des fins de non-recevoir et notamment l'impossibilité où il était d'accepter cette suspension sans un ordre supérieur. Le vice-amiral s'adressa alors par parlementaire au prince royal de Saxe, qui commandait l'armée devant Saint-Denis. Il fut convenu que l'enlèvement des morts se ferait aujourd'hui 29, par l'intermédiaire de M. Salle, président du comité de la Société internationale de Saint-Denis, assisté de M. de Plument de Bailhac, adjoint au maire de l'Ile-Saint-Denis. Dans plusieurs circonstances analogues, M. Salle avait déjà rendu de précieux services. Une suspension d'armes eut lieu de dix heures du matin à trois heures du soir. Vingt corps seulement purent être livrés, les autres avaient été enterrés. M. Salle acquit la certitude que les officiers et plusieurs hommes avaient été inhumés en des points déterminés, avec des indications tumulaires. Les corps qui nous sont remis sont transportés à l'église de la Courneuve, et reconnus par des hommes des différentes armes.

EST. — Le gouverneur ordonne au vice-amiral de faire prendre par un ingénieur hydrographe de la marine les relèvements des ouvrages prussiens qui opèrent contre les forts de l'Est. M. l'ingénieur Manen est chargé de ce travail. Il s'établit dans ce but successivement sur plusieurs points du plateau depuis Romainville jusqu'au delà de Nogent.

Au jour, les batteries prussiennes ouvrent leurs feux sur Avron, Rosny, Nogent, et toujours un peu sur Noisy.

L'ennemi ne tarde pas à s'apercevoir, devant le silence persistant d'Avron, que cette position est évacuée. Il continue néanmoins à y diriger un feu régulier, dans le but de nous empêcher de continuer l'évacuation de notre matériel, qu'il doit ne pas croire terminée.

Le fort de Rosny répond vigoureusement d'abord malgré la brume, puis le temps s'éclaircit, et il tire moins rapidement mais avec plus de précision. Pour la première fois, la clarté de l'atmosphère permet de distinguer nettement les objets et les distances : la batterie du Raincy la plus à gauche est à 4,400 mètres, la plus à droite à 4,600, et celle de Montfermeil à 5,800, du fort de Rosny. Les pièces sont très-espacées et tirent successivement. On ne peut pas bien compter le nombre de canons de chaque batterie, d'autant plus qu'après chaque coup les pièces semblent changer de place.

Bientôt, par suite de l'abandon du plateau, Rosny devient l'objectif le plus vivement battu par l'ennemi. La batterie de Noisy-le-Grand tire sur Nogent, quelques pièces de celle du Raincy envoient leurs obus dans la direction du fort de

Noisy, où un marin seul est blessé dans la journée.

Au fort de Rosny, un obus pénètre dans la casemate qu'occupent les artilleurs de la garde nationale, en traversant la muraille du fond. Il éclate dans cette casemate, y tue deux hommes et en blesse cinq.

Un autre obus tombe dans un abri blindé, tue un soldat et en blesse deux. Dans l'avancée, trois marins sont atteints par des éclats.

Un obus traverse la muraille et pénètre dans la casemate des vivres. Un autre entre par l'emplacement bouché d'un ancien évent. La muraille de la poterne est frappée un peu au-dessus du sol, les pierres en sont ébranlées et disjointes.

Ainsi, les murailles des forts peuvent être traversées avec facilité, et les casemates n'offrent point une sécurité suffisante contre les gros projectiles de l'ennemi.

Rosny répond au tir ennemi principalement avec ses pièces du bastion 2. Les obus prussiens labourent ce bastion avec une grande précision, en démontent deux pièces, un affût de 24 et un canon de 16 lisse, et traversent le fort en diagonale. Les pièces des bastions 1 et 3 ouvrent le feu à leur tour. Le soir, un obus met le feu dans une caserne. On l'éteint promptement.

Au fort de Nogent, le lieutenant de vaisseau Berbinau, qui commande les marins, est blessé. L'ennemi a tiré sur ce fort soixante-dix à quatre-vingts coups à l'heure.

A la nuit, le bombardement cesse.

18

Les dégâts sur les bastions de Rosny sont sensibles. L'ensemble des travaux, terrassement, maçonnerie et blindage, n'est décidément pas assez solide pour résister à l'artillerie nouvelle. Le blindage des poudrières est insuffisant. On les consolide en les couvrant de sacs à terre. On s'occupe toute la nuit à ces travaux. On ne donne pas moins de trois mètres d'épaisseur aux blindages.

Rosny a tiré dans cette journée soixante-six obus de 30, vingt-quatre de 24 rayé.

Du côté de Bondy, les batteries du Raincy ont également ouvert leur feu à huit heures du matin sur le village. De la batterie des Gravats, on observe que deux pièces ennemies tirent continuellement de cinq en cinq minutes. L'objectif est l'église et le cimetière.

La batterie Lavison s'établit sur la route stratégique au nord de Rosny et commence immédiatement son feu contre ces pièces.

En quittant le plateau d'Avron, l'infanterie de marine va, avec la division d'Hugues dont elle fait partie, occuper les baraques du camp de Saint-Maur.

On expédie à l'hôpital de Vincennes un certain nombre de soldats ayant les pieds gelés. Les autres ont besoin de se refaire après les fatigues qu'ils ont éprouvées. Enfin, à neuf heures quarante du soir, le gouverneur télégraphie au vice-amiral Saisset : « Merci à vous et à vos collaborateurs pour » les énergiques efforts que vous avez faits. Si je » n'avais pas pris la résolution de faire évacuer

» Avron cette nuit, nous n'y serions jamais parvenus
» ultérieurement »

En abandonnant Avron, on ne renonce pas à utiliser les pièces qui y étaient. On établit sur les points les plus favorables, le long de la voie stratégique, des épaulements où on les installe. Cette opération, à laquelle on travaille nuit et jour à l'abri de murs et de replis de terrain, n'est entièrement terminée que le 4 janvier.

SUD. — A Choisy, on voit les soldats prussiens porter, semble-t-il, des fascines et des gabions en arrière de la Maroquinerie.

Dans la division de l'amiral Pothuau, les 9° et 10° régiments de Paris, formés de huit bataillons de guerre de la garde nationale, rentrent dans Paris et sont remplacés par les 7° et 15° régiments. Le 7° est composé des 1er, 14°, 112° et 196° bataillons; le 15° régiment des 45°, 177°, 60° et 226° bataillons. Le 7° régiment est cantonné à Vitry, les 60° et 226° bataillons à Port-à-l'Anglais; les 45° et 177° bataillons sont détachés à la disposition du colonel Champion, à Vitry.

Du fort de Montrouge, on voit des travailleurs dans une tranchée qui relie Bourg-la-Reine à la Bièvre. La batterie de la maison Millaud tire quelques obus à balles. Dans l'après-midi, on fait les essais de huit nouvelles pièces de 7.

30 décembre.

Un grand conseil de guerre, auquel assistent tous les membres du gouvernement et les différents chefs de corps, a lieu au Louvre sous la présidence du gouverneur.

EST. La brigade du capitaine de vaisseau Salmon quitte Saint-Maur dès le matin et va s'établir à Charenton-le-Pont.

Les gardes nationaux mobilisés, cantonnés à Pantin, rentrent dans Paris, et sont remplacés par la brigade Comte.

Toute la nuit, nos forts de l'Est ont travaillé à blinder avec des sacs à terre leurs poudrières et leurs abris.

Au jour, vers Avron, on entend une fusillade. Ce sont les Prussiens, en petit nombre, qui sont engagés avec nos postes avancés. Bientôt le bruit cesse.

A sept heures cinquante, les batteries prussiennes ouvrent leur feu. Noisy et Rosny sont canonnés du Raincy et de Gagny, mais moins vivement que la veille; quelques obus à balles arrivent au fort de Rosny. Ce fort répond vigoureusement des bastions 1 et 3. Par extraordinaire, beaucoup d'obus ennemis, dirigés sur nos pièces, et qui ne les atteignent pas directement, tombent en dehors du fort, et ne nous causent pas d'avarie. La poudrière de la courtine 2-3 reçoit un obus qui bouleverse le revêtement extérieur en terre, et dégrade la maçonnerie. Au bastion 2, un châssis d'affût de place, et deux roues d'affût de campagne, sont mis hors de service. Vers trois heures, un obus tombe au bastion 3, éclate, blesse deux hommes dont un chef de pièce.

Aussitôt que le feu a cessé, on continue à renforcer les murs des casemates avec des sacs à terre. Les troupes, campées autour de la redoute de Montreuil, envoient des corvées qui portent au fort des sacs remplis dans les jardins voisins.

Les poudrières des bastions et des courtines sont ainsi blindées partout. On n'y laisse d'ailleurs que l'approvisionnement strictement nécessaire.

On dispose de nouvelles pièces marine. Ces divers travaux durent toute la nuit.

Vers deux heures du matin, nos marins partis en corvée sur le versant d'Avron, ramènent au fort de Noisy la pièce de $0^m,16$ et la pièce de 24, laissées dans un fossé en souffrance lors de l'évacuation du plateau. Les éclaireurs Anquetil font pendant ce temps un mouvement audacieux de reconnaissance qui facilite notre travail.

SUD. — La journée se passe sans incident. Le 112e bataillon de la garde nationale qui n'avait pu arriver hier avec les autres, rejoint aujourd'hui à Vitry.

31 décembre.

A dater d'aujourd'hui, la batterie de Montmartre est entièrement évacuée, au personnel et au matériel. Les quelques marins qui s'y trouvaient encore rejoignent Saint-Ouen.

EST. — Le lieutenant de vaisseau Touchard et l'enseigne de vaisseau Arnaud établissent à la redoute de la Boissière leurs deux pièces de $0^m,16$. Ce soir même elles sont prêtes à tirer.

A Nogent, le lieutenant de vaisseau Berbinau dispose semblablement deux pièces de $0^m,16$ marine, dans une position avancée indiquée par le génie.

Trois pièces de 24 sont également placées pendant la nuit par nos marins à la redoute de Noisy sur le plateau qu'occupent les éclaireurs de la Seine. Le colonel Reille continue à garder Bondy, mais il n'y est plus envoyé d'artillerie.

Les Prussiens ouvrent le feu aujourd'hui à neuf heures. Nos forts ont reçu du gouverneur l'ordre formel de ne pas tirer un seul coup de canon. Il importe de ménager les munitions. Les hommes sont mis à l'abri dans les casemates. Nous n'avons aucun blessé, et les dommages occasionnés par les projectiles ennemis sont moins sensibles que les jours précédents.

Quelques obus contenant des matières incendiaires très-actives, qui brûlent avec une grande flamme sur la terre, après l'explosion, tombent dans l'enceinte du fort de Rosny.

Le général Vinoy, qui a quitté ce fort, envoie par le télégraphe ses compliments au capitaine de vaisseau Mallet, qui le commande : « Je renouvelle » mes compliments, dit-il, à vous, à vos officiers » et à tous vos braves canonniers marins. Conti-» nuez votre belle défense. On compte sur vous. »

Dans la nuit, l'ennemi tire encore par intervalles sur Rosny et la Boissière. On n'en continue pas moins les travaux de blindage partout, et les réparations des avaries de la journée. A Rosny, une muraille de sacs à terre élevée dans l'ambulance vient à s'écrouler. Cet accident est causé par la chaleur du poêle, qui a fait tasser la terre gelée des sacs.

Sur Bondy, le feu des batteries du Raincy a été aujourd'hui lent et peu régulier. Les Prussiens ont abattu le mur de la ferme de Nonneville.

SUD. — Pas d'incidents dans le Sud. Les trois pièces de 4 vont toujours se mettre en batterie au cavalier de la maison Millaud, mais à partir d'aujourd'hui, leur piquet de soutien est supprimé.

1er janvier 1871.

EST. — Le feu de l'ennemi a duré toute la nuit. A une heure du matin il a été assez vif pendant un moment. Vers six heures il reprend, et Rosny semble être le principal objectif de ses batteries. Les coups se succèdent presque sans interruption. Nos forts ont toujours l'ordre de ne pas répondre. Le gouverneur se rend au fort de Rosny dans la journée. Ce fort a un affût de 12 et un affût de siége de 24 avariés au bastion 2. Une pièce reçoit un choc violent près de la culasse. Il n'y a aucun blessé.

Pendant la nuit, les travaux recommencent; une pièce de $0^m,16$ placée en barbette sur la courtine 2-3, est descendue provisoirement dans la cour, et on démolit la toiture criblée d'obus de la caserne nord, pour éviter l'incendie. L'équipage du fort de Rosny se trouve réduit par les pertes qu'il a subies et malgré le retour de quelques-uns des détachements qui en ont été distraits, à 654 hommes tout compris.

SUD. — L'ennemi envoie quelques obus sur Villejuif. Au jour, Montrouge s'aperçoit qu'il a fait sauter la Tour aux Anglais, et le massif de maçonnerie où était placé le réservoir. Nous nous expliquons ainsi les explosions entendues pendant la nuit. Malgré notre surveillance et nos coups de canon fréquents sur ce point, la gabionnade en avant de la tour a été transformée en un fort épaulement.

On distingue un autre travail commencé pendant la nuit en dessous de la crête, et à gauche de la route de Chevreuse. Ici le travail est moins avancé, l'épaulement paraît moins élevé et moins épais. Autant que nous pouvons en juger, ce commencement de batterie serait sur le bord d'un chemin appelé la Voie-Pierreuse.

Tout est tranquille dans nos environs.

2 janvier.

Le capitaine de vaisseau Mallet, commandant supérieur du fort de Rosny, est nommé contre-amiral.

EST. — Il neige. La brume est épaisse. Au jour, les Prussiens recommencent leur feu, mais peu activement. Nous ne répondons pas, conformément à ce qui a été prescrit.

A Rosny, un obus traverse la muraille d'une casemate qui heureusement n'est pas habitée. Un autre perce le mur blindé d'une ancienne poudrière qui sert maintenant de magasin aux vivres et crève plusieurs barils de vin. Plusieurs projectiles écrêtent les parapets.

Nous n'avons pas de blessés aujourd'hui. Le feu cesse à la nuit comme d'habitude. Les travaux de réparation des dégâts faits dans la journée reprennent aussitôt partout avec vigueur. On baisse les plates-formes des pièces marines.

Au milieu de la nuit, un obus qui éclate dans un magasin à outils placé à côté de la caserne, blesse légèrement trois sapeurs du génie.

On continue à établir et accumuler des batteries sur la route stratégique. Des corvées de marins vont sur Avron et en rapportent des munitions qui y ont été laissées. Des coups de fusil sont tirés sur eux sans résultat.

Vers onze heures du soir, une reconnaissance prussienne s'approche du village de Rosny et engage une vive fusillade avec nos avant-postes.

Du côté de Bondy, le bombardement a été violent pendant trois heures de la journée. Vers dix heures du soir, des partis prussiens viennent reconnaître le village. On attend pour tirer qu'ils soient très-près, et à la première décharge, ils s'enfuient laissant quelques morts. Ils renouvellent leur tentative vers deux heures, mais en se tenant à distance.

Le tir sur Nogent a été des plus violents.

SUD. — A dater d'aujourd'hui, nous faisons occuper par vingt-cinq hommes de la guerrilla de l'Ile-de-France le groupe de maisons situées sur la route de Choisy en avant de la Plâtrière.

Dans la nuit, le capitaine Okolowicz des Volontaires de la France, fait avec un lieutenant et douze hommes une reconnaissance vers Choisy. Ils trouvent inoccupées les embuscades prussiennes placées au point appelé le Bouquet d'Arbres. La maison du garde-barrière sur le chemin de fer est au contraire gardée par l'ennemi. Ils se retirent sans engagement.

Montrouge inquiète activement les travaux de Châtillon.

3 janvier.

EST. — Le commandant Poulizac rentre d'une nouvelle reconnaissance faite pendant la nuit sur les postes prussiens du chemin de fer de Soissons. Il ramène six prisonniers. Un septième, qui n'a pas voulu se rendre, a été tué sur place. Nous avons trois éclaireurs blessés, dont un officier.

Le tir de l'ennemi a été très-irrégulier pendant la nuit. On a compté : de dix heures à dix heures trente minutes, vingt-neuf coups; de onze heures quarante-cinq à minuit quinze minutes, vingt-cinq coups; de une heure à une heure trente minutes, soixante-quatorze coups; de deux heures quarante-cinq à trois heures quarante-cinq, cent quarante-huit. Puis le tir se ralentit sensiblement.

Dès le matin, le bombardement recommence, très-vif sur Rosny, Nogent et les environs. Plusieurs obus, qui passent par-dessus Rosny, sont tirés à toute volée sur le village de Montreuil, qu'ils atteignent à près de 7,000 mètres de distance.

Le village de Rosny et nos travaux de la route stratégique sont également criblés par les projectiles.

Au fort de Rosny, un obus pénètre encore dans le magasin aux vivres, défonce plusieurs barils de vin, et nous oblige à changer ces approvisionnements de place. Le feu continue toute la nuit, gêne beaucoup nos travaux et nous force même à les interrompre complétement, le passage des corvées dans les cours devenant trop dangereux.

Dans cette journée, Rosny reçoit 358 obus dont beaucoup frappent les murailles et les talus. Un canon obusier de 22 a son bouton de culasse cassé par un éclat d'obus.

Sur Bondy, le bombardement n'offre rien de particulier.

Un soldat d'infanterie, pris au moment où il passait à l'ennemi, a été traduit devant une cour martiale et fusillé immédiatement.

Le gouverneur donne les ordres les plus rigoureux aux avant-postes, qui devront faire feu sur tout individu qui chercherait à les dépasser et ne s'arrêterait pas au premier avertissement.

SUD. — Du fort d'Issy, on observe que l'ennemi pousse des travaux offensifs vers le Moulin-Saquet.

Les magasins de vivres de la division Pothuau sont amenés à l'hospice des Incurables à Ivry. Une infirmerie est installée à la maison Dubois à Vitry, avec le concours d'une ambulance internationale.

Pendant la nuit, les sentinelles de la guerrilla de l'Ile-de-France échangent quelques coups de fusil avec l'ennemi.

Montrouge travaille à exhausser avec des sacs à terre les parapets de son bastion 3. Le fort tire des obus à balles sur la côte de Châtillon, à gauche de la tour de Crouy, où il voit une nouvelle levée de terre.

La batterie de la maison Millaud tire également sur les postes prussiens d'où partent des coups de fusil de rempart.

4 janvier.

EST. — Toute la nuit, les forts de Rosny et de Nogent sont canonnés d'une façon intermittente. Le feu est très-vif sur Rosny de trois à quatre heures du matin.

Une reconnaissance faite pendant la nuit sur le plateau d'Avron fait connaître que l'ennemi n'y exécute pas de travaux.

Il fait très-froid, et la brume est intense. Les Prussiens reprennent néanmoins leur tir régulier sur Rosny avec assez de précision. Les corvées peuvent travailler une partie de la journée.

Les soldats employés à porter des sacs à terre savent mal se garer à l'aide des pare-éclats des cours. Trois mobiles sont atteints. On empêche par suite les soldats d'entrer dans le fort. Ils doivent déposer leurs sacs à l'extérieur, où les matelots viennent les prendre. Les boulets continuent à frapper le mur d'escarpe de la courtine 1-2, et y font des dégradations assez considérables pour nécessiter des travaux de maçonnerie. Un canon de 16 lisse de cette même courtine est culbuté. L'affût et le grand châssis sont cassés. Un autre affût a une roue enlevée. Pendant la nuit, les Prussiens ont tiré deux cent trois coups de neuf heures à dix heures, cent sept de dix à une heure quarante-cinq minutes, et vingt de quatre à quatre heures trente minutes. Dans ces vingt-quatre heures, Rosny a reçu 196 obus, sans y répondre, suivant l'ordre.

Aujourd'hui, toutes les pièces d'artillerie de gros calibre, que l'on dispose depuis quelques jours sur notre front Est dans nos forts, dans nos redoutes, et sur la voie stratégique, sont établies. Elles sont approvisionnées à cent coups par pièce, et prêtes à faire feu au premier ordre.

Ce sont :

> Au fort de Rosny, sept pièces de 30 marine.
> A Noisy, huit pièces de 30 marine.
> A Romainville, sept pièces de 30 marine.
> Batterie Lavison, six pièces de 30 centimètres.
> Batterie Touchard, deux pièces de 30.
> Batterie Maury-Bonnelle, deux pièces de 19 centimètres marine.
> Lunette de Noisy, trois pièces de 24.
> Batterie Fontanelle, trois pièces de 7.
> Batterie de l'Abri, trois pièces de 7.

Toutes ces batteries ont pour objectif principal le Raincy. Romainville seul est à une trop grande distance et ne peut l'atteindre.

Sur Bondy, le bombardement a continué comme les jours précédents.

FLOTTILLE. — La flottille transporte ses magasins flottants du quai de Javel au pont de Grenelle, où ils pourront être mieux abrités contre les projectiles ennemis. Sa poudrière flottante est évacuée et ses munitions mises à terre dans des casemates.

SUD. — En présence des effets de pénétration causés par les projectiles prussiens dans les murailles du fort de Rosny, nos forts du Sud travaillent activement, depuis quelques jours, à se renforcer avec des sacs à terre.

Des cornets à bouquin sont distribués dans tous les forts. Ce mode d'avertissement rend les meilleurs services.

Quelques coups de fusil aux avant-postes en avant de Montrouge.

5 janvier.

C'est aujourd'hui que quelques obus commencent à tomber dans l'intérieur de Paris, sur la rive gauche.

Au 6ᵉ secteur, contre-amiral Fleuriot de Langle, la batterie de six pièces culasse de la marine, servie par nos matelots à la porte de Billancourt, sous les ordres du capitaine de frégate de Rosamel, ouvre son feu sur la batterie ennemie établie sur la terrasse du château de Meudon, qui canonne violemment le fort d'Issy. A une heure, l'ennemi démasque une nouvelle batterie de six pièces au-dessous du château de Breteuil, à 3,600 mètres de notre courtine de Billancourt et à 4,700 du Mont-Valérien, d'où nos canons de la marine, sous les ordres du lieutenant de vaisseau Nabona, peuvent la battre. Ce combat se renouvellera chaque jour.

Les forts de la marine reçoivent l'ordre de livrer à l'intendance, qui viendra le prendre, l'excédant de farine que nous possédons au delà de quarante-cinq jours pour 2,500 hommes par fort, à raison de deux repas par jour. Cette farine est destinée à être livrée à la consommation générale de la ville de Paris.

EST. — A Bondy, vers six heures du matin, la brigade Reille est engagée avec l'ennemi. Les Prussiens attaquent le cimetière et la barricade avancée du village. Nos troupes les reçoivent à bout portant. Presque en même temps nous sommes également attaqués sur la ligne du canal, depuis l'extrémité de Bondy jusqu'à la première tranchée occupée par un bataillon de ligne, qui accueille les Prussiens à petite distance par un feu habilement dirigé. Les compagnies de renfort accourent immédiatement à leurs postes de combat, et pendant trois quarts d'heure, une fusillade très-nourrie s'engage sur ces deux points. L'ennemi se retire laissant neuf morts sur le terrain. Romainville tire par-dessus Bondy pendant l'action.

Nous n'avons aucun blessé. Les hommes, dans

cette affaire, ont eu une excellente attitude. Les mobiles, en réserve en arrière de la tranchée, savent se contenir et essuient le feu de l'ennemi sans riposter.

Par contre, dès le commencement de l'action, la garde nationale a abandonné ses postes, et par suite, l'intervalle entre la première barricade et le canal s'est trouvé un instant dégarni, ce qui permet à un Prussien de franchir le canal de ce côté et d'arriver jusqu'au milieu des nôtres. Il reste entre nos mains.

Vers onze heures, l'ennemi renouvelle sa tentative sur Bondy. Une forte colonne d'infanterie s'avance avec des mitrailleuses. Elle reste en position assez longtemps, attendant une attaque de notre part, ou n'osant pas s'engager à fond.

Toute la journée, le village de Bondy est impitoyablement bombardé et criblé de projectiles. Nos forts ne peuvent le préserver contre l'artillerie ennemie.

Pendant ce temps, Pont-Iblon et Blancmesnil tirent sur Drancy.

Le bombardement de nos forts a recommencé comme d'habitude au jour ; selon l'ordre, ils se taisent, ainsi que Nogent, jusqu'à quatre heures et demie du soir. A ce moment, à un signal parti de Noisy, tous les forts, les redoutes et les batteries des avancées et de la voie stratégique ouvrent un feu soutenu sur les positions ennemies.

Les Prussiens ripostent vivement, mais bientôt leur feu se ralentit et cesse.

Rosny a ainsi dirigé le feu de ses sept pièces marine :

Au bastion 3, une pièce bat Groslay à 6,000 mètres;
— une le Dépotoir à 4,500 mètres.
A la courtine nord, une pièce bat Groslay, Nonneville, le Dépotoir.
Au bastion 2, une pièce bat le Dépotoir à 4,500 mètres;
— une le Dépotoir, Bondy et Raincy;
— une le Raincy à 4,800 mètres.
A l'avancée, une pièce bat le Dépotoir, Bondy, Raincy.

Des dispositions analogues sont prises à Noisy et à Romainville.

Aujourd'hui, peu de projectiles arrivent jusqu'à nos forts, la plupart s'arrêtent en avant. Quelques-uns cependant, comme lancés à toute volée, passent par-dessus Rosny et tombent dans Montreuil.

Pendant la nuit, les maçons réparent les brèches de la muraille extérieure et principalement l'escarpe de la courtine 1-2 de Rosny, qui a reçu dans la journée cent quarante obus prussiens; dans ce fort, quelques observations ont été faites par M. le lieutenant de vaisseau Roussel, sur les effets de pénétration des projectiles prussiens dans les terres et dans nos maçonneries.

Dans les terres, les projectiles observés, dont on a pu constater les dimensions, sont de deux espèces : les obus de 0^m12 et les obus de 0^m148 sur 0^m35 de long.

Obus de 0^m12. — Dans des terres molles, après le dégel, les obus, tombant sous une inclinaison se rapprochant de quarante-cinq degrés, pénètrent, les uns sans éclater, les autres forment un petit entonnoir autour duquel la plupart des éclats restent ou donnent de faibles projections de terre.

Dans la terre durcie par la gelée ou le piétinement, l'éraflure est de 0^{m}50 de long et de 0^{m}20 à 0^{m}30 de profondeur seulement; les éclats sont projetés plus loin; d'autres fois, c'est un trou avec fissures à la surface. Dans la terre des parapets, beaucoup de ces projectiles n'éclatent pas.

Obus de 0^{m}148 *de diamètre.* — Dans les terres molles et dans les parapets, beaucoup de ces projectiles n'éclatent également pas; ils y pénètrent jusqu'à une profondeur de 2 mètres à 2^{m}50, et dans le cas où ils éclatent, il y a peu de projection de terre.

Dans les terres dures, au contraire, la pénétration moins profonde donne lieu à des entonnoirs de 1 mètre à 1^{m}50 de diamètre, et le terrain environnant est fortement bouleversé. Les obus de ce calibre, pénétrant dans un masque en terre de 4 mètres d'épaisseur et même un peu moins, n'ont pas traversé le masque. Les uns ont éclaté en bouleversant extérieurement le masque, sans produire d'effets sensibles à l'intérieur; d'autres, pénétrant dans les mêmes conditions, n'ont pas éclaté après avoir traversé le mur au défaut du créneau.

Dans les murs en maçonnerie les effets n'ont été observés que pour les gros projectiles.

Les murs des courtines ont reçu beaucoup d'écorchures, dont quelques-unes très-faibles, formant un trou de 0^{m}20 à 0^{m}30 de profondeur, peuvent être dues à des obus de 0^{m}12. Mais les murs en bonne maçonnerie de meulière, de 1^m,05 d'épaisseur, ont été traversés d'un seul coup. L'obus, après avoir fait un trou de son diamètre, a éclaté à l'intérieur de la maçonnerie et produit un évasement de 1^m50 environ de diamètre.

Un autre obus, tombant sans doute un peu plus obliquement sur un mur de poterne, n'a pas traversé, mais a complétement disjoint la maçonnerie.

D'autres murs moins épais ont été traversés de part en part. Ce sont ceux des pavillons, des cours, des magasins à poudre, qui, construits en meulières, n'ont que 0^m40 à 0^m50 d'épaisseur.

SUD. — Les Prussiens canonnent, dès le matin, avec de l'artillerie de campagne, la redoute du Moulin-Saquet qui touche immédiatement notre droite. La division Pothuau est consignée près des faisceaux, prête à marcher. Mais aucune attaque n'est dirigée de notre côté. Nous nous bornons à tirer sur la batterie de Thiais, qui canonne Saquet. L'ennemi ne nous répond qu'à la fin de la journée en envoyant quatre obus sur la batterie du bord de l'eau. Ces obus restent sans effet.

Dans la journée, un officier bavarois, suivant à cheval la rive droite de la Seine, vient se faire prendre par méprise dans les avant-postes français.

Dans la nuit, vers deux heures, une petite reconnaissance prussienne se présente devant nos lignes, occupées par les mobiles de l'Indre, et engage une courte fusillade près de la route de Choisy. Elle se retire presque aussitôt, poursuivie de notre feu. Nous avons trois blessés et un sergent de la guerrilla tué.

Le bombardement des forts de Montrouge, Vanves et Issy commence aujourd'hui.

Le capitaine de vaisseau Amet, qui commande Montrouge avec l'esprit de précision et le sang-froid qui le distinguent et qui ne l'abandonneront pas un instant, est prêt à recevoir l'attaque, et a pourvu à tout avec les moyens dont il dispose.

C'est à huit heures du matin que l'ennemi ouvre le feu jusqu'à dix heures et demie. Il le reprend à midi. La brume rend son tir, exécuté au moyen de repères, très-lent et trop court.

Nous estimons que les pièces ennemies qui tirent aujourd'hui sur Montrouge sont :

Une pièce de 0^m16 environ, placée en avant de la mairie de Fontenay.

Quatre pièces de 0^m14 un peu plus à gauche.

Et une grosse pièce de 0^m20 ou 0^m22, encore plus à gauche, derrière un bouquet d'arbres, à droite du clocher de Bagneux.

Le nombre et la puissance des pièces qui tirent sur les forts s'accroîtra successivement.

Les bastions 2, 3 et 4 de Montrouge répondent au feu de l'ennemi : le bastion 2, la pièce de 24 du saillant du bastion 3, la pièce de 0^m16 du saillant du bastion 4, tirent sur la batterie de Fontenay.

Les autres pièces des bastions 3 et 4 et de la courtine 3-4, tirent sur les batteries de la crête de Châtillon et de la Voie-Pierreuse.

Le feu se ralentit vers cinq heures, et l'ennemi, à partir de ce moment, tire pendant toute la nuit dix ou douze coups par heure. Montrouge riposte de dix minutes en dix minutes.

Les batteries que nous voyons tirer sur Vanves sont : une en avant de la Tour-aux-Anglais, une batterie de mortiers dans le bois et derrière un épaulement qui va du moulin au coin du bois, une autre petite batterie sur la Voie-Pierreuse. Deux pièces de cette dernière tirent sur Montrouge. Il y a encore quelques pièces établies derrière la barricade de Châtillon.

De semblables batteries foudroient Issy, mais nous ne pouvons apercevoir leur emplacement.

Pendant la journée, deux batteries de campagne prussiennes, établies à l'Hay et à Sceaux, tirent environ quatre cents coups sur nos deux pièces de la maison Millaud. Celles-ci leur ripostent jusqu'au soir. Les batteries de Sceaux tirent sur la Grange-Ory pendant la nuit.

A Montrouge, vers une heure du matin, un projectile de 22 tombe sur une pièce de 0^m16 lisse de la guerre, la met hors de service et brise l'affût.

Dans cette journée, le fort de Montrouge a huit blessés, dont deux blessures graves. Il a tiré cinq cent soixante-quatorze obus. La garnison de ce fort fait vaillamment son devoir, et accueille avec enthousiasme la lutte acharnée de tous les instants qui s'engage avec l'ennemi. Cette lutte de Montrouge qui commence est un des plus beaux faits de guerre du siége, et la marine l'enregistrera avec orgueil dans ses fastes militaires.

6 janvier.

A Paris, les quartiers de la rive gauche continuent à recevoir des projectiles. L'ennemi a commencé d'abord par quelques coups isolés. Les coups tirés la veille, et qui semblaient d'abord être des coups déplacés dans le pointage par un accident fortuit, se régularisent aujourd'hui. Les obus, plus nombreux, sans prendre toutefois les proportions d'un bombardement, tombent dans le jardin du Luxembourg, dans les rues voisines du Val-de-Grâce et sur des baraques d'ambulance.

Les bastions du 6° et du 7° secteur, ainsi que la courtine de six pièces marine, servies par les matelots à la porte de Billancourt, tirent sur Meudon, Clamart et Châtillon, d'où semblent venir les coups qui atteignent Paris. Deux marins sont blessés à leurs pièces.

SAINT-DENIS. — L'ennemi travaille activement à différentes batteries autour de Saint-Denis. Les forts tirent partout où ils savent pouvoir atteindre.

A huit heures du matin, les batteries de Pont-Iblon commencent à canonner la batterie de la Courneuve. Très-peu d'hommes sont atteints.

EST. — Il fait très-froid; cependant le dégel semble se prononcer à la fin de la journée. Le bombardement de notre front Est reprend au jour.

Nous y répondons à une heure, et, de une heure

à trois heures et demie, le feu est très-vif de part et d'autre.

A un signal de Noisy, il cesse sur toute la ligne.

L'ennemi paraît avoir diminué le nombre des pièces qui tirent sur Rosny. Cependant ce fort reçoit 238 obus dans la journée, et 30 pendant la nuit.

Dès qu'on le peut, on répare les avaries. Le travail de blindage continue, mais lentement, n'ayant d'autres moyens de transport que quelques fourgons du génie.

SUD. — Dans une reconnaissance poussée cette nuit vers nos lignes, les Prussiens ont laissé entre nos mains un soldat grièvement blessé. Porté à l'ambulance Dubois, à Vitry, et interrogé avec soin par ordre de l'amiral Pothuau, il fait savoir « qu'il
» est Silésien et appartient au 51º régiment, 6ᵉ corps
» d'armée, qui doit être relevé aujourd'hui même.
» Ces changements ont lieu tous les huit jours, quel-
» quefois tous les quinze jours. Il y a 3,000 hommes
» à Choisy, et 25 à 30,000 hommes sont habituelle-
» ment échelonnés à deux lieues en arrière. Mais,
» depuis quelques jours, ces troupes sont parties
» dans différentes directions, avec beaucoup de
» canons. Il n'y a pas de pièces à Choisy; mais
» trente pièces de campagne sont du côté de Thiais
» dans une batterie profonde, la bouche des pièces
» au niveau du sol. Il ne croit pas que les Prussiens
» veuillent bombarder Vitry. A leur gauche sont
» les Saxons et les Wurtembergeois, à droite de la
» Seine des Bavarois. La reconnaissance dans la-

» quelle ce soldat a été blessé était composée de
» trente hommes et commandée par un lieutenant. »

Vers dix heures du matin, deux Prussiens portant un brancard vide et accompagnés d'un lieutenant, se présentent devant nos lignes en arborant le pavillon de la convention de Genève.

Le chef de bataillon de tranchée les fait arrêter à distance, prescrit à ses hommes de ne pas tirer, et va au-devant d'eux.

L'officier prussien demande le blessé de la nuit précédente, ajoutant que l'un des brancardiers est le frère de ce prisonnier.

Il lui est répondu de rentrer dans ses lignes, et que s'il y a une réponse favorable, le pavillon d'ambulance sera arboré sur notre poste pour l'en prévenir. Le contre-amiral Pothuau, considérant que le prisonnier est mortellement blessé, demande, par télégraphe, au général en chef, s'il doit le rendre. La journée se passe sans recevoir aucune réponse.

Le 119e bataillon de garde nationale relève à Port-à-l'Anglais le 226e, qui rentre à Paris.

A la nuit, le contre-amiral Pothuau envoie dix volontaires de l'Ile-de-France, conduits par le capitaine Okolowicz, reconnaître les embuscades prussiennes qui nous inquiètent quelquefois entre le chemin de fer et la Seine. La reconnaissance pousse jusqu'au bouquet d'arbres situé à hauteur de la Gare-aux-Bœufs. Personne aux embuscades; la maison du garde-barrière, qui était occupée lors de la dernière reconnaissance, ne l'est plus.

Le bombardement du fort de Montrouge continue toute la journée, à raison de soixante-dix coups par heure environ.

L'ennemi lance des projectiles de 0^m,22 en bombes, des projectiles de 0^m,148 de plein fouet, et des projectiles de 8. Deux mortiers de 0^m,32 établis sur la gauche des autres batteries, derrière Bagneux, tirent régulièrement environ 12 bombes par heure.

Les batteries de Châtillon qui couronnent toute la crête, et celle de la Voie-Pierreuse, font un feu très-nourri sur les forts de Vanves et d'Issy, et tirent également à toute volée sur Paris.

Montrouge tire sur Châtillon avec 3 pièces de 0^m,16 et 3 pièces de 24. Une pièce de 0^m,16, une de 24 et 2 de 12, tirent sur Fontenay.

De Sceaux et de l'Hay quelques pièces prussiennes de 8 tirent sur nos tranchées. Quelques-uns de ces projectiles atteignent le fort, qui riposte par quelques coups bien dirigés qui font taire le feu des batteries de l'Hay.

L'ennemi suspend son feu à la fin du jour, et ne tire plus pendant la nuit que cinq coups par heure à intervalles réguliers. On travaille à réparer les dommages, peu graves du reste, qu'ont soufferts les remparts. Cependant le mur d'une casemate est traversé. Nous tirons la nuit à raison de trois coups par heure. Nous avons dans cette journée un matelot tué et quatre blessés, dont deux grièvement. Montrouge consomme aujourd'hui 620 obus.

En résumé, voici les batteries ennemies que nous voyons bien de Montrouge depuis que ce fort est attaqué : En commençant par notre gauche, en arrière de l'Hay, on trouve une batterie de campagne qui tire sur la maison Millaud et essaye de nous atteindre. Quelques-uns de nos obus de 24 l'ont forcée à se retirer. A Sceaux, autre batterie de campagne qui se meut derrière plusieurs épaulements et dont le tir est le même que la précédente. Ici, de plus, se trouve une batterie de fusées qui a envoyé aujourd'hui même quelques-uns de ses projectiles. Entre Bagneux et Fontenay (pour nous c'est un peu à droite du clocher de Bagneux), est une batterie de mortiers de gros calibre où se trouvent en outre une ou deux pièces de $0^m,22$ qui font un tir plongeant très-précis et très-dangereux. Un peu plus à droite, et avant d'arriver à la mairie de Fontenay, il y a une batterie parfaitement dissimulée et qui se compose probablement de 5 pièces de $0^m,14$ et $0^m,16$. C'est un projectile de $0^m,16$ qui a traversé aujourd'hui le mur d'une de nos casemates.

Sur la pente du terrain, en dessous de la mairie de Fontenay, est une batterie de pièces de 12 et de 8. C'est la dernière de celles qui tirent régulièrement sur nous. Continuant vers la droite, et en remontant vers les hauteurs de Châtillon, on trouve la batterie établie près du chemin appelé la Voie-Pierreuse, puis sur le plateau un bon nombre de points où l'ennemi a placé des pièces de divers calibres, divisées en petits groupes, bien abritées, et dont le feu très-régulier est fait pour dérouter les pointeurs, qui se demandent s'ils n'ont pas affaire à des batteries mobiles transportées sans cesse d'un point à un autre. A certains moments toutefois, ces pièces font feu toutes à la fois et doivent faire beaucoup de mal au fort de Vanves.

L'ouvrage principal du plateau, le plus remarquable par son relief, est dans le voisinage de la Tour-aux-Anglais.

Après Châtillon, la ligne d'attaque se prolonge du côté de Clamart, mais l'éloignement rend tout cela confus pour nous.

Le tir de toutes ces pièces n'a rien de bien remarquable, excepté pour les feux courbes, où il est d'une précision étonnante. Quant à celui de plein fouet, il nous semble à tous inférieur à ce que nous attendrions de nos chefs de pièce marins, dans des conditions analogues. La riposte nous est rendue difficile par le soin de l'ennemi à dissimuler ses batteries. Une seule, celle de la Voie-Pierreuse, est dans des conditions moins favorables; aussi elle a dû cesser son feu à partir de midi, et ne l'a repris que vers quatre heures, lorsque le soleil, quand il y en a, nous gêne pour le pointage.

Pour le moment, les dégâts matériels de Montrouge portent bien plus sur les casernes et hangars que sur les parapets. Un des hangars servant à la fabrication des cartouches s'est écroulé, et les casernes sont percées à jour.

Les cornets à bouquin rendent de vrais services. Dans les deux bastions le mieux placés pour bien voir, le matelot chargé de veiller les coups dirigés sur nous prévient par le son du cornet qui s'entend dans tout le fort, et on a le temps de se garer avant l'arrivée du projectile. Cet avertissement épargne bien des malheurs.

Le nombre des obus tirés sur Montrouge a été moindre aujourd'hui qu'hier, certaines batteries de Châtillon, la Voie-Pierreuse par exemple, ayant dirigé tous leurs feux sur Vanves. De huit heures du matin à quatre heures du soir, on a compté seulement cinq cents et quelques projectiles. Il semblerait que l'ennemi ménage ses munitions.

Notre tir pour dégager Vanves est beaucoup plus vif que celui pour notre propre protection, et il est certain que ce fort a grand besoin d'être appuyé.

7 janvier.

Les coups sur Paris ont continué pendant la nuit. Plusieurs incendies se déclarent, aux environs du bastion 76, vers Grenelle et Vaugirard. Le bastion 73, la batterie du Point-du-Jour, armés par nos marins, ripostent vigoureusement. Le 6° secteur rectifie le tir du Mont-Valérien, d'où les pièces marine canonnent Breteuil.

SAINT-DENIS. — Les batteries de Pont-Iblon continuent à canonner la batterie de la Courneuve. Le bataillon qui occupe le village reçoit l'ordre de s'abriter dans les caves. Très-peu de blessés; les hommes apprennent vite à se défiler.

EST. — Dans l'Est, le feu est beaucoup moins vif. Il n'y a pas de blessés de ce côté. Des dégâts insignifiants à Rosny dans un affût de place de 24 et un châssis du bastion 2; tel est le résultat de la journée. Rosny reçoit 88 obus prussiens dans les vingt-quatre heures. Ce fort envoie quelques obus de 12 sur des groupes ennemis aperçus sur Avron.

Noisy canonne vigoureusement; son tir est remarquable de justesse.

SUD. — Pendant la nuit, le général en chef a télégraphié que l'on signale des forces ennemies considérables et un grand mouvement d'artillerie à Châtillon et à Bagneux. Il prescrit de doubler les postes et de se tenir prêt à tout événement. La division Pothuau prend immédiatement les armes, et se rend aux emplacements désignés d'avance pour les cas d'alerte.

Dans la matinée, sur un nouvel ordre du général en chef, on reprend le service habituel.

L'officier prussien qui était venu réclamer un blessé la veille se présente de nouveau, couvert par le pavillon d'ambulance.

Il lui est répondu qu'il n'y a pas d'ordre, et que d'ailleurs le blessé préfère rester avec nous.

A deux reprises dans la journée, Thiais lance des obus sur notre batterie du bord de l'eau, mais sans résultat. Nous ripostons. Les balles de fusil de rempart de l'ennemi n'atteignent également personne.

A huit heures du soir, le contre-amiral Pothuau fait couper par les mobiles de tranchée plusieurs bouquets d'arbustes qui ont aidé la veille la reconnaissance prussienne à s'approcher de nos postes.

Au fort de Montrouge, l'ennemi ouvre, dès le matin, un feu assez nourri sans produire de grands dégâts. Aujourd'hui, ses coups portent d'abord un peu haut. Vers midi, son tir se rectifie, et les coups atteignent les bastions 3 et 4 et la courtine 3-4. Le feu est très-vif jusqu'à deux heures. La soute à poudre du bastion 3 est gravement endommagée. Le feu prend vers quatre heures dans le pavillon des officiers; on parvient à l'éteindre. De six heures à huit heures, l'ennemi cesse de tirer.

Nous remplaçons dans les soutes des bastions les munitions consommées. On commence les travaux de réparation, qui durent toute la nuit. L'ennemi tire peu sur nous, et nous lui répondons quelques coups de loin en loin.

Dans cette journée, nous avons 2 matelots tués et 5 blessés.

Un de ces marins a été écrasé par la chute d'un mur.

Montrouge a tiré dans cette journée 262 obus.

Le gouverneur donne l'ordre au commandant supérieur de Montrouge de ne conserver dans le fort, en fait de garnison, que les troupes pouvant loger dans les casemates.

8 janvier.

Chacun des forts de la marine reçoit l'ordre de livrer à l'Intendance 10,000 kilogrammes de charbon de terre.

Le tir sur la rive gauche de Paris a continué nuit et jour. Les obus tombent en plus grand nombre sur la place Saint-Sulpice. Une usine de Grenelle est en feu.

Les batteries de l'enceinte ripostent vivement, entre autres, le bastion 73, armé par nos marins, sous les ordres du lieutenant de vaisseau Gourguen.

Dans l'après-midi, l'ennemi est forcé de ralentir son feu, qui devient insignifiant à la fin de la journée. Un coup d'embrasure qui endommage un affût, des gabions bouleversés, des matelots canonniers couverts d'éclats sans gravité, tels sont nos seuls dégâts de la journée.

SAINT-DENIS. — Le tir sur la Courneuve se continue régulièrement tous les jours. La batterie répond modérément, pour ménager les munitions, et, d'ailleurs, eu égard à la brume presque continuelle, le tir est très-difficile, d'autant plus que les pièces prussiennes qui lui sont opposées sont très-espacées entre elles.

EST. — L'ennemi recommence le combat dans l'après-midi. Une nouvelle batterie qu'il a établie à l'extrémité Sud du four à chaux de Champigny, ouvre son feu. On voit des commencements d'incendie dans Joinville et Nogent.

Au fort de Romainville, quelques obus éclatent dans le ravin au-dessous de l'avancée. D'autres boulets arrivent près de l'église du village de Romainville.

A Rosny, le feu est plus vif. Les obus tombent fréquemment dans le fort. L'abri blindé des torpilles est bouleversé par un projectile qui vient éclater à la porte. Trois matelots sont frappés dans la cour. Il est préférable d'interrompre alors le travail. Le fort reçoit 212 obus dans la journée.

SUD. — Dès sept heures du matin, les batteries prussiennes commencent à tirer, mais assez lentement. A huit heures, le feu devient très-vif jusqu'à dix heures.

L'ennemi tire d'une nouvelle batterie établie à Fontenay, plus en avant, et à gauche des autres. Elle semble armée de pièces d'un calibre moyen.

Le fort de Montrouge tire, comme les jours précédents, des bastions 2, 3, 4, sur Fontenay et Châtillon. Il lance aussi depuis ce matin quelques bombes sur Fontenay.

Un incendie se déclare de nouveau dans la caserne de droite du fort.

Le tir ennemi, qui s'est ralenti un peu à dix heures, reprend avec beaucoup de vivacité jusqu'à cinq heures. A partir de ce moment il cesse complétement pour ne reprendre que vers six heures trente minutes. Il continue ensuite toute la nuit, et la plupart des projectiles sont lancés sur Paris.

Pendant la journée et dans la soirée, des pièces de campagne, établies à Sceaux et à Bourg-la-Reine, tirent sur la route d'Orléans, près de la Grange-Ory.

Le fort de Bicêtre soutient celui de Montrouge pendant toute la journée, en dirigeant son feu sur les batteries de Fontenay. Il tire au jugé. La batterie ennemie de Chevilly prend alors Bicêtre pour objectif et tire sur lui par-dessus les Hautes-Bruyères. Aucuns dommages.

Montrouge travaille la nuit à réparer les embrasures et les traverses du bastion 3, complétement bouleversées par le feu de l'ennemi. Nous avons dans cette journée un soldat du génie tué, et douze marins blessés. M. Loro, médecin de 2ᵉ classe de la marine, est également blessé.

Montrouge tire dans les vingt-quatre heures 391 obus et 10 bombes.

9 janvier.

Des obus continuent à être lancés pendant la nuit sur la rive gauche de Paris. 2 ou 3 obus par minute tombent sur la ville, et principalement sur les quartiers de Saint-Sulpice, du Val-de-Grâce et du Panthéon.

La batterie des marins du Point-du-Jour canonne vivement Breteuil, qu'elle force à ralentir son feu. Une batterie de campagne ennemie s'établit au chalet du Val-Fleury. Elle joint son feu à celui de Meudon et de Breteuil sur le fort d'Issy.

EST. — Depuis hier, les Prussiens envoient des projectiles dans la direction de Romainville, mais les coups sont trop courts. Les éclats indiquent du gros calibre tiré du Raincy.

Au fort de Noisy, un obus, après avoir brisé les gros arbres servant de blindage en arrière, traverse la muraille de la casemate servant de boulangerie. Le maître boulanger et ses quatre aides sont blessés, le premier très-grièvement.

Les batteries de l'autre côté de la Marne tirent sur Nogent. La brume et la neige empêchent de bien voir.

Rosny et la Boissière sont canonnés régulièrement.

Le fort de Rosny reçoit dans les vingt-quatre heures 132 obus, 71 le jour, 61 la nuit.

A onze heures et demie du soir, il y a une fausse alerte au village de Rosny; on entend des coups de fusil et des cris, puis tout retombe dans le silence.

SUD. — A la nuit, on termine, sous la protection de vingt-cinq tirailleurs, l'abattage des arbustes en avant des tranchées de droite. A deux reprises, l'ennemi éclaire ce travail avec de la lumière électrique, et dirige sur nous une fusillade qui reste sans effet, le lieutenant-colonel Danzel d'Aumont, des mobiles de la Somme, ancien officier de marine, ayant fait chaque fois coucher les travailleurs.

300 marins (compagnies des lieutenants de vaisseau Gervais et Roustan), commandés par le lieutenant de vaisseau Gervais, accompagné du lieutenant de vaisseau Brown, aide de camp du contre-amiral Pothuau, partent à sept heures du soir de Vitry pour coopérer à un coup de main en avant du fort d'Issy, sous les ordres du général Corréard.

Sans prendre un instant de repos après une longue marche, ils enveloppent le Moulin de Pierre, et sans tirer un coup de fusil, ils se rendent maîtres de ce poste retranché après un combat corps à corps avec les Bavarois qui l'occupent, et malgré une vive fusillade venant de Clamart. Ils bouleversent une grande partie du gabionnage de la batterie en construction sur ce point et rentrent ramenant 21 prisonniers. Cette affaire, bien menée, ne nous a coûté que cinq blessés.

Au fort de Montrouge, le temps brumeux toute la matinée fait suspendre le feu de l'ennemi jusqu'à onze heures. A ce moment, le ciel se dégage en partie, et le feu commence sans beaucoup d'intensité. On occupe ce temps de répit à continuer les réparations des dommages sérieux subis la veille.

De deux à quatre heures, le feu devient plus précipité ; environ cinquante coups à l'heure, au lieu de trente.

Une nouvelle batterie à 2,000 mètres de nous est aperçue dans la brume. Ses pièces semblent se déplacer sur la droite de Châtillon, et tirer sur Vanves en même temps que sur Montrouge.

Montrouge tire sur elle du bastion 4, mais l'état de l'horizon ne peut donner assez de précision à notre feu pour pouvoir riposter vivement. On se borne à tirer à coup sûr et par intervalles. Le fort d'Issy est canonné violemment.

Le fort de Bicêtre vient en aide à Montrouge en tirant selon les indications de ce dernier.

Pendant la nuit, le tir sur Paris devient plus continu et semble partir de la nouvelle batterie placée à gauche de Châtillon. Sur Montrouge, 6 bombes ou obus par heure tombent presque régulièrement. On travaille pendant toute la nuit à réparer les traverses et les embrasures. Une bombe atteint à sa base le coin d'une soute à projectiles et envoie un bloc de terre qui brise une roue d'affût et contusionne un matelot.

Montrouge ne tire dans ces vingt-quatre heures que 10 obus, tant à cause de la brume que pour pouvoir réparer des avaries, en n'attirant pas un feu trop violent de l'ennemi. Celui-ci semble occupé à rapprocher ses batteries.

En résumé, la journée a été assez calme pour Montrouge, et nous avons profité de ce calme et du brouillard qui cachait nos mouvements pour travailler activement à nos réparations, et mettre en batterie des pièces prises sur les bastions qui n'ont pas à tirer. L'ennemi a augmenté depuis quelques jours l'artillerie dirigée sur nous : à la petite batterie, il a ajouté deux pièces de gros calibre, et en a établi une nouvelle en avant des autres à une distance de 5 à 600 mètres. Ces nouvelles pièces ne sont pas du plus gros calibre. Pour répondre à ces trois batteries, nous n'avons à Montrouge que cinq canons dont deux de $0^m,16$, un de 24 et deux de 12, car le soin qu'ont eu les Prussiens de placer leurs batteries sur la capitale d'un des bastions ne permet pas d'ouvrir d'autres embrasures dans leur direction. Le tir de plein fouet de l'ennemi a acquis depuis quelques jours une grande précision, remarquable surtout la nuit. Il doit avoir un système de repères bien supérieur à ceux en usage chez nous. Notre bastion 3, leur objectif jusqu'à présent, a beaucoup souffert, et le travail de la dernière nuit n'a pas suffi à le remettre en état. Heureusement, nous avons pu travailler dans la journée, mais ce travail est loin d'être sans danger, car le brouillard ne permettant pas d'apercevoir la lueur ou la fumée des coups, les hommes ne peuvent être prévenus à temps par les cornets à bouquin de l'arrivée des projectiles.

Deux jours de suite notre caserne a pris feu : la première fois nous avons réussi à l'éteindre sous un feu des plus violents et à sauver bien des choses que nous n'avions pu loger dans les casemates, et qui sont aujourd'hui sous les poternes ou en plein air; le second jour, ayant eu plusieurs hommes blessés, et manquant d'eau, le commandant Amet renonça à lutter contre l'incendie et abandonna à ses ravages la caserne, qui n'était plus du reste qu'une ruine. Les pompes et le puits ne sont pas abordables dans la journée; on demande l'établissement d'une conduite souterraine.

Le capitaine de vaisseau Amet se loue extrêmement de la conduite de ses officiers et de ses matelots depuis le commencement du feu. Les compagnies qui arment les bastions 3 et 4 ont été plus exposées, et il compte les changer au prochain tour de service. Mais les marins du saillant du bastion 3 le supplient de les laisser garder leur poste, leur ruine plutôt. En entendant cette requête, le commandant Amet se sentit fier de commander à de pareils hommes. Leurs officiers ont été bien rudement éprouvés, mais ils ont conservé le calme d'hommes vraiment braves, et donné un exemple qui n'a pas été perdu.

10 janvier.

Deux incendies sont aperçus, un dans le quartier Mouffetard, un autre avenue de la Gare, treizième arrondissement.

EST. — Les batteries prussiennes tirent mollement au début de la journée.

Rosny aperçoit, quand la brume se dégage un peu, à 2,500 mètres environ, à gauche de Beauséjour, des travailleurs assez nombreux sur lesquels il lance quelques obus de 12, qui les font retirer. A ce moment, les batteries allemandes tirent sur le fort avec plus d'activité. Le soir, après avoir bien repéré ses pièces, Rosny tire tous les quarts d'heure, pour empêcher les travailleurs de reprendre leur ouvrage.

On cesse le feu sur l'ordre du général en chef, qui envoie à la nuit une reconnaissance sur Avron.

Noisy, les redoutes, et les batteries de la voie stratégique tirent toute la nuit sur le Raincy.

Rosny reçoit dans ces vingt-quatre heures 54 obus le jour, 18 la nuit.

SUD. — Le contre-amiral Pothuau donne l'ordre de faire créneler plusieurs maisons sur la route de Vitry à Saquet. En outre, cette route est barrée par deux demi-barricades accouplées, qui permettent la circulation et une facile résistance, dans le cas où l'ennemi parviendrait à s'emparer momentanément de Saquet.

Le soir, la plus grande vigilance est ordonnée. L'ennemi en raison de la brume, et pour prendre une revanche du coup de main de la veille, pourrait tenter quelque surprise. Tous les trous de loup en avant des tranchées sont occupés par des sentinelles doubles, les principaux soutiens sont également doublés. Des cornets à bouquin sont remis à des hommes intelligents, convenablement postés dans les avancées, qui donneront le signal d'alerte en cas d'attaque.

A Montrouge, jusqu'à huit heures trente, le tir ennemi est fort lent; il devient ensuite très-vif jusqu'à midi, diminue jusqu'à une heure et reprend très-violemment jusqu'à quatre heures. L'horizon très-embrumé gêne notre tir. Pour la même cause, les pièces ennemies ne tirent que successivement. Vers trois heures, leur tir partant de Fontenay et de Châtillon devient d'une grande précision sur le saillant du bastion 3, où ils nous tuent un quartier-maître et un guetteur. Le lieutenant de vaisseau Carvès est blessé très-grièvement à l'observatoire de ce bastion. Cet officier, promu capitaine de frégate, succombe le 13 à l'ambulance du Ministère de la marine.

Dans la nuit, le tir est très-lent sur Montrouge, un obus tous les quarts d'heure environ. Beaucoup de coups sont dirigés sur Paris.

On travaille activement à réparer les désordres causés dans la journée. L'équipage du fort, déjà réduit, très-fatigué, ne doit plus coopérer qu'à une partie de ces travaux. Des corvées d'hommes sont envoyées de l'extérieur pendant la nuit.

La batterie allemande de Sceaux tire quelques

obus sur la Grange-Ory. Le soir, cette batterie se rapproche et envoie d'heure en heure ses obus jusqu'aux maisons de la Croix d'Arcueil et sur la route d'Orléans.

Nous avons deux matelots tués et trois blessés.

Les projectiles lancés sur Paris pendant la nuit sont plus fréquents.

11 janvier.

Vers quatre heures du matin, les obus tombent sur les quartiers du Val-de-Grâce et du Panthéon. Aucun incendie aujourd'hui.

Au 6ᵉ secteur, l'enceinte et surtout le Point-du-Jour tirent vigoureusement sur Meudon et Breteuil, dont les feux sont concentrés sur le fort d'Issy. L'ordre de ménager les munitions diminue l'efficacité de ce secours.

SAINT-DENIS. — Le tir sur la Courneuve continue régulièrement. On y répond de même. On voit de tous les côtés des travaux ennemis qui font présager sans nul doute un bombardement peu éloigné. Le vice-amiral commandant en chef a prescrit toutes les mesures en vue de cette éventualité. L'emplacement des abris des divers corps a été désigné aux troupes du corps d'armée. L'amiral insiste près du gouverneur pour l'évacuation sur Paris des malades et des blessés soignés à la Légion d'honneur et dans les ambulances de la ville, au nombre de 700 environ.

EST. — Le matin, les batteries ennemies ouvrent

leur feu sur Rosny, Nogent, les redoutes et les batteries environnantes. Ce feu est peu sûr, leurs obus arrivent plus rarement au but et s'arrêtent en avant le plus souvent. Il semble que ce n'est plus la même artillerie.

De une heure à trois heures toute notre artillerie de l'Est couvre les batteries ennemies de ses feux. Notre tir est très-bon, et on voit parfaitement nos obus éclater utilement. Nous avons quelques blessés.

Rosny reçoit 54 obus dans la journée et 17 la nuit.

Le soir, on aperçoit un grand feu dans les bois de Noisy-le-Grand. Une reconnaissance de zouaves et de mobiles se rend sur le plateau d'Avron, en déloge l'ennemi et ramène six prisonniers.

SUD. — La brigade Martenot, forte de 5,800 hommes, vient s'établir à Issy ce matin et se mettre sous les ordres du contre-amiral Pothuau.

Le gouverneur donne l'ordre d'envoyer des corvées de mobiles de la Vendée à Port-à-l'Anglais, pour aider le commandant Thomasset à dégager les canonnières de la flottille prises dans les glaces.

Les quatre bataillons du 15ᵉ régiment de Paris sont relevés dans la division du contre-amiral Pothuau par les 33ᵉ, 77ᵉ, 82ᵉ et 181ᵉ.

Au fort de Montrouge, le tir des Allemands est fort lent à l'ouverture du feu; de huit heures et demie à midi il est très-vif. De midi à une heure, il se ralentit pour reprendre très-activement jusqu'a quatre heures.

Dans la matinée, l'ennemi démasque à l'Hay une nouvelle batterie de pièces de 12, placée dans le parc de la maison Benoist. Du fort de Montrouge, on la voit derrière un rideau d'arbres, et paraissant très-peu au-dessus du mur du parc.

Les bastions 1 et 2 et une pièce de $0^m,16$ du bastion 3 tirent sur cette batterie. Le fort de Bicêtre appuie Montrouge de son feu. Celui-ci rectifie par signaux le tir, qui, à trois heures, devient très-précis, et la batterie de l'Hay est forcée d'éteindre son feu.

A quatre heures et demie, l'ennemi se tait jusqu'à huit heures, où il recommence un feu très-lent.

Montrouge en profite pour remplacer les munitions consommées et réparer ses avaries : une roue en fer de châssis de 24 a été brisée par un coup d'embrasure au bastion 3 ; un essieu d'affût de 12 de siége est coupé également par un coup d'embrasure. Nous avons 8 blessés dont 3 très-grièvement. Parmi ces derniers, le chef de timonerie Passemard, qui succombe le 18 janvier à l'ambulance du ministère.

Montrouge a tiré dans cette journée 286 obus.

Le fort de Vanves a été assez maltraité aujourd'hui : 1 tué et 10 blessés dont un capitaine d'artillerie. Nous avons toujours dans ce fort 40 marins commandés par le lieutenant de vaisseau Augey-Dufresse, qui y servent avec une grande vigueur les pièces de la marine.

Aujourd'hui, l'ouverture du feu d'une nouvelle batterie établie à l'Hay, qui croise son feu avec celles de Fontenay, rend la situation de Montrouge plus délicate. Elle prend à dos une de nos courtines qui n'est plus protégée par la caserne écroulée. Il devient très-difficile de nous défiler. Quant au matériel, les coups d'embrasure multipliés nous font des avaries graves. Tout cela, joint à des déplacements de pièces nécessités par l'établissement de la batterie de l'Hay, rend notre besogne rude pour cette nuit. Nos marins commencent à être bien fatigués. La compagnie de génie auxiliaire qui est à notre disposition n'est pas suffisante. Il y a de quoi occuper chaque nuit au moins 200 travailleurs, travailleurs sérieux, et non pas de ces terrassiers qui arrivent à moitié ivres ou que chaque obus disperse pour cinq minutes. La question du travail de nuit est devenue capitale pour se maintenir et lutter chaque jour.

Montrouge a reçu aujourd'hui de Bicêtre l'assistance la plus empressée; elle sera plus efficace demain, car nous avons pu lui faire rectifier son tir. Les batteries de l'Hay et de Fontenay ne sont pas visibles pour lui, et par suite, il y a eu des tâtonnements. La batterie de la maison Millaud, plus puissamment armée, prêterait grand appui à Montrouge. Celle élevée à côté de nous, près de la route de Bagneux, pourrait également soulager Montrouge en détournant quelques pièces, sur les six de 24 qu'elle a, pour les diriger sur Fontenay.

Mais la défense manque peut-être de cette direction générale et de cet ensemble que possède si bien l'attaque.

12 janvier.

Le général de Chabaud-Latour, commandant en chef le génie, vient visiter les forts de Saint-Denis, et y prescrit, sur la demande du vice-amiral, divers travaux importants que suggère l'expérience acquise par le bombardement des forts de l'Est et du Sud. Le général d'artillerie de marine Pellissier vient en même temps à Saint-Denis. (Note 20.)

Le tir sur Paris continue. Breteuil, entre autres, tire à toute volée et à l'aventure. Les obus tombent principalement sur Grenelle. L'enceinte riposte toujours.

La batterie de campagne établie au Val-Fleury, qui tire sur Issy en même temps que celles de Meudon et de Breteuil, doit faire grand mal à ce fort. Par suite de difficultés avec le service de l'artillerie, le 6e secteur a reçu des ordres formels qui limitent la consommation de ses projectiles, ce qui l'empêche de secourir Issy plus efficacement avec ses pièces de marine du Point-du-Jour.

EST. — La nuit dernière, Rosny, Noisy, Nogent, la Gravelle, nos redoutes et nos batteries ont repris un feu soutenu contre les positions ennemies, qui a été dans toute sa force vers une heure du matin. L'ennemi y répond activement.

L'enseigne de vaisseau Arnaud, de la batterie

Touchard, est très-grièvement blessé aux deux jambes par un obus qui bouleverse l'abri des hommes de la redoute de la Boissière. Le chef de bataillon du 136° de ligne, qui reposait dans le même abri, qui n'a que 3 mètres d'épaisseur, a eu la tête emportée. Deux officiers du même régiment sont blessés grièvement; l'un d'eux, adjudant-major du bataillon, succombe peu de temps après. L'enseigne de vaisseau Arnaud, transporté à l'ambulance de la marine, succombe également.

Dès l'aube, les batteries de Noisy-le-Grand, de Montfermeil et de Gagny tirent sur Avron, d'où nous avons, pendant la nuit, délogé l'ennemi. Mais notre reconnaissance est déjà rentrée, et ses projectiles sont sans effet.

Pendant la journée, les Allemands reviennent sur Avron et reprennent leurs travaux. Rosny leur envoie quelques obus de 12.

Le bombardement de l'Est est très-lent toute la journée et ne cause aucun dégât; nous n'avons aucun blessé.

On continue toujours les travaux de blindage.

Rosny reçoit 76 obus pendant le jour, 27 pendant la nuit.

SUD. — M. l'ingénieur hydrographe Manen est chargé de relever les emplacements des diverses batteries qui tirent sur les forts du Sud. Il se transporte dans chacun des forts et dans chacune des batteries, ainsi qu'il l'a fait pour le front Est. Il transmet son travail au gouverneur.

Pendant la dernière nuit, à deux reprises différentes, l'ennemi aborde par une vive mais courte fusillade notre poste avancé de la Grande-Plâtrière, sur la route de Choisy. Chaque fois il est repoussé par la bonne contenance et le tir de la guerrilla de l'Ile-de-France qui l'occupe. Le fort d'Ivry envoie à Saquet deux nouveaux armements de marins pour servir son artillerie.

Le fort de Montrouge lutte toujours avec ardeur. Son équipage est animé du meilleur esprit. Ses officiers, vivant dans une union fraternelle, expriment le désir de rester jusqu'au dernier moment à leur poste à Montrouge, quelles que soient les faveurs dont ils seront l'objet, et qui pourront entraîner un changement de résidence.

La brume est épaisse pendant toute la matinée. L'ennemi n'ouvre son feu que vers onze heures et demie. Il le dirige plus particulièrement sur le bastion 4, surtout la batterie de droite de Fontenay. Il lance peu de bombes.

Vers midi, la brume se dissipe. Montrouge commence un feu modéré. Pas de canonnade du côté de Châtillon.

A deux heures, quelques pièces, placées derrière le parc de l'Hay, ouvrent leur feu, qui paraît dirigé surtout sur la redoute de la maison Millaud. Quelques rares projectiles sont lancés sur Montrouge.

Bicêtre tire régulièrement sur les batteries de Fontenay pendant toute la journée.

L'ennemi suspend son feu à quatre heures comme d'habitude, et n'envoie plus, à partir de ce moment, que quelques obus à intervalles éloignés.

A sept heures du soir, le fort de Vanves remercie Montrouge de son appui dans cette journée, et le prie de l'aider à secourir également Issy, en prenant à revers la batterie de la Tour-aux-Anglais.

Montrouge répare ses embrasures, ses traverses, pendant la première partie de la nuit. Vers une heure du matin, on entend une fusillade sans importance du côté de Cachan. A la même heure, le tir sur Paris s'accentue et continue jusqu'à cinq heures du matin.

Pendant cette journée, Montrouge a trois marins tués et trois blessés par la chute d'une muraille de sacs à terre. Pendant la nuit, quatre mobiles de Saône-et-Loire sont tués par un obus dans la cour de la poudrière du bastion 4.

Le fort de Montrouge consomme dans ces vingt-quatre heures cent trente-neuf obus.

13 janvier.

Le gouverneur de Paris adresse au comte de Moltke une protestation contre le bombardement des bâtiments hospitaliers de la rive gauche. L'ennemi a tiré particulièrement sur Saint-Sulpice et le Val-de-Grâce.

Le vice-amiral commandant en chef reçoit une dépêche de Tours, accusant réception des délégations de solde des marins, envoyées par ballon il y a deux mois. Il en est donné avis aux forts par la voie de l'ordre.

Breteuil et Meudon canonnent la batterie de marine du Point-du-Jour, placée à la courtine du bord de l'eau. Deux hommes sont blessés dans leur casernement.

SAINT-DENIS. — La Courneuve continue à recevoir et à échanger des obus avec les batteries de Pont-Iblon. Les mortiers qui étaient à la partie Est du village sont retirés pendant la nuit et renvoyés à Paris.

Des corvées d'ouvriers civils du génie, sous la direction de l'ingénieur des ponts et chaussées Baude[1], entourent le village de tranchées, et travaillent avec entrain sous le feu de l'ennemi.

EST. — La canonnade reprend comme d'habitude dans l'Est, sans incident particulier.

Le temps, très-brumeux, empêche Rosny de voir le plateau d'Avron. Dans une éclaircie cependant, il s'aperçoit qu'une cinquantaine de travailleurs, aidés de deux petits chariots ou wagons, transportent de la terre. Il tire immédiatement sur ce groupe. Dans une nouvelle éclaircie, il reconnaît que tout travail a cessé. L'ennemi semble

---

[1] M. l'ingénieur Baude fut tué depuis à la manifestation de la place Vendôme, le 22 mars 1871, vivement regretté de tous ceux qui ont pu l'apprécier pendant le siége. M. Sassary, ancien officier de marine et commandant d'un bataillon de garde nationale pendant le siége, fut également tué dans cette manifestation.

établir sur le plateau deux batteries; l'une à 2,000 mètres, l'autre un peu plus près.

Pendant la nuit, son tir prend principalement pour objectif les redoutes et les postes établis sur la ligne du chemin de fer de Mulhouse.

A onze heures du soir, au milieu d'une brume des plus épaisses, une vive alerte a lieu à Drancy et au Bourget. On s'attend à une attaque probable dans l'Est, et on est sur ses gardes. Noisy, Romainville tirent en avant de Drancy et de Groslay. A minuit quarante minutes, tout cesse. Nous apprenons qu'il n'y a rien de sérieux dans ce qui se passe à Drancy, et que cette affaire n'a pris ces proportions apparentes que par suite du tir exagéré de la garde nationale.

Rosny reçoit dans la journée cinquante-cinq obus, dans la nuit dix-huit.

Le préfet de police publie une circulaire dans laquelle il informe tous les services que l'administration des postes attend un certain nombre de chiens porteurs de dépêches, spécialement des chiens de berger, et prie de recommander aux avant-postes de ne pas les tuer et de ne pas les empêcher de retourner librement chez leurs maîtres.

SUD. — A six heures du soir, sur l'ordre du général en chef, un détachement de 500 marins de la division Pothuau se dirige sur Vanves, sous les ordres du lieutenant de vaisseau Gervais, qui a si vigoureusement commandé les marins dans le coup de main du 9 sur le Moulin-de-Pierre. Ce détachement sert de réserve dans une opération de nuit tentée en avant du fort d'Issy, sous la direction du général Blanchard.

De même que le 9, le Moulin-de-Pierre est l'objectif de la reconnaissance. Mais l'ennemi ne se laisse pas surprendre cette fois, et accueille nos troupes par une vive fusillade qui y jette le désordre. Nos marins couvrent la retraite. Nous avons un matelot tué et trois blessés, parmi lesquels l'enseigne de vaisseau Delacour.

Vers neuf heures du matin, une autre reconnaissance est dirigée en avant de la batterie du chemin de fer, entre la voie ferrée d'Orléans et la Seine. Elle coupe quelques taillis qui nous gênaient, est reçue par la fusillade, y répond et rentre sans perte.

A deux heures du matin, à la faveur d'une brume intense, une reconnaissance ennemie s'avance assez près de nos tranchées, en avant de la batterie de la Pépinière. Nos hommes l'accueillent par une vive fusillade, la batterie par plusieurs coups à mitraille, le fort d'Ivry par deux obus. La reconnaissance ennemie se retire aussitôt sans nous avoir blessé un seul homme.

MONTROUGE. — A huit heures du matin, le fort de Vanves ouvre son feu sur les batteries de Châtillon. Les bastions 3 et 4, la courtine 3-4 de Montrouge envoient quelques obus sur les points battus par le fort de Vanves, et tirent dans la direction indiquée hier par ce fort.

A huit heures trente minutes, le feu cesse à cause de la brume.

Dès les premiers coups de canon du fort de Montrouge, les batteries ennemies de Fontenay commencent un tir lent sur Montrouge, Vanves et la petite batterie qui est à notre droite.

Quand la brume se dissipe, les bastions 2 et 4, et la courtine 3-4 leur ripostent. Les batteries de l'Hay et de Sceaux envoient de temps en temps quelques obus sur le fort et sur la Grange-Ory.

A partir de une heure, le feu de Fontenay augmente, et les coups sont principalement dirigés sur le bastion 4 et la cour de la Poudrière. De deux heures à trois heures trente minutes, il devient très-intense. Les bastions 2 et 4, la courtine 3-4 ripostent.

A quatre heures, les batteries de Fontenay ralentissent leur feu. Leurs obus ne nous arrivent plus que de temps en temps; leurs coups sont alors dirigés sur Paris.

Le fort de Bicêtre tire par intervalles sur les batteries de Fontenay.

Vers deux heures du matin, la vive fusillade de notre reconnaissance sur le Moulin-de-Pierre est entendue du fort.

Le Mont-Valérien tire beaucoup toute la nuit. Au jour, calme partout.

Dans cette journée, deux lieutenants de vaisseau, MM. Brousset et Santelli, un soldat du génie et 5 matelots sont blessés.

Montrouge a tiré cent trente-sept obus.

Vanves souffre beaucoup du feu d'une batterie placée à la grille du parc de Clamart, à 500 mètres dans le Sud-Ouest du Moulin-de-Pierre.

14 janvier.

Les obus tombent de deux minutes en deux minutes environ sur les quartiers du Panthéon et de Saint-Sulpice. A trois heures un quart du matin, un obus tombe sur la nef de Saint-Sulpice, dont la voûte est traversée. Les dégâts sont d'ailleurs peu importants.

Le vice-amiral commandant en chef fait retirer du clocher de cette église le poste d'observation d'ingénieurs hydrographes et de timoniers qui y était établi.

Au 6e secteur, le contre-amiral Fleuriot de Langle rencontre des résistances inertes de la part de l'artillerie de son secteur. Il en rend compte au gouverneur, qui approuve l'amiral et fait appel à l'esprit de conciliation. Ces difficultés de service, qui se sont produites sur divers points, subsistent jusqu'au dernier jour du siége.

EST. — La brigade Salmon, de l'infanterie de marine, quitte Charenton pour prendre ses cantonnements à Gentilly. Elle fournit des hommes aux redoutes avoisinantes, et doit être prête, le cas échéant, à envoyer des renforts aux généraux Corréard, de Maud'huy, Valentin, Blanchard ou de Chamberet.

La brume est très-épaisse, le tir ennemi est

presque nul dans l'Est. On en profite pour continuer le transport de sacs à terre fait par des corvées. Pour le moment, les travaux de blindage les plus essentiels sont achevés. Ainsi, à Rosny, plusieurs obus ont traversé l'escarpe de la courtine 1-2; mais on ne s'en aperçoit qu'en vérifiant le soir les dégâts de la journée dans les murailles. Les sacs à terre nous protégent donc maintenant efficacement.

Dans la nuit, l'ennemi ne tire pas sur le fort, mais bien sur le village de Rosny, où tombent beaucoup d'obus de petit calibre.

Chaque fort de l'Est fournit un contingent de 40 marins pour faire partie d'une reconnaissance qui doit avoir lieu pendant la nuit par ordre du général Ducrot du côté de Beauséjour.

La brume intense a beaucoup gêné cette opération.

Une colonne de soldats s'est égarée. Après une vive fusillade et avoir essuyé le tir d'une batterie ennemie établie à Gagny, la reconnaissance rentre, ayant démoli le mur du parc et quelques maisons de Beauséjour. La batterie Lavison a appuyé le mouvement, et tiré cent seize coups de canon auxquels l'ennemi a peu répondu.

Les éclaireurs rapportent qu'aucun travail n'est en cours d'exécution sur Avron, ce qui paraît douteux au vice-amiral Saisset. L'ennemi, en effet, chemine sur les versants du plateau, hors de vue des forts, dans le but d'y établir des batteries suffisamment rapprochées pour atteindre les quartiers Est de Paris.

Dans la journée, de une heure et demie à trois heures, par ordre du vice-amiral Saisset, tous les forts, redoutes et batteries de l'Est ont ouvert leur feu sur les positions ennemies, et principalement sur le Raincy.

Rosny n'a reçu pendant le jour que quarante-cinq obus, et la nuit aucun.

Tant que la brume a duré, les Allemands ont couvert Avron de projectiles, dans la prévision sans doute que nous y envoyons une reconnaissance.

SUD. — A la pointe du jour, l'ennemi se présente encore près de la route de Choisy, devant la Grande-Plâtrière occupée par la guerrilla de l'Ile-de-France. Il est reçu par une vive fusillade qui le met en fuite. L'officier qui commande cette reconnaissance n'a pas le temps de se replier et reste entre nos mains. Il n'est pas blessé; il est tout jeune et originaire de Silésie.

Au fort de Montrouge, la brume très-épaisse empêche de rien voir. L'ennemi tire peu sur le fort, mais davantage sur Paris. La batterie de l'Hay tire sur le bastion 2 et par-dessus le fort. Répondu trois coups avec une pièce de 12 du saillant du bastion 1.

On continue les réparations, le blindage des poudrières; on retouche une embrasure de la courtine

2-3 pour la diriger sur l'Hay, et on y installe une plate-forme de 24 de siége.

Pendant la nuit, le tir de l'ennemi est un peu plus rapide, mais sans effets sérieux. Deux soldats du génie et un garde national du 39° sont blessés légèrement.

On a étudié à Montrouge l'effet de la pénétration des divers projectiles reçus dans le fort. Cette étude ne pouvait être complète, mais les coups les plus remarquables ont été observés. Les calibres employés contre nous sont à peu près l'équivalent des nôtres de 22, 16, 14, 12 et 8 centimètres. Tous ces projectiles sont cylindro-coniques et creux. Nous n'avons pas observé de boulets pleins, et on nous a lancé des bombes sphériques en si petit nombre, que nous douterions de leur existence si quelques éclats n'avaient été trouvés dans le fort.

En général, la sensibilité du système percutant ennemi est telle, qu'il y a une grande différence entre les effets de pénétration dans les terres molles et dans les surfaces résistantes. Ce fait est sensible surtout pour les bombes de $0^m 22$, beaucoup moins pour les obus.

Les bombes de 22 n'ont pas de bien grandes pénétrations partout où elles ont rencontré des surfaces résistantes. Elles ont produit pourtant de grands dégâts en tombant sur des abris blindés recouverts de deux mètres de terre; mais il est difficile de faire la part de la pénétration et celle due à l'explosion du projectile. Le fait certain, c'est que l'effet de ces bombes est incomparablement plus destructeur que celui que nous avons vu se produire en Crimée par les bombes de 32. Dans les conditions où la gelée a mis la terre de nos parapets, il est plus considérable peut-être que dans la terre meuble. Hier, par exemple, il a suffi de deux bombes tombées l'une près de l'autre pour bouleverser un de nos parapets. Les blocs de terre gelée soulevés et non projetés par l'explosion cubaient de deux à trois mètres.

A quelques pas, d'autres bombes tombées sur le sol n'ont pas pénétré de plus de 30 centimètres et n'ont pas fait d'entonnoir. Dans une circonstance, une bombe est tombée sur un magasin à poudre des remparts; elle a traversé d'abord près de deux mètres de terre, puis en éclatant sur la maçonnerie, elle a quelque peu disjoint les pierres de la voûte, qu'on a dû étançonner. Hier, trois bombes sont tombées sur l'arête même du toit de notre ancien magasin à poudre : il y avait là un mètre de terre et un mètre cinquante de maçonnerie. Bien que les trois points de chute fussent très-rapprochés les uns des autres, rien n'a souffert. En résumé, comme protection contre ces bombes de $0^m,22$, il faut au moins trois mètres de terre, et encore, si ces trois mètres recouvrent une charpente, on ne peut pas s'y considérer comme à l'abri. Aussi le commandant Amet ne cesse de recommander aux hommes de ne pas se réfugier dans l'intérieur des traverses-abris, lorsqu'ils veulent se garer des bombes. Nous n'en avons pas assez reçu sur les casemates pour nous rendre compte de l'effet qu'elles produiraient, mais on s'en défie, car le tir des Allemands est si juste, que s'ils entreprenaient une ou deux casemates, ils finiraient par y amener un ébranlement dangereux de la voûte.

La pénétration des obus ennemis de $0^m,16$ est encore plus à redouter que celles des bombes. Ce sont ces projectiles qui ont traversé les murs de nos casemates. Mais il ne faut pas en conclure qu'ils pénètrent d'un mètre dans une maçonnerie soutenue par de la terre. C'est seulement lorsque le mur n'est pas épaulé qu'il est ainsi traversé. Dans les autres circonstances, l'effet du projectile est celui-ci : un entonnoir ayant $0^m,40$ de profondeur, de forme ovale, les diamètres étant environ 70 et 80 centimètres. Les sacs à terre ne sont pas un épaulement assez résistant pour empêcher le mur d'être traversé, cependant ils arrêtent le plus souvent le projectile. Pour éviter des accidents comme celui qui nous est arrivé, le mur de sacs doit être maintenu en dedans par un système d'arcs-boutants.

Dans la terre ordinaire, nous n'avons pas observé de pénétration plus grande que $2^m,20$. Ce sont ces projectiles et ceux de 14 qui ont causé le plus de ravages dans les points où ils prennent d'écharpe un angle de la fortification ou une embrasure.

Le canon de 14 paraît être une pièce d'un tir très-juste. Les effets de ses projectiles sont moindres que ceux de 16, mais ils ont beaucoup d'analogie. Ce sont ses obus qui ont démoli le blindage de nos magasins de vivres, formé de pièces bois de $0^m,30$ d'équarrissage, recouvertes de terre

C'est à eux que nous devons le plus grand nombre de coups d'embrasure. Ils traversent le parapet de notre mur de gorge et même ce mur lui-même, qui a environ $0^m,80$ d'épaisseur. Nous évaluons approximativement sa pénétration dans la terre à près de deux mètres.

Les calibres de 12 et de 8 ne nous font guère de mal, et nous n'avons pas remarqué leurs pénétrations. L'ennemi les emploie à de trop grandes distances, jusqu'à présent, pour le parti qu'on peut en tirer. Il semble du reste ne chercher à les utiliser que pour tuer du monde et pour prendre à dos certaines de nos pièces qui ne sont pas suffisamment abritées par les traverses.

Nous estimons que les pièces de 16 sont à 2,900 mètres de nous, celles de 14 à 2,700, celles de 12 à 3,500 et 2,700, celles de 8 à 2,500 environ.

Ces remarques sont celles que peut faire le fort de Montrouge pendant la lutte qu'il soutient si énergiquement. Ce sont ses appréciations d'aujourd'hui; elles n'ont rien d'absolu, et l'avenir donnera lieu pour lui à de nouvelles observations.

15 janvier.

Le commandant en chef donne l'ordre de faire rentrer dans leurs forts les marins détachés aux ballons Yon et Dartois à la gare du Nord. Quelques postes sémaphoriques de l'enceinte sont semblablement supprimés, pour remplacer dans les forts les hommes frappés par le feu de l'ennemi.

Au 6° secteur, on tire sur Meudon et Breteuil. Le général de Chabaud-Latour, commandant en chef du génie, donne l'ordre à ce secteur de tirer particulièrement d'une façon continue sur le Moulin-de-Pierre, avec les pièces des bastions qui avoisinent la rivière.

SAINT-DENIS. — Le tir sur la Courneuve se poursuit comme les jours précédents.

Il est rendu en moyenne obus pour obus. Les ouvriers civils qui travaillent aux tranchées sont quelquefois gênés par le feu de l'ennemi, mais ils font bonne contenance.

EST. — Le temps est clair, le froid très-vif. Le tir ennemi est à peu près nul toute la journée. Rosny ne reçoit que vingt-trois obus le jour, et trente-neuf la nuit. Pas de dégâts, pas de blessés, aucun incident.

SUD. — A la pointe du jour, la batterie de Thiais envoie quatre obus sur nos lignes. Nos batteries ripostent.

Le 7° régiment de Paris est relevé par le 15°, composé des 74°, 108°, 109° et 153° bataillons de guerre de la garde nationale. Ces troupes continuent à être cantonnées à Vitry sous les ordres du contre-amiral Pothuau, et commenceront leur service de tranchée demain.

Vers dix heures du soir, une reconnaissance de vingt hommes du Puy-de-Dôme, sous les ordres du lieutenant Burin des Roziers, se dirige près de la route de Choisy, où on soupçonne des embuscades en avant de notre ligne. Elle ramène un prisonnier.

Au fort de Montrouge, l'ennemi ouvre le feu ordinaire de ses batteries. Vers dix heures trente minutes du matin, la canonnade devient très-vive des crêtes de Châtillon, où l'ennemi démasque une nouvelle batterie qui tire sur Vanves, à 2,200 mètres de Montrouge. Elle est située à droite de la grande plâtrière de gauche.

Pendant la nuit, l'ennemi a également ouvert une tranchée suivant le chemin de Roissy, à 1,000 mètres du fort de Vanves.

Montrouge répond à peu près coup pour coup aux batteries allemandes de Fontenay et de l'Hay. La première de ces batteries a pris pour principal objectif le bastion 4, la seconde le saillant du bastion 2. Leurs coups sont généralement longs.

Depuis quelques jours, ce fort est particulièrement surchargé par l'ennemi. Le fort de Vanves riposte irrégulièrement à la canonnade dirigée sur lui, interrompt même souvent son feu pendant la journée. L'ennemi en fait autant de son côté, et tous ses efforts se portent alors sur Montrouge.

La disposition des pièces dans ce dernier fort est aujourd'hui la suivante :

3 pièces de 24 et 2 de 12 tirent sur Châtillon.

3 pièces de 30, 1 de 24 et 2 de 12 sur Fontenay.

2 pièces de 30, 1 de 24, 3 de 12 de place, et 1 de 12 de siège sur l'Hay.

Le feu est suspendu vers quatre heures trente minutes.

Pendant la nuit, trois ou quatre projectiles par heure sont tirés sur Montrouge. Le tir sur Paris est peu actif.

On travaille, dès que l'obscurité est suffisante, à réparer les dégâts, surtout ceux des soutes des bastions 3 et 4. On refait les embrasures. Une pièce de 24 de la courtine 3-4 est portée à la courtine 2-3 à une embrasure ouverte sur l'Hay.

Dans cette journée, Montrouge a tiré 202 coups sur Fontenay, 103 sur Châtillon, et 200 sur l'Hay. En tout 476 obus et 29 bombes de 22. C'est un beau combat d'artillerie auquel assiste le gouverneur, et qui fait le plus grand honneur à ce fort.

Nous avons douze blessés dans cette journée : 9 marins, 2 gardes nationaux, et le lieutenant de vaisseau Brousset, déjà blessé légèrement le 13, mais atteint aujourd'hui très-grièvement. Le gouverneur le nomme chevalier de la Légion d'honneur et le félicite sur sa bravoure.

16 janvier.

Aujourd'hui, fête anniversaire de l'empereur Guillaume, on est sur ses gardes partout contre toute entreprise de l'ennemi.

Le temps est très-clair.

EST. — Dans l'Est, l'ennemi ouvre dès le matin un feu ordinaire.

A deux heures, sur l'ordre du vice-amiral Saisset, tout notre front de l'Est commence un tir sur les batteries ennemies. Il dure peu de temps, le signal de cesser le feu étant fait presque aussitôt.

La batterie allemande à droite de Noisy-le-Grand lance un obus qui passe par-dessus le fort de Rosny et va tomber au delà sur la redoute de la Boissière. Jusqu'à aujourd'hui, les projectiles de cette batterie, dirigés sur le fort de Rosny, arrivaient à peine aux glacis. Mais il faut à présent que ce fort se mette sérieusement en défense de ce côté, où il n'a ni artillerie, ni abris, ni traverses. Toutefois la batterie ennemie étant à 6,000 mètres, son tir à cette distance n'a pas grand effet. On blinde cependant et on garantit par des sacs à terre les murailles des poudrières de ce côté.

A minuit, le vice-amiral Saisset signale à tout le front Est d'ouvrir le feu sur les positions ennemies. Le feu dure peu de temps.

Le fort de Rosny reçoit dans la journée 61 obus, et 12 dans la nuit; beaucoup tombent dans la couronne et le fossé. Bon nombre n'éclatent pas.

Vers onze heures du soir, les Allemands ouvrent une vive fusillade sur Bondy, du côté de la barricade et du cimetière. On y répond; Noisy tire également. Ils paraissent d'abord se retirer, mais ils reviennent bientôt soutenus par leurs batteries du Raincy, qui canonnent vigoureusement Bondy. Il est probable que leur but, en voyant que le bombardement du village ne réussit pas à nous le faire évacuer et que nous y sommes à l'abri dans les caves, est de nous tenir en éveil, par une mince ligne de tirailleurs, et de faire essuyer le feu de leurs batteries à nos soldats hors de leurs abris, et à nos réserves accourant au secours du village. Les obus qui tombent en arrière des maisons sur les routes de Bondy à Noisy ne nous laissent aucun doute à ce sujet. D'ailleurs, l'ennemi ne nous a pas habitués à des attaques de vive force de la part de son infanterie. Le colonel Reille, qui commande Bondy, ne s'y trompe pas, et nous n'avons aucune perte.

SUD. — A la pointe du jour, toutes les gardes de tranchée sont doublées, et la division Pothuau prend les armes sur les emplâcements indiqués en cas d'alerte. A onze heures, sur l'ordre du général en chef, on reprend le service ordinaire, mais les troupes sont consignées dans leurs cantonnements, prêtes à marcher au premier signal.

Dans la nuit, le contre-amiral Pothuau prévenu que des rassemblements ennemis se trouvent au carrefour Pompadour, avait prescrit au général Martenot d'envoyer d'Ivry un bataillon de la Côte-d'Or, en soutien de la batterie du bord de la Seine.

A huit heures du matin, les batteries de Fontenay et de l'Hay ouvrent le feu sur le fort de Montrouge. Une vive fusillade se fait entendre du côté de la maison Millaud aux avant-postes. Une cinquantaine de tirailleurs allemands sortent de Bagneux, et de carrière en carrière s'approchent des avant-postes du fort, où ils sont accueillis par la mousqueterie.

Ils battent précipitamment en retraite, et quelques obus les font rentrer dans le parc de Bagneux.

Les batteries de Fontenay et de l'Hay dirigent leurs coups sur le saillant du bastion 2, le milieu de la courtine 1-2, et le milieu de la courtine 2-3. Leurs obus passent en général un peu par-dessus ces points et vont tomber sur les casernes et au milieu de la cour.

Les bastions 1, 2, 3 ripostent énergiquement aux batteries de Fontenay. Quelques bombes sont envoyées sur Bagneux, ainsi que quelques obus de 12.

A quatre heures le tir ennemi se ralentit beaucoup.

Pendant toute la journée, le feu des batteries de Châtillon a été très-vif sur Vanves, Issy et les remparts de l'enceinte.

Pour Montrouge, cette journée vaut celle d'hier. A sept heures cinquante minutes du soir, le gouverneur transmet toutes ses félicitations au commandant et aux braves défenseurs du fort de Montrouge. Il annonce qu'il va y envoyer de nouvelles corvées, et notamment des troupes du génie pour les réparations les plus urgentes. Notre bastion 4, sur lequel l'ennemi s'est acharné, est fort endommagé.

Montrouge a tiré dans cette journée 530 obus et 86 bombes.

Mais il a été cruellement éprouvé : il a 6 tués et 7 blessés. Une seule bombe lui a tué 4 hommes et mis un cinquième hors de combat. Le capitaine de frégate Kiesel est blessé mortellement. Le vice-amiral commandant en chef, qui se trouve près de ce brave officier, lui prodigue les paroles les plus encourageantes.

Le lieutenant de vaisseau Santelli, blessé de nouveau, persiste à rester à son poste au bastion 4.

Enfin à neuf heures du soir, le lieutenant de vaisseau Saisset, fils unique du vice-amiral commandant les forts de l'Est, est tué roide par un boulet venant de pièces légères que l'ennemi approche du fort la nuit, à l'abri de ses batteries de position. Dans un rapport sur la journée, le gouverneur dit « qu'il croit être l'interprète de la population et de » l'armée en adressant ici à ce vaillant officier géné- » ral l'expression de toutes les sympathies et de » tous ses regrets. »

Le lendemain matin, le gouverneur voulut annoncer lui-même cette nouvelle, par le télégraphe, au vice-amiral Saisset. Il le fit en ces termes :

« Très-digne et malheureux ami, je remplis » auprès de vous, avec un cœur profondément » attristé, mon devoir de général en chef en vous » annonçant que votre fils est mort devant l'ennemi.

» C'est un bien cruel sacrifice, et je le fais avec » vous.

» Adieu; vous et moi rejoindrons un jour ou » l'autre ce regretté jeune homme; il faut que nous » y soyons préparés.

» Supportez cette affreuse nouvelle avec le cou- » rage que je vous sais.

» *Signé* : Trochu. »

17 janvier.

L'ennemi continue à envoyer des obus sur les quartiers de Paris de la rive gauche.

MM. les lieutenants de vaisseau Gigon, Testard, Dorlodot-Dessart, et l'enseigne de vaisseau Servan sont envoyés de Bicêtre et d'Ivry au fort de Montrouge pour combler les vides que la mort a faits parmi nos camarades.

EST. — On répare les fils des torpilles, qui ont été coupés en quelques endroits par les obus.

Les batteries prussiennes tirent lentement sur les redoutes et le fort de Rosny.

Les batteries de Noisy-le-Grand et de Villiers tirent plus vivement sur Nogent et la boucle de la Marne.

Nos redoutes et Rosny tirent sur Avron et les batteries du Raincy.

Noisy-le-Grand dirige quelques obus sur le château de Montreau.

Rosny reçoit 58 obus le jour, et 42 la nuit.

SUD. — La brigade du capitaine de vaisseau Salmon est chargée de la défense de la batterie des Hautes-Bruyères et de ses environs. Cet officier y établit son quartier général ce soir même.

Les observatoires signalent plus de monde que de coutume derrière la barricade de Choisy. On aperçoit, grâce au temps clair, l'ennemi abattant une maison de garde-barrière sur le chemin de fer de Lyon, à la hauteur de la ferme de l'Hôpital. On y voit aussi des travailleurs faire des terrassements.

L'ennemi établit là sans doute une nouvelle batterie. La batterie du bord de la Seine en est prévenue, et des travaux sont ordonnés pour faire des abris plus complets pour les chevaux et les poudres.

A Villeneuve-Saint-Georges également, l'ennemi travaille sur une large base, à plus de 7,000 mètres de nos lignes. On distingue des ouvrages pour artillerie.

A la nuit, les postes sont doublés. Vers huit heures du soir, une fusillade venant de la Gare-aux-Bœufs est dirigée sur nos lignes : un guerrilla est tué. Notre feu fait bientôt tout cesser.

L'obscurité très-grande n'a pas permis de voir les mouvements de l'ennemi.

A dix heures du soir, une reconnaissance composée de trente volontaires de l'Ile-de-France va sous les ordres du capitaine Okolowicz voir si l'ennemi travaille à la Gare-aux-Bœufs. Quelques volontaires arrivent en rampant jusqu'à hauteur de la gare, traversent la voie et s'assurent que l'ennemi ne fait là aucun mouvement. On constate en même temps, sur la gauche du chemin de fer, la présence d'un poste d'une trentaine d'hommes dans un chemin creux. La reconnaissance rentre sans avoir provoqué aucune fusillade.

MONTROUGE. — Les batteries allemandes de Fontenay ouvrent leur feu à huit heures du matin sur Montrouge sans grande vigueur. Celles de l'Hay commencent le leur également sur ce fort.

Celles de Châtillon canonnent Vanves très-énergiquement. Pour dégager ses voisins, Montrouge s'empresse d'ouvrir le feu de toutes ses pièces sur chacune de ces batteries, et le continue toute la journée, ripostant à peu près coup pour coup aux pièces de Châtillon, de Fontenay et de l'Hay.

Le tir de l'ennemi devient ainsi plus rapide sur Montrouge dans l'après-midi. Il s'éteint complétement à quatre heures trente minutes.

Nous cessons également le nôtre, qui reste suspendu toute la nuit.

Dans la journée, le général de Chamberet a avisé Montrouge que les batteries de l'Hay et de Bagneux dirigent souvent leurs coups sur la batterie de la maison Millaud et viennent de lui blesser un lieutenant et deux artilleurs. Il le prie de les contre-battre, si c'est possible. Montrouge accède immédiatement à la demande du général.

A la cessation du feu, ce fort travaille de suite, comme d'habitude, à réparer les dommages occasionnés par le tir de l'ennemi. On fait aussi quelques changements d'aménagements intérieurs.

Le feu des batteries de Châtillon et de Fontenay sur Paris pendant la nuit est peu intense; environ douze coups à l'heure. Sur le fort de Montrouge il est de trois ou quatre coups par heure.

Montrouge a tiré dans la journée 511 obus et 39 bombes : 270 sur Fontenay, 190 sur l'Hay, 70 sur Châtillon, 20 sur Bagneux.

Le feu de l'ennemi s'est porté principalement sur le bastion 4, atteignant souvent la courtine de gorge, où il a fait de fortes brèches. La poudrière et les casemates du bastion 4 sont, comme d'habitude, gravement atteintes par les bombes de 0^m,22.

Le maître coq est tué. Un matelot tué, deux blessés.

18 janvier.

Aujourd'hui a lieu à la Madeleine le service du lieutenant de vaisseau Saisset.

Une foule nombreuse vient donner au malheureux père un témoignage de sympathie et d'estime.

M. l'abbé Deguerry prononce une allocution pleine d'ardeur patriotique et de résignation, qui émeut profondément les assistants.

SAINT-DENIS. — Continuation du feu sur la Courneuve. De fréquentes alertes ont lieu dans la plaine à droite, par suite de la propension des gardes nationaux à tirer des coups de fusil. Les troupes sont ainsi tenues constamment en haleine, ce qui les fatigue et les décourage.

Le colonel Flotte, qui occupe avec le 24e régiment de garde nationale l'espace compris entre Aubervilliers et la Courneuve, est renforcé par les 35e et 55e régiments.

EST. — Une seule batterie ennemie, celle de Gagny, tire sur Rosny. La batterie de Montfermeil n'est plus armée que de faibles pièces qui canonnent le village de Rosny, et dont les obus ne peuvent arriver jusqu'au fort. Il est évident que la plupart des pièces qui ont tiré sur les forts de l'Est ont reçu une autre destination, très-probablement Saint-

Denis. Les canons prussiens, qui n'étaient pas toujours visibles, paraissent maintenant en permanence dans les batteries. On croit reconnaître à la longue-vue que plusieurs sont des canons figurés par des troncs d'arbres. Cette même remarque est faite sur les batteries ennemies de Noisy-le-Grand, du Grand-Montfermeil et de Gagny.

Rosny tire des obus de 12 sur les groupes allemands du plateau d'Avron. Cela semble contrarier l'ennemi, qui riposte vivement. Son tir est d'une grande précision; ses obus viennent écrêter le parapet de la courtine 1-2, et gênent nos mouvements dans le fort. Le bastion 3 ouvre alors immédiatement le feu de ses pièces de $0^m,16$, et, après 5 obus, l'ennemi est obligé de changer la direction de son tir.

Rosny reçoit dans la journée 71 obus, dans la nuit 12.

Le soir, sept hommes d'infanterie de ligne essayent d'aller explorer ce qui se passe sur Avron. Une grêle d'obus à balles les accueille, et les force à rentrer sans avoir rien pu voir des travaux de l'ennemi.

Les Prussiens travaillent entre Noisy-le-Grand et Villiers.

A deux heures cinquante minutes du matin, le colonel Comte, commandant une brigade à Bobigny, informe le vice-amiral Saisset qu'il vient d'avoir deux petits postes enlevés, près de Groslay. Il craint une attaque. On lui envoie immédiatement des renforts. Il est en effet attaqué, au petit jour, sur deux points à la fois, à Groslay et à Drancy. Aubervilliers, Romainville et Noisy sont prêts à le soutenir, si l'attaque se généralise. Mais tout se calme bientôt de ce côté.

SUD. — La brigade Salmon est répartie comme suit :

Le 137ᵉ de ligne, le 22ᵉ chasseurs à pied et le 1ᵉʳ bataillon d'infanterie de marine sont cantonnés à Villejuif.

Le 2ᵉ bataillon d'infanterie de marine garde la redoute des Hautes-Bruyères.

Le 3ᵉ et le 4ᵉ sont cantonnés, l'un à la Briqueterie, près de l'aqueduc d'Arcueil, l'autre à Gentilly.

Nos observatoires remarquent un mouvement inusité dans Choisy-le-Roi. Vers cinq heures du soir, l'ennemi fait sauter une arche du pont sur la Seine. En raison de ces indices, le contre-amiral Pothuau fait doubler les gardes de tranchée pour la nuit, et fait prévenir les soutiens de se tenir prêts à tout événement.

MONTROUGE. — Les batteries de l'Hay et de Fontenay ouvrent leur feu à huit heures. Il est d'abord lent, et ne devient un peu plus vif que de une heure à deux de l'après-midi.

Châtillon tire moins sur Vanves et Issy que les jours précédents.

Presque toutes les bombes de $0^m,22$ de l'ennemi sont dirigées sur le bastion 2 de Montrouge.

La grande batterie de Fontenay tire peu. Nous

lui répondons en modérant notre feu, qui est ainsi réglé :

3 pièces des bastions 1, 2, 3 tirent sur la batterie de l'Hay.

2 canons de 24, 3 canons de $0^m,16$, 1 canon de 12 de place, et 1 mortier de 27 tirent sur les batteries de Fontenay.

1 canon de $0^m,16$ et 1 canon de 24 sur Châtillon.

2 mortiers de $0^m,22$ sur Bagneux.

Nous tirons ainsi : 165 coups sur l'Hay, 185 sur Fontenay, 30 sur Châtillon, en tout : 364 obus et 16 bombes.

Les bombes ogivales de l'ennemi nous causent seules de sérieux dommages.

Le feu cesse vers quatre heures. Pendant la nuit, quelques coups tirés à intervalles réguliers atteignent le fort sans gêner beaucoup les travailleurs.

Les batteries de Châtillon tirent peu sur Paris.

Nous avons eu 3 mobiles tués sur le coup, 7 autres blessés, tous grièvement, et 9 blessés légèrement, dont 2 mobiles et 7 matelots.

Montrouge a donc à répondre maintenant à 4 batteries, mais ce qui nous gêne le plus ce sont les 2 pièces qui nous envoient des bombes de $0^m,22$. Ces bombes nous occasionnent nos plus grandes avaries et aussi nos plus grandes pertes de personnel. Le tir des obus de gros calibre, quoique assez précis, ne nous a pas encore occasionné de grands dégâts. Quant à ceux de petit calibre, à la distance où nous sommes, ils sont plus gênants que nuisibles.

Nos pertes sont sensibles, mais n'altèrent en rien

le bon esprit de nos marins. Leur fatigue est excessive. Ils sont encore assez nombreux pour servir les pièces qui tirent, et d'ailleurs le feu de l'ennemi nous débusque chaque jour de quelque logement. Après que le coq a été tué dans la cambuse, un employé du télégraphe est blessé dans sa casemate, où les appareils ont été en partie détruits. Il nous faut déménager ces deux casemates et ne laisser dans les cours des bastions que les magasins de vivres où nous irons puiser pendant la nuit. Les cuisines sont déplacées aussi, le chemin à suivre pour y aller étant trop dangereux pendant la journée. En un mot, nous sommes obligés de nous concentrer chaque jour davantage. Mais c'est du malaise, voilà tout, et cela n'a rien à voir avec les conditions réelles de la défense.

Beaucoup de projectiles n'ayant pas éclaté aujourd'hui, on a cru que l'ennemi nous avait envoyé des boulets pleins. Il faut plutôt attribuer cette circonstance à l'état de la terre détrempée. D'ailleurs l'ennemi est encore bien loin pour essayer de faire brèche.

Les intelligents sapeurs du génie sont de plus en plus nécessaires pour nos travaux de réparation.

La garnison de Montrouge garde toujours sa ferme attitude. En la voyant à l'œuvre, on comprend que pour nos marins comme pour leurs officiers, le mot devoir a toute sa signification.

19 janvier.

L'observatoire de Saint-Sulpice, les postes sémaphoriques des bastions 17, 23, 76, 84, 91 de l'enceinte et le poste du nouvel Opéra sont entièrement supprimés, et leur personnel marin envoyé dans les forts, où les hommes commencent à manquer. Ce personnel, d'ailleurs, demande à aller au feu.

A cinq heures du matin, le gouverneur fait connaître que l'armée va combattre en avant du Mont-Valérien, sur le plateau entre Montretout et Rueil; il ordonne de se tenir sur ses gardes partout, et de veiller.

A cette importante sortie, la marine ne prend part que par ses quatre wagons blindés, par sa batterie du 6ᵉ secteur, où dès le matin un tir continu des marins du Point-du-Jour endommage facilement la batterie de Breteuil. Nos matelots du Mont-Valérien, sous les ordres du lieutenant de vaisseau Nabona, sont à leurs pièces sous les yeux mêmes du gouverneur, qui se plaît à les commander.

En outre, la batterie du Moulin des Gibets est armée par l'artillerie de marine, sous les ordres du chef d'escadron Denis [1].

Dans la presqu'île de Gennevilliers, les batteries de Charlsbourg et de la Folie, lieutenants de vaisseau Laplace et Latapy, sous la direction du capitaine de frégate Coudein, doivent battre la plaine.

Nos wagons blindés, sous les ordres du lieute-

---

[1] Cet officier supérieur fut blessé grièvement dans cette journée.

nant de vaisseau Fournier (Charles) et de l'enseigne de vaisseau de Marliave, prennent position sur la ligne du chemin de fer de Saint-Germain, en avant de la Folie. Ils joignent leur feu à celui du Mont-Valérien pour canonner les batteries ennemies établies de l'autre côté de la Seine près du village de Carrières-Saint-Denis, qui inquiètent nos troupes près de Rueil. Ils reçoivent une grêle de projectiles. Ceux qui atteignent la carapace ne la pénètrent pas au delà de 0^m,02. Un obus entre par la couverture d'un de ces wagons, y tue un second maître et blesse plusieurs matelots. Le lieutenant de vaisseau Fournier (Charles) est fortement contusionné par deux éclats d'obus.

Une locomotive, qui n'est pas suffisamment abritée par les wagons, est mise hors de service ; une autre a une légère avarie vite réparée. Un canon de 0^m,16 éclate pendant le combat sans blesser personne.

Le soir, les wagons retournent à la gare d'Orléans pour augmenter le blindage des soutes à poudre, qui paraît insuffisant. Plusieurs crocs de manœuvre ne sont pas assez forts et sont à remplacer.

La marine était aussi représentée dans cette bataille par plusieurs officiers de marine ou d'artillerie de marine qui servaient dans l'artillerie montée. L'un d'eux, l'enseigne de vaisseau Foillard, en voulant ramener au feu un bataillon qu'il voyait fléchir, est foudroyé par un obus.

SAINT-DENIS. — A Saint-Denis, tout est calme, même à la Courneuve. L'ennemi tire principalement en avant du Bourget, du côté de la Suiferie et sur la batterie de la Croix de Flandre.

EST. — La canonnade ennemie dans l'Est offre peu d'intérêt aujourd'hui. A une heure de l'après-midi, sur l'ordre du vice-amiral Saisset, tout notre front Est ouvre le feu sur les batteries ennemies Gagny tire sur Rosny ; quelques obus de la batterie de Noisy-le-Grand, qui paraît s'être rapprochée, tombent dans ce fort, qui lui répond, à 5,400 mètres, avec une pièce de $0^m,16$ de la courtine 1-4. Rosny reçoit pendant le jour 62 obus, 35 la nuit, et tire : 30 obus de 30, 30 de 24, et 28 de 12.

Les batteries allemandes du Raincy inquiètent toujours beaucoup Bondy par un bombardement sans relâche. Noisy, Romainville et la batterie Lavison entretiennent sur ces batteries un feu qui dégage un peu ce village.

SUD. — Le capitaine de frégate Augey-Dufresse quitte le fort de Vanves pour servir au fort d'Ivry. Le lieutenant de vaisseau d'Ainesy de Montpezat le remplace au fort de Vanves dans le commandement de nos marins. Ce dernier fort, aidé des deux batteries extérieures qui le flanquent, ouvre chaque matin un feu très-vif pendant une heure et demie à deux heures. L'enceinte, 7e secteur, se joint à lui un peu plus tard. L'ennemi n'attaque sérieusement Vanves que vers dix heures. Ce fort met alors ses pièces à l'abri derrière les épaulements et conserve ses hommes hors d'atteinte.

Avant d'employer ce moyen, il avait eu un jour, dès quatre heures du soir, 9 pièces sur 16 entièrement démontées. Depuis quinze jours, il a eu 70 hommes atteints dont 12 tués. Dans la journée, il est, comme tous les forts du Sud d'ailleurs, éclairé en pleine lumière pour les Allemands, ce qui donne de la précision à leur feu, tandis que cette lumière gêne son tir. Il préfère alors mettre ses pièces et ses hommes à l'abri.

Sur Vanves comme sur Montrouge, le tir ennemi est aujourd'hui d'une précision extrême, les coups d'embrasure sont fréquents : on a tiré sur le premier jusqu'à 240 coups à l'heure, parmi lesquels des projectiles de $0^m,15$ de diamètre sur $0^m,37$ de long.

Vers quatre heures du matin, une vive fusillade se fait entendre devant la tranchée de Saquet. C'est une reconnaissance allemande aperçue par nos mobiles du côté du pigeonnier, à l'extrême droite de la division Pothuau. Nous n'avons que des armes endommagées, personne de blessé.

Dès six heures du matin, les troupes sont sous les armes et prêtes à repousser toute attaque. La brigade Martenot se rend à Gentilly.

Sur les Hautes-Bruyères, le feu de l'ennemi est dans la matinée, comme d'habitude, lent et régulier. Ses batteries, établies en face de nous, au parc Benoît et au cimetière de Chevilly, nous envoient un obus à peu près toutes les cinq minutes. Nous ne répondons pas. Vers dix heures, ayant aperçu des travailleurs du côté de Chevilly, le capitaine de vaisseau Salmon, sur l'ordre du général de Maud'huy, commence à répondre au feu ennemi, alternativement avec une pièce de marine, une pièce de 24 et quelques bombes. Nos coups sont bons, sauf nos bombes, dont 2 seulement arrivent dans les batteries ennemies.

Le feu de l'ennemi redouble aussitôt d'intensité, et ses coups se succèdent de minute en minute. Nous augmentons le nôtre dans la même proportion, de manière à répondre au moins un coup pour deux. Les Allemands tirent au commencement avec une grande précision et nous causent de regrettables dommages. Dans l'après-midi, un obus frappe un petit réduit de tranchée où se trouve de l'infanterie de marine. Il éclate au milieu des hommes, tue 2 soldats, et en blesse 8 dont plusieurs grièvement. Peu de temps après, un autre obus pénètre par l'embrasure de la pièce marine qui fait feu, démonte l'affût, blesse 5 matelots et l'enseigne de vaisseau Pérodeaud, qui commande la batterie. Cet officier succombe peu de jours après à ses blessures.

La canonnade continue jusqu'au soir avec la même vigueur, mais les projectiles de l'ennemi ne nous causent plus que des blessures sans gravité. A huit heures, le feu cesse.

Plus de 600 obus ont été envoyés dans cette journée sur les Hautes-Bruyères.

Dès le soir, on travaille à réparer les embrasures et quatre pièces avariées.

Pendant la nuit, on tire dans la direction de la Croix de Berny, par suite de l'information reçue qu'un corps nombreux doit y passer, allant de Choisy à Versailles.

Quelques bombes sont envoyées en outre sur les villages de l'Hay et de Chevilly.

MONTROUGE. — Dès huit heures du matin, Vanves ouvre son feu sur les batteries de Châtillon, qui ripostent vivement. Montrouge appuie Vanves; aussitôt les batteries de Fontenay et de l'Hay ouvrent également leur feu.

Les batteries de Fontenay ont pour objectif les bastions 3 et 4. Leur tir se ralentit à onze heures, pour reprendre à une heure. De deux heures à trois heures trente minutes, il s'acharne contre le bastion 4.

Les batteries de l'Hay tirent sur le bastion 2 et dans la cour.

Tous les bastions et les courtines de Montrouge ripostent aux batteries ennemies. Des bombes sont envoyées sur Bagneux et la grosse batterie de gauche.

A quatre heures, les obus ne nous arrivent plus qu'à de rares intervalles.

La nuit est assez tranquille pour Montrouge. Les batteries de Fontenay envoient beaucoup d'obus sur Paris. Le fort de Bicêtre tire sur elles jusqu'à minuit. Vers deux heures du matin, nous avons une fausse alerte à nos avant-postes, et pendant quelques minutes une fusillade sur toute la ligne.

A Montrouge, MM. le capitaine de frégate Vidal est grièvement blessé, le lieutenant de vaisseau Dordolot-Dessart moins grièvement. Nous avons en outre treize marins blessés. Deux brancardiers de la Société internationale qui viennent le soir chercher des blessés du fort sont eux-mêmes atteints, l'un d'eux grièvement.

Montrouge a tiré dans cette journée 362 obus.

Le soir, une vive fusillade se fait entendre dans l'Ouest. Un feu nourri part du Mont-Valérien. A huit heures, la fusillade cesse.

20 janvier.

Le tir de l'ennemi sur la rive gauche se ralentit aujourd'hui dans la journée. Au 6ᵉ secteur, à la demande du fort d'Issy, nos marins du Point-du-Jour canonnent une batterie de mortiers établis par l'ennemi au Moulin-de-Pierre.

SAINT-DENIS. — Le bombardement de la Courneuve continue dans les conditions ordinaires. A Saint-Denis, on l'attend, il ne saurait tarder longtemps. Dès le commencement du mois, le vice-amiral a invité M. Viollet-Leduc, architecte de la cathédrale, à prendre les mesures de conservation nécessaires pour préserver les tombeaux des rois qui se trouvent dans cette église. Par suite, des blindages en madriers recouverts de sacs à terre ont entouré les principaux monuments, qui ainsi n'ont pas souffert des obus ennemis. Les mutilations qui ont eu lieu postérieurement sur quelques-uns de ces monuments ne sont pas du fait du bombardement.

Deux canons à balles de $0^m,15$, nouveau modèle, sont envoyés aujourd'hui au fort de la Briche.

Ce fort reçoit depuis quelque temps pendant toute la journée des balles de fusil de rempart, tirées d'Épinay, qui ne laissent pas d'être gênantes. Ces balles, de forme olive, dont on a déjà parlé, ne produisent aucun sifflement.

Vers onze heures du soir, une vive fusillade d'avant-poste a lieu dans la tranchée en avant de la Courneuve, qui paraît en feu. Deux compagnies de soutien y sont envoyées.

De la Double-Couronne, on entend toute la nuit un bruit continuel de voitures, de marches, de tambour, de commandements du côté de Pierrefitte.

EST. — Les batteries allemandes tirent peu; nos redoutes de temps en temps.

Pendant la nuit, tout le monde a l'ordre de tirer un coup de canon toutes les demi-heures.

A trois heures du matin, un obus venant du Raincy tombe au fort de Rosny sur la poudrière du bastion 2, pénètre jusqu'à la voûte, éclate, et fait un trou d'un mètre de diamètre. Cette voûte, d'une épaisseur insuffisante, est d'ailleurs mal construite. La maçonnerie en pierre n'a aucune liaison faite à la chaux ou au ciment. On travaille immédiatement à consolider les autres poudrières, qui doivent être dans le même état. Les voûtes sont soutenues par des épontilles, et l'extérieur est rechargé de sacs à terre.

Le fort de Rosny reçoit 32 obus le jour, et 27 la nuit. Il tire 1 obus de 24, et 22 de 12.

SUD. — Les troupes prennent de nouveau les armes à six heures du matin, dans le cas où l'ennemi, à la suite du combat de la veille, voudrait entreprendre une attaque de ce côté. Rien ne signalant cette intention, elles rentrent à une heure.

On voit dans la journée une nouvelle maison de garde démolie sur le chemin de fer de Lyon, et des terrassements suspects à hauteur de la ferme de l'Hôpital. C'est sans doute pour une batterie qui serait ainsi à 3,200 mètres de notre batterie du bord de la Seine, et à 3,500 de celle de la Pépinière. Des mesures sont prises pour activer la construction de nos abris du bord de l'eau destinés à garantir les chevaux et les poudres de la batterie attelée de 12 qui y est en position.

MONTROUGE. — Le fort de Montrouge continue à déployer, dans la lutte inégale qu'il soutient, les efforts les plus soutenus et les plus dévoués, malgré les pertes sensibles qu'il a faites parmi ses officiers et son équipage.

Le temps est très-brumeux. L'ennemi envoie d'abord quelques coups sur le fort. Il accélère son feu vers neuf heures.

A onze heures, la brume se dissipe, les batteries allemandes tirent plus vivement, et nous leur répondons modérément.

A quatre heures le feu cesse des deux côtés. Vers sept heures du soir l'ennemi recommence par intervalles.

Pendant la journée, Bicêtre tire sur les batteries de Fontenay; les Hautes-Bruyères sur Chevilly; et notre batterie de la maison Millaud très-vivement sur les batteries de l'Hay.

Une batterie allemande, établie à Sceaux, s'acharne sur nos tranchées. La nuit, le tir de l'ennemi est principalement dirigé sur Paris.

Montrouge n'a que deux marins blessés aujourd'hui; il tire 87 obus et 7 bombes.

21 janvier.

SAINT-DENIS. — A huit heures quarante-cinq minutes du matin, le bombardement de la ville de Saint-Denis, des forts de la Briche, de la Double-Couronne et de l'Est commence. En prévision de ce bombardement, le vice-amiral, sur les indications du général de Chabaud-Latour, commandant en chef du génie, avait, ainsi qu'il a été dit plus haut, fait procéder dans chaque fort à d'importants travaux, dans le but de perfectionner la défense.

Ces travaux, qui n'ont été arrêtés que le 12, ne sont pas terminés au moment où le bombardement commence; l'état des terres qui sont profondément gelées rend très-difficile l'emploi des sacs à terre, dont il faut faire un principal usage. Ils sont exécutés sous la direction intelligente du commandant du génie Charon, et de l'ingénieur des ponts et chaussées Baude, qui avec ses escouades d'ouvriers civils a su rendre de véritables services jusque sous le feu de l'ennemi.

Le fort de la Briche est bombardé par des batteries établies à Épinay, à Enghien, à Montmorency, à Villetaneuse, à la Butte-Pinson et à Pierrefitte. Il est défendu par 190 artilleurs de la marine, 44 soldats du génie, 190 matelots fusiliers et trois compagnies du 138e de ligne; total 901 hommes. Ce fort est commandé par le lieutenant-colonel Taffanel. Il est relié à celui de la Double-Couronne par un chemin couvert qui, sur certains points, est dominé par la route du Havre, qui le longe à 50 mètres de distance. Un fossé sépare le chemin de la route.

Le fort de la Double-Couronne n'est pas à proprement parler un fort. C'est une ligne de fortifications ouvertes à la gorge, qui couvrent la ville de Saint-Denis et qui sont coupées par trois portes donnant accès à la route du Havre, à la route de Calais et à la route de Gonesse, lesquelles routes se rejoignent à l'intérieur à une patte d'oie à 100 mètres en arrière des fortifications. Ce fort est battu de front par les batteries allemandes de la

Butte-Pinson et de Pierrefitte. Ses courtines sont enfilées par les batteries de Stains et du Bourget à l'Est, et par celles d'Enghien, d'Épinay et de Montmorency à l'Ouest. Le chef de bataillon Zéler commande la Double-Couronne. Le 135e de ligne, colonel Boisdenemetz, y tient garnison; l'artillerie de marine et les matelots canonniers arment ses pièces.

Le chemin couvert dont il est parlé plus haut se continue à l'Est du fort et est coupé par deux petites batteries de deux pièces chacune, la batterie du Crould, et celle de Marville. Il s'arrête à la route de la Courneuve, près du fort de l'Est.

A partir de la Double-Couronne, une digue, longeant ce chemin, retient une inondation formée des eaux du Crould et du Rouillon, et qui s'étend jusque près de Dugny.

Les fossés qui entourent les forts et toute l'inondation sont gelés. On doit procéder toutes les nuits à briser la glace de ces fossés et de la partie de l'inondation qui longe la digue. C'est un service des plus pénibles.

De plus, les obus ennemis qui tombent sur la glace la broient, et lancent de nombreux morceaux qui font mitraille et qui rendent le séjour de la Double-Couronne et du chemin couvert doublement dangereux.

Les forts de l'Est et d'Aubervilliers sont des forts réguliers dont on a donné l'armement. Le premier est commandé par le colonel Sentupery, le second par le colonel de Tryon.

L'artillerie de marine et quelques matelots canonniers servent les pièces de ces deux forts.

Le fort de l'Est est canonné de Dugny, de Stains et de Pierrefitte.

Aubervilliers est l'objectif du Bourget.

La brume très-épaisse empêche d'ailleurs de distinguer exactement l'emplacement des batteries ennemies, dont le feu, dès le début, est très-juste.

En même temps que le bombardement des forts commence, une pluie d'obus tombe sur toute la surface de la ville, venant indistinctement des diverses batteries qui canonnent les forts. Le feu paraît se diriger ensuite de préférence sur le quartier général qui est à la sous-préfecture, sur la mairie, sur la basilique et sur l'église paroissiale. Un des premiers obus traverse l'aigle sculpté qui est au fronteau du quartier général. Les ateliers de MM. Claparède et de M. Lavaissière, qui fabriquent des canons et des instruments de guerre, paraissent aussi attirer les coups. La population, préparée à l'événement, émigre en partie sur Paris. Ceux des habitants qui ne peuvent fuir s'établissent dans les caves.

Les effectifs des garnisons des forts et de la ville ont été réduits au strict nécessaire; ils prennent leurs postes dans les abris blindés et les caves qui ont été désignées et préparées d'avance par les soins du colonel Pein, commandant supérieur de la place.

Cet énergique officier supplée, par son intelligence et son activité, aux insuffisances qu'apporte dans la défense la terreur des habitants, la rareté des vivres qui se fait vivement sentir, et l'esprit excitable de la population.

Les divers postes qui eussent été exposés à être enlevés dès la première nuit sans pouvoir être efficacement secourus rentrent en ville dans l'après-midi.

Ce qui reste de malades et de blessés est évacué sur Paris, afin que la grande ambulance établie à la Légion d'honneur, et dirigée par le docteur Champenois, soit entièrement libre.

Dès que la brume le permet, les forts ripostent vigoureusement, et toute la journée se passe en un violent combat d'artillerie.

Plusieurs incendies s'allument en ville. Les pompiers, commandés par le capitaine Crevoisier, montrent un grand dévouement et en éteignent le plus grand nombre. Néanmoins des usines ne peuvent être préservées.

A la fin de la soirée, l'ennemi prend possession des retranchements qu'occupaient nos postes avancés et y établit des batteries volantes qui tirent sur nos embrasures avec des boîtes à balles.

Dans cette journée, le fort de la Briche a 2 tués et 10 blessés, la Double-Couronne 8 tués et 18 blessés, le fort de l'Est 6 tués et 18 blessés; Aubervilliers, un ouvrier civil tué.

A trois heures, le gouverneur arrive à Saint-Denis. Il est joint au fort de la Briche par le vice-amiral commandant en chef. Il se rend ensuite, accompagné de ce dernier et d'un seul aide de camp, à la Double-Couronne. Ils visitent les points les plus menacés. Le gouverneur montre de nouveau le courage qu'il a montré à Avron, à Rosny, à Champigny, à Montrouge, sur les remparts de Paris; il va jusqu'à une témérité que ne peuvent expliquer, peut-être, que les événements qui se passent au même instant à l'hôtel de ville.

Le soir, nous apprenons que le général Vinoy est nommé commandant en chef de l'armée de Paris; le titre et les fonctions de gouverneur sont supprimés; le général Trochu conserve la présidence du gouvernement.

Au 6ᵉ secteur, les marins du Point-du-Jour continuent à tirer sur la batterie de mortiers du Moulin-de-Pierre. Le fort d'Issy lui signale « que son » tir est très-bon et vient de faire sauter une pou- » drière. » Breteuil et Meudon attaquent vivement le Point-du-Jour pour détourner ses coups.

SAINT-OUEN. — Pendant toute la durée du bombardement, la batterie de Saint-Ouen tire sans désemparer sur Orgemont et sur Épinay. Il est singulier que pendant tout le siége l'ennemi se soit abstenu de tirer sur cette batterie, qui était entièrement découverte.

EST. — Dans l'Est, le feu habituel des Allemands n'offre rien de particulier. Nos redoutes et nos batteries tirent sur le Raincy. Rosny tire sur Avron, où sont des groupes de travailleurs. Les obus arrivent plus fréquemment dans ce fort aujourd'hui. Il reçoit 71 obus le jour, et 39 la nuit. Une fusée de guerre venant d'Avron tombe aussi dans sa cour et éclate.

SUD. — A sept heures du soir, une vive fusillade s'étend rapidement devant la Plâtrière, sur la route de Choisy. C'est une reconnaissance prussienne, qui se replie aussitôt sous notre feu et sous le canon du fort d'Ivry. Les troupes de soutien rassemblées avec rapidité sont accourues aux tranchées ; l'ennemi, trompé sans doute sur la situation, avait ouvert le feu à la fois du cimetière, de ses maisons et postes fortifiés, ainsi que de la Gare-aux-Bœufs. A huit heures tout rentre dans le calme. Nous n'avons aucun blessé, malgré la grêle de balles qui sifflaient dans l'obscurité. Mais nous avons perdu le capitaine de garde nationale Pissonnet de Bellefonds, qui, longeant la Seine à la tête de ses hommes pour soutenir la batterie du bord de l'eau, est tombé dans une écluse et y a péri.

MONTROUGE. — Le tir des Prussiens est très-modéré jusqu'à onze heures, moment où la brume se dissipe. De une heure à quatre heures il devient beaucoup plus vif.

Les batteries de Fontenay et les mortiers cessent le feu à quatre heures et demie. La batterie de l'Hay tire jusqu'à cinq heures.

Pendant la nuit, le tir ennemi est très-lent sur Montrouge, mais un grand nombre de projectiles sont envoyés sur Paris.

Calme complet aux avant-postes.

Nos dégâts matériels sont peu considérables aujourd'hui.

Nous avons un mobile tué et deux matelots blessés.

Montrouge a consommé dans la journée 187 obus et 23 bombes.

22 janvier.

Aujourd'hui, au 7ᵉ secteur, contre-amiral de Montaignac, nos marins du bastion 73 engagent un brillant combat d'artillerie avec la batterie allemande dite de la Savonnerie, située à 1,200 mètres du fort de Vanves. Hier déjà, le lieutenant de vaisseau Gourguen s'était essayé avec succès sur cette batterie. Aujourd'hui, c'est presque un rendez-vous, un duel qui dure trois heures, et pendant lequel le fort de Vanves télégraphie au contre-amiral de Montaignac : « Votre tir est vraiment » merveilleux. Nous pouvons respirer quelque » temps. » Vanves et l'enceinte ont sur ce point l'honneur d'éteindre complétement le feu de l'ennemi vers trois heures.

Dans cette lutte, où nos matelots montrent autant d'énergie que de sang-froid, trois marins sont blessés, dont un grièvement. Les embrasures et les plates-formes ont beaucoup souffert. Elles sont en partie bouleversées.

Aujourd'hui également, le 6ᵉ secteur, contre-amiral Fleuriot de Langle, écrase de son feu la batterie de Breteuil.

SAINT-DENIS. — Au jour, le bombardement sur la ville et sur les forts prend un cours régulier.

Le commandant en chef espère que les forts pourront répondre à l'ennemi au moins coup pour coup ; l'état des munitions le permet.

De sept heures et demie du matin à quatre heures vingt minutes, le fort de l'Est reçoit 216 obus. Les pavillons sont endommagés, des pare-éclats bouleversés ; des abris insuffisants sont traversés. Une douzaine d'obus tombent sur l'escarpe de la courtine 2-3, et dix sur l'escarpe du bastion 2.

La muraille n'est pas percée, les premiers moellons seuls sont arrachés. Le fort de l'Est a deux blessés, dont un très-grièvement.

La Briche éprouve des dégâts matériels assez considérables. Il est ce jour-là le but préféré. Le pont-levis est endommagé. 800 boulets atteignent le fort dans les vingt-quatre heures. Plusieurs Allemands s'avancent isolément jusqu'à petite distance. Des coups de fusil les éloignent.

A la Double-Couronne, un abri occupé par des hommes du 135e de ligne est défoncé par un obus et treize hommes sont blessés. On l'évacue entièrement, ainsi que les autres abris semblables. Tout le développement du fort est couvert de projectiles.

Le fort d'Aubervilliers n'est pas bombardé aujourd'hui.

La Butte-Pinson et Stains tirent plus particulièrement sur la cathédrale avec celles de leurs pièces qui battent la ville. Un obus frappe la plateforme de ce monument ; un autre produit dans l'intérieur une forte commotion sans qu'on découvre l'endroit où il est tombé. Un troisième emporte la tête du buste colossal de saint Denis qui est au sommet du pignon du porche.

Des incendies continuent à se déclarer dans la ville. On parvient à en éteindre la plupart.

A la nuit, le feu cesse, et des coups isolés continuent seuls à tomber sur les forts et la ville.

Presque tous les fils télégraphiques sont coupés par le bombardement. Une escouade d'ouvriers télégraphiers, sous les ordres de M. Clérac, procède, non sans danger, à leurs réparations successives.

On établit autant qu'on le peut des communications souterraines.

EST. — Dans l'Est, les batteries allemandes continuent leur tir sans produire aucun dégât. Rosny reçoit 78 obus le jour et 11 la nuit.

SUD. — Le contre-amiral Pothuau passe, dans le jardin de la mairie de Vitry, l'inspection des fusiliers-marins et des mobiles non de service de sa division. Les troupes défilent ensuite, sous le commandement du colonel Champion.

MONTROUGE. — A huit heures du matin, les batteries allemandes de l'Hay ouvrent leur feu sur Montrouge. Peu après, celles de Fontenay commencent à tirer sur les bastions 3 et 4 de ce fort. Les batteries de Châtillon tirent sur Vanves et les remparts.

Les bastions 1 et 2 répondent à l'Hay.

Les bastions 3 et 4 et la courtine 3-4 ripostent énergiquement aux batteries de Fontenay.

De deux à quatre heures, le feu de l'ennemi est

très-vif, surtout sur le bastion 4, contre lequel s'acharne Fontenay.

Nos mortiers de 0^m,22 tirent de temps en temps sur les points de Bagneux d'où partent des coups de fusil de rempart.

Ceux de 0^m,27 tirent sur Fontenay.

Vers quatre heures, le feu cesse de part et d'autre.

La nuit, l'ennemi tire à de longs intervalles sur le fort.

Fontenay tire plus fréquemment sur Paris.

Dans cette journée, nous avons eu plusieurs embrasures bouleversées ; la masse de mire du canon de 24 du saillant du bastion 3 est brisée par un coup d'embrasure ; une pièce de 24 de la courtine 3-4, démontée également par un coup d'embrasure qui a brisé une roue ; enfin, quelques épaulements et des traverses sont bouleversés par des bombes de 0^m,22.

Nous avons quatre marins blessés, dont un quartier-maître canonnier grièvement. Nous tirons dans cette journée 286 obus et 38 bombes.

A dix heures quarante minutes du soir, le général Le Flô, ministre de la guerre, adresse à tous les forts le télégramme ci-après :

« Monsieur Jules Ferry, maire de Paris, a adressé
» à MM. les commandants des neuf secteurs la dé-
» pêche suivante : « Quelques gardes nationaux fac-
» tieux, appartenant au 101e de marche, ont tenté
» de prendre l'hôtel de ville. Ils ont tiré sur les
» officiers de service e blessé grièvement un adju-

» dant-major de la garde mobile. La troupe a
» riposté. L'hôtel de ville a été fusillé des fenêtres
» des maisons qui lui font face de l'autre côté de la
» place et qui étaient d'avance occupées. On a lancé
» sur nous des bombes et des balles explosibles.
» L'agression a été des plus lâches, et la plus odieuse
» d'abord au début, puisqu'on a tiré plus de cent
» coups de fusil sur le colonel et ses officiers au
» moment où ils congédiaient une députation
» admise un instant avant dans l'hôtel de ville.
» Non moins lâche ensuite, quand, après la pre-
» mière décharge, la place s'étant vidée et le feu
» ayant cessé de notre part, nous fûmes canardés
» des fenêtres en face. Dites bien ces choses aux
» gardes nationaux, et tenez-moi au courant. Ici
» tout est rentré dans l'ordre. La garde républi-
» caine et la garde nationale occupent la place et
» les abords. »

L'ardeur de la lutte, le sentiment du devoir militaire, ne permettent pas aux défenseurs des forts, que le patriotisme seul soutient, de prêter attention aux événements qui se passent à l'hôtel de ville.

22 janvier.

Les contre-amiraux Fleuriot de Langle et Pothuau sont promus au grade de vice-amiral. Le capitaine de vaisseau Thomasset, commandant en chef la flottille, est nommé contre-amiral.

Le général Vinoy fait connaître, par l'ordre du jour suivant, à l'armée de Paris, la situation générale, et donne à entendre la triste réalité :

» Le gouvernement de la défense nationale vient
» de me placer à votre tête; il fait appel à mon pa-
» triotisme et à mon dévouement; je n'ai pas le
» droit de m'y soustraire. C'est une charge bien
» lourde, je n'en veux accepter que le péril, et il
» ne faut pas se faire d'illusions.

» Après un siége de plus de quatre mois, glo-
» rieusement soutenu par l'armée et par la garde
» nationale, virilement supporté par la population
» de Paris, nous voici arrivés au moment critique.

» Refuser le dangereux honneur du commande-
» ment dans une pareille circonstance, serait ne
» pas répondre à la confiance qu'on a mise en moi.
» Je suis soldat, et ne sais pas reculer devant les
» dangers que peut entraîner cette grande respon-
» sabilité.

» A l'intérieur, le parti du désordre s'agite, et
» cependant le canon gronde. Je veux être soldat
» jusqu'au bout, j'accepte ce danger, bien con-
» vaincu que le concours des bons citoyens, celui
» de l'armée et de la garde nationale ne me feront
» pas défaut pour le maintien de l'ordre et le salut
» commun.

» *Signé* : Général VINOY. »

Au sixième secteur, la batterie de marins du Point-du-Jour bat vigoureusement Breteuil. Un quartier-maître canonnier est blessé grièvement.

SAINT-DENIS. — Le bombardement sur tout le front Nord n'a pas cessé. Pendant la nuit, on voit tomber sur la place de Saint-Denis, et dans les environs, des obus incendiaires qui laissent échapper, en éclatant, des matières enflammées.

Pendant la journée, le clocher de la cathédrale semble être le point de mire. L'escalier est très-endommagé, et rend très-difficile la communication avec les timoniers qui veillent au sommet. De nombreux projectiles arrivent dans les rues et sur les maisons.

Bien des dévouements se produisent dans la population. Parmi les plus zélés, M. Salle, président de la Société de secours aux blessés de Saint-Denis, prend la première place avec le R. P. de Bengy, aumônier des ambulances [1].

Au fort de l'Est, dans la nuit, 174 obus tombent à l'intérieur du fort. Le chef d'escadron Livache du Plan, qui y commande l'artillerie, est seul contusionné.

Le bombardement du fort de la Briche est très-violent. Plus de mille obus l'atteignent dans les vingt-quatre heures, venant de huit directions différentes. L'ennemi envoie des reconnaissances assez près du fort. Elles sont repoussées par la mousqueterie, dès qu'elles sont à bonne portée. Pour en finir d'ailleurs avec ces reconnaissances, deux mitrailleuses, demandées à Paris, viennent renforcer l'artillerie du fort, à laquelle on a ajouté quatre canons de 7. Toute la nuit, de petits postes circulent autour du fort avec ordre de tirer sur qui que ce soit.

---

[1] Le R. P. de Bengy a été fusillé parmi les otages de la Commune.

L'ennemi semble retourner les ouvrages de nos anciens postes avancés pour y placer de l'artillerie et faire des travaux d'approche. On tire vigoureusement sur ces points avec les canons à petite portée.

Toute la nuit est activement employée à réparer les avaries.

A la Double-Couronne, même violence du bombardement, auquel on répond particulièrement avec les pièces de marine qui tirent avec une grande précision. M. Mendousse, sous-lieutenant d'artillerie de marine, et M. Moulin, sous-lieutenant du 135ᵉ de ligne, sont tués. M. Petiot, lieutenant d'artillerie, est grièvement blessé. 3 hommes sont blessés.

Au fort de l'Est, 470 obus atteignent le fort. Les escarpes, fréquemment touchées, ne sont pas dégradées d'une manière inquiétante. 1 tué et 7 blessés.

Rien à Aubervilliers.

Le bombardement de la Courneuve paraît avoir définitivement cessé.

EST. — Le vice-amiral Saisset donne l'ordre à Romainville de tirer cinq coups par pièce sur les travaux commencés dans le grand enclos au Sud du Bourget. Romainville tire en outre sur Nonneville, Noisy également. Rosny ne tire pas, son tir appelant un trop grand feu de l'ennemi qu'il vaut mieux ne pas essuyer avant que le travail des poudrières soit terminé. Les redoutes de la Boissière et de Montreuil et les batteries de la voie stratégique seules font des feux d'ensemble sur les batteries du Raincy. La batterie du lieutenant de vaisseau Maury-Bonnelle canonne fortement le Raincy et Livry. La batterie Lavison paraît, après 60 coups, avoir fait beaucoup de mal à l'ennemi.

Les Allemands démasquent, sur les hauteurs de Villiers, une nouvelle batterie qui dirige un feu très-vif sur le fort de Nogent. Ce fort riposte avec une égale vigueur.

Rosny reçoit de jour 57 obus, et la nuit 15. Son tir a été presque nul aujourd'hui.

SUD. — Les Allemands travaillent activement à établir une batterie sur le chemin de fer de Lyon. Les canonnières de la flottille reçoivent l'ordre de remonter la Seine, et étudient les angles de tir qui permettent à leurs pièces à longue portée d'atteindre cette batterie, bien qu'elles ne puissent la voir.

MONTROUGE. — A sept heures trente, les Allemands ouvrent le feu, lentement sur Montrouge, et très-vivement sur Vanves. A huit heures, Montrouge commence à répondre, et le feu ennemi devient très-vif sur lui de midi à quatre heures surtout. Les pièces de l'Hay ont notre caserne de gauche pour principal objectif. Les avaries s'accentuent, mais le capitaine de vaisseau Amet continue la défense avec la même énergie. Le bastion 4 principalement souffre beaucoup des bombes ennemies : tous les abris des hommes sont défoncés ; les bombes font encore écrouler la voûte du magasin à projectiles, quoiqu'elle ait déjà été épontillée. Les merlons des bastions 3-4 et de la courtine 3-4 sont renversés, les embrasures démolies, et une brèche complète pratiquée dans le mur de gorge. Les matériaux tombés dans le fossé forment rampe pour y arriver.

Pendant la nuit, on déblaye le tout, on disperse les matériaux dans le fossé, et on y creuse une tranchée.

Le fort de Bicêtre tire sur Fontenay.

Les batteries de l'Hay tirent sur Montrouge pendant toute la journée ; les Hautes-Bruyères ne tirent pas, mais Bicêtre occupe toujours l'ennemi.

Une pièce de 24 de la courtine 3-4 de Montrouge a une roue brisée, on la répare. Celle du saillant du bastion 3 a son affût complétement démoli et sa masse de mire enlevée. Une nouvelle pièce de 24, venue de Paris, est mise à sa place.

Vers quatre heures le feu cesse. Pendant la nuit, l'ennemi ne tire que sur Paris, sauf quelques coups rares à l'adresse du bastion 4. Un bruit incessant de chariots se fait entendre vers Fontenay et Châtillon.

Montrouge a 7 marins blessés. M. le lieutenant de vaisseau Bellanger, qui commande le bastion 4, reçoit trois blessures légères.

Le fort tire dans la journée 225 obus et 45 bombes.

La situation du fort de Montrouge empire chaque jour. Aujourd'hui la lutte a été rude. Il existe un regrettable manque d'ensemble entre les directions données aux forts de la marine et celles données aux forts armés par la guerre et aux batteries qui les avoisinent. L'appui mutuel qu'ils se doivent fait ainsi quelquefois défaut. Dans cette période de la défense, il appartiendrait à un service unique de prendre la direction de l'ensemble des opérations.

Chaque jour, les choses se passent à peu près ainsi : le fort de Vanves ouvre dès le matin un feu nourri. La canonnade s'engage violemment. Montrouge vient en aide à Vanves, et bientôt Fontenay se met de la partie ; puis, Vanves se tait ou à peu près, et Montrouge reste seul aux prises avec l'ennemi.

La batterie placée près de Montrouge, quand elle tirait, débarrassait ce fort de trois ou quatre pièces qui la prenaient pour objectif. Hier encore il en était ainsi ; mais aujourd'hui, cette batterie n'ayant pas tiré, nous avons eu sur nous le feu de toutes les pièces des batteries de Fontenay, y compris les mortiers. Notre bastion 4 n'est plus qu'une ruine ce soir.

La batterie de l'Hay a commencé à faire ce que nous redoutions, c'est-à-dire à prendre à dos notre courtine 3-4, où sont établies les seules pièces avec lesquelles nous pouvons faire une diversion utile aux bastions 3 et 4. Notre situation défensive est loin ainsi de s'améliorer, et voici l'état où nous sommes : les blindages établis devant nos magasins à vivres, dans la cour du bastion 4, sont pulvérisés. Les voûtes des casemates sont entamées et les sacs à terre avec lesquels nous avons constitué un blindage intérieur ne peuvent donner une protection suffisante à nos vivres, au milieu desquels les obus pénètrent. Chaque nuit, nous retirons ce que nous pouvons, mais ce travail est difficile et dangereux. Une fois engagés dans ces débris, les hommes ne peuvent plus se garer lorsque le son du cornet à bouquin se fait entendre. Le mur de ce bastion a maintenant une large brèche, et du côté du fossé, les pierres du mur forment rampe. Nous nous occupons à disperser ces matériaux, mais cette brèche ne fera qu'augmenter.

Les voûtes de presque tous nos magasins à poudre et à projectiles des remparts, trop faibles partout, ont fléchi par suite d'explosions de bombes, et nous avons dû les épontiller en attendant de pouvoir reprendre la maçonnerie. Les corps de logis de chaque côté de la porte sont devenus presque inhabitables ; il est difficile de mettre les hommes de garde en sûreté. Le génie, sous l'énergique direction du lieutenant-colonel Lévy, va percer une galerie dans le masque de la porte ; ce sera toujours un abri.

Enfin, les terres des parapets ont été si bien labourées par les obus qu'elles n'offrent plus de consistance ; les travaux de réparation rendus ainsi plus faciles peut-être, offriront moins de garanties de résistance. En même temps, le tir de l'ennemi a gagné en justesse, les coups d'embrasures se multiplient, et par suite les accidents aux pièces. Les bombes nous donnent le coup de grâce.

Dans ces conditions, pour continuer une défense honorable et ménager les forces et le sang de sa garnison, le fort de Montrouge a besoin d'être appuyé : cela serait facile. En armant la batterie Millaud plus fortement, on tiendrait en respect les pièces de campagne de Sceaux; en remaniant trois des embrasures de la batterie de six pièces de 24 qui est en dehors et à côté du fort, cette batterie atteindrait Fontenay. Bicêtre et les Hautes-Bruyères font de leur mieux pour nous aider. Le 7ᵉ secteur de l'enceinte vient également à notre secours de tout son pouvoir; il tire beaucoup, mais il est bien loin. Cependant l'ennemi, de temps à autre, lui envoie quelques obus, et c'est autant de moins pour nous.

L'esprit qui anime le personnel de Montrouge est parfait. Les officiers donnent l'exemple, et les marins, les canonniers surtout, se comportent vaillamment.

Dans leurs visites, le vice-amiral commandant en chef, et le vice-amiral Pothuau, qui s'y rend presque tous les jours, ont contribué à maintenir ce moral. Ils ont pu apprécier les mérites de ces braves gens et de leur digne commandant, le capitaine de vaisseau Amet.

Le capitaine de vaisseau Salmon a remis dans la journée le commandement des Hautes-Bruyères au général Martenot, pour retourner avec sa brigade à Charenton. Les marins de cette brigade regrettent cette redoute, où ils se trouvaient comme à bord d'un vaisseau, dont ils avaient amélioré les défenses avec le plus grand intérêt, et d'où ils venaient utilement en aide à leurs camarades de Montrouge.

24 janvier.

SAINT-DENIS. — Le bombardement de Saint-Denis et des forts est très-violent aujourd'hui encore. Les coups sur la ville se succèdent de minute en minute environ. La mairie et le quartier général sont toujours un objectif attrayant.

Les Allemands paraissent développer leur établissement à Villetaneuse.

Pour le cas d'une attaque de vive force, la division Susbielle, cantonnée à Clichy, reçoit l'ordre de soutenir « le corps d'armée de Saint-Denis si » besoin est, et si le vice-amiral commandant en chef » lui donne directement cet ordre. » (Note 21.)

La Briche est bombardée avec une aussi grande violence qu'hier par tous les feux qui se croisent contre ce fort. Il n'a toutefois que 2 blessés. Il reçoit 500 obus environ. Le chef d'escadron d'artillerie de marine Duran y dirige l'artillerie avec un courage réfléchi, et le capitaine Dreyssé ne se distingue pas moins à la tête du service du génie.

A la Double-Couronne, deux affûts de pièces de marine sont mis hors de service. On en répare un, on remplace l'autre. On répond par bordées au tir de l'ennemi pendant une partie de la journée. Le capitaine d'artillerie de marine Brinster, qui commande l'artillerie du fort, déploie une activité et un courage exemplaires ; le capitaine du génie Dulauroy rivalise d'ardeur et d'intelligence avec lui.

Les maisons voisines de la Double-Couronne sont écrasées. Toujours de nombreux incendies. 3 tués et 5 blessés, dont M. Verrier, lieutenant d'artillerie.

Le jour, les ponts-levis restent baissés, pour diminuer les chances d'avaries. Celui de la porte de l'Ouest est néanmoins déjà hors de service.

Le fort de l'Est essuie un feu vif. Il reçoit 244 obus de sept heures du matin à quatre heures du soir. Le capitaine du génie Kienné dirige les réparations.

Une nouvelle batterie au Nord du Bourget le canonne. Il a six blessés. Une pièce de $0^m,16$ éclate sans causer d'accident.

Le bouillant colonel Sentupéry fait partager à tous sa bravoure et son ardeur.

Le fort d'Aubervilliers est canonné par deux autres nouvelles batteries qui tirent également sur le petit et le grand Drancy. Elles sont situées sur le chemin de fer de Soissons près des maisons de garde du Bourget. Leurs projectiles atteignent Aubervilliers avec une grande justesse. Le village d'Aubervilliers est bombardé comme le fort pendant toute l'après-midi jusqu'à cinq heures. Le fort et notre batterie de la Croix de Flandre les contre-battent. Le fort a 3 blessés.

Une fusillade s'engage contre les grand'gardes de Drancy.

Le feu sur la Courneuve reprend. Les canons

qui y armaient notre batterie sont ramenés dans la nuit à Saint-Denis, pour renforcer la Double-Couronne de pièces de marine.

Dans cette journée, la Briche tire 158 coups, la Double-Couronne 72, le fort de l'Est 229.

EST. — Dans l'Est, le bombardement n'offre aucun intérêt nouveau. Cependant la batterie du sommet du plateau de Villiers tire aujourd'hui sur le fort neuf de Vincennes. Quelques obus tombent dans ce fort, d'autres sur les glacis. Aucun ne dépasse la ligne qui joint les deux portes latérales.

Nos redoutes et nos batteries canonnent le Raincy.

Rosny ne reçoit que 45 obus le jour et 22 la nuit. Son tir est nul, sauf quelques coups sur Avron.

SUD. — Vers une heure de l'après-midi, un officier et deux soldats prussiens sans armes se présentent à découvert devant nos tranchées de droite, occupées par des mobiles du Puy-de-Dôme. Ils font des gestes qui font croire qu'ils veulent se rendre. Le capitaine des mobiles les fait prisonniers, quoiqu'ils disent qu'ils viennent réclamer un officier qui aurait été blessé dans une reconnaissance opérée cette nuit. Mais il est plus présumable qu'ils cherchaient à établir des relations pour avoir des nouvelles de ce qui se passe dans Paris.

Peu de temps après, un autre officier prussien s'avance régulièrement en parlementaire pour demander que ces trois prisonniers soient rendus. Le vice-amiral Pothuau lui fait répondre par son aide de camp, le lieutenant de vaisseau Benoist d'Azy, que ces hommes ne s'étant pas présentés avec les formes usitées, doivent rester prisonniers. Le parlementaire en convient; les choses en restent là.

MONTROUGE. — Le temps, brumeux dès le matin, reste couvert toute la journée. L'ennemi tire très-lentement, environ un coup par quart d'heure. De neuf heures à trois heures, quatre bombes seulement tombent dans le fort. Les dégâts matériels ne consistent qu'en deux traverses-abris percées par ces bombes.

Nous ne répondons pas un seul coup de canon, et nous continuons à faire des travaux de réparation qui exposent peu les hommes. Nous avons eu un maître, un matelot et un surveillant du génie blessés légèrement. Bicêtre est également muet.

25 janvier.

A Saint-Denis, le bombardement continue.

Pendant la nuit, 500 mobiles du 13ᵉ bataillon des mobiles de la Seine ont manqué à la grand'garde de la Courneuve.

Des faits analogues s'étaient déjà produits fréquemment, mais jamais dans une telle proportion. Malgré les exemples, les punitions et les récompenses, la discipline ne peut s'implanter dans ces corps de mobiles de la Seine. L'élection des officiers, si fâcheusement introduite le jour même de l'investissement, fait enfin place aux nominations directes par le commandement en chef. L'autorité y gagnera. Mais il est bien tard.

Cinq cents artilleurs de la garde nationale viennent renforcer les artilleurs de la marine et les matelots canonniers. Ils sont répartis dans les différents forts, et le long du chemin couvert derrière l'inondation, dans les abris qui sont pratiqués dans le talus.

Les deux batteries à droite et à gauche du Bourget et derrière ce village, qui tirent sur nous, sont visibles aujourd'hui. L'une est en avant du chemin qui longe la Molette et va vers le passage à niveau de Drancy. Un grand mur à droite du Bourget est démoli pour la démasquer. L'autre batterie est en avant du chemin de Dugny.

Aujourd'hui, l'ennemi prend plutôt la basilique pour objectif, et son clocher reçoit un grand nombre d'obus.

Le fort de la Briche s'endommage de plus en plus, malgré l'activité des réparations qui se font la nuit. Le lieutenant de vaisseau Glon-Villeneuve, et le lieutenant d'artillerie de terre Berthier, sont blessés. Le lieutenant de vaisseau F. Fournier remplace M. Glon-Villeneuve dans le commandement des deux compagnies de marins-fusiliers. Il n'y a aujourd'hui que trois blessés.

A la Double-Couronne, cinq affûts de pièces de marine sont plus ou moins avariés. Le fort a deux blessés. Les hommes apprennent là également à se défiler.

Le fort de l'Est a sept blessés, dont M. Barbier, lieutenant d'artillerie de la garde nationale.

Sur le fort et le village d'Aubervilliers, l'ennemi dirige aujourd'hui un feu soutenu. Un seul homme tué.

Quelques boulets sont tirés du Bourget à toute volée sur la ville de Paris. Ils n'atteignent que les glacis extérieurs.

Dans sa visite d'aujourd'hui au fort d'Aubervilliers, le vice-amiral s'enquérant des motifs qui ralentissaient le feu du fort, est informé par le chef d'escadron d'artillerie de marine Prépetit de la Garenne, qu'il obéit à une dépêche du général commandant l'artillerie de la rive droite, qui lui enjoint de ménager ses munitions et de ne tirer que modérément. Le vice-amiral s'étonne que de pareils ordres n'aient pas passé par son intermédiaire et soient donnés à son insu. Il prescrit formellement de n'obéir à aucun ordre de cette nature qui n'émanerait pas de lui, et d'ouvrir sur les batteries ennemies un feu plus actif qu'elles. Les artilleurs s'empressent d'exécuter cet ordre, qui répond à leur ardeur. Les faits de cette nature ne sont pas isolés. Ils ne sont que la conséquence de prescriptions surannées d'après lesquelles, dans les forts, le commandement ne s'exerce pas avec l'unité nécessaire. Dans ceux de la marine, ce manque d'unité, si contraire à nos usages, ne pouvait s'introduire. Une seule autorité s'y faisait sentir sans partage, celle du commandant supérieur.

La Briche tire dans cette journée 260 coups,

la Double-Couronne 207, le fort de l'Est 150, Aubervilliers 71.

Pendant la nuit, grand mouvement de voitures chez l'ennemi.

Le bombardement sur la ville suit son cours ordinaire.

Le général du génie Dubois-Fresnay est venu aujourd'hui à Saint Denis examiner la situation des défenses. Un obus éclate à ses pieds dans la cour du quartier général. Il n'est pas atteint.

EST. — Dans l'Est, le bombardement est modéré. Nogent et les redoutes sont les principaux objectifs de l'ennemi.

Rosny reçoit 41 obus le jour, 22 la nuit. Son tir est nul, sauf quelques coups isolés sur les travailleurs du plateau d'Avron.

SUD. — L'ennemi continue activement à établir sa batterie de la ferme de l'Hôpital. Les deux wagons blindés de $0^m,14$, sous les ordres de l'enseigne de vaisseau de Marliave, sont envoyés sur la voie du chemin de fer de Lyon pour contrebattre au besoin cette batterie. Ils arrivent dans la soirée à la station de Vitry.

On termine dans la journée, au Pigeonnier, sur la crête du plateau vers Thiais, une petite redoute où nous pourrons tenir 100 hommes à poste fixe entre la Plâtrière et Saquet.

Les matelots des canonnières de la flottille recueillent une très-petite boîte livrée au courant de la Seine, et contenant quelques correspondances privées.

MONTROUGE. — Le capitaine de frégate de Larret-Lamalignie vient remplacer au fort de Montrouge le commandant Vidal, grièvement blessé le 19.

Le temps est couvert et brumeux. Les batteries ennemies ne commencent pas leur feu avant neuf heures, et cependant, dès huit heures, le 7° secteur tire sur elles ; le 8° secteur tire également. Le feu de l'ennemi, dans la matinée, est moins rapide que les jours précédents. Il envoie des obus et des bombes sur les bastions 3 et 4 et la courtine 3-4.

La brume se lève peu à peu, et la batterie prussienne de l'Hay ouvre le feu sur le bastion 2 et la courtine 2-3. Elle envoie aussi quelques coups d'écharpe au bastion 3.

Dans l'après-midi le temps s'éclaircit, et le tir des batteries ennemies devient de plus en plus vif.

Bourg-la-Reine tire quelques coups sur le bastion 3 et sur la courtine 2-3. Les bastions 1 et 2 répondent alternativement à la batterie de l'Hay. Les bastions 2, 3, 4, la courtine 3-4, les mortiers, répondent aux batteries de Bagneux et de Fontenay.

Vers quatre heures, les batteries de l'Hay et de Bourg-la-Reine cessent de tirer, le feu de Fontenay se ralentit, et il n'arrive plus de bombes. Un certain nombre d'embrasures ont été endommagées sur la courtine 3-4 et sur les bastions 3 et 4 ; elles sont réparées le soir.

Un coup d'embrasure produit par une bombe, à la première pièce de 0^m,16 du flanc du bastion 4, bouleverse l'embrasure, brise la hausse, contusionne le pourvoyeur. On répare plusieurs abris, traverses et épaulements. Le travail dure toute la nuit et est terminé à huit heures du matin.

Pendant la nuit, le tir ennemi a été lent sur le fort, mais actif sur Paris.

Nous avons 4 blessés.

Le fort a tiré 84 obus et 14 bombes.

26 janvier.

Des bruits d'armistice circulent dans Paris. Nous l'apprenons dans les forts par la circulaire suivante :

« Le général commandant en chef l'armée de
» Paris invite tous les officiers placés sous votre
» commandement à se tenir en garde contre une
» circulaire émanée du 8º secteur, et insérée ce
» matin dans le journal *le Rappel*. Elle constitue un
» acte de défiance entièrement contraire à la disci-
» pline qui doit régner parmi nous, quels que
» soient les sentiments qui l'ont inspirée. »

Cette circulaire, qui est une protestation contre le gouvernement de la défense nationale, est considérée par tous comme une démarche contraire à la discipline dans un moment où cette discipline est plus indispensable que jamais.

SAINT-DENIS. — Le tir sur la ville de Saint-Denis et sur les forts est très-violent dans la journée. La batterie de la Courneuve reçoit 60 projectiles.

Une nouvelle batterie, établie dans la nuit par l'ennemi au Temps-Perdu, à 800 mètres du fort de la Briche, ouvre son feu. Par suite des avaries continuelles que subit notre artillerie, il ne reste le soir que quatre pièces à opposer aux six batteries d'Enghien, de Montmorency et de Deuil, et six pièces pour lutter contre deux batteries fixes et deux batteries volantes de la butte Pinson.

Le pont-levis, réparé plusieurs fois, est hors de service. Il faut se servir de la porte de secours, qui est d'un abord difficile. Les dégradations aux escarpes commencent à s'accentuer. Deux artilleurs de la marine sont blessés aux pièces, quinze affûts sont mis hors de service, une pièce de 24 est renversée et tombe dans la cour devant une casemate sans blesser personne. Une poudrière du cavalier, sérieusement endommagée, doit être rapidement évacuée. Le commandant Duran, le capitaine Dreyssè rivalisent toujours d'ardeur.

A la Double-Couronne, plusieurs abris d'une épaisseur insuffisante doivent être abandonnés. Ils sont traversés par les obus et présentent ainsi un grand danger pour les hommes non de service qui y sont accumulés. Les poudrières commencent à être menacées.

Le séjour des courtines et des bastions devient de plus en plus dangereux. Néanmoins, les matelots canonniers, les artilleurs de la marine et quelques artilleurs de la garde nationale s'y maintiennent vaillamment et continuent le feu. Le commandant supérieur du fort, le chef de bataillon Zeler, donne l'exemple d'un stoïque courage.

M. Humbert, sous-lieutenant d'artillerie de marine, est blessé.

Le manque d'officiers d'artillerie se fait sentir de plus en plus. Cinq ont été tués dans ce fort, ou mis hors de combat. Le capitaine Brinster et le capitaine Dulauroy, du génie, suffisent à tout.

Même feu contre le fort de l'Est. Il est atteint par 350 obus. Trois hommes blessés. Un obus traverse le mur d'une casemate habitée par la troupe. Le blindage en sacs à terre est un peu ébranlé, mais il résiste.

Aubervilliers tire activement et est semblablement canonné, de même que le village. Rien de nouveau dans le fort. Il est peu endommagé.

FLOTTILLE. — La batterie flottante n° 2 se présente à l'écluse pour descendre à Bercy. Elle touche sur l'enrochement du quai, crève son avant, et coule en quelques minutes. Les eaux étant très-basses, son renflouage sera facile.

SUD. — Le fort de Montrouge commence à être bombardé très-lentement vers huit heures trente minutes du matin. La brume est très-épaisse jusqu'à onze heures.

A partir de ce moment, le feu des Allemands s'accroît successivement.

Vers midi et demi, le fort commence de son côté

à répondre, et la canonnade dure de part et d'autre jusqu'à quatre heures trente. En raison des recommandations faites la veille par le général Guiod, commandant en chef de l'artillerie, et qui nous sont renouvelées sur la nécessité de ménager les munitions, nous répondons dans la proportion d'un coup pour trois. Et cependant nos canonniers prévoient bien que, malheureusement, nos munitions, quel que soit désormais notre prodigalité, dureront aussi longtemps que les approvisionnements de vivres qui restent dans la ville.

L'ennemi continue à tirer sur le fort et sur Paris plus vivement que de coutume, et son feu augmente encore de vivacité dans la soirée. De dix heures à onze heures cinquante-cinq, il ne discontinue pas.

Nous transportons dans la soirée une pièce de $0^m,16$ du bastion 3 au bastion 4.

Nous avons eu un matelot tué et quatre blessés, dont deux grièvement. Montrouge a tiré dans la journée 65 obus et 17 bombes.

Dans la soirée, le ministre de la guerre donne l'ordre de réduire à quinze jours de vivres l'approvisionnement des forts. L'excédant doit être transporté immédiatement à Paris par les soins de l'intendance. Mais les moyens de transport étant devenus insuffisants par la rareté des chevaux, cet ordre ne put être exécuté qu'incomplètement.

A neuf heures vingt du soir, le général Vinoy envoie à tous les forts la dépêche suivante :

« Suspension d'armes à minuit. Cessez le feu sur
» toute la ligne. Exécutez rigoureusement cet
» ordre. Accusez réception. »

Le feu cesse partout à minuit. Toutefois, il est constaté qu'à minuit trente-cinq un obus allemand tombe encore dans le fort d'Aubervilliers.

Chacun l'a compris : la fin de la lutte est proche; on n'ignore pas que l'approvisionnement des vivres de Paris est arrivé à son terme extrême. Le sacrifice sera d'autant plus sensible pour les forts qu'arment nos marins, que ceux-ci se savent approvisionnés en vivres et en munitions pour une résistance prolongée. Mais il nous faudra bien courber notre orgueil; suspendre ainsi la défense n'est pas le moindre sacrifice qui est imposé à notre dévouement pour la capitale.

Néanmoins, jusqu'à minuit, de tous côtés, à Saint-Denis, dans l'Est, dans le Sud, nos forts, nos batteries, nos redoutes tirent avec une égale ardeur.

A minuit précis, tout bruit cesse autour de Paris vaincu par la famine.

27 janvier.

« A huit heures du matin, tous les commandants
» de corps d'armée, les officiers généraux, les
» chefs d'état-major, les commandants supérieurs
» du génie, de l'artillerie et des forts, les chefs de
» corps, se réuniront au ministère de la guerre
» pour y recevoir une importante communication
» du gouvernement. »

Cette communication est l'exposé de la situation de la défense de Paris fait par le général Trochu, celui de l'état des approvisionnements de la capitale, le récit des défaites de nos armées de province, enfin l'explication des préliminaires d'armistice en vertu desquels l'armée est prisonnière de guerre.

Dans cette réunion, où se trouvent des officiers généraux et supérieurs de toutes les armes, le capitaine de vaisseau Amet, commandant supérieur du fort de Montrouge, est l'objet de tous les empressements.

Le général Vinoy envoie dans l'après-midi la circulaire suivante :

« La suspension d'armes comporte la cessation
» complète de tous travaux de défense, de terras-
» sements, de tranchées, batteries et autres. Toutes
» les pièces mobiles doivent être enlevées de leurs
» positions, mises en parc et prêtes à rentrer au
» premier ordre. Donnez des ordres en ce sens. »

Les ordres sont exécutés et tous travaux de réparation suspendus.

28 janvier.

Les bases de l'armistice sont affichées dans Paris :

« L'ennemi doit occuper tous les forts. La garde
» nationale garde ses armes. L'armée, qui doit être
» désarmée, à l'exception d'une division de 12,000
» hommes, reste dans Paris. Les officiers gardent
» leur épée. »

Quelques manifestations populaires ont lieu en

ville, et une certaine confusion règne dans tous les services.

On envoie à Paris, dans nos magasins, tous les objets de matériel appartenant à la marine, autres que ceux qui composent l'armement militaire des forts.

Au fort de Montrouge, le capitaine de frégate de Larret-Lamalignie, récemment promu, porte atteinte à sa vie en se tirant deux coups de revolver. Il succombe trois jours après. C'est le quatrième capitaine de frégate que perd ce fort. Trois ont été successivement tués à l'ennemi; un cinquième a été blessé très-grièvement.

Une dépêche chiffrée du délégué du ministre de la marine adressée à nos forts, « défend d'une
» façon absolue de faire descendre les canons de
» leurs affûts. Les bastions doivent rester intacts,
» armés exactement comme avant la suspension
» d'armes. »

Aussitôt que les préliminaires d'armistice ont été connus, le vice-amiral commandant en chef, interprète des sentiments douloureux du personnel sous ses ordres, adresse, à la date de ce jour, la lettre suivante au général en chef de l'armée de Paris :

« Mon général,

» D'après les termes reproduits ce matin au
» *Journal officiel*, les forts de Paris doivent être
» occupés par l'armée allemande. J'ignore la forme
» qui doit présider à notre évacuation; mais per-

» mettez-moi d'insister auprès de vous pour que
» les plus grands adoucissements soient apportés
» aux sentiments si douloureux qu'en éprouvent
» nos marins. Puisque la cruelle nécessité leur en
» fait un devoir, ils sauront se résigner. Ils aban-
» donneront, en courbant tristement la tête, des
» remparts qu'ils défendaient au nom de la patrie,
» et où bien des leurs sont tombés bravement.
» Mais si les lois de la guerre ne s'y opposent pas
» absolument, permettez qu'ils se retirent avant
» l'arrivée du vainqueur.

» Je connais les nobles sentiments de nos
» hommes; plusieurs officiers sont venus hier me
» les exprimer en leur nom. Il n'a pas dépendu
» d'eux que leurs forts restassent inviolés. Faites
» qu'ils ne voient pas l'affreuse réalité, et veuillez
» ordonner que ces forts soient rendus par les auto-
» rités qui nous y ont reçus à notre arrivée, c'est-
» à-dire le commandant de place, les agents du
» génie et de l'artillerie.

» Votre cœur de soldat a déjà compris les senti-
» ments que j'ai le devoir de vous exprimer. Je
» n'insisterai pas; mais jusqu'au dernier moment
» je compterai sur une solution qui constituera pour
» nos braves marins la dernière récompense qu'ils
» ambitionnent.

» Je suis, etc., etc.

» *Signé* : DE LA RONCIÈRE LE NOURY. »

Le général en chef accéda à cette demande, et les marins conserveront à leur amiral une vive reconnaissance de s'être fait le jaloux interprète des sentiments de tous. Aucun de nos forts n'est en effet réduit par la force; leur feu n'est pas interrompu. Ils sont largement approvisionnés. Leurs défenseurs ne succombent que parce que Paris meurt de faim. Ces nobles défenseurs ont donc droit à tous les égards de leurs chefs, comme à l'estime de leurs adversaires.

29 janvier.

Le 29, à cinq heures cinq minutes du matin, le général en chef télégraphie aux forts que « l'éva-
» cuation et la rentrée des troupes dans l'enceinte
» doivent avoir lieu aujourd'hui même. Il leur
» adresse ses instructions par écrit. »

Il donne l'ordre en outre « de couper les fils
» des torpilles, et de prendre des mesures pour
» écarter tout danger d'explosion. Les comman-
» dants des forts doivent vérifier ce travail et s'as-
» surer qu'il est terminé pour neuf heures du matin. »

A neuf heures, le mouvement d'évacuation commence, mais auparavant tout a été mis en ordre dans nos forts. Nos hommes se sont attachés ainsi à montrer jusqu'au dernier moment l'esprit qui ne cesse de les animer. Presque tous ont à cœur d'en laisser la trace à l'ennemi.

Les artilleurs de la marine du fort de la Briche, après avoir vainement attendu des chevaux annoncés de Paris pour emmener leurs pièces mobiles, s'y attellent spontanément eux-mêmes sous les ordres du chef d'escadron Duran, et les ramènent ainsi en ville. (Notes 22 et 23.)

Nos marins rentrent à Paris, en ordre et en silence, et se rendent à l'École militaire, où ils doivent être casernés. La foule s'incline sur leur passage, salue avec un respect sympathique les officiers qui les conduisent. L'équipage du fort de Montrouge est l'objet de vives démonstrations.

On apprend qu'un général allemand, en arrivant dans ce fort, a demandé le nom du commandant, et s'est exprimé sur la belle défense qu'il a opposée, dans des termes qui justifient ces démonstrations de la foule.

Le gouvernement, qui veut donner une marque d'estime aux marins, décide que trois bataillons de matelots fusiliers, formant un total de 1,800 hommes, feront partie de la division de 12,000 hommes qui doit rester armée. Le général d'infanterie de marine Faron est placé à la tête de cette division. Ses services distingués dans l'armée active lui valent cet honneur. Les trois bataillons de marins sont commandés par le capitaine de vaisseau Lamothe-Tenet, l'héroïque combattant du Bourget. Ils sont casernés à la Pépinière.

Plus tard, lorsqu'on entrevit la possibilité de renvoyer de Paris les gardes mobiles et les marins, la division Faron se compléta avec des troupes de ligne, et nos trois bataillons furent désarmés à leur tour.

Le vice-amiral commandant en chef obtint du ministre de la guerre que nos adjudants, qui en l'absence d'aspirants de 1re classe de la marine, durent faire pendant tout le siége le service de sous-lieutenants dans nos compagnies, conservassent leur épée comme les officiers.

La flottille tout entière rentre à Paris et vient mouiller à l'île des Cygnes[1].

Le vice-amiral désigne le capitaine de vaisseau Krantz pour prendre le commandement supérieur des marins à l'École militaire, que n'accepte pas le vice-amiral Saisset. Il ne faut rien moins que la ferme volonté, l'entraînante impulsion et la surveillance incessante de cet officier supérieur, pour parvenir à organiser l'établissement de nos hommes dans cette vaste caserne, sorte de colonie militaire où rien n'a pu être préparé pour les recevoir.

Quelques jours après, le commandant en chef, qui en passe l'inspection, peut s'assurer que ses ordres ont été ponctuellement exécutés, et que nos hommes, qui restent toujours sous la tutelle incessante de leurs officiers, sont aussi bien installés que possible.

Le 30 janvier, le présent ordre du jour est lu devant nos marins assemblés :

« Le vice-amiral commandant en chef est heu-
» reux de porter à la connaissance de la division,
» par la voie de l'ordre, le témoignage de haute
» satisfaction que le ministre de la marine a adressé
» au capitaine de vaisseau Amet, commandant
» supérieur du fort de Montrouge, pour la belle et

---

[1] Le 8 février, la batterie flottante n° 3 ralliait l'île des Cygnes. Le courant était très-violent. Elle s'échoua, et se creva sur une des piles du pont Notre-Dame.

» vigoureuse conduite que son équipage et lui ont
» tenue pendant près d'un mois sous le feu inces-
» sant des batteries prussiennes :

» Monsieur le commandant,

» Au moment où vous venez de quitter avec
» votre équipage le fort que vous avez si héroïque-
» ment défendu, je tiens à vous exprimer les senti-
» ments d'admiration que vous avez inspirés à vos
» camarades et à la population entière de Paris. La
» défense de la capitale a été belle, et parmi les
» brillants faits d'armes qui s'y sont passés, la lutte
» du fort de Montrouge aura une célébrité excep-
» tionnelle, et la marine l'enregistrera dans ses
» fastes célèbres.

» Chacun de vos officiers et marins inscrira avec
» un juste orgueil sur ses états de service : *J'étais
» au fort de Montrouge;* et vous, leur noble chef,
» par votre énergie et votre bravoure, vous vous
» êtes créé des titres qui vous assurent la plus bril-
» lante carrière.

» Recevez, Monsieur le commandant, l'assurance
» de mes sentiments de haute estime.

» Le contre-amiral, délégué du ministre de la
» marine et des colonies.

» *Signé* : DE DOMPIERRE D'HORNOY.

En recevant cette flatteuse dépêche, le premier
soin du capitaine de vaisseau Amet fut de reporter
une grande part de ces éloges sur ses dignes collaborateurs du génie militaire, à la tête desquels était

le lieutenant-colonel Levy, dont le concours dévoué et sans prix dans la direction des travaux de réparation du fort, fut toujours au-dessus de toutes les difficultés.

Le vice-amiral commandant en chef se fait auprès du ministre de la guerre l'interprète de ces nobles sentiments.

Plusieurs journaux ayant ouvert une souscription dans le but d'offrir une médaille commémorative aux marins qui ont concouru à la défense de Paris, le vice-amiral, se rendant l'écho de la pensée de tous ses subordonnés, la refuse par la lettre suivante, en date du 4 février :

« Les hommes placés sous mon commandement
» sont vivement touchés de l'intention flatteuse
» dont ils sont l'objet; mais ils ne sauraient accepter
» une distinction qui ne serait pas partagée par leurs
» frères des autres armes. Dans les pénibles cir-
» constances que nous venons de traverser, chacun
» a fait son devoir. Le courage et l'abnégation ont
» été les mêmes partout. Je vous serais recon-
» naissant de vouloir bien vous faire l'interprète de
» ces sentiments, qui sont unanimes chez nos marins,
» tout en transmettant leurs remercîments et les
» miens aux bienveillants promoteurs de la sou-
» scription. »

Signé : DE LA RONCIÈRE LE NOURY.

Le 16 février, par suite du départ du vice-amiral, appelé à Bordeaux par son mandat de député de l'Eure, le contre-amiral le Normant de Kergrist, son chef d'état-major général, prend le commandement en chef de la division des marins, et le capitaine de frégate Buge est appelé aux fonctions de chef d'état-major de la division.

Le contre-amiral de Dompierre d'Hornoy, nommé député, laisse ses fonctions de délégué du ministre de la marine à Paris au vice-amiral Touchard, que remplace ensuite le contre-amiral Hugueteau de Challié.

A la même date, les amiraux des secteurs, celui de la flottille, les amiraux en sous-ordre et leurs états-majors, les commandants supérieurs, les aumôniers et les officiers rappelés pour la durée de la guerre, sont remis à la disposition du ministre de la marine.

Les secteurs sont supprimés peu de jours après. La garde nationale, affranchie de la précieuse direction qu'elle y recevait, est désormais livrée à elle-même.

La flottille est désarmée, et les bâtiments qui la composent ne conservent que le personnel strictement nécessaire à l'entretien et à la garde du matériel. On laisse ces navires à Paris, pour ne pas les faire tomber, en les envoyant dans les ports, dans les mains de l'ennemi qui nous entoure de toute part, et peut les réclamer comme matériel de guerre ou les détruire [1].

---

[1] La Commune s'empara plus tard de ces navires, et s'en fit un important moyen de défense.

Les marins attendent avec impatience le moment de quitter Paris et de retourner dans leurs ports ou dans leurs familles. Leur désœuvrement forcé et les tentatives d'embauchage dans l'armée du désordre qui s'organise, créent une situation d'une excessive gravité.

Les éloges souvent exagérés dont la marine est l'objet, l'engouement qui s'attache à elle, rendent les marins le point de mire des agitateurs. On exploite leur inaction, et on cherche à créer parmi eux un antagonisme avec leurs frères de l'armée. On veut faire un drapeau d'un uniforme que l'on sait respecté de tous. Et lorsqu'il est question de l'entrée des Allemands dans une partie de Paris, on leur parle de marcher à l'ennemi, espérant donner le change à leur patriotisme.

Mais le sentiment de l'honneur a conservé ses droits, un très-petit nombre a répondu à ces excitations. Parmi ceux-là, la plus grande partie sont des Parisiens réadmis pour la durée de la guerre, éloignés depuis longtemps de nos rangs, où ils n'étaient plus dignes de rentrer.

Le 27 février, en présence de ces faits, l'ordre du jour suivant fut lu et affiché à l'École militaire et à la Pépinière :

« Le contre-amiral, délégué du ministre de la
» marine et des colonies, fait appel au bon esprit
» des marins de la division de Paris, dans les
» graves et tristes circonstances où se trouve la
» France.

» Malgré les efforts de tous, malgré le dévoue-
» ment, le courage et le patriotisme dont les mate-
» lots ont donné tant de preuves pendant le siége
» de Paris, le gouvernement de la République a dû
» consentir à l'entrée d'une partie de l'armée alle-
» mande dans quelques quartiers isolés de Paris :
» cette entrée se fera le mercredi 1er mars, à dix
» heures du matin.

» Si douloureux que dût être un pareil sacrifice,
» le chef du pouvoir exécutif a cru devoir l'ac-
» cepter pour sauver et conserver à la France la
» ville forte de Belfort, qui forme, avec la Suisse,
» notre meilleure frontière vis-à-vis de l'Alle-
» magne. Paris, qui s'est illustré par l'héroïque dé-
» fense de ses enfants, donnera cette nouvelle
» preuve de résignation.

» Les marins comprennent toutes les grandeurs
» et tous les sacrifices faits au pays, eux qui ont
» pour mission de porter au loin le sentiment de
» l'honneur de la France ; ils apprécieront celui-ci,
» et sauront se faire de cette abnégation un nou-
» veau titre à l'estime.

» Officiers, officiers-mariniers et matelots,

» Je vous demande de rester dans cette nouvelle
» épreuve ce que vous avez été devant l'ennemi,
» des hommes de cœur, d'ordre, de dévouement.
» Aujourd'hui, comme au milieu des tempêtes et
» des combats, ce sont les grandes vertus des ma-
» rins. Vous saurez les garder.

» Sous la pluie d'obus, sous la mitraille, sous le

» froid glacial, dans les forts, sur les remparts
» de l'enceinte, au Bourget, au plateau d'Avron,
» à Choisy-le-Roi, à Champigny, partout où il y a
» eu le danger à affronter, la patrie à défendre,
» vous avez porté haut le nom de la marine fran-
» çaise. Soyez aussi grands dans l'adversité que
» dans la lutte, aussi généreux dans l'acceptation,
» que braves et inaltérables dans le danger.

» Soyez calmes en présence des Allemands,
» évitez toute occasion de contact avec des enne-
» mis que vous avez combattus et étonnés par votre
» courage. Donnez à cette population de Paris qui
» vous honore pour votre dévouement, pour votre
» discipline, pour votre énergie, l'exemple de
» l'abnégation. Vous diminuerez ainsi notre mal-
» heur, et vous vous montrerez dignes de nouveaux
» succès dans l'avenir.

» Le contre-amiral, délégué au ministère
» de la marine,

» *Signé* : HUGUETEAU DE CHALLIÉ. »

Lors de la manifestation populaire du 28 février, des groupes, grossissant vers le soir, s'accumulèrent devant l'École militaire et surtout devant la caserne de la Pépinière, conviant les marins à prendre part à un banquet préparé à la Bastille. A l'École militaire, les tentatives de la foule sont infructueuses. A la Pépinière, les grilles de la caserne sont brisées par les émeutiers, auxquels nos marins, réunis à leurs postes, leurs officiers en tête, et dépourvus d'armes, ne peuvent opposer aucune résistance sérieuse. La foule se précipite dans l'intérieur de la caserne et se jette au milieu de leurs rangs. Malgré les exhortations de leur commandant, quelques marins sont entraînés. Mais ceux-ci même ne tardent pas à comprendre le rôle qu'on veut leur faire jouer, et à l'appel du soir, il n'y a que huit absents sur 1,800 hommes.

Le contre-amiral de Challié, délégué du ministre de la marine, va le lendemain matin, accompagné du contre-amiral de Kergrist, visiter nos casernes. Il réunit les matelots, et, dans une chaleureuse allocution, il les complimente de leur conduite de la veille, où ils ont montré une fois de plus les sentiments de dignité et d'honneur que les meneurs leur ont fourni l'occasion de faire éclater au grand jour.

C'est ainsi que jusqu'à la dernière heure, après les péripéties de toute nature qu'ils ont traversées, nos marins sont restés fidèles aux sentiments de discipline et de patriotisme que leur a inculqués sans relâche, pendant le cours de ce long siége, leur commandant en chef.

C'est ainsi que respectant leur uniforme, ils ont pu échapper aux suggestions subversives qui se faisaient une arme de leur popularité, et échapper à un danger plus terrible peut-être que le feu de l'ennemi, la trahison à la patrie, et le déshonneur qu'elle entraîne.

Ce n'est pas sans regret que le vice-amiral, retenu à Bordeaux par son mandat de député, n'a pu leur adresser ses remercîments d'être restés jusqu'à la fin les inébranlables champions de cette discipline qui a fait leur principale force, et sans laquelle la bravoure reste impuissante et l'instruction militaire stérile. Il leur aurait dit :

« Braves équipages, héroïques bataillons,

» En vous quittant l'âme brisée des douleurs de
» la patrie, prévoyant les nouvelles épreuves qui
» vous attendaient, je comptais sur votre droiture
» pour les surmonter. Mon attente n'a pas été
» trompée.

» Là encore, comme pendant tout le siége, vous
» vous êtes montrés les inébranlables champions du
» devoir militaire, dont le respect est votre hon-
» neur et votre force.

» Retournez dans vos foyers. Vous avez été des
» guerriers fidèles au drapeau, dociles à vos chefs.
» Vous y serez des citoyens honnêtes et considérés.
» Dans vos villages, qui ne s'inclinerait devant vous?

» Votre sang largement répandu rappelle vos
» luttes héroïques, et le nombre de ceux qui man-
» queront, hélas ! au retour, sera un triste et élo-
» quent témoignage de votre valeur.

» Gardez le souvenir de votre commandant en
» chef; gardez le souvenir de mes chers et dévoués
» collaborateurs, l'amiral Saisset, cet homme à l'es-
» prit entreprenant et fécond en ressources, qui fut
» le héros d'Avron; l'amiral Pothuau à la téméraire
» et chevaleresque bravoure, qui ne croyait au dan-
» ger qu'après l'avoir affronté; enfin celui dont la
» soucieuse prévoyance n'a cessé de veiller sur vos

26

» besoins, le modeste et infatigable amiral de Ker-
» grist. Fier de leur concours, que ne leur dictait
» pas moins une vieille amitié que les lois du ser-
» vice, le plus grand honneur de ma longue carrière
» sera d'avoir été à votre tête pendant ce siége sans
» exemple dans l'histoire. Et si j'ai mérité leur es-
» time et la vôtre, le sentiment du devoir accompli
» en commun sera l'éternelle et la dernière récom-
» pense de ma vie militaire. »

Enfin, le 8 et le 9 mars, les matelots de Cherbourg, de Brest et de Rochefort quittent Paris et rejoignent leurs ports. Ceux de Toulon ne peuvent commencer à se mettre en route que le 15 mars, jour où la Compagnie Paris-Lyon-Méditerranée reprend son service. Le 17 au soir, nos derniers contingents avaient quitté Paris.

Le lendemain, la Commune victorieuse était maîtresse de la capitale abandonnée à elle-même.

DEUXIÈME PARTIE

DESCRIPTION

DES

TRAVAUX FRANÇAIS ET ALLEMANDS

EXÉCUTÉS AUTOUR DE PARIS PENDANT LE SIÉGE 1870-1871

DEUXIÈME PARTIE

DESCRIPTION

DES

TRAVAUX FRANÇAIS ET ALLEMANDS

EXÉCUTÉS AUTOUR DE PARIS PENDANT LE SIÉGE 1870-1871.

AVANT-PROPOS.

La deuxième partie de ce livre est consacrée aux travaux français et allemands élevés autour de Paris. La description que nous en donnons permettra de suivre les opérations de la marine pendant le siége. Elle facilitera l'intelligence des cartes et les complétera dans les lacunes qu'elles présentent, par l'absence de certains ouvrages que leur trop grand éloignement mettait en dehors des cadres.

Le rôle principal des marins et des corps de l'artillerie et de l'infanterie de marine ayant été concentré sur les trois fronts du Nord, de l'Est et du Sud, où ils ont pris une grande part à la défense des forts et aux opérations extérieures, notre travail ne semblait pas devoir primitivement s'étendre au front Ouest.

Cependant la marine ayant concouru, par ses wagons blindés, par l'action de son artillerie placée au Mont-Valérien et par plusieurs batteries marines établies dans la presqu'île de Gennevilliers, aux opérations de ce dernier front, nous avons été conduit à combler la lacune qui existait dans notre premier travail, en faisant pour cette zone ce qui avait été fait pour les autres fronts.

Nos cartes présentent donc un ensemble à peu près complet des travaux exécutés par les deux armées sur tout le périmètre de Paris, et l'on pourra non-seulement suivre les pérations de la marine, mais encore la plupart de celles qui ont été entreprises pendant la durée du siége.

La description détaillée des divers types d'ouvrages allemands à laquelle est consacré le premier chapitre, permettra d'abréger les descriptions des divers fronts qui font l'objet des chapitres suivants.

Les ouvrages français, que nous ne possédions que d'une manière incomplète et dont nous devons en grande partie le tracé au dépôt des fortifications, ne seront décrits que sommairement, de manière à faire ressortir l'état successif de la défense aux diverses époques du siége. Quant aux ouvrages allemands qui ont été l'objet d'un levé spécial et qui nous intéressent plus directement, ils seront traités avec plus de détails.

Les cartes correspondent autant que possible aux divisions adoptées dans la description.

Dans le but de faire mieux ressortir le relief du terrain et les travaux de la défense et de l'attaque, nous avons supprimé de nombreux détails topographiques, pour ne conserver que ceux qui étaient nécessaires à l'intelligence des opérations dont nous avions à parler.

I.

DESCRIPTION DES DIVERS TYPES D'OUVRAGES DE SIÉGE ET DE CAMPAGNE ÉTABLIS AUTOUR DE PARIS PAR LES ALLEMANDS.

On s'était beaucoup exagéré les perfectionnements apportés par les Allemands dans la construction des divers ouvrages exécutés autour de Paris et surtout dans les batteries de siége. La description détaillée que nous en donnons, quelque incomplète qu'elle soit, montrera combien leur tracé et leur mode de construction diffèrent peu de ceux qui sont généralement usités chez nous.

Cette description comprendra : les batteries de siége, les ouvrages pour artillerie de campagne, les ouvrages pour infanterie, et les divers abris et campements. Quatre planches répondant à chacune de ces divisions donneront, sous forme de croquis, un dessin de chaque type.

Certains ouvrages intéressants ne sont pas reproduits, parce que l'état où nous les avons vus ne nous a pas permis d'en saisir les détails et de nous rendre compte de leur destination. De ce nombre sont quelques-uns de ceux établis au-dessus de Blancmesnil, dont nous nous sommes contenté de donner une description sommaire.

BATTERIES DE SIÉGE (PL. I).

Le type adopté par les Allemands dans la construction des batteries de siége est presque toujours le même. Les différences ne portent que sur les installations de détail, pour lesquelles ils ont utilisé les ressources naturelles qu'offrait le terrain sur lequel elles étaient construites.

Choix des emplacements. — Le choix des emplacements ne mérite aucune mention spéciale. Les hauteurs qui dominent Paris dans toute l'étendue de son périmètre indiquaient suffisamment les points où devaient être établis les ouvrages de toute nature, autant pour la défensive que pour l'offensive : leur place était donc marquée d'avance. Cependant il faut reconnaître que parmi les points nombreux qui pouvaient être choisis, les Allemands ont toujours pris de préférence ceux en avant et en arrière desquels existait une défense naturelle produite soit par un pli de terrain, soit par des carrières abandonnées. Dans ces conditions, le plus petit épaulement en terre, reliant ces obstacles naturels, permettait de mettre chaque batterie isolée, ou chaque groupe de batteries, à l'abri de toute surprise et d'en assurer la défense avec un plus petit nombre d'hommes. De plus, dans le but d'augmenter la sécurité des travailleurs et de surprendre l'ennemi ou de le tenir dans l'ignorance de ce qu'ils faisaient, ils n'ont jamais négligé de construire tous leurs ouvrages dans des positions telles, que des plis de terrain, des rideaux d'arbres ou des murs de clôture, les rendissent invisibles des forts contre lesquels ils étaient établis, jusques au moment de l'ouverture du feu. Lorsque ces conditions ne se trouvaient pas remplies, ils ont eu recours à des rideaux d'arbres artificiels, et dans certains cas ont poussé la précaution jusqu'à couvrir de branches vertes des terrassements trop visibles par la nature de la terre qui composait les remblais.

Batteries de mortiers. — Les batteries de mortiers ne comptaient que deux pièces et étaient peu nombreuses. On n'en trouve que trois ou quatre; elles étaient établies sur le front Sud et dirigées contre les forts de Montrouge, Vanves et Issy. Sur les autres fronts, il n'en existait pas. Ce fait s'explique par la difficulté qu'il y avait de trouver sur les fronts du Nord et de l'Est des positions assez rapprochées pour le tir des mortiers, sans s'exposer au feu direct de la place.

Mode de construction. — Les épaulements pour batteries de siége étaient construits moitié en déblai, moitié en remblai. Les plates-formes destinées à recevoir les canons étaient placées dans un fossé de 1^m20 de profondeur, de 5^m0 environ de largeur, et d'une longueur variant avec le nombre des pièces. La terre rejetée du côté de l'ennemi formait un épaulement d'une épaisseur de 6 à 7^{m}0, qui ne représentait que la moitié de ce qu'il eût été s'il avait fallu le former tout entier avec des terres rapportées.

La partie intérieure de l'épaulement, dans la portion inférieure taillée dans le sol, n'exigeait pas de gabions pour soutenir les terres; un simple clayonnage était généralement suffisant; les gabions n'étaient employés que dans la partie supérieure formée avec les terres de déblai.

Sur le côté opposé à l'épaulement étaient taillés des plans inclinés destinés à la descente des canons. Ils correspondaient à chaque plate-forme ou à un groupe de deux plates-formes.

Ce mode de construction avait ce double avantage de réduire au minimum le travail nécessaire à l'établissement de chaque batterie et de couvrir les travailleurs contre le feu de la place pendant toute la durée de la construction de l'ouvrage. En revanche, ces batteries étaient sujettes à l'eau, et si, en raison de leur position sur des points élevés, elles n'avaient pas été dans des conditions qui permettaient de la faire écouler, elles auraient été impraticables dans beaucoup de circonstances.

Presque jamais il n'y avait de fossés sur l'avant des batteries, et s'il y en avait ils étaient insignifiants. Du reste, ils étaient inutiles au point de vue de la défense, par suite des circonstances de toute nature dans lesquelles se trouvaient placés ces ouvrages : positions d'une défense facile et d'une attaque très-difficile; distance très-grande du corps de place, et absence de crainte d'attaque sérieuse de la part des assiégés.

Embrasures et champ de tir. — Chaque batterie était généralement disposée de manière à n'avoir pour objectif qu'un seul fort, ce qui permettait de réduire les embrasures à leur minimum de largeur et d'évasement. Elle était en outre placée de manière à être défilée des forts voisins. Ces conditions réunies donnaient aux armements des batteries une sécurité relative qui avait pour conséquence la précision du tir.

Cette disposition était adoptée d'une manière absolue pour le front Sud. Plusieurs batteries du front Nord étaient dans le même cas. Mais pour le front Est il n'en était pas de même, parce que les batteries ont eu d'abord pour objectif le plateau d'Avron, et n'ont dirigé leur feu sur les forts qu'après son évacuation.

Armement. — Les batteries de siége étaient presque toutes armées de six pièces; il en existait un petit nombre armées de huit, et celles qui n'en comptaient que quatre ou cinq sont très-rares. Le calibre des canons de siége n'a pas été le même pour toutes les batteries, mais il devait être généralement uniforme dans chacune d'elles, si l'on en juge par les traces des plates-formes et la hauteur des épaulements : cependant cette règle n'était pas absolue, et si les renseignements que nous avons eus sont exacts, il y en avait dont l'armement était composé à la fois de canons de gros calibre et de canons d'un calibre inférieur.

Dispositions intérieures. — *Traverses.* — Entre chaque pièce il existait toujours une traverse dont l'importance variait suivant la position de la batterie par rapport aux forts voisins. Généralement des traverses plus fortes existaient de deux pièces en deux pièces ou de trois en trois. Les grosses traverses, comme les traverses secondaires, laissaient toujours entre elles et le revêtement intérieur de l'épaulement un passage permettant de communiquer d'une pièce à l'autre, à l'abri de l'épaulement principal, dans toute l'étendue de la batterie. Les grandes traverses étaient reliées à l'épaulement au moyen d'un toit formé soit de rails, soit de troncs d'arbres couverts d'un lit de fascines et d'une couche épaisse de terre, de manière à former un abri blindé. Souvent l'intérieur de la traverse elle-même constituait une véritable casemate.

L'espacement des traverses d'axe en axe était généralement de 7 mètres; les petites traverses avaient environ 2 mètres de largeur sur 3 de longueur, ce qui correspondait à 3 gabions sur l'épaisseur et 5 sur la longueur. Les grosses traverses avaient des épaisseurs variant de 4 à 5 mètres.

Abris. — En dehors du corps même de la batterie, l'épaulement se prolongeait aux deux extrémités avec une épaisseur au moins égale et quelquefois plus considérable, sur une longueur de 12 à 16 mètres. C'est dans ce massif qu'étaient établis les abris casematés et les poudrières, quand ces dernières n'étaient pas en dehors du massif de la batterie.

Ces abris, formés de cadres en charpente couverts de deux ou trois épaisseurs de bois rond, d'un lit de fascines et d'une couche de terre de 1m50 au moins, étaient à l'abri de tout danger. — Un fossé à la profondeur du sol de la batterie et très-étroit, pour donner moins de prise aux projectiles ennemis, longeait cet épaulement et reliait les abris avec la batterie et avec l'extérieur.

Chemins couverts. — Du reste, les précautions apportées à la sécurité des communications des batteries étaient excessives et presque exagérées. A chaque ouvrage communiquait un boyau sinueux qui s'étendait très-loin, jusqu'à ce qu'un chemin creux, un massif de maisons ou un pli de terrain offrît un abri suffisant.

Poudrières. — Les poudrières semblent avoir été de la part des Allemands l'objet d'un soin tout particulier. Elles ne font partie du corps même de la batterie que lorsque toute autre disposition semble impossible. Généralement elles sont à une distance de 40 à 50 mètres en arrière. Les blindages et les charpentes qui sont employés à leur construction sont les mêmes que pour les abris intérieurs des batteries, et les boyaux qui leur donnent accès sont tellement sinueux qu'il est difficile de craindre autre chose qu'un accident isolé dans le service des poudres.

BATTERIES DE CAMPAGNE (PL. II).

Les types adoptés pour les ouvrages destinés à couvrir de l'artillerie de campagne sont beaucoup plus variés que ceux des batteries de siége.

Premier type (Pl. II, fig. 1). — Un premier type, le

plus simple et le plus ordinaire, consiste en un épaulement rectiligne d'une longueur variable, selon le nombre des pièces qu'il est destiné à protéger. Souvent cet épaulement n'a pas d'embrasures et les pièces tirent en barbette. Entre chaque pièce existe perpendiculairement à l'épaulement un petit fossé de 0^{m}50 à 0^{m}60 de profondeur, qui peut avoir un double usage, soit pour l'écoulement des eaux, soit pour l'abri des servants, qui par ce moyen se trouvent cachés jusqu'à la tête.

Généralement en arrière de l'épaulement destiné aux pièces se trouve, à une distance variant de 10 à 20 mètres, soit un deuxième épaulement, soit une série d'épaulements circulaires correspondant au nombre des pièces du premier ; leur destination ne peut être que de servir d'abri aux caissons de munitions ou aux hommes de soutien, ou bien aux deux à la fois. Dans quelques circonstances ce deuxième épaulement est lui-même percé d'embrasures et peut recevoir des pièces.

Deuxième type (Pl. II, fig. 4). — Sur certains points ce tracé est modifié, l'épaulement rectiligne est remplacé par une série d'épaulements demi-circulaires de 4 à 5 mètres de diamètre, avec fossé extérieur et petit fossé à l'intérieur sur les côtés. Ces épaulements sont disposés sur une même ligne avec des espacements très-variables, mais généralement uniformes pour un même groupe composant une batterie de six pièces environ. En arrière de cette première ligne d'abris destinés à recevoir les pièces, s'en trouve une deuxième presque identique, destinée soit aux hommes de soutien, soit aux caissons de munitions. Cette disposition permet d'espacer les pièces d'une même batterie sans augmenter le travail des terrassements nécessaires à les protéger.

Troisième type (Pl. II, fig. 5). — Quelquefois encore, les épaulements circulaires destinés à recevoir la pièce sont flanqués à droite et à gauche de petits oreillons constituant des abris plus complets. Ils ne sont en réalité qu'une modification du type précédent. On retrouve plus particulièrement ce genre d'ouvrage sur la route de Choisy-le-Roi à Versailles.

Quatrième type (Pl. II, fig. 2). — Lorsque les batteries sont exposées à un feu plongeant et d'écharpe, la disposition adoptée est celle que représente le quatrième type. Chaque pièce est abritée derrière un petit ouvrage de forme rectangulaire. Comme dans le type précédent, un ouvrage analogue destiné aux munitions ou aux hommes de soutien est construit à 10^{m}0 environ à l'arrière. Une tranchée placée sur le côté d'où peuvent venir les coups d'écharpe relie ces deux ouvrages, de telle sorte que les communications sont en partie couvertes entre la pièce et l'abri.

Ces ouvrages, en nombre égal à celui des pièces, sont placés sur une même ligne et reliés entre eux par un petit épaulement prolongeant le côté qui fait face à l'ennemi et qui permet de communiquer à couvert dans toute l'étendue de la batterie ou d'abriter l'infanterie chargée de défendre les pièces. C'est ce tracé qui est particulièrement adopté dans les batteries de campagne établies à droite et à gauche de la route de Lille, au-dessus de Pont-Iblon, et dans celles qui sont au-dessus de Blancmesnil. Il semble avoir été commandé par la nature du terrain, qui, à partir de ce point, s'élève par une pente ascendante vers l'Orme-Morlu et Villepinte. Avec cette disposition, l'artillerie établie sur un point peut continuer son feu, en admettant que le mouvement de l'ennemi menaçât son flanc.

Ce type se retrouve aussi dans quelques-uns des épaulements pour artillerie élevés en avant d'Orgemont et sur la hauteur de Brie-sur-Marne, mais on n'en trouve aucun exemple sur tout le front Sud.

Sur les hauteurs de Blancmesnil, en arrière du Bourget, nous avons vu la trace d'ouvrages destinés à de l'infanterie et à de l'artillerie. Mais leur état de dégradation ne nous a permis de les lever qu'imparfaitement, et nous n'avons pas pu en saisir tous les détails. — Ils consistaient en un épaulement central avec ou sans embrasures pour quatre pièces. A chacune de ses extrémités étaient deux épaulements du type précédent inclinés sur la direction de la batterie principale; le tout communiquait avec deux excavations profondes qui avaient dû avoir une toiture et servir d'abri aux troupes de garde. Il est probable que ces ouvrages étaient destinés à être occupés d'une manière permanente et constituaient la garde de ces plateaux, car partout ailleurs on ne trouve pas de vestige d'abris dans le voisinage des épaulements destinés à l'artillerie de campagne.

Cinquième type (Pl. II, fig. 5). — Sur le plateau de Champigny nous avons trouvé deux batteries construites d'après un type différent de ceux dont nous avons eu à parler jusqu'ici. Leur rôle dans le bombardement, auquel elles ont pris part, aurait dû les faire classer parmi les batteries de siége, mais nous en avons renvoyé ici la description parce que tout fait supposer que leur destination première a été de couvrir de l'artillerie de campagne dirigée contre la première boucle de la Marne et contre Joinville-le-Pont, dont la route sur toute son étendue était enfilée par une de ces batteries.

Chaque batterie consistait en une série d'ouvrages tels que les représente la figure 5, planche II, groupés au nombre de trois ou quatre et formant par conséquent une batterie de six ou huit canons.

Les deux pièces que renfermait chaque ouvrage étaient séparées par une forte traverse faisant partie du massif de la batterie; elles tiraient par des embrasures profondes.

Les épaulements, très-élevés, étaient formés en partie avec les terres du fossé creusé sur l'avant de la batterie et en partie avec le déblai intérieur.

L'entrée était commune aux deux pièces et couverte par le retour latéral des épaulements de face.

Dans ces batteries, les pièces étaient protégées à la fois sur le front, sur les côtés et sur l'arrière. Cette disposition permettait donc de continuer à tirer, en admettant que l'ennemi eût tourné un des flancs de la position qu'elles étaient destinées à défendre.

Ces ouvrages, qui n'existaient pas le 2 décembre, ont été construits, selon les probabilités, dans le but de s'opposer à une nouvelle tentative de sortie sur la Marne, et plus tard appropriés à des pièces de siége dirigées contre le fort de Nogent, les redoutes de la Faisanderie et de Gravelle, et le fort de Vincennes lui-même.

FORTIFICATION DE CAMPAGNE (PL. III).

Les ouvrages destinés à abriter de l'infanterie sont très-variés, et là, plus que partout ailleurs, les types adoptés semblent avoir été laissés à l'initiative des officiers ; généralement ils représentent le minimum de travail nécessaire pour assurer la sécurité des troupes destinées à les occuper et à les défendre. Ils sont peu apparents et très-multipliés.

Épaulements simples. — Les épaulements proprement dits consistent en une simple tranchée de forme et de longueur variables. Ils sont destinés à défendre soit une route, soit le côté faible d'un village dans sa partie privée de murs crénelés, soit enfin à tenir un plateau.

Dans le cas où ils sont destinés à défendre une route, ils sont rectilignes et placés perpendiculairement à sa direction, des deux côtés de la chaussée, toujours conservée libre sur une largeur suffisante pour permettre le passage des troupes et de l'artillerie. Ce n'est qu'aux avant-postes que les routes sont entièrement fermées par de solides barricades.

Dans le cas où ils complètent la défense d'un village, ils s'appuient par leurs deux extrémités sur des massifs de maisons, des bouquets de bois ou tout autre obstacle naturel.

Enfin, lorsqu'ils sont destinés à la défense d'un plateau, ils affectent la forme curviligne ou polygonale avec des retours permettant d'en battre les divers abords par des feux directs. Ils sont généralement établis de préférence sur le revers, de manière à être masqués des assiégés par la crête même du plateau. — Outre l'avantage que présente cette disposition de pouvoir établir l'ouvrage hors de la vue de l'ennemi et sans être inquiété par lui, ils ont, en cas d'attaque, celui de n'être reconnus par les assaillants que lorsqu'ils sont à petite distance du feu de l'infanterie chargée de les défendre.

Comme dans les ouvrages destinés à l'artillerie de siége, le fossé est rarement extérieur ; il en résulte l'avantage d'avoir à donner moins de relief à l'épaulement, parce que le déblai concourt à couvrir le soldat.

Murs de ferme. — Dans plusieurs circonstances, certains murs de ferme ont été transformés en ouvrages très-forts au moyen d'un fossé profond creusé à l'intérieur et dont la terre était rejetée contre le mur lui-même. Du côté de l'extérieur, le mur vertical, généralement élevé de 2 mètres à $2^m,50$, servait de soutien aux terres en même temps qu'il présentait un obstacle équivalent à un fossé. Du côté de l'intérieur, des banquettes taillées dans le remblai étaient disposées pour recevoir de l'infanterie, tandis que le fossé lui-même présentait un abri pour des troupes nombreuses.

Avec cette disposition, les murs n'étaient pas crénelés : l'ennemi était donc exposé à venir se heurter contre un obstacle imprévu, et l'artillerie elle-même n'avait qu'une action très-faible sur un pareil ouvrage, dans lequel elle ne pouvait pas faire brèche.

Redoutes fermées. — Il existe sur le front Sud, dans les plaines un peu étendues et découvertes du plateau de Châtillon, de Rungis et de Fresnes, des ouvrages plus importants que ceux que nous venons de décrire. Ils consistent dans de véritables redoutes ayant la forme d'un polygone à cinq ou six faces, fermé à la gorge par une demi-lune. Les saillants sont disposés pour recevoir chacun trois ou quatre pièces d'artillerie, tout le reste de l'ouvrage est muni d'une banquette destinée à l'infanterie. Deux épaulements parallèles à ceux qui forment la face arrière, composés chacun d'une ligne de gabions remplis de terre, juxtaposés et placés sur un petit remblai, peuvent recevoir de l'infanterie tirant soit dans la direction avant, soit dans la direction arrière. On ne se rend pas bien compte de cette disposition ; il n'est pas admissible qu'elle ait pour but d'établir deux étages de feux. Il est plus probable que ce deuxième épaulement intérieur a pour but de servir de parados aux troupes qui seraient placées sur les faces de l'arrière. Un abri blindé est construit au centre de l'ouvrage ; il est destiné à recevoir les munitions.

Les profils de ces ouvrages ressemblent à ceux qui sont adoptés en France. Le terrassement est fait tout entier avec le déblai du fossé, qui présente une profondeur de 2^m50 à

3 mètres, sur une largeur à peu près égale à l'orifice. Ce type ne se retrouve que dans le Sud sur les autres fronts, les tracés adoptés sont différents.

Grands abris pour infanterie. — Outre ces redoutes, nous avons trouvé sur les hauteurs de Garges et en avant de Bonneuil des ouvrages destinés à servir à la fois d'épaulement et d'abri à des masses considérables d'infanterie. Ils consistent en un vaste fossé de 5 mètres de largeur, de 1m50 de profondeur et de 100 à 120 mètres de longueur. La terre rejetée du côté de l'ennemi forme un abri de plus de 3 mètres d'élévation; une banquette pratiquée sur toute la longueur de l'épaulement permet d'établir des feux de mousqueterie pour 100 ou 150 hommes pendant que 500 ou 600 hommes sont à l'abri dans le fossé. La face du fossé opposée à l'épaulement est disposée sur toute sa longueur en escaliers, permettant à une troupe nombreuse de sortir et d'entrer rapidement dans cet abri.

Sur l'avant et par le travers de ces grands ouvrages, à des distances de 400 et 500 mètres, existent généralement des ouvrages secondaires, composés de petites tranchées de dimension ordinaire, destinées en cas d'attaque à recevoir des hommes fournis par la réserve abritée dans le grand épaulement.

Ces sortes d'ouvrages sont établis sur des points importants dont la défense est difficile par suite de la nature du terrain, qui ne présente pas d'obstacles naturels. Ceux dont nous venons de donner la description furent établis dès le commencement de l'investissement sur le plateau qui s'élève au-dessus de Stains, pour arrêter toute tentative ayant pour but de tourner le Pont-Iblon par les hauteurs de Garges. — Ils servirent jusqu'au moment où Stains et Pierrefitte furent suffisamment fortifiés pour résister à toute attaque. Du reste, de même que les redoutes fermées ne se rencontrent que dans les plaines du Sud, de même les ouvrages de ce dernier type ne se rencontrent que sur le front Nord.

Redoute angulaire. — Sur la route du Bourget à Dugny

nous avons trouvé un type d'ouvrage qui ne se retrouve pas ailleurs. Il consiste en deux grandes tranchées à angle droit l'une par rapport à l'autre. La terre rejetée de chaque côté de la tranchée sert d'épaulement ou parados, tandis que la tranchée elle-même peut servir d'abri. A l'angle saillant qui fait face à la partie du terrain ennemi que l'on veut plus particulièrement battre est ménagée une ouverture par laquelle peut tirer une pièce de campagne placée derrière un petit abri circulaire construit dans l'ouvrage. Cette ouverture est assez large pour permettre à la pièce de se porter en avant sans être obligée pour sortir de contourner les épaulements.

L'ouvrage que nous venons de décrire a été construit postérieurement à la sortie du 21 décembre. Il fait face au gué de la Molette, que traversèrent les troupes qui enlevèrent le nord du Bourget dans la matinée de ce jour. Il doit avoir été élevé en vue de prévenir une nouvelle attaque du même genre.

CAMPEMENTS ET ABRIS BLINDÉS (PL. IV).

On ne trouve de traces de campements que sur le plateau de Châtillon et à Pont-Iblon. Ce fait s'explique parce que partout ailleurs les maisons abondaient sur les points à défendre, et en même temps qu'elles concouraient à la défense, elles étaient utilisées pour le logement des soldats. Sur le plateau de Châtillon il n'existait que quelques maisons placées sous le feu des forts et ne présentant aucune sécurité : à Pont-Iblon il n'y avait rien. Pour ces deux points importants, la défense exigeait des troupes nombreuses toujours prêtes à repousser une surprise, et les villages étaient trop éloignés pour être utilisés autrement que pour les réserves. Les Allemands furent donc contraints d'avoir recours aux baraquements, en utilisant autant que possible les ressources des localités.

Campements ordinaires. — Sur le plateau de Châtillon, c'est à la lisière du bois qu'existent les seuls campements importants que nous ayons retrouvés. Ils consistent en un groupe de baraques alignées sur quatre rangs, avec baraques plus petites pour les officiers.

Chaque baraque est formée d'une série de fermes triangulaires, faites avec des bois bruts de la forêt, reliées entre elles par des traverses du même bois. Le tout est couvert de fascines qui supportent une légère couche de terre. L'intérieur présente à droite et à gauche, dans le sens de la longueur, deux banquettes de 2 mètres de largeur destinées à servir de lit de camp. Au centre est ménagé un passage de 1m50 de largeur. Les banquettes sont à 0m50 au-dessous du niveau du sol, le passage central est à 1 mètre environ au-dessous du même niveau. L'inconvénient de cette disposition est de s'exposer à voir les campements envahis par les eaux par suite des infiltrations. C'est en effet ce qui était arrivé.

Campements ou abris blindés. — Ces baraques n'étaient à l'abri ni de l'obus ni de la bombe; aussi n'étaient-elles établies que sur les points où les forts n'avaient pas intérêt à diriger leur feu. Dans le voisinage de la porte de Châtillon et sur la partie avancée du plateau, les campements étaient construits suivant un autre type. Comme dans les précédents, le sol des baraques était en contre-bas du niveau extérieur du terrain. La banquette qui formait le lit de camp ne régnait que sur une seule face, celle du Nord. La face Sud était réservée aux ouvertures.

La charpente était formée de cadres rectangulaires en bois brut, reliés entre eux par des pièces très-fortes qui supportaient deux planchers formés de corps d'arbres, au-dessus desquels était une couche de fascines qui était couverte d'une épaisseur de 1 mètre à 1m50 de terre. La face Nord, qui était exposée au feu des forts, était formée d'une charpente analogue à celle de la toiture et protégée par un massif de terre de 2 à 3 mètres.

Cette disposition était aussi celle qui avait été adoptée pour les abris construits sur l'étang entre les batteries n° 2 et n° 3 du plateau de Châtillon, avec cette différence que le plancher était composé de deux couches de madriers entrecroisés.

Certainement ces abris ou casernements présentaient une grande sécurité, mais étaient-ils habitables? Quoique placés sur un point très-élevé, ils étaient au mois de mars envahis par les eaux, comme les baraques que nous avons décrites précédemment, et il est probable que cet inconvénient s'est présenté plusieurs fois dans le cours de l'hiver.

Campements d'été. —Outre ces abris, nous avons retrouvé dans la plaine de Châtillon les débris de deux campements d'été ou d'automne. Ils étaient grossièrement faits de branches d'arbres plantées dans la terre pour constituer une sorte de mur vertical. Sur ces branches d'autres plus légères, jetées sans ordre et n'étant assujetties par aucun lien, constituaient une sorte de toit qui ne mettait à l'abri ni de la pluie ni d'un soleil ardent. Ces campements sont inférieurs aux gourbis que nos troupes ont eu occasion de construire dans les campagnes précédentes.

Abris divers. — A Pont-Iblon, les ressources en bois que présentait le pays n'étaient pas les mêmes que sur le front Sud, aussi les campements étaient-ils établis suivant un type différent. D'après les renseignements qui nous ont été donnés, ils consistaient en baraques de planches analogues à celles qui ont été construites dans l'intérieur de Paris.

Dans les ouvrages entre Pont-Iblon et Blancmesnil, les campements étaient plutôt des abris que des casernements. Ils étaient placés dans l'ouvrage lui-même et formés d'une excavation creusée dans le sol, avec une toiture faite d'un plancher composé de troncs d'arbres supportant un lit de fascines et une couche de terre. Ils semblent avoir été destinés à loger un petit nombre de troupes que l'on renouvelait sans doute chaque jour, et à les préserver des rigueurs de la saison.

L'état de conservation de ces ouvrages ne nous permet pas d'en parler avec plus de détail. Ce que nous en disons suffit pour en donner une idée et compléter la description de la série des types que nous avons pu reconnaître.

II.

TRAVAUX FRANÇAIS ET ALLEMANDS.

FRONT NORD.

DU FORT DE LA BRICHE AU FORT DE ROMAINVILLE.
D'ORGEMONT AU RAINCY.

Travaux français. — La ligne de défense du front Nord de Paris s'étend de la Seine aux derniers contreforts des hauteurs de Romainville, à travers les plaines de Saint-Denis, d'Aubervilliers et de Pantin.

Les forts de la Briche, de la Double-Couronne et de l'Est, reliés entre eux par des ouvrages secondaires et couverts en partie par la grande inondation du Crould, forment autour de la ville de Saint-Denis une ceinture continue qui s'appuie d'une part à la Seine et de l'autre au canal de Saint-Denis.

Le fort d'Aubervilliers, élevé dans la plaine entre le fort de l'Est et le fort de Romainville, dans l'angle formé par le canal de l'Ourcq et le canal de Saint-Denis, ferme la trouée que laissent entre eux ces deux forts.

Ce système de défense devait être complété à l'Ouest par la redoute de Villeneuve, placée à l'extrémité nord de la presqu'île de Gennevilliers et destinée à battre le village d'Épinay, et par la grande redoute de Gennevilliers, construite à l'extrémité Ouest de ce village et dirigée contre les hauteurs d'Argenteuil et d'Orgemont ; et au Nord par un ouvrage sur la butte Pinçon. — Les redoutes de Gennevilliers et de Villeneuve n'ayant pas pu être prêtes en temps utile pour être armées, et les travaux de la butte Pinçon ayant été à peine commencés, la ligne de défense se reporta à l'Ouest, en arrière de la Seine, sur les hauteurs de Saint-Ouen, et au Nord sur la ligne des forts défendus par l'artillerie de marine.

La position de Saint-Ouen, qui domine la presqu'île de Gennevilliers et le cours de la Seine, fut armée de seize pièces de marine de $0^m,19$ et de $0^m,16$ réparties dans trois batteries dirigées sur Épinay, Orgemont et Argenteuil, et établies dans le parc Legentil, qui fut fortifié au moyen de quelques ouvrages en terre et de murs crénelés. Les maisons et les jardins de l'île Saint-Denis, qui font face à la presqu'île, reçurent des ouvrages analogues s'appuyant sur la Briche et couvrant la face Ouest de Saint-Denis, déjà protégé de ce côté par les deux bras de la Seine, en ne laissant entre ce point et Saint-Ouen qu'une faible lacune, d'ailleurs couverte par la Seine.

A l'Est de l'inondation, outre les ouvrages établis sur les berges du canal, les forts de l'Est et d'Aubervilliers furent reliés entre eux par une série de murs crénelés et d'épaulements qui, suivant le front nord des villages de Crèvecœur et d'Aubervilliers, aboutissaient à ce dernier fort, pour se prolonger de l'autre côté jusqu'aux avancées de Romainville, par des retranchements s'appuyant sur le fort, la route de Lille, le chemin de fer de Strasbourg et le canal de l'Ourcq.

Enfin, sur les hauteurs de Montmartre furent établies deux batteries armées de canons de marine de 0^m 19 et de 0^m 16 qui battaient toute la zone comprise entre Gennevilliers et Aubervilliers, en avant des lignes que nous occupions, et assuraient la défense de ce front.

Dès la fin de septembre, à l'Ouest, la presqu'île de Gennevilliers fut réoccupée par l'armée assiégée, et, du côté du Nord, les avant-postes qui, le 19 septembre, s'étaient repliés sur la ligne des forts, occupèrent une ligne de positions qui, partant de la Seine en avant du fort de la Briche, passait par le Temps-Perdu, le château de Villetaneuse et le moulin de Stains, et venait se terminer à l'inondation. Ces positions, d'abord fortifiées isolément, furent plus tard réunies entre elles par une tranchée continue, et conservées jusqu'au moment du bombardement.

De même, à l'Est de l'inondation, le village de la Courneuve fut solidement occupé et fortifié, sur son front Nord, par une série de murs crénelés et d'épaulements. Une batterie pour six canons de marine fut établie à gauche de la route de Dugny, et une batterie de huit mortiers dans l'enclos de la Prévôté. Un fossé longeant la route relia ce point à la Croix-de-Flandre, où des ouvrages pour artillerie et infanterie furent établis autour du rond-point, tandis que les avant-postes furent poussés jusqu'à la Fabrique de noir animal. — La Croix-de-Flandre fut à son tour reliée à Bobigny et aux ouvrages du front Est par des tranchées qui, joignant ces deux points, se dirigeaient sur la station de Bondy.

Les tranchées qui couvrirent la Courneuve, Drancy et la ferme de Groslay ne furent exécutées que plus tard, lors de la sortie du 21 décembre, ou pour protéger les ouvrages élevés dans la plaine à cette occasion.

Travaux allemands. — En avant du front Nord, entre les hauteurs d'Orgemont et du Raincy, s'étendent les positions occupées par l'armée allemande.

La partie comprise entre les hauteurs d'Orgemont et la vallée du Crould, qui constitue le front Nord proprement dit, est accidentée, boisée et couverte de villages riches et populeux, tandis que la partie comprise entre la vallée du Crould et le Raincy, qui constitue le front Nord-Est, est formée d'une vaste plaine découverte et peu habitée.

Sur le front Nord, en partant de l'Ouest, se trouvent d'abord les hauteurs d'Orgemont, qui se prolongent par Sannois jusqu'à Cormeil et ferment la boucle d'Argenteuil, dont elles dominent les pentes par leur versant Sud, tandis que leur versant Nord forme avec les hauteurs de Montmorency la vallée d'Enghien. Cette chaîne de collines qui s'appuie à la Seine par Orgemont et dont les flancs sont coupés par de nombreuses carrières, couvrait à la fois la presqu'île d'Argenteuil contre une attaque par le Nord, et la vallée d'Enghien contre une attaque par le Sud, et constituait une ligne facile à mettre en état de défense.

La vallée d'Enghien, qui vient ensuite, s'étend de Saint-Denis vers Pontoise, entre les hauteurs de Montmorency et de Sannois, sur une largeur de 3 à 4 kilomètres. Elle n'est traversée dans sa longueur que par la route du Havre et le chemin de fer du Nord, tandis que dans sa largeur elle est coupée par des villages et des parcs nombreux, qui offraient à l'armée allemande autant de lignes successives faciles à défendre, surtout avec l'appui des batteries établies sur les hauteurs qui la dominent.

Enfin, le massif de Montmorency, qui se relie par son versant Est à la butte Pinçon et aux hauteurs de Stains, occupe la partie comprise entre la vallée d'Enghien et la vallée du Crould.

Il forme autour de Saint-Denis une ceinture de positions élevées dominant la ville et toutes les ressources d'une défense facile. Sur le versant Sud, les villages de Montmorency, de Montmagny et de Deuil pouvaient loger des troupes nombreuses et constituaient des positions aisées à fortifier, tandis que les villages de Villetaneuse, de Pierrefitte et de Stains, placés au pied des collines ou dans les vallées, fermaient les routes.

C'est sur cette suite de positions d'une défense facile formée d'une série de villages qui pouvaient se relier entre eux, et de hauteurs se protégeant mutuellement, que furent établis les ouvrages destinés d'abord à l'investissement et plus tard à l'artillerie de siége.

Moulin d'Orgemont, butte Balmont. Travaux primitifs. — Les travaux excutés par les Allemands à la butte Balmont, improprement désignée sous le nom de butte d'Orgemont, datent des premiers jours de l'investissement. Ils ont beaucoup préoccupé la population de Paris, mais en réalité ils n'ont jamais eu l'importance qu'on a semblé vouloir leur donner. C'était simplement une redoute pentagonale couronnant le sommet de la butte et qui ne pouvait que très-difficilement être armée de canons de gros calibre, à cause des difficultés que présente le terrain pour l'établissement de chemins praticables lui donnant accès.

Cette position, qui domine à la fois la presqu'île de Gennevilliers et les routes d'Enghien et d'Épinay, est très-importante. Au point de vue de la défensive, elle présente un obstacle très-sérieux à tout mouvement tournant venant soit du Nord, soit du Sud. Au point de vue de l'offensive, une batterie de siége établie en ce point eût pris à revers les faces de la Briche dont elle était à 5,000 mètres, mais les difficultés à vaincre ne valaient pas les avantages qui en eussent résulté. Les Allemands se bornèrent à s'y fortifier solidement. Leurs travaux occupèrent les batteries de Saint-Ouen, dont ils furent le principal objectif pendant toute la durée du siége, et immobilisèrent ainsi un grand nombre de canons à très-grande portée, qui eussent été plus gênants pour l'ennemi en d'autres endroits.

Une casemate avec embrasure, dirigée sur Saint-Denis, pouvait recevoir un canon, mais tout porte à croire que jamais aucune pièce n'a été mise en batterie dans cette redoute. Il est plus probable que cette casemate a été utilisée pour mettre à couvert les troupes chargées de garder cette position et de surveiller nos mouvements.

Outre la redoute de la butte Balmont, quelques épaulements pour artillerie de campagne et pour infanterie, avaient été établis dès le début sur le versant Nord de la butte d'Orgemont proprement dite. Ces ouvrages, placés en arrière de carrières vastes et profondes, étaient protégés par la nature même du terrain, et à l'aide de travaux d'importance secondaire, contre toute surprise et attaque de front. Les ouvrages pour artillerie battaient tout le village d'Épinay, les deux bras de la Seine et par suite les canonnières, une partie de la presqu'île de Gennevilliers et au besoin Saint-Denis lui-même. Mais ils étaient loin d'avoir l'importance et le développement qu'ils eurent plus tard. Ils consistaient tout au plus dans les trois épaulements pour deux pièces de campagne qui font face à Gennevilliers et dans le grand épaulement de six pièces qui fait face au carrefour du Cygne.

Travaux après le 30 novembre. — Après la sortie d'Épinay (30 novembre), des ouvrages importants vinrent s'ajouter aux premiers.

Butte Balmont. — La redoute de la butte Balmont fut couverte du côté du Nord par deux petits redans placés en avant du chemin qui conduisait de la redoute à la route d'Enghien, et sur la face Sud par un long épaulement faisant face à Argenteuil.

Butte Vachon. — La butte Vachon, qui domine directement la Seine, fut couronnée par un petit ouvrage destiné à abriter un petit poste d'infanterie, et au-dessous fut construit un épaulement pour de l'infanterie et pour six pièces d'artillerie de campagne, dont trois étaient dirigées sur Gennevilliers et trois sur le petit bras de la Seine par lequel les canonnières pouvaient tourner Epinay.

Coteaux d'Argenteuil. — Du côté d'Argenteuil, des tranchées reliant le pied de la butte Vachon au village furent ouvertes le long du chemin de halage. Sur la crête de la berge fut établi un épaulement pour six pièces d'artillerie de campagne destinées à battre la presqu'île et le village de Gennevilliers.

Butte d'Orgemont. — A la butte d'Orgemont, les nouveaux ouvrages furent tous élevés sur le versant nord. Les premiers travaux que nous avons décrits furent augmentés d'un fort épaulement pour artillerie de campagne ou de siège destiné à recevoir six pièces, dont deux sur Épinay ou Saint-Denis, et quatre sur le Cygne d'Enghien. Un peu au-dessous et dans le Nord-Est, en arrière de la route qui conduit de la butte Balmont à Saint-Gratien, furent construits des épaulements circulaires pour treize pièces de campagne avec ouvrages en avant destinés à de l'infanterie; enfin, plus bas et à l'Est, au coude de la route, des épaulements isolés pour quatorze pièces de campagne, dont six dirigées contre le Cygne et huit contre la face Ouest d'Épinay.

Aucun ouvrage ne fut établi sur le côté Ouest, suffisamment défendu contre toute attaque par les obstacles que présentaient la tranchée du chemin de fer et les vastes carrières qui existent sur ce versant.

Sannois. Moulin Trouillet. — Les travaux destinés à protéger les hauteurs de Sannois contre toute attaque par le Sud et l'Ouest étaient reportés sur leur versant Sud, entre le moulin de Trouillet et Cormeil. Des pentes douces descendent en effet de ces hauteurs vers Argenteuil et Sartrouville, et bien que les positions avancées d'Argenteuil et de Bezons fussent fortement défendues, si elles avaient été enlevées, il ne restait plus d'obstacle naturel jusqu'à cette ligne de collines qui couvrait seule la vallée d'Enghien et les routes qui la traversent. Aussi, dès le début, des ouvrages importants furent-ils établis sur ces positions. La butte de Sannois fut enveloppée par une tranchée continue présentant un très-grand développement et établie en arrière des carrières qui lui servaient de défense naturelle. Au delà, la vallée qui s'étend à l'ouest du moulin Trouillet fut défendue par quatre batteries de six pièces de campagne et deux épaulements pour infanterie, dont les feux étaient dirigés sur le plateau du moulin de la Tour et couvraient par conséquent la retraite des avant-gardes placées à Argenteuil, si une attaque vigoureuse les avait obligées à se replier.

Les travaux de la butte Balmont se reliaient à ceux d'Enghien et d'Épinay par des épaulements élevés sur la berge de la Seine.

Du côté d'Enghien, le carrefour du Cygne était défendu par les maisons crénelées qui occupent le côté nord de la route et par un épaulement en terre sur le côté Sud. Ces ouvrages se reliaient avec ceux établis à droite et à gauche du chemin de Neulimont, qui consistaient en épaulements pour infanterie, s'appuyant sur les premières maisons d'Enghien, et en un épaulement pour quatre pièces de campagne destinées à battre la vallée d'Ormesson et le village d'Épinay. Une batterie de six pièces placée sur le côté Nord du chemin de Neulimont à la hauteur des premières maisons d'Ormesson complétait ces défenses.

Épinay. — Du côté d'Épinay, les ouvrages consistaient en une série d'épaulements pour infanterie établis parallèlement à la Seine, dans les jardins qui sont situés sur le côté Sud de la route. Ils étaient destinés à arrêter toute tentative par le bord de l'eau, appuyée par les canonnières.

Deux épaulements pour artillerie de campagne étaient établis aux extrémités, la première batterie placée auprès de la nouvelle pompe des eaux commandait le cours de la Seine de Saint-Denis à Argenteuil, et était spécialement dirigée contre les canonnières. La deuxième batterie, qui ne pouvait recevoir que deux ou trois pièces et faisait face à nos avant-postes, était placée en avant du Belvédère du premier parc.

À partir de ce point, les murs crénelés et les épaulements se dirigeaient perpendiculairement à la route, passaient sur son côté Nord et venaient s'appuyer sur le ruisseau qui couvre la face Nord-Est d'Épinay.

La tranchée qui, partant de l'entrée Est de ce village, se dirigeait vers le Temps-Perdu en suivant l'étang Coquenard, ne peut avoir été construite que pendant le bombardement, après l'évacuation de nos avant-postes. Quant aux autres travaux que nous venons de décrire, il est difficile de préciser le moment où ils ont été exécutés. Il est certain que tous n'existaient pas à l'époque de la sortie du 30 novembre. Il est probable qu'ils ont été entrepris postérieurement, en même temps que ceux qui ont complété les ouvrages d'Orgemont et de Sannois, et dans le but de résister à une sortie sérieuse sur ce point.

Ormesson, première batterie de siége. — La première batterie de siége à l'Ouest de Saint-Denis était établie à Ormesson, dans le premier parc situé sur la route qui conduit d'Épinay à la Barre. Cette batterie, construite derrière le mur de jardin qui fait face à la Briche et qui avait été renversé pour la démasquer, ne présentait aucune particularité et rentrait dans le type général pour la disposition des canons, de la poudrière et des abris.

Un chemin couvert suivant à l'intérieur les contours du mur du jardin, et un petit réduit placé à l'angle saillant de ce chemin couvert, étaient les seuls ouvrages accessoires.

Cette batterie était armée de six pièces de gros calibre et semble avoir eu pour objectif unique le fort de la Briche, dont le centre est à 2,700 mètres.

La Barre, deuxième batterie de siége. — Sur la route d'Ormesson à la Barre et contre le passage à niveau du chemin de fer étaient construits l'un à côté de l'autre deux ouvrages dont le premier, le plus éloigné de la voie de fer, beaucoup plus fort que le deuxième, qui touchait la voie elle-même, semblait avoir été destiné à une batterie de siége, tandis que le second devait recevoir de l'artillerie de campagne dirigée contre le chemin de fer et la plaine comprise entre lui et le village d'Épinay.

Il est difficile de dire si le premier ouvrage a été armé; quand nous l'avons reconnu, il était presque entièrement détruit. Il semble surprenant qu'une batterie de ce genre ait été placée sur la ligne de tir de la batterie d'Enghien, située à 200 mètres en arrière. Cependant les projectiles venant de ce côté étaient si nombreux, que l'on peut supposer qu'elle a reçu au moins de l'artillerie de campagne et qu'à certains moments elle a pris part au bombardement.

Enghien, troisième batterie de siége. — Un peu au-dessus de ces ouvrages, au sommet du coteau et à 150 mètres environ en avant de l'église neuve d'Enghien, était établie la troisième batterie de siége. Elle avait été élevée derrière un bouquet de cerisiers suffisant pour masquer les travailleurs. Les arbres avaient été abattus pour la démasquer. Un chemin couvert la reliait à la poudrière et aux premières maisons du village.

Elle était armée de six canons de gros calibre et pouvait tirer indifféremment sur la Briche à 3,240 mètres et sur la Double-Couronne à 4,280 mètres.

La Chevrette, quatrième batterie de siége. — De l'autre côté du chemin de fer, une quatrième batterie de siége était établie à l'extrémité orientale du parc de la Chevrette, dont le château, placé derrière la batterie, avait été noirci pour enlever toute facilité de pointage à nos forts. Elle avait été primitivement commencée derrière le mur de clôture et semblait destinée à ne tirer que sur la Double-Couronne; mais dans son état définitif elle était presque normale à la bissectrice de l'angle formé par ces deux forts, et pouvait par conséquent tirer indistinctement sur l'un ou sur l'autre.

Le type de la construction n'offrait rien de particulier. La poudrière était extérieure au massif de la batterie. Elle était armée de huit canons de gros calibre et battait la Briche à 2,640 mètres et la Double-Couronne à 2,850 mètres.

Un chemin couvert construit derrière les murs du jardin conduisait à la route et à une vaste champignonnière formée d'une voûte en maçonnerie recouverte de terre et offrant un abri blindé capable de loger 50 à 60 hommes. Un masque en terre placé à l'entrée de cette champignonnière prouve qu'elle a été utilisée par les Allemands, soit comme campement, soit comme poudrière.

Batteries des Presles, du Temps-Perdu et des Alluets. — En avant de ces batteries s'en trouvaient trois autres destinées à recevoir des pièces de siége, mais que nous supposons n'avoir jamais reçu d'armement.

Celle que nous désignons sous le nom de batterie des *Presles* était placée en avant de la route qui conduit d'Épinay à la station, devant la maison blanche qui servait de poste aux Prussiens. Sa construction ne laisse pas d'incertitude sur sa destination : tout porte à croire qu'elle n'a jamais été armée, et qu'elle était destinée à recevoir les canons d'une batterie plus éloignée lorsque l'ennemi aurait rapproché les attaques.

Il en est de même de la batterie du *Temps-Perdu* et de la batterie des *Alluets*. La première, établie contre le poste du *Temps-Perdu*, était disposée pour recevoir quatre ou six canons de siége. Une double tranchée la reliait aux ponts voisins du chemin de fer qui servaient d'abris et d'où on pouvait gagner à couvert la grande tranchée qui, en suivant l'étang Coquenard, conduisait aux premières maisons d'Épinay.

La deuxième, construite au nord de la précédente en avant de la route de Montmagny et derrière le Rû d'Arra, pouvait recevoir six canons de siége. Elle ne présentait aucune particularité de construction. La poudrière était séparée du massif de la batterie; une tranchée la reliait à l'angle Nord-Ouest des ouvrages français établis en avant du château de Villetaneuse, et par son prolongement la faisait communiquer avec Villetaneuse et Pierrefitte.

On ne saurait affirmer qu'aucune de ces batteries n'a reçu d'armement, car chacune d'elles étant dans l'alignement d'une des batteries d'Ormesson, d'Enghien ou de la Chevrette, il est possible qu'on ait confondu le feu des unes et des autres. Nous les considérerons comme douteuses. De toute manière, elles n'ont pu être armées et tirer que le jour qui a précédé l'armistice.

Deuil. — Entre la Chevrette et Deuil, il n'existe aucune trace de travaux. Les ouvrages importants sont établis au-dessus de ce dernier village sur les pentes qui descendent des hauteurs de Montmorency vers Deuil et Montmagny.

Montmorency. — Dès l'origine de l'investissement, les Allemands avaient construit sur ces positions des ouvrages destinés à protéger contre toute attaque leur grande ligne de communication entre Sarcelles, Saint-Germain et Versailles, qui se faisait par le pavé neuf et le village de Montmorency lui-même, qui était un centre important surtout pour l'artillerie, dont les réserves étaient établies dans le parc de Lagrange.

Il est difficile de préciser l'ordre dans lequel ces travaux ont été exécutés. Cependant il est probable que les premiers n'eurent qu'un caractère défensif, et que ce n'est que plus tard que les batteries de siége furent établies en utilisant sans doute une partie des ouvrages primitifs.

Les divers ouvrages définitifs construits sur ce point couronnaient la hauteur en suivant le contour du pavé neuf, et étaient disposés de telle sorte que ceux de l'Ouest croisaient leurs feux avec les batteries d'Orgemont et ceux du Nord avec les batteries de Saint-Brice et de Garges, tandis que ceux du centre battaient les vallées de Deuil et de Montmagny.

Cinquième et sixième batteries de siége. — Deux batteries de siége étaient construites au-dessous du pavé neuf ; établies suivant le type ordinaire, elles étaient placées de chaque côté de la vieille route qui descend à Deuil. La première était armée de huit pièces de gros calibre, et la deuxième de six ; elles tiraient indifféremment sur le fort de l'Est, la Double-Couronne et la ville de Saint-Denis.

A l'Ouest de la nouvelle route de Deuil étaient deux batteries de campagne pour six pièces chacune dont les feux étaient dirigés sur Épinay ; entre les deux batteries de siége une batterie de campagne de six pièces dirigée sur la vallée de Villetaneuse ; enfin, à l'extrémité de droite, une batterie pour six pièces de campagne battant la butte Pinçon et la route de Calais.

Quelques épaulements pour infanterie placés en arrière de cette ligne de batteries et ne pouvant d'ailleurs abriter qu'un petit nombre d'hommes, complétaient l'armement de cette ligne de hauteurs.

Le jour de la sortie sur Épinay, des pièces d'artillerie de campagne vinrent prendre position en ce point et tirèrent sur nos troupes pendant toute la durée de l'occupation de ce village. Peut-être cette batterie était-elle établie sur le pavé lui-même; c'est plus probable, parce que les chemins qui conduisent aux épaulements sont peu praticables.

Butte Pinçon. — Les travaux des batteries de siége de la butte Pinçon n'ont été commencés que très-tard, bien que ce soient ces batteries qui aient ouvert le feu contre Saint-Denis. Mais dès le début de l'investissement cette butte fut occupée par les Allemands, qui y établirent quelques ouvrages de campagne.

Les premiers travaux consistèrent en une tranchée longeant la route qui va de Villetaneuse à Pierrefitte, et qui avait pour but de mettre ces deux villages en communication avec les usines à plâtre où se tenaient les avant-postes.

Le plateau fut couronné de quelques épaulements qui, enveloppant la crête, venaient passer à la maison du garde et descendaient vers les Carnaux en longeant la face des batteries de siége de l'Ouest; ils coupaient le chemin des Roses, dont le carrefour était occupé par un épaulement pour six pièces de campagne qui enfilaient la route de Villetaneuse, et battaient le Nord de ce village. Tous ces ouvrages étaient terminés par une série de petits épaulements en zigzag, élevés en avant de la route de Montmagny.

En outre, un fort épaulement sous forme de lunette pouvant recevoir de l'infanterie et de l'artillerie, était établi sur les remblais formés en avant de la route de Villetaneuse à Pierrefitte par les débris des carrières. Une tranchée reliait cet ouvrage avec ces deux villages.

Septième et huitième batteries de siége. — Sur la butte Pinçon, les batteries de siége étaient au nombre de deux.

La première (batterie Ouest) était placée à l'Ouest de la maison du garde, sur la déclivité de la butte; elle était composée de quatre batteries superposées de deux pièces chacune, ayant leur front sur la même ligne. Elle tirait sur la Briche à une distance de 2,535 mètres, et pouvait tirer sur une partie de la ville ; mais elle ne voyait pas la Double-Couronne, dont elle était défilée.

Cette batterie, établie sur un terrain très-tourmenté, était environnée d'excavations profondes résultant d'anciennes carrières abandonnées qui, avec les ouvrages accessoires, concouraient à sa défense.

La deuxième batterie de siége, placée sur le versant est de la butte, était construite en avant du chemin dit du Puits-Artésien.

Elle était armée de six canons de gros calibre et semble n'avoir eu pour objectif que le fort de la Double-Couronne, qu'elle battait à une distance de 2,535 mètres. Elle pouvait aussi tirer sur la ville, mais ne voyait pas la Briche, dont elle était défilée par la partie Sud de la butte elle-même.

Enfin, en arrière de cette batterie de siége, dans l'axe de la rue de Paris et de la route de Pierrefitte, était un troisième épaulement qui semble n'avoir été destiné qu'à de l'artillerie de campagne, dont le rôle exclusif était de battre la route de Pierrefitte dans toute sa longueur.

Pierrefitte, neuvième batterie de siége. — Le village de Pierrefitte était défendu par des murs crénelés et par une double barricade élevée à son entrée et faisant face à nos avant-postes.

Dans le jardin de l'une des maisons voisines de la station du chemin de fer était établie une batterie de siége qui avait été armée de cinq ou six pièces, dont trois de gros calibre et les autres de calibre inférieur. Elle avait été construite derrière un massif d'arbustes qui empêchait de voir les travailleurs et dont il avait suffi de couper quelques branches pour la démasquer. Cette batterie, qui pouvait battre la Double-Couronne à 2,150 mètres, le fort de l'Est à 3,550 mètres, et la ville de Saint-Denis, ne semble pas avoir ouvert son feu dès l'origine du bombardement; elle n'a, du moins, été aperçue que vers le 24 janvier.

Elle communiquait d'une part avec le village de Pierrefitte par une petite tranchée creusée dans le jardin du château, et de l'autre avec un petit épaulement pour infanterie, construit en arrière du déblai du chemin de fer et qui se prolongeait jusqu'au pont, dont l'arceau était fortement barricadé.

Le terre-plein de la gare avait été utilisé pour recevoir quelques pièces d'artillerie de campagne. Aucun ouvrage ne les protégeait, car elles étaient masquées de la place par les plis du terrain. Tout porte à croire qu'elles ont pris part au bombardement de la ville pendant les derniers jours.

OUVRAGES DÉFENSIFS. *Groslay, Saint-Brice, Sarcelles.* — En arrière de la butte Pinçon, vers le nord, il n'existait que des travaux défensifs, exécutés dans les premiers jours de l'investissement. Ils étaient établis en avant des villages de Groslay, de Saint-Brice et de Sarcelles; leur but était de battre les routes de Calais et de Dunkerque.

Groslay. — Par le travers de Groslay, au sommet de la côte, à droite et à gauche de la route de Calais et en avant du chemin de Groslay à Sarcelles, se trouvaient deux forts épaulements pour infanterie qui battaient non-seulement la route mais la plaine de Sarcelles. L'épaulement de l'Ouest se reliait avec Groslay au moyen de petites tranchées établies le long du chemin qui conduit à ce village.

Saint-Brice, moulin Nezant. — En arrière de ce point, et près du moulin Nezant, à droite et à gauche du chemin de Saint-Brice à Groslay, étaient placés, sur la hauteur, deux forts épaulements destinés chacun à six pièces de campagne.

Ils étaient établis dans une position très-forte, défendue sur sa face et sur ses côtés, par des carrières à plâtre d'une grande profondeur, et par un petit ouvrage, pour infanterie et artillerie, construit sur un grand remblai formant promontoire.

Ces batteries, placées sur le point culminant du plateau qui sépare Groslay de Saint-Brice, commandaient une grande étendue de terrain, comprenant la vallée qui s'étend de Sarcelles à Montmagny, et croisaient leurs feux avec les batteries établies à Montmorency, en avant du pavé neuf.

Briqueteries de Sarcelles. — Entre les routes de Calais et de Dunkerque, sur le point culminant du plateau, un grand ouvrage de 50 à 60 mètres de longueur, pour infanterie, venait combiner ses feux avec ceux déjà décrits et ceux de la briqueterie de Sarcelles, placés au sommet de la côte, à droite et à gauche de la route, et se composant de deux épaulements pour infanterie, de 70 à 80 mètres de longueur.

Stains, dixième, onzième, douzième, treizième et quatorzième batteries de siége, trois batteries douteuses. — Les ouvrages allemands établis en avant de Stains font suite à ceux de Pierrefitte. Ils s'appuyaient sur le chemin de fer et s'étendaient jusqu'au moulin neuf, à la limite de l'inondation du Crould.

En partant de l'Ouest, l'extrémité de la route qui aboutit au pont sur le chemin de fer, près de la station de Pierrefitte, était défendue par une petite lunette en terre, remplissant le rôle d'une barricade. Un épaulement de 100 mètres de longueur suivait la route de Stains et croisait ses feux avec l'épaulement élevé de l'autre côté de la voie, et qui terminait les ouvrages de Pierrefitte. Ces deux ouvrages battaient non-seulement le chemin de fer, mais encore toute la plaine jusqu'au moulin de Stains, et étaient appuyés par un épaulement destiné à recevoir de l'artillerie de campagne. Ils avaient pour but de surveiller le moulin de Stains, qui étant le point le plus avancé de nos avant-postes, aurait pu servir de point d'appui à une tentative contre le village de Stains.

Le village et le château. — La face du village qui regardait Saint-Denis était crénelée dans toute son étendue. De petits épaulements en terre remplissaient les lacunes causées par l'absence de murs ou de maisons. Cette ligne continue de créneaux était desservie par la grande rue du village et avait, comme postes avancés, les murs de clôture du parc du château et le château lui-même, que deux tranchées reliaient au Nord avec la place, à l'Ouest avec la route du moulin.

Dans le parc il n'existait pas de travaux importants. Les

seuls ouvrages étaient un petit épaulement en terre établi devant le château, et relié par une tranchée à un second épaulement construit sur un petit monticule artificiel, et qui pouvait recevoir deux pièces de campagne ou deux mitrailleuses.

Le Globe et le moulin neuf. — Cette ligne se terminait, à l'Est, par les maisons du Globe, le moulin Romaincourt et le moulin neuf, dont les murs étaient crénelés.

Batteries Sud de Stains. — En avant du village de Stains étaient établies quatre batteries de siége, dont trois étaient groupées autour du moulin et une était placée à l'entrée du faubourg du Globe.

Batteries du moulin de Stains. — Les trois batteries du moulin de Stains construites pour recevoir chacune 6 canons de siége et reliées entre elles par des tranchées et des épaulements, pouvaient faire converger leurs feux sur la Double-Couronne, à une distance moyenne de 1,600 mètres, ou sur le fort de l'Est.

Ces trois batteries, comme les trois dont nous avons parlé ailleurs, n'ont pu être construites qu'après l'évacuation de ce poste par nos troupes, c'est-à-dire postérieurement au 21 janvier. Il n'est pas probable qu'elles aient pu être armées avant l'armistice : elles étaient plutôt destinées à recevoir les canons des batteries placées au-dessus du village, quand l'ennemi aurait rapproché ses attaques. Cependant, dans les derniers jours du bombardement, des coups furent envoyés de cette direction. On pourrait en conclure que si elles ne furent pas armées complétement, elles reçurent quelques pièces de siége ou de campagne.

Batterie du Globe. — Quant à la batterie du Globe, construite pour 6 canons de siége et dirigée sur la Double-Couronne et la vallée de Saint-Denis, il est à peu près certain qu'elle a été armée et qu'elle a tiré contre la place ; ce qui peut seul empêcher l'affirmative absolue, c'est qu'elle était dans l'alignement de la batterie de la Cerisaie, et que les coups partis de l'une ou de l'autre ont pu faire confusion.

Batteries Nord de Stains. — Au-dessus du village, sur

les hauteurs qui s'étendent vers Arnouville, et sur une ligne à peu près perpendiculaire au chemin de fer et à la route de Gonesse, était le deuxième groupe de batteries, dont trois, désignées sous le nom de batteries Nord de Stains, étaient établies sur la crête, tandis que la quatrième, dite de la Cerisaie, était placée sur le versant est du plateau.

La première batterie, en commençant par l'Ouest, était armée de six pièces de gros calibre, dirigées toutes sur le fort de la Briche, qu'elles battaient à une distance de 3,920 mètres, et était entièrement défilée des feux de la Double-Couronne et du fort de l'Est. Elle pouvait, en outre, battre la plaine de Pierrefitte.

La deuxième batterie, placée au sommet même, avait, comme la précédente, pour objectif le fort de la Briche, dont elle prenait à revers le front qui fait face à Épinay. Elle était armée de huit canons de gros calibre. Il est probable qu'elle pouvait aussi tirer sur la Double-Couronne, mais elle ne voyait pas directement cet ouvrage.

La troisième batterie était établie à la suite de la deuxième, près du chemin qui descend à Stains. Elle était armée de six canons de gros calibre, et tirait uniquement sur le fort de l'Est, à une distance de 3,700 mètres environ.

L'ensemble de ces batteries était relié par une tranchée qui permettait de communiquer avec les poudrières, à l'abri des feux de la place.

Batterie de la Cerisaie. — La quatrième batterie, dite de la Cerisaie, placée sur la même ligne que les trois autres, mais de l'autre côté de la route de Gonesse, avait dû être armée de six pièces de gros calibre. Elle pouvait battre indifféremment le fort de l'Est et la Double-Couronne.

Il est probable qu'au début cet épaulement avait été construit pour recevoir de l'artillerie de campagne destinée à battre la route de Gonesse, et qu'il n'avait été transformé que plus tard en batterie de siége.

Hauteurs de Stains, travaux défensifs. — Sur ces mêmes hauteurs, mais en arrière de ces ouvrages, étaient établis des travaux importants, ayant un caractère purement défensif.

Au centre du plateau, et à 80 mètres en avant d'un chemin de culture, avait été construit, dès les premiers jours de l'investissement, un grand ouvrage (pl. II, fig. 3) dont nous avons donné la description dans le chapitre précédent. Il était destiné à servir à la fois d'épaulement pour une centaine d'hommes et d'abri pour des réserves d'infanterie dont le nombre pouvait s'élever à 5 ou 600 hommes et qui pouvaient, en cas d'attaque, se porter sur les épaulements voisins.

Il avait été construit dans le but de défendre ce plateau et ses abords, en attendant que le village de Stains fût mis en état de résister à une attaque sérieuse.

Dans l'ouest de ce grand retranchement, sur la pente qui descend vers la station de Pierrefitte, et faisant face à cette station, trois épaulements pour infanterie étaient élevés. Ils étaient probablement destinés à recevoir les hommes tenus en réserve dans le grand épaulement dont nous venons de parler.

Enfin, un peu plus haut, dans le Nord et sur le sommet de ce même plateau, un premier épaulement pour vingt-quatre pièces d'artillerie était établi à 100^m en arrière du chemin de culture, dans le but de battre la plaine comprise entre Stains, Pierrefitte et la butte Pinçon.

Dans l'est du grand ouvrage, un deuxième épaulement pour artillerie de campagne, sans doute identique au précédent, battait la plaine entre Dugny et Stains. L'état de conservation de cet ouvrage, presque entièrement nivelé, n'a pas permis de préciser autrement ses formes et sa destination.

Arnouville. — En arrière de ces trois ouvrages, et un peu en avant d'Arnouville, vis-à-vis le chemin de culture qui descend à Garges, était construit un grand retranchement analogue à celui que nous venons de décrire. Il présentait les mêmes dispositions, mais était un peu plus long (120 mètres environ). Comme le précédent il pouvait abriter une forte réserve d'infanterie, et complétait la défense de la ligne de Sarcelles à Gonesse.

Garges. — Dans Garges, il n'existait aucune trace de travaux importants. Quelques murs crénelés, mais en petit nombre, un petit épaulement en terre, à l'extrémité Nord du village, couvrant la route, et destiné plutôt à un poste d'observation qu'à un poste de résistance, étaient les seuls ouvrages défensifs que nous ayons reconnus, et qui, d'ailleurs, suffisaient à défendre l'extrémité de cette ligne, dont les abords étaient couverts par les marais de Bonneuil et de Dugny.

Front Nord-Est. — Sur le front Nord-Est de Paris, entre les vallées presque parallèles du Crould qui descend de Luzarches et vient se jeter dans la Seine à Saint-Denis, et de la Beuvronne qui descend de Dammartin pour se jeter dans la Marne à l'Est des hauteurs de Montfermeil, le terrain s'élève depuis la plaine d'Aubervilliers jusqu'à Creil par une pente continue.

Jusqu'à une grande distance le pays est découvert, livré tout entier à la grande culture. Les centres de population sont éloignés les uns des autres, et les grandes fermes isolées des villages sont elles-mêmes peu nombreuses. Cette zone ne présentait donc pas, au point de vue de l'investissement, les ressources des autres localités qui entourent Paris avec leurs villages populeux, leurs bois et leurs terrains accidentés dominant partout nos positions.

De ce plateau légèrement ondulé se détachent quelques petits ruisseaux qui se jettent soit dans le Crould, soit dans la Beuvronne.

L'un d'eux, le plus important, est celui qui descendant du Grand-Tremblay à Villepinte et à Aulnay-lez-Bondy, sous le nom de Sausset, vient former entre Aulnay-lez-Bondy, Blancmesnil et Dugny, ce que l'on appelle la Morée, qui se jette dans le Crould un peu au-dessus de ce dernier village.

C'est en arrière de la Morée, qui fait face à notre front Nord-Est et dont le cours est sensiblement parallèle à la ligne qui joint le Grand-Tremblay à Gonesse, que dès les premiers jours de l'investissement les Allemands établirent, dans le but de couvrir cette plaine, une ligne d'ouvrages qui pendant toute la durée du siége furent augmentés journellement. En outre, la Morée elle-même fut utilisée comme défense naturelle. Des barrages établis à Blancmesnil, à Pont-Iblon et à Dugny, permirent d'inonder les prairies qui bordent ce ruisseau et les transformèrent en un lac assez large et assez profond pour empêcher toute attaque de front contre cette ligne, qui s'appuyait à l'Est sur le Sausset et à l'Ouest sur les marais de Dugny, autrement que par les passages de Pont-Iblon, de Blancmesnil et d'Aulnay.

Pour achever la défense de ce plateau, il restait entre Aulnay et les hauteurs du Raincy la plaine que traverse la route des Petits-Ponts, et qui s'étend de la Morée à la forêt de Bondy, sur une largeur de 1,500 mètres environ, à travers des terrains marécageux. Des ouvrages établis entre Aulnay-lez-Bondy et Sevran, du Pont-David à la ferme de Rougemont, fermèrent ce passage et complétèrent cette ligne de défense, soutenue par les ouvrages du plateau de Blancmesnil.

La route de Livry, qui traverse la forêt de Bondy sur une assez grande longueur, pouvait offrir une issue à l'armée assiégée, mais une attaque sérieuse ne pouvait être redoutée par une route dont les abords couverts de bois empêchaient de développer un corps d'armée, et qui d'ailleurs était sous le feu des hauteurs du Raincy. Cependant, en prévision d'une tentative sur ce point, des travaux furent exécutés au rond-point de l'Abbaye et sur les hauteurs de Livry.

Ainsi, entre le Raincy et Dugny il exista une ligne continue d'ouvrages renforcée par les obstacles naturels et susceptible de s'opposer à toute tentative de sortie par un point quelconque de ce vaste périmètre.

Au Sud de la Morée coule un ruisseau moins important connu sous le nom de Molleret et de Molette, qui sortant des marais de Groslay, suit à partir de là un cours à peu près parallèle à celui de la Morée, et vient se jeter dans le Crould au-dessous de Dugny. Le village du Bourget occupe le point où la route de Lille coupe ce ruisseau.

La Molette a été la limite des positions avancées de l'armée allemande, qui cependant occupa la partie Sud du Bourget. Quant au village de Drancy et à la ferme de Groslay, ils ne furent jamais fortement occupés, et furent abandonnés sans grande résistance chaque fois qu'on voulut les reprendre.

Le Bourget avait une grande importance pour les Allemands comme position avancée, par rapport à la grande ligne fortifiée de la Morée, car il la protégeait à la fois contre une attaque de front et contre tout mouvement tournant par l'Ouest ou par l'Est.

Dans le cas d'une attaque de front, ce village, fortifié comme il l'était et appuyé par les batteries de Pont-Iblon et de Blancmesnil, était susceptible d'opposer une résistance assez longue pour permettre aux réserves de Gonesse et du Tremblay de se porter en masse sur la ligne de la Morée, et de défendre avec succès les seuls passages directs que l'on pût tenter de forcer, c'est-à-dire ceux de Pont-Iblon et de Blancmesnil.

Dans le cas d'une attaque par l'ouest, il concourait à la défense de Stains et des hauteurs qui s'étendent entre ce village et Arnouville, et empêchait toute tentative sur Gonesse par le versant oriental de ces hauteurs, qui sont en dehors de la portée des feux des batteries de Montmorency, de Saint-Brice et de Sarcelles.

Enfin, dans le cas d'une attaque par l'Est, il couvrait les ouvrages de Blancmesnil, qui ne pouvant être battus qu'à grande distance, avaient la possibilité de concentrer toutes les ressources de la défense sur le passage étroit que traverse la route des Petits-Ponts, et donnaient le temps à l'armée allemande de se former en bataille derrière la ligne du Sausset, entre le Blancmesnil et le Tremblay.

Au point de vue de l'offensive, cette position n'était pas moins importante, car entre les mains des assiégés, elle eût empêché l'établissement de toutes les batteries de siège de Stains, qu'elle prenait à revers. Il eût donc fallu la reprendre avant les opérations du bombardement.

Les Allemands préférèrent la conserver.

Ainsi s'expliquent les nombreux travaux dont elle fut l'objet et les efforts tentés pour repousser toutes les attaques dirigées contre elle.

Pont-Iblon. — Le Pont-Iblon joua un grand rôle dans l'investissement de Paris, parce que la route de Lille était la seule par laquelle on pût sortir en plaine.

Pendant toute la durée du siége et depuis le premier jour de l'investissement, de nombreux travailleurs furent occupés à l'établissement des ouvrages qui furent accumulés sur ce point. Il est difficile de préciser dans quel ordre ils furent exécutés, nous nous bornerons à en décrire l'ensemble.

En avant du Pont-Iblon, du côté du Bourget, étaient deux épaulements pour infanterie, établis à droite et à gauche de la route, parallèlement à la chaussée. Ces deux épaulements de 30 mètres de longueur permettaient de battre la vallée en avant de l'inondation.

A l'Ouest de la route et en arrière du ruisseau était un deuxième épaulement peu important, qui reliait les deux seules maisons construites sur ce point.

Enfin, au-dessus et en avant du chemin qui conduit à Gonesse, était un troisième épaulement pour infanterie perpendiculaire à la route de Lille.

Quinzième batterie de siége. — A l'ouest de ce troisième épaulement et au milieu des terres, sur le point culminant du plateau ayant vue à la fois sur Dugny et Blancmesnil, était une batterie de siége de six canons, établie dans les mêmes conditions que celles que nous avons décrites précédemment.

Enfin, entre cette batterie de siége et la route de Lille se trouvaient sur une même ligne perpendiculaire à la route des épaulements pour trente-deux pièces de campagne construits suivant le type 4, c'est-à-dire avec un abri pour les caissons ou les hommes de soutien relié à l'abri de la pièce par un petit épaulement élevé sur la face qui regardait Blancmesnil.

On s'explique peu la batterie de siége placée en ce point : elle n'avait pas un but défensif et ne pouvait avoir été construite en ce point qu'en vue de battre le fort d'Aubervilliers ou nos batteries de la Croix-de-Flandre et de la Courneuve. C'est en effet contre ces ouvrages, et plus particulièrement contre cette dernière batterie, qu'elle eut occasion de diriger son feu pendant les jours qui précédèrent le bombardement de Saint-Denis et pendant le bombardement lui-même.

A l'Est de la route de Lille et en arrière de l'inondation, on trouvait une série d'ouvrages analogues à ceux du côté Ouest.

Campement. — Un campement avec baraques en planches, communiquant avec la route par un chemin empierré, était établi derrière un épaulement qui partant de la route suivait la petite falaise formant la berge de l'ancien lit de la Morée. Ce camp, qui pouvait loger 1,200 hommes environ, s'explique par l'importance de la position à défendre et l'éloignement de tout village dans lequel on peut abriter une force aussi considérable.

En arrière de ce camp et en avant du chemin de culture qui se dirige sur l'Orme-Morlu, se trouvait encore un petit épaulement pour infanterie protégé sur sa face par des tranchées assez profondes, restant d'un ancien établissement de poudrette, et dominant le camp et les ouvrages précédents.

Au-dessus se trouvaient, à la même hauteur que ceux qui existaient de l'autre côté de la route et du même type, deux groupes d'épaulements pour artillerie de campagne, l'un pour 12 pièces, l'autre pour 6, reliés par une tranchée pouvant recevoir de l'infanterie.

Enfin, au point culminant de la route de Lille étaient établis de chaque côté de la route et perpendiculairement à la chaussée, deux épaulements de 60 mètres de longueur avec retour aux extrémités.

En descendant du Pont-Iblon sur le Bourget, on trouvait encore à quelques mètres avant l'avenue de Blancmesnil un épaulement qui, comme le précédent, s'étendait perpendiculairement des deux côtés de la route sur une longueur de 60 mètres environ, et coupait les bas côtés de manière à ne laisser de passage que sur la partie pavée, c'était le dernier travail que l'on rencontrât avant le Bourget, sur la route de Lille.

Le Bourget. — Le Bourget, placé à 2 kilomètres en avant du Pont-Iblon et occupé par les Allemands dès l'origine de l'investissement, ne reçut de travaux importants qu'après sa reprise du 30 octobre, et en dernier lieu après l'attaque du 21 décembre.

Ce village s'étend sur une longueur de 1 kilomètre, de son extrémité Nord à son extrémité Sud, mais est sans profondeur sur ses côtés. Il est coupé transversalement vers son milieu par la Molette, qui le partage en deux parties, dont la première, celle du nord, domine la seconde.

Les premiers travaux qui furent exécutés eurent pour but de mettre à couvert de faibles avant-postes. Ils consistèrent en quelques murs crénelés et en barricades établies sur la route. Plus tard ces murs crénelés s'étendirent sur toute la longueur des faces qui regardent Aubervilliers et Saint-Denis; en outre, des épaulements furent construits partout où n'existaient pas des défenses naturelles : tels furent du côté de l'Ouest les épaulements qui fermèrent la lacune qui existait entre le mur du château et les clôtures de la grande fabrique à murs blancs, et du côté de l'Est ceux qui réunirent à la station les murs de la grande fabrique de toiles peintes qui est placée sur la Morée. Tous ces ouvrages transformèrent le Bourget en une sorte de longue redoute rectangulaire défendue sur toutes ses faces et composée de réduits successifs formés des diverses portions du village.

Du côté de l'Ouest en allant vers Dugny, le cimetière neuf était crénelé, et un épaulement partant des dernières maisons placées derrière l'église couronnait le chemin creux qui réunit le Bourget à Dugny.

Batteries Nord du Bourget, seizième et dix-septième batteries de siége. — Sur ce chemin étaient établies deux batteries de siége.

La première, placée sur le côté nord du chemin auprès d'un jardin clos de murs, était construite suivant le type général et armée de six canons de gros calibre qui pouvaient tirer indifféremment sur la Courneuve et le fort de l'Est. La poudrière était extérieure, et une petite tranchée la reliait au chemin creux de Dugny.

La deuxième était établie sur la route elle-même, un peu avant la fourche : elle n'avait exigé d'autres travaux d'établissement que celui des plates-formes, les talus de la route ayant été utilisés comme épaulements.

Cette batterie était armée de huit canons de gros calibre et battait spécialement le fort de l'Est.

Entre ces deux batteries, en avant de la route, était construit cet ouvrage pour infanterie et artillerie dont nous avons donné la description dans le premier chapitre.

Placé vis-à-vis du gué de la Molette, par lequel étaient passées les troupes qui avaient enlevé le cimetière et la partie Nord du Bourget dans la sortie du 21 décembre, il avait le double but d'opposer une résistance sérieuse à toute tentative nouvelle sur ce village et de protéger les deux batteries de siége.

En effet, à l'Ouest du Bourget, la Molette ne présente pas les mêmes obstacles qu'à l'Est de ce village.

Dans l'Est, les prairies qu'elle traverse sont marécageuses, d'un accès difficile et dominées par la plaine qui s'étend entre le Bourget et Blancmesnil. Les ouvrages établis sur cette plaine, joints aux difficultés naturelles, permettaient par conséquent d'opposer une résistance sérieuse à toute attaque par ce côté.

Entre Dugny et le Bourget, les bords de ce ruisseau sont peu marécageux, les deux plateaux entre lesquels il coule sont presque à la même hauteur et les seules défenses sérieuses étaient reportées en arrière de la Morée au-dessus de Pont-Iblon. Cette partie était donc moins défendue.

Ces conditions, jointes au voisinage de nos positions de la Courneuve, avaient sans doute décidé l'attaque du 21 décembre par ce point, mais elles constituaient un danger pour les batteries de siége, qui n'étant protégées que par Dugny et le Bourget, étaient exposées à une surprise.

Ainsi le rôle de cet ouvrage s'explique autant au point de vue défensif qu'au point de vue du bombardement.

Dugny. — Le village de Dugny était défendu par de simples murs crénelés, des barricades sur les routes et à l'extrémité des rues qui débouchaient dans la campagne, et quelques épaulements dans les points faibles, tels que le parc du château, qui n'était clos que par une haie.

Le Bourget, côté Est, dix-huitième et dix-neuvième bat-

teries de siége: — Sur le côté Est du Bourget, les ouvrages avaient été élevés en arrière de la Molette, et comprenaient des batteries de siége et des ouvrages pour infanterie.

Deux batteries de siége, de trois pièces chacune, avec poudrière au centre, et communiquant entre elles et avec la poudrière par des chemins couverts, étaient construites à mi-côte, par le travers de l'église, derrière des murs de jardin primitivement crénelés, mais qui avaient été renversés en dernier lieu pour démasquer les batteries. Elles battaient le fort et le village d'Aubervilliers, la Croix-de-Flandre et Bobigny, et pouvaient même atteindre le fort de Romainville. Elles tiraient aussi sur l'enceinte de Paris, mais les boulets ne dépassaient pas les glacis. Elles ont produit peu de dégâts.

A l'Est de ces batteries, et communiquant avec elles par un chemin couvert pouvant servir d'épaulement pour infanterie, se trouvait un ouvrage analogue à celui qui existait entre le Bourget et Dugny. Cet ouvrage, établi au coude de la Molette, pouvait battre à la fois Drancy et le front du ruisseau.

Enfin, au-dessus de ce dernier ouvrage, étaient établies dans la plaine, l'une au coude même de la Molette, l'autre un peu plus haut, sur la route qui va du Bourget à Blancmesnil, deux épaulements pour batteries de campagne, armés chacun de six pièces. Le premier de ces ouvrages battait directement Drancy. Le deuxième avait deux pièces sur le Bourget et quatre sur le pont de la Molette, qui donne passage à la route de Drancy à Blancmesnil.

Blancmesnil. — Le village de Blancmesnil, placé tout entier au sud de la Morée, constituait la défense avancée de la ligne des grands ouvrages établis en arrière, sur les plateaux de l'Ouest et de l'Est, dont les premiers se reliaient à ceux de Pont-Iblon, et dont les seconds s'étendaient sur une ligne continue jusqu'à Aulhay-lez-Bondy.

Les murs du village et de la ferme étaient crénelés sur les faces qui regardent le Bourget. Des épaulements en terre reliaient les maisons à l'inondation, de manière à faire de ce point une sorte de réduit, couvrant de feux tous les côtés de la plaine, et ayant une retraite sur les plateaux.

En avant se trouvaient deux lignes circulaires et concentriques de petits épaulements isolés pour avant-gardes, s'étendant de la grande avenue au chemin du Bourget.

La seule rue qui traverse le village et conduit au pont était barricadée. Enfin, en arrière de la Morée, des deux côtés de la route de Gonesse, deux épaulements de 40 mètres de longueur, dont l'un enfilait la rue du Blancmesnil, battaient le pont lui-même, à une distance de 3 à 400 mètres au plus, dominaient les deux côtés du village, et formaient une deuxième ligne de défense pour l'infanterie. L'artillerie était placée au-dessus.

Sur le plateau ouest de Blancmesnil, qui domine la Morée et commande la plaine comprise entre les deux ruisseaux, étaient deux forts ouvrages, assez mal conservés à l'époque où nous avons pu les voir, placés à angle droit, l'un par rapport à l'autre. Le premier battait Pont-Iblon, et la route de Lille en avant de ce pont. Le deuxième battait le plateau entre Blancmesnil et le Bourget. Ces deux ouvrages, qui pouvaient recevoir six pièces d'artillerie, se composaient chacun d'épaulements de types différents, groupés à côté les uns des autres, et reliés entre eux par des ouvrages secondaires, avec des poudrières et des abris, destinés sans doute à loger les hommes de garde.

Du côté de l'Est, un premier épaulement pour infanterie, placé à mi-hauteur, battait la digue construite au coude de la Morée, pour arrêter les eaux entre Blancmesnil et Aulnay, et flanquait le côté Est du village. Au-dessus de cet épaulement, on en trouvait un deuxième pour six pièces de campagne, construit sur le type de ceux de Pont-Iblon.

Plateau de Blancmesnil. — C'est sur le plateau qui s'étend entre Blancmesnil et Aulnay-lez-Bondy, qu'étaient accumulés les ouvrages les plus nombreux, tous destinés à de l'artillerie.

Ces ouvrages, partant de l'ancienne redoute, étaient disposés sur une ligne droite, d'une longueur de plus d'un kilomètre, parallèlement à la route de Gonesse, jusqu'à l'entrée du village d'Aulnay.

Dès les premiers jours de l'investissement, la redoute dont nous venons de parler avait été établie sur le point culminant du plateau. Elle était formée de trois faces et percée de neuf embrasures, dont trois sur le Pont-Iblon et six sur la plaine.

Vingtième batterie de siége. — Plus tard, le côté Est de cette redoute fut transformé de manière à recevoir six pièces de siége. La partie qui regardait Pont-Iblon fut conservée, ainsi que les deux embrasures voisines qui tiraient sur la plaine. Quant à la batterie de siége, elle présentait les mêmes dispositions que celles déjà décrites. Elle pouvait tirer sur Drancy et Bondy, mais ne peut pas avoir pris part au bombardement des forts, dont elle était éloignée de 7,000 mètres.

En partant de cette redoute et descendant sur Aulnay, quatre épaulements pour batteries de campagne, pouvant recevoir chacun six pièces, étaient établis sur une même ligne. Chacun de ces épaulements était séparé du précédent par une distance variant de 20 à 50 mètres. Enfin, en arrière, se trouvaient des ouvrages analogues destinés soit aux hommes de soutien, soit aux munitions.

Cette ligne de retranchements coupait la route d'Aulnay à Blancmesnil, et se poursuivait au delà jusqu'au chemin qui longe la Morée.

Dans cette deuxième partie, construite pour vingt-cinq pièces de campagne, le tracé, quoique continu au lieu d'être en ligne droite, se composait d'une série de faces pouvant recevoir un nombre variable de pièces tirant suivant des directions différentes, depuis Blancmesnil jusqu'à la route des Petits-Ponts.

Au-dessus de ce dernier ouvrage, et sur la route de Gonesse, étaient deux épaulements séparés : le premier pour six pièces, le deuxième pour trois pièces, qui tiraient par-dessus la première ligne des batteries.

A l'époque où nous avons pu visiter ces travaux, le grand ouvrage, armé de vingt-cinq pièces, était en grande partie détruit. Nous en avons eu le tracé par le dépôt des fortifications, qui avait pu le faire lever dès le mois de février.

D'après les renseignements qui nous ont été fournis, il était beaucoup plus important que les précédents, et avait des abris casematés. Il est probable que ces casemates étaient de simples abris destinés à protéger les troupes contre les rigueurs de la saison.

La description qui précède montre l'importance que les Allemands attachaient à cette position, puisque entre le sommet du plateau et le village d'Aulnay, les ouvrages élevés permettaient de mettre en batterie soixante-quatre pièces de campagne, dont les feux couvraient l'espace compris entre la lisière occidentale de la forêt de Bondy et le village du Bourget.

A la suite des ouvrages que nous venons de décrire, et de l'autre côté de la Morée, dans un terrain marécageux qui touche au parc du château, avait été construite, dès les premiers jours de l'investissement, une sorte de redoute pour six ou huit pièces d'artillerie de campagne, dont les embrasures étaient dirigées sur la forêt de Bondy et la route des Petits-Ponts. Sur cette redoute, et du côté opposé au château, s'appuyait une série de petits abris circulaires isolés les uns des autres, et destinés à de l'infanterie. Cette disposition avait été sans doute commandée par la nature marécageuse du terrain, qui n'aurait pas permis une tranchée continue, exposée à être envahie par les eaux.

Château et village d'Aulnay. — De l'autre côté de la redoute, le parc lui-même était fortifié au moyen d'un épaulement en terre, construit derrière un canal qui longeait les clôtures.

Cet épaulement s'appuyait, par son extrémité, sur le village d'Aulnay, qui était crénelé sur toute sa face Sud et se reliait aux ouvrages suivants.

A l'Est d'Aulnay, entre ce village et Sevran, et en avant du chemin qui relie les deux villages, existait, sur une longueur d'un kilomètre, une série d'ouvrages qui s'étendaient du Pont-David à la ferme de Rougemont. Ils consistaient en un long épaulement pour infanterie, s'appuyant sur le Pont-David et sur une grande redoute à trois faces pouvant recevoir chacune trois pièces de campagne, et construite un peu à l'Ouest de la ferme de Rougemont. Au centre de l'épaulement était une redoute de forme bastionnée pour infanterie, qui avait pour but de battre les faces de cet ouvrage. En arrière de cette grande ligne, et près de la route, étaient deux épaulements, l'un pour six pièces d'artillerie, l'autre pour de l'infanterie. L'ouvrage destiné aux six pièces d'artillerie était placé dans l'axe de la route des Petits-Ponts, et pouvait l'enfiler sur une grande longueur.

Ces derniers ouvrages semblent n'avoir été élevés que dans les derniers *temps du siége*. La plupart n'étaient que grossièrement ébauchés : il est probable qu'ils n'existaient pas à l'époque de la sortie du 21 décembre.

Sevran. — Le village de Sevran formait l'extrémité de cette grande ligne. Ses défenses étaient portées, d'un côté en avant des fermes de Fontenay et de Rougemont, et de l'autre sur le canal de l'Ourcq.

Protégé en partie par la forêt de Bondy, dont la lisière était défendue à la hauteur de la grande voirie, dite le Dépotoir, ces ouvrages avaient eu pour effet de couvrir les points faibles de cette position. Dans ce but, un épaulement pour infanterie avait été élevé en avant de la ferme de Fontenay, dont une partie des murs avait été crénelée. Un épaulement du même genre avait été construit en avant de la ferme de Rougemont, s'appuyant sur le ruisseau du moulin neuf. Enfin, en arrière, un ouvrage pour six pièces d'artillerie de campagne avait été placé entre les fermes et le village, de manière à dominer le front des épaulements, et à soutenir l'infanterie chargée de les défendre.

Du côté du canal de l'Ourcq, qui par lui-même constituait une défense naturelle, trois séries d'épaulements perpendiculaires à ses berges battaient le chemin de halage.

En outre, deux grands épaulements, partant du pont de la station, et placés à angle droit l'un par rapport à l'autre, suivaient, l'un le chemin de Livry jusqu'à la forêt, l'autre la berge du canal. Une batterie de deux pièces d'artillerie de campagne, placée au point de rencontre en avant du pont, complétait la défense. L'ensemble de ces ouvrages avait pour but de couvrir Sevran de toute tentative par la forêt ou par Livry.

On comprend l'importance que les Allemands attachaient à la sécurité de cette position, puisqu'elle était un centre important de réserves d'artillerie et de troupes, en même temps qu'elle servait de tête de ligne aux chemins de fer allemands.

La partie comprise entre Aulnay et le Raincy était moins solidement fortifiée, parce que la nature même du terrain empêchait une attaque sérieuse sur une zone couverte de bois épais. Cependant, une ligne de défense, s'appuyant sur la lisière occidentale de la forêt, avait été établie entre la ferme de Nonneville et la grande avenue du Raincy.

La ferme de Nonneville avait été simplement crénelée sur toutes ses faces. On avait supposé, pendant le bombardement des forts de l'Est, qu'une batterie de siége avait été établie en ce point. C'était une erreur, autant que nous permettent de l'affirmer les renseignements les plus multipliés. Si des projectiles sont arrivés de cette direction sur les forts de Noisy ou de Rosny, ils ne peuvent avoir été tirés que par les batteries d'Aulnay ou des batteries volantes.

Au sud de cette ferme, et sur la lisière de la forêt, les travaux consistaient en de simples épaulements, destinés plutôt à couvrir des avant-postes qu'à abriter des masses d'infanterie.

La face Sud-Ouest de la grande voirie avait été transformée en épaulement pour infanterie, avec une petite batterie pour deux pièces de campagne à son extrémité sud.

Au pont de la Poudrette sur l'Ourcq, un épaulement était élevé de chaque côté du canal : l'un au nord, peu important, l'autre au sud, se prolongeant jusqu'à la route de Metz.

L'entrée de la grande avenue du Raincy était barricadée, et un long épaulement, faisant suite au précédent, et partant de la Maison-Blanche, s'étendait sur une longueur de plusieurs centaines de mètres parallèlement à l'avenue jusqu'à la forêt. Il n'existait pas de vestiges d'ouvrages pour artillerie.

En arrière de cette ligne de défense, les derniers ouvrages que l'on rencontrait étaient en avant du village de Livry, au lieu dit de la Barrière. Ils consistaient en un fort retranchement affectant la forme d'une redoute, et ayant pour but de battre à la fois la route de Metz et l'avenue du Raincy.

Ce retranchement, placé en arrière de la grande mare, s'appuyait contre les maisons du village et était protégé, sur son avant, par de grands abatis de bois. Il était percé de deux embrasures pour artillerie de campagne, dirigées sur les deux avenues auxquelles il faisait face.

De l'autre côté de la route, un grand épaulement relié à l'ouvrage précédent couvrait le côté nord du village, dont la grande rue était coupée par deux fortes barricades.

Les hauteurs de Clichy-en-l'Aulnay, d'Aulnay et de Livry, avaient elles-mêmes des travaux qui complétaient la défense de la Barrière et fermaient la route de Livry. Ils consistaient en batteries de campagne, dont l'artillerie devait être fournie par les grandes réserves de Montfermeil.

Ici s'arrête la description des ouvrages allemands établis sur le front Nord. Le Raincy commence la série des ouvrages de l'Est.

III.

TRAVAUX FRANÇAIS ET ALLEMANDS.

FRONT EST.

DU FORT DE ROMAINVILLE AU FORT DE CHARENTON.
DU PLATEAU DU RAINCY A CHOISY-LE-ROI.

Travaux français. — Nous désignons sous le nom de front Est de Paris la zone qui s'étend du fort de Romainville au fort de Charenton, et qui correspond du côté des Allemands à la ligne qui, partant des hauteurs du Raincy, se prolonge par Noisy-le-Grand, Chennevières et Villeneuve-Saint-Georges jusqu'à la Seine; la vallée de Villemomble et la vallée de la Marne séparent ces deux lignes.

La première partie de cette zone, comprise entre le fort de Romainville et celui de Nogent, s'appuie d'une part au canal de l'Ourcq, par les ouvrages avancés de Pantin, et de l'autre sur la Marne, un peu au-dessus de Joinville-le-Pont. Elle est formée par la limite orientale du plateau de Belleville, dont les points avancés sont couronnés par les forts de Romainville, Noisy, Rosny et Nogent, dont la défense fut spécialement confiée à la marine. Les redoutes de Noisy, de Montreuil, de la Boissière et de Fontenay, occupent les positions intermédiaires entre les forts.

La deuxième partie, protégée naturellement par les deux boucles de la Marne et par la Seine, est défendue par les deux redoutes de la Faisanderie et de Gravelle reliées par des ouvrages continus établis en avant des hauteurs de la plaine de Saint-Maur, et par le fort de Vincennes.

Le fort de Charenton, construit sur les derniers contreforts des hauteurs de Montmesly, en avant de la jonction de la Marne avec la Seine, complète cette ligne de défense.

Aucun ouvrage nouveau destiné à compléter ce système de fortifications n'avait été entrepris sur ce front, pour lequel les ouvrages primitifs joints aux difficultés naturelles du terrain, présentaient un ensemble aussi complet que possible.

En avant des hauteurs de Rosny, le plateau d'Avron forme une position avancée qui commande la vallée de la Marne entre les hauteurs du Raincy et celles de Noisy-le-Grand. Il ne reçut aucun ouvrage, et ne fut occupé et armé d'artillerie que lorsque l'armée assiégée, prenant l'offensive, eut besoin d'être soutenue dans son attaque contre Villiers et Champigny et protégée sur son flanc. Mais il fut forcément abandonné lorsque l'armée allemande dirigea contre lui une attaque sérieuse.

En effet, placé d'un côté sous le feu convergent des hauteurs du Raincy, de Gagny, de Gournay et de Noisy-le-Grand, de l'autre, sous les feux des forts de Noisy, Rosny et Nogent, son occupation était aussi difficile pour une armée que pour l'autre. Il devait donc demeurer un terrain neutre. C'est en effet ce qu'il fut pendant toute la durée du siége, excepté dans les derniers jours de novembre et le mois de décembre, période pendant laquelle l'armée allemande étant obligée de garder la défensive sur la vaste ligne de l'Est, et ne pouvant pas concentrer sur ce point une artillerie assez puissante pour en forcer l'évacuation, nous pûmes nous y maintenir.

Les hauteurs de Montmesly, qui occupent une position presque analogue à celle du plateau d'Avron, en ce sens qu'elles commandent à la fois la boucle de la Marne et la vallée de la Seine, ne furent l'objet d'aucun travail : ces hauteurs moins exposées aux feux directs de batteries établies sur la ligne de collines qui s'étend d'Ormesson à Villeneuve-Saint-Georges, étaient aussi plus difficiles à défendre, à cause de leur éloignement du fort de Charenton. En revanche, cette même condition en rendait l'occupation et la défense faciles pour l'armée allemande, qui s'y établit dès les premiers jours de l'investissement et s'y consolida pendant toute la durée du siége.

La ligne de défense de l'armée assiégée fut donc établie, dès le début, entre Romainville et Nogent, en arrière du chemin de fer de Mulhouse, et entre ce dernier fort et la Seine, sur la rive droite de la Marne, en arrière du chemin de fer de Vincennes jusqu'à Port-Creteil, d'où elle se dirigea par la face Sud du village de Maisons-Alfort sur le Port-à-l'Anglais, où venaient se terminer les défenses du front Sud.

Les travaux complémentaires consistèrent à relier entre eux les forts et les redoutes par une série de tranchées ou d'épaulements pour infanterie qui, suivant la crête des coteaux et contournant les vallées, en profitant des ressources qu'offrait le terrain par ses carrières et ses villages, formèrent une ligne continue de défenses, entre le canal de l'Ourcq et la première boucle de la Marne. En avant de cette ligne, les stations de Noisy-le-Sec et de Bondy reçurent des postes avancés, et le village de Noisy-le-Sec lui-même, crénelé sur toutes ses faces, fut mis en état complet de défense.

Devant les redoutes de Gravelle et de la Faisanderie, aucun ouvrage ne fut entrepris. Ces deux redoutes et les ouvrages qui les relient constituèrent notre ligne de défense.

En avant du fort de Charenton, les travaux se bornèrent à fortifier la ligne qui joint le Port-Creteil au Port-à-l'Anglais en passant par le village de Maisons-Alfort, dont les murs furent crénelés. Cette dernière ligne fut rendue successivement plus importante par l'établissement de quelques épaulements pour artillerie destinés à battre le village de Creteil et la route qui conduit au carrefour Pompadour.

Ce ne fut que vers la fin de novembre et en prévision des opérations sur la Marne, que des ouvrages nouveaux furent élevés en avant de ceux dont nous venons de parler.

Le plateau d'Avron fut occupé et reçut 74 pièces d'artillerie réparties dans dix batteries destinées à battre le Raincy, la vallée de la Marne, Gournay et le plateau de Noisy-le-Grand.

Chaque batterie fut établie derrière de forts épaulements. De nombreuses tranchées pour infanterie enveloppèrent le plateau lui-même de manière à en assurer la défense et à le protéger contre toute surprise. Ces tranchées s'appuyaient du côté du Nord sur un ouvrage courbe qui, placé en avant du chemin de fer de Mulhouse, couvrait toutes les routes qui conduisent à ce plateau, et se terminaient du côté Sud à une carrière à plâtre.

En même temps étaient établies les batteries situées à droite et à gauche de la redoute de Fontenay, entre les forts de Rosny et de Nogent, dirigées contre le plateau de Brie-sur-Marne, et celles du village de Nogent, dirigées sur la vallée de Villiers, sur Champigny et la première boucle de la Marne.

A cette même époque furent élevés les travaux en avant de Joinville-le-Pont. Ils consistèrent en deux lignes d'ouvrages parallèles, dont la première était placée en avant des têtes de pont établies devant les ponts de bateaux construits pour le passage des troupes; et dont la deuxième, coupant la première boucle dans toute sa largeur, couvrait la ferme de Poulangis, dont elle empruntait les murs de clôture. Enfin, en avant de cette deuxième ligne, des épaulements pour infanterie et artillerie furent élevés au rond-point de Joinville, et deux tranchées obliques furent dirigées de ce point, l'une sur l'extrémité du viaduc de la Marne, en couvrant la ferme du Tremblay, l'autre sur les premières maisons du village de Champigny.

Dans la boucle proprement dite, les ouvrages consistèrent en un épaulement construit en arrière du canal de jonction des deux bras de la Marne et dans l'établissement d'une grande redoute fermée construite sur des déblais de carrières en avant de Saint-Maur, enfin dans des épaulements pour artillerie de campagne, construits sur les bords de la Marne, à l'Est de la redoute dont nous venons de parler, et destinés à battre Champigny.

Ces travaux furent complétés par les deux batteries de l'église de la Varenne et du bois des Corneilles, destinées plus spécialement à battre Montmesly et la vallée de Bonneuil.

Ce fut aussi à la fin de novembre que furent construits les grands ouvrages destinés à couvrir le village de Créteil et qui s'étendirent de la Marne à la Seine, en passant par la Ferme des Mèches et empruntant une partie des berges du canal d'assèchement. Ces ouvrages furent armés d'une puissante artillerie, destinée à battre les ouvrages allemands de Montmesly, et à favoriser l'attaque qui devait être dirigée sur ce point.

La sortie du 2 décembre et le bombardement des forts de Noisy et de Rosny provoquèrent de nouveaux travaux sur la partie Nord de ce front.

L'occupation du village de Bondy, l'établissement des batteries placées au Nord et à l'Est de ce village, à la station et au moulin des Gravats, et la construction des tranchées qui relièrent le chemin de fer de Mulhouse au chemin de Strasbourg et au village de Bondy, furent autant d'opérations qui précédèrent la tentative de sortie.

Plus tard, vers les premiers jours de janvier, furent établies sur la route stratégique, entre les forts de Noisy et de Rosny, en arrière de la redoute de la Boissière, les batteries de canons de $0^m,19$ et de $0^m,16$ qui avaient pour but de contre-battre l'artillerie allemande du Raincy, dont le feu écrasait ces deux forts. Ces batteries, réparties sur un assez grand espace, n'étaient armées chacune que d'un ou deux canons à longue portée et rendirent un service très-grand à la défense.

Travaux allemands. — La ligne occupée par l'armée allemande était parallèle aux lignes françaises, qu'elle enveloppait à une distance de 4 à 5,000 mètres. Elle était formée par une chaîne de hauteurs, coupée par la vallée de la Marne entre le Raincy et Noisy-le-Grand, mais continue entre ce dernier point et Villeneuve-Saint-Georges, où elle s'appuyait à la Seine.

C'est sur les hauteurs qui terminent à l'Ouest et au Sud le plateau de Montfermeil et celles qui terminent le grand plateau de la Brie, vers la vallée de la Marne, que l'armée allemande avait établi ses lignes d'investissement, profitant des mêmes éléments de défense naturelle qui faisaient la force de nos positions. Les ouvrages défensifs exécutés sur toute cette vaste ligne n'eurent pas, dès le début, l'importance qu'ils avaient sur les autres fronts. La vallée de la Marne à franchir et le passage de cette rivière, dont les ponts étaient détruits, empêchaient une surprise, puisque toute opération nécessitait des préparatifs qui donnaient le temps de concentrer les forces nécessaires à la combattre.

D'ailleurs, dans le cas d'un succès de l'armée assiégée, ces plateaux couverts de bois et de parcs nombreux permettaient à l'armée d'investissement une retraite facile sur sa grande base d'opération.

Plateau de Montfermeil. — Les ouvrages importants établis en avant du plateau de Montfermeil, sur les hauteurs du Raincy et de Gagny, étaient destinés particulièrement à recevoir de l'artillerie de siége. Les travaux défensifs sur ce terrain accidenté et boisé, qui par lui-même offrait tant de ressources à la défense, étaient peu nombreux. Ils consistaient en quelques tranchées placées en avant des batteries de siége et destinées à les couvrir ou à les mettre en communication entre elles. Le rond-point du carrefour des Hêtres avait été défendu sur les trois faces qui regardent les routes qui descendent de ce rond-point au Raincy par trois tranchées et des abatis de bois. Les autres travaux étaient destinés à défendre la vallée de Gagny, que longent les deux routes qui conduisent de ce village à Montfermeil, et dont l'une passe à la Maison-Rouge, où était un quartier général, et l'autre à la maison Guyot. Dans ce but, un long épaulement pour infanterie coupait le fond de la vallée dans toute son étendue, un peu au-dessus de la maison Guyot, qui elle-même était crénelée. Au-dessous de cet ouvrage, les deux routes étaient coupées en divers points par des épaulements destinés à recevoir de l'infanterie. Ces petits ouvrages se reliaient à ceux qui placés en avant des batteries de siége de Gagny, couronnaient le plateau des grandes carrières.

D'après des renseignements assez vagues, des travaux analogues auraient été exécutés sur le plateau qui domine le Chesnay et fait suite dans l'Est à celui de Gagny, mais nous n'avons pas pu en retrouver la trace.

Ces travaux défensifs étaient plus loin. Ils étaient reportés au Sud de Montfermeil et consistaient en un long épaulement pour infanterie et une batterie d'artillerie établis au sommet des rampes qui dominent la vallée.

Les batteries de siége établies sur les plateaux du Raincy et de Gagny semblent ne pas avoir été construites en vue du bombardement des forts, mais plutôt avoir été destinées à battre la plaine de Bondy et surtout le plateau d'Avron. Elles ont été dirigées contre les forts après l'évacuation de ces positions, mais elles n'ont pu employer dans le bombardement qu'un petit nombre de leurs canons, à cause de l'angle que formait l'épaulement avec la nouvelle direction du tir. C'est ce qui explique l'erreur commise dans l'évaluation du nombre de canons qui armaient certaines batteries et que l'on croyait être de trois, tandis qu'en réalité il était de six.

Batterie du Raincy; première, deuxième et troisième batteries de siége. — Le plateau du Raincy était couronné par trois groupes de batteries de siége, présentant les mêmes détails de construction que nous avons décrits pour le front Nord, et que nous retrouverons sur le front Sud.

Le premier groupe, établi à l'extrémité occidentale du plateau, en avant d'un chemin tracé dans le parc, comprenait trois batteries de six canons chacune, avec des poudrières distinctes établies en arrière du chemin dans le talus, et reliées à chaque batterie par un boyau profond servant de chemin couvert.

Les deux premières batteries étaient dirigées sur la plaine de Bobigny à Drancy, et sur nos batteries avancées de la station de Bondy. Mais en dernier lieu, et après l'évacuation de ces positions, quelques-unes de leurs pièces ont pu tirer sur les forts de Romainville et de Noisy.

La troisième batterie, qui faisait suite aux deux premières, avait pour objectifs les deux forts de Noisy et de Rosny, mais semblait plus spécialement dirigée sur ce dernier fort.

En avant de ces batteries, une petite tranchée reliée avec les ouvrages principaux servait à la fois de chemin couvert et d'épaulement pour l'infanterie. Sur ce talus, et en avant des ouvrages, les arbres à l'abri desquels ces batteries avaient été construites étaient abattus et remplissaient le rôle de chevaux de frise.

Quatrième batterie de siége. — Le deuxième groupe ne comprenait qu'une batterie. Elle était placée un peu en arrière de la route de l'Ermitage, au même niveau que le premier groupe. Elle communiquait avec la route et les autres batteries par un petit chemin couvert, et était reliée avec le carrefour de l'allée des Hêtres par une longue tranchée sinueuse.

Cette batterie, armée de six canons, était principalement dirigée sur le plateau d'Avron, et pouvait avec une légère déviation tirer sur Rosny et Nogent.

Cinquième et sixième batteries de siége. — Le troisième groupe comprenait deux batteries, l'une de six, l'autre de quatre canons, placées en avant de l'allée Notre-Dame, derrière le mur de clôture de l'ancien parc.

Ces deux batteries étaient dirigées sur le plateau d'Avron et pouvaient tirer sur Nogent et Rosny. Mais pour ce dernier fort, l'inclinaison sur l'axe de la batterie était telle qu'on peut admettre que la moitié seulement du nombre des pièces a pu prendre part au bombardement.

Batterie de Gagny; septième, huitième, neuvième et dixième batteries de siége. — Sur ce même plateau, dans l'Est des batteries du Raincy, en arrière de Gagny et au-dessus des carrières de ce village, se trouve un nouveau groupe de quatre batteries de six pièces chacune.

Trois batteries étaient établies sur le promontoire où se termine la route qui descend de Montfermeil à la maison Guyot.

La première de ces batteries était dirigée sur Rosny, les deux autres sur Nogent et le plateau d'Avron. Mais, comme celles du Raincy, elles pouvaient tirer à la fois sur ces trois points.

Le système de leur construction était le même que pour les batteries déjà décrites. Elles étaient reliées entre elles par un fort épaulement qui se prolongeait par une tranchée jusqu'à la route qui conduit à Gagny par la vallée.

En avant de ces trois batteries était établi, suivant le contour du plateau qui couronne les carrières, un fort épaulement pour infanterie de forme angulaire. Cet épaulement se continuait en suivant la crête du ravin jusqu'à une quatrième batterie du même nombre de canons et de même construction, placée de l'autre côté de la route de la maison Guyot, entre la lisière des bois et le chemin qui conduit dans un parc clos de murs.

Cette quatrième batterie, armée de six canons de siége, pouvait à la fois tirer sur les forts de Rosny et de Nogent et sur le plateau d'Avron.

L'ensemble des batteries du Raincy et de Gagny présentait un total de cinquante-huit pièces de siége, réparties dans dix batteries, dont neuf armées de six canons et une de quatre canons. Si l'on en excepte les trois batteries du premier groupe, dont les deux premières étaient dirigées sur la plaine de Bondy et dont la troisième ne pouvait battre que les forts de Noisy et de Rosny, les sept autres, représentant quarante pièces, étaient dirigées contre le plateau d'Avron, qu'elles dominaient légèrement et qu'elles battaient à une distance de 2,000 à 2,400 mètres. Si on y joint les deux batteries de Gournay, armées de douze pièces, et les trois batteries de Noisy-le-Grand, armées de dix-huit pièces, dont nous parlerons dans la suite, on trouve un total de soixante-dix pièces de gros calibre, dont le feu convergent fut dirigé contre nos batteries d'Avron, défendues par un même nombre de canons, mais d'un calibre moyen inférieur, et qui avaient le désavantage d'occuper le centre de la circonférence sur laquelle étaient établies les batteries ennemies.

Il n'est donc pas surprenant que malgré les travaux élevés pour la défense de cette position, elle n'ait pas été conservée, surtout lorsque les sacrifices qu'eût nécessités sa conservation n'avaient plus d'intérêt pour les opérations ultérieures.

Plaine de la Marne. — Dans la plaine de la Marne, entre les hauteurs de Gagny et celles de Noisy-le-Grand, il n'existait aucune trace d'ouvrages importants. Les murs de la Maison-Blanche et de la Ville-Évrard étaient crénelés sur presque toute leur étendue, mais nulle part il n'existait de trace d'épaulements pour de l'artillerie de campagne, qu'il était d'ailleurs inutile d'établir dans cette vallée, lorsque les collines qui la bordent des deux côtés offraient des positions à l'abri de toute attaque, d'où la plaine pouvait être battue dans toute son étendue.

Les seuls travaux importants avaient été construits sur les hauteurs de Chelles, qui commandent la vallée sur un très-grand rayon et constituent une position très-forte.

Dans la partie qui s'étend entre Gournay, Noisy-le-Grand et Champigny, les ouvrages offensifs et défensifs étaient accumulés. Les ouvrages offensifs, composés des batteries de siége, occupaient la crête des coteaux, tandis que les ouvrages défensifs étaient placés en arrière sur le plateau lui-même. Ils suivaient une ligne à peu près droite qui, partant de l'extrémité Est de Noisy-le-Grand, se dirigeait sur Villiers et Cœuilly, pour se terminer à l'entrée de Chennevières, où la nature escarpée des pentes au pied desquelles coule la Marne rendait inutile l'accumulation des défenses.

Tous ces travaux ne furent certainement pas élevés à la même époque, mais nous les décrirons dans leur ensemble.

Gournay; onzième et douzième batteries de siége. — Les premiers ouvrages que l'on rencontre sur cette zone sont établis au sud de Gournay, sur la pente des collines qui descendent vers la Marne. Ils consistaient en deux batteries de siége armées de six pièces chacune et un épaulement pour douze pièces d'artillerie de campagne.

Les deux batteries de siége avaient pour objectifs le plateau d'Avron et le fort de Rosny. Établies suivant les dispositions adoptées dans les ouvrages du même genre et placées l'une au-dessus de l'autre, de chaque côté de la route, elles étaient reliées par un chemin couvert dont l'utilité ne semble pas très-justifiée.

L'épaulement pour artillerie de campagne était placé au-dessous de ces deux premiers ouvrages; l'un des côtés faisait face au bras de la Marne, qu'il pouvait battre sur une assez grande étendue; l'autre faisait face à la plaine qui s'étend entre la Ville-Évrard et la Maison-Blanche.

Entre les batteries de Gagny et Noisy-le-Grand, il existait des vestiges d'un épaulement pour infanterie qui, s'appuyant sur les murs de clôture du Grand-Haras, s'étendait parallèlement à la rivière sur une assez grande longueur.

Noisy-le-Grand; treizième, quatorzième et quinzième batteries de siége. — Dans le village de Noisy-le-Grand, le parc du château qui domine la vallée de la Marne entre la Ville-Évrard et le Chesnay avait reçu de nombreux ouvrages. Ils consistaient en deux épaulements pour six pièces d'artillerie, établis, l'un sur la terrasse même du château, l'autre à mi-côte sur la grande pelouse qui descend vers la Marne. Un long épaulement pour infanterie coupait cette pelouse parallèlement à la Marne dans toute sa largeur, et se prolongeait à angle droit jusqu'au chemin de halage, en suivant le mur de clôture qui borde le chemin qui descend à la rivière.

Au sud de la route qui conduit de Noisy-le-Grand à Brie-sur-Marne se trouvait un groupe d'ouvrages importants.

L'extrémité ouest du village était crénelée. En arrière de la route qui se dirige sur Villiers, était un premier épaulement pour quatre pièces de campagne qui battaient la route de Brie et ses abords. Cet épaulement se continuait pour infanterie jusqu'aux batteries de siége.

Ces batteries, au nombre de trois, étaient établies en arrière du même chemin et disposées en échiquier, sans que cette disposition fût légitimée par autre chose que par la nature du terrain, qui présente en cet endroit quelques excavations provenant d'anciennes carrières. Elles étaient construites suivant le type général et armées chacune de six pièces de gros calibre. Quoique dirigées plus particulièrement sur le fort de Rosny, elles pouvaient cependant battre le fort de Nogent et le plateau d'Avron.

Chaque batterie était reliée à la suivante par un chemin couvert qui se prolongeait jusqu'au village, avec lequel il mettait ces ouvrages en communication.

En avant de la première batterie, était construit un fort épaulement pour huit pièces d'artillerie de campagne, ayant la forme d'un redan : cinq pièces battaient le flanc Nord du coteau de Brie, et trois le village de Neuilly.

Enfin, en avant de la troisième batterie, existait un épaulement pour infanterie, destiné à battre le flanc du coteau de Brie et qui venait se terminer sur la plaine à deux petits monticules.

Brie-sur-Marne; seizième batterie de siège. — Au-dessus de Brie-sur-Marne, en arrière d'un chemin de culture qui suit la crête du plateau, était une batterie de siège de six ou huit pièces de canon, détruite en partie, mais dont les restes suffisaient pour reconnaître la nature de l'ouvrage.

Elle avait pour objectif unique le fort de Nogent, et était établie dans les mêmes conditions que les autres.

Un épaulement pour infanterie la reliait d'une part au chemin de Brie à Villiers, et de l'autre au chemin de Villiers à Joinville-le-Pont, qui était coupé par trois épaulements pour infanterie destinés à battre cette route.

En arrière de cette batterie, sur le point culminant du plateau, il existait quelques vestiges de travaux qui avaient dû être des épaulements pour artillerie de campagne, construits suivant un type analogue à ceux du Pont-Iblon.

Plateau entre Noisy-le-Grand et Villiers. — Sur le plateau qui s'étend entre Noisy-le-Grand et Villiers-sur-Marne, et en arrière des ouvrages dont nous venons de parler, étaient élevés de nombreux épaulements pour artillerie de campagne et infanterie, construits en avant de la route qui va de Gournay à Villiers et ayant un caractère purement défensif.

Le premier, placé en avant d'un petit bois servant de remise à gibier, était un épaulement pour douze pièces de campagne de forme angulaire, à cheval sur le chemin de culture et battant par une de ses faces le plateau de Brie, et par l'autre les abords de Noisy-le-Grand.

Le bois lui-même était disposé pour abriter de l'infanterie de soutien, au moyen d'un petit fossé élevé sur son front Nord et son front Ouest.

Sur le même chemin, et en se rapprochant de Villiers, était un deuxième épaulement pour six pièces de campagne.

Enfin, au point de croisement de ce chemin avec celui de Noisy-le-Grand à Villiers, et en arrière du premier, était un troisième épaulement pour le même nombre de pièces. Ces deux ouvrages battaient le plateau entre les batteries de Noisy-le-Grand et la batterie de Brie.

En avant de ce dernier épaulement se trouvait, à 200 mètres environ à l'Est de la route, le cimetière neuf, dont les murs étaient crénelés et dont la face Ouest était prolongée vers le Nord par un épaulement de 100 mètres environ, dont une partie était destinée à de l'infanterie, et l'autre pouvait recevoir quatre pièces de campagne. Cette même face du cimetière se prolongeait vers le Sud par une tranchée destinée à abriter de l'infanterie jusqu'à un ouvrage très-fort établi contre les premières maisons du village. Cet ouvrage, qui pouvait recevoir quatorze pièces de campagne, était protégé sur l'avant et sur la face Sud par deux épaulements pour infanterie, dont le dernier se reliait aux murs crénelés du village.

Villiers-sur-Marne. — En avant des derniers ouvrages dont nous venons de parler, était établie sur le point culminant du plateau et sur le prolongement de la face Ouest du parc du château une grande redoute ouverte à cinq faces, uniquement destinée à de l'infanterie et qui avec les ouvrages du parc battait la route de Brie et couvrait Villiers contre toute attaque venant de ce côté.

Le parc du château, placé à l'extrémité ouest du village, et dont les murs de clôture font face à la plaine sur trois côtés, avait été transformé en un véritable camp retranché.

En commençant par le Nord, on trouvait sur la première moitié de la face Ouest, qui est couverte par une douve remplie d'eau, un épaulement en terre pour infanterie avec épaulement pour deux pièces de campagne à l'extrémité Nord. Sur la seconde moitié de cette face un remblai en terre, s'appuyant contre le mur de clôture, permettait à l'infanterie de tirer sur la plaine par-dessus ce mur.

A l'angle Sud et un peu en arrière du mur, était un ouvrage pour infanterie, à trois faces, ouvert à la gorge, avec palissade crénelée sur la route de Joinville, et massif en troncs d'arbres sur la partie faisant face à Nogent. Ce massif avait pour but de défiler cet ouvrage non-seulement des feux du fort de Nogent, mais encore des feux d'infanterie ou d'artillerie venant du plateau de Brie.

La face Sud présentait les mêmes dispositions.

En arrière de cette ligne d'épaulements qui s'étendait sur tout le front Ouest, une deuxième grande tranchée, coupant le parc dans toute sa largeur, avait été commencée, mais n'était terminée que sur quelques points.

Enfin, en arrière de tous ces ouvrages, sur un petit monticule artificiel, était construit un épaulement avec embrasures pour deux pièces d'artillerie de campagne, qui pouvaient battre presque tous les points du parc.

Au Sud de Villiers et dans l'Ouest des maisons qui bordent la route qui descend au chemin de fer, étaient établis dans une position permettant de battre le chemin de fer et la vallée comprise entre Villiers, Brie et Champigny, deux forts épaulements pour batteries de campagne de six pièces chacune.

En avant de ces batteries et un peu au-dessous, un épaulement pour infanterie protégé par des abatis de bois, s'étendait depuis le milieu de la face Sud du parc jusqu'à la station. Cet épaulement couvrait les batteries sans gêner leur feu et les défendait de toute attaque venant de la ligne du chemin de fer ou même du plateau de Champigny.

Cœuilly. — *Dix-septième, dix-huitième et dix-neuvième batteries de siége.* — De l'autre côté de la vallée de Villiers s'étendent les plateaux de Cœuilly et de Champigny, sur lesquels on trouve une série d'ouvrages analogues à ceux dont nous venons de parler.

Une première ligne d'épaulements était établie en arrière de la route qui conduit de la station du chemin de fer à Cœuilly; ces épaulements, destinés à de l'infanterie, avaient pour but de battre la partie de la vallée qui est au Sud du remblai du chemin de fer de Mulhouse.

Au-dessus et en avant de la lisière des bois de Cœuilly étaient construits sur le plateau trois forts ouvrages pour batteries de siége.

Ces trois batteries, armées chacune de six pièces, et construites suivant le type ordinaire, étaient reliées entre elles et avec le parc de Cœuilly et les premières maisons du village par une tranchée dont il ne restait que quelques vestiges.

La première de ces batteries était dirigée contre le fort de Nogent. Les deux autres semblaient plus spécialement destinées à battre les redoutes de la Faisanderie et de Gravelle, ainsi que la première boucle de la Marne. Cependant elles ont pu employer quelques-uns de leurs canons contre Nogen .

Le parc de Cœuilly était transformé en une sorte de camp retranché.

Derrière les murs de clôture un fossé avait été creusé, et la terre rejetée contre ces murs avait formé une banquette pour l'infanterie. De distance en distance, de fortes traverses faites avec des fascines et des gros bois défilaient ces banquettes des feux d'écharpe qui auraient pu venir des hauteurs de Champigny.

Enfin, en arrière de la porte d'entrée, un masque en terre et fascines couvrait l'intérieur du parc des feux directs.

Sur le côté Ouest de la grande avenue qui conduit du château à la route, le fossé avait été élargi, et les terres rejetées vers l'Ouest formaient dans toute cette longueur une tranchée pouvant servir soit d'abri à l'infanterie, soit de chemin couvert pour communiquer de Chennevières au château.

Cette ligne d'ouvrages se terminait par deux épaulements pour douze pièces de campagne, construits sur le côté de l'avenue, le premier en avant du Bois-l'Abbé, et le deuxième au débouché de l'avenue sur la route. Ces deux batteries étaient destinées à battre le plateau et la route de Champigny dans toute sa longueur.

Plateau de Champigny; vingtième et vingt et unième batteries de siége. — En avant de ces ouvrages, près du point de croisement des Quatre-Chemins et sur le point culminant du plateau de Champigny dont elle était destinée à battre les abords, était construite une grande redoute pour infanterie. Son grand côté, qui faisait face aux rampes qui descendent à Champigny, mesurait 100 mètres, et les petits côtés environ 50 mètres.

Quatre épaulements pour artillerie étaient disposés autour de cette redoute suivant la crête du plateau. Les deux premiers en commençant par le Nord affectaient cette forme particulière que nous avons indiquée dans le premier chapitre de cette description. Les deux autres rentraient pour les détails de leur construction dans le type ordinaire des batteries de siége avec poudrières séparées du corps de la batterie.

Il est difficile de dire si ces ouvrages étaient spécialement destinés à de l'artillerie de campagne ou à de l'artillerie de siége. Il est probable qu'ils ont eu cette double destination.

La première batterie, construite pour huit canons, a été certainement armée et a tiré sur le fort de Nogent. Il en a été de même pour la deuxième batterie, dont 2 pièces étaient dirigées sur Nogent et 4 sur les redoutes de la Faisanderie et de Gravelles, et dont quelques obus ont atteint les glacis du fort de Vincennes. Mais il est probable que lorsque ces deux ouvrages ont été construits, ils n'étaient destinés qu'à de l'artillerie de campagne dont le rôle était de battre les deux boucles de la Marne. La disposition adoptée dans la construction de cet ouvrage semble indiquer qu'ils avaient pour but de permettre à l'artillerie qu'ils abritaient de continuer son feu, même en admettant que le plateau de Brie ou le plateau de Chennevières fussent occupés par l'armée ennemie.

Quant aux deux autres batteries, les renseignements sont contradictoires, et l'état dans lequel nous les avons trouvées ne nous permet de rien préciser sur la part qu'elles ont prise ou qu'elles auraient pu prendre au bombardement.

Un double épaulement pour infanterie, construit au point d'intersection de la nouvelle et de l'ancienne route de Champigny en avant de la route de Chennevières à Villiers, complétait l'ensemble des travaux élevés sur cette partie de la zone d'investissement.

Chennevières. — Le village de Chennevières était peu fortifié. La nature même du terrain, par ses pentes abruptes, rendait inutile tout ouvrage important. Cependant une ligne de défense s'étendait sur toute la face qui domine le cours de la Marne et se prolongeait en avant du grand parc jusqu'au-dessous du plateau d'Ormesson. Ces défenses consistaient en une série de murs crénelés et de petits épaulements pour infanterie. Un seul ouvrage pour trois pièces de campagne avait été établi dans la cour de la grande ferme placée au nord de l'église, en un point d'où on domine toute la boucle de la Marne, mais rien ne dit que cette batterie ait été armée.

Ormesson. — Sur le plateau d'Ormesson, que l'on avait supposé fortement défendu, il ne restait aucun vestige d'ouvrage, et les renseignements pris dans le pays permettent d'affirmer que rien d'important n'a été construit sur ce point.

On trouve sur son versant Sud les restes d'un campement peu important accusé par des vestiges de terrassements.

Un petit épaulement pour infanterie était construit en avant du plateau le long du sentier qui couronne la crête du coteau. Cet épaulement, qui ne pouvait abriter qu'une cinquantaine d'hommes, ne devait avoir d'autre but que de surveiller la Marne et la boucle.

Les abords de ce plateau étaient défendus sur le côté Sud par deux épaulements pour six pièces d'artillerie, établis l'un au-dessus de l'autre au Sud de la route qui descend à Bonneuil, et par un épaulement pour infanterie qui faisait suite à celui du plateau, coupait la route et se prolongeait jusqu'aux ouvrages élevés en avant du château de Grand-Val.

Entre le plateau d'Ormesson et Villeneuve Saint-Georges, les ouvrages allemands affectent une disposition commandée par la nature même du terrain, mais différente de celle que nous avons remarquée sur le reste de cette ligne.

Les hauteurs de Sucy-en-Brie, Boissy Saint-Léger, Limeil et Villeneuve Saint-Georges, qui forment la rive gauche d'un ancien lit de la Marne, terminent du côté du Sud une vaste plaine que la Marne et la Seine limitent à l'Est et à l'Ouest, et dont le fort de Charenton occupe l'extrémité opposée.

Cette vaste plaine découverte, un peu marécageuse et inhabitée, au milieu de laquelle s'élève le plateau de Montmesly, est traversée dans sa longueur par la route de Choisy-le-Roi à Boissy-Saint-Léger, qui prolonge la route de Versailles. Il importait donc, à l'armée allemande, de couvrir cette grande voie de communication. Aussi la première ligne d'investissement fut-elle portée en avant de cette route, et établie sur la ligne qui joint le sommet du plateau de Montmesly à Choisy-le-Roi, en s'appuyant d'une part à la Marne par les marais de Bonneuil, et de l'autre à la Seine.

La deuxième ligne qui prolongea la série des ouvrages que nous venons de décrire et vint se relier à ceux du Sud par Villeneuve-Saint-Georges, fut élevée sur les rampes des collines qui limitent cette plaine au Sud.

Montmesly. — Les ouvrages destinés à défendre le plateau de Montmesly, qui fut occupé par l'armée allemande dès les premiers jours de l'investissement, furent commencés à cette époque. A la fin de septembre on distinguait déjà, du fort d'Ivry, la trace de terrassements; mais ils étaient loin d'avoir l'importance qu'ils acquirent dans la suite.

La défense du plateau consistait en un grand retranchement établi au sommet même, des deux côtés de la seule maison qui restât sur ce point, et qui avait été crénelée sur toutes ses faces. Ce retranchement, composé d'un épaulement en terre, avec banquette pour l'infanterie, avait un fossé à l'avant et un fossé à l'arrière. C'est dans ce dernier fossé, plus grand que le premier, que devaient se tenir les troupes de réserve, protégées des feux directs par l'épaulement, et des feux obliques par de fortes traverses en terre. Ce retranchement devait jouer le rôle de ceux que nous avons trouvés sur les hauteurs de Garges; il abritait non-seulement les troupes réservées à la défense de l'ouvrage lui-même, mais encore celles destinées à occuper les ouvrages secondaires placés en avant.

Ce retranchement communiquait avec la route de Choisy-le-Roi à Bonneuil par une tranchée tracée tout entière sur le revers du plateau, et permettant non-seulement de communiquer à couvert avec la route, mais encore d'abriter de l'infanterie, qui aurait pu défendre le plateau contre un mouvement tournant venant de la plaine par le carrefour Pompadour.

En avant de cet ouvrage, et au-dessus du village de

Mesly, étaient trois épaulements très-forts pour artillerie de campagne.

Ils étaient disposés de manière à permettre de battre à la fois les deux versants et la croupe elle-même, et se composaient d'un premier épaulement établi à gauche de la route qui descend du grand retranchement décrit plus haut à Créteil. Il était fait avec des embrasures pour douze pièces d'artillerie, dont six tiraient sur Mesly, et six enfilaient la route de Creteil. Il était très-élevé et couvrait entièrement les pièces et les servants.

Les deux autres épaulements, construits dans le même genre, étaient placés un peu plus bas et des deux côtés d'un chemin de culture parallèle au premier, et descendant comme lui vers Créteil. — Le premier épaulement, placé à l'Ouest de ce chemin, était fait pour douze pièces dont six battaient Mesly et six le village de Créteil. Le deuxième n'était fait que pour six pièces, et battait le revers oriental du plateau et la route de Bâle.

De ces deux ouvrages, reliés au précédent par une tranchée, partaient deux épaulements dont l'un se dirigeant à l'est venait rejoindre la route de Bâle et s'appuyer sur la Marne par les marais de Bonneuil : une tranchée en zigzag le mettait en communication avec le grand retranchement du sommet du plateau.

L'autre, se dirigeant à l'Ouest, se prolongeait jusqu'au village de Mesly, qui lui-même était couvert du côté du Nord et de l'Est par de petits ouvrages destinés à de l'infanterie.

Entre le village de Mesly et le carrefour Pompadour, il n'existait aucun travail dans la plaine.

Carrefour Pompadour. — Le carrefour Pompadour était défendu par un épaulement pour infanterie qui enveloppait le rond-point tout entier et se prolongeait jusqu'au remblai du chemin de fer de Lyon. En arrière de la route de Bonneuil, des épaulements circulaires pour six pièces d'artillerie de campagne flanquaient les épaulements dont nous venons de parler, et permettaient de battre la route de Créteil. Enfin un retranchement pour infanterie et artillerie, placé dans le voisinage du point où la route de Valenton vient couper la route de Bonneuil, complétait la défense de cette première ligne. Ce dernier retranchement, établi pour six pièces d'artillerie, battait avec trois pièces le front du carrefour, tandis que les trois autres pièces battaient la plaine et la route de Valenton.

De l'autre côté du carrefour, et jusqu'à Choisy-le-Roi, il n'existait que quelques épaulements pour infanterie, placés à mi-distance entre ces deux points. Du reste, la langue de terre comprise entre la Seine et le chemin de fer, qui partout est en remblai, et qui est suivie dans sa longueur par un canal de desséchement, ne permettait pas un grand développement de forces à l'assiégé, et ne nécessitait pas des ouvrages défensifs importants, surtout avec les batteries de Montmesly qui commandaient la plaine.

Fermes de L'Hôpital et de la Tour. — En arrière du carrefour Pompadour, les deux fermes de L'Hôpital et de la Tour servaient de point d'appui à une ligne de défense à cheval sur la route et le chemin de fer. Les ouvrages consistaient en une ligne d'épaulements perpendiculaires à la route, s'appuyant à l'Est sur les murs crénelés des deux fermes, et s'étendant à l'Ouest jusqu'à un kilomètre au delà du chemin de fer. Au centre, une batterie pour six pièces était placée sur la voie, en arrière de ces ouvrages, et à droite, une batterie pour trois ou quatre pièces flanquait les murs des deux fermes, et battait le revers occidental du plateau de Montmesly.

La deuxième ligne d'investissement continuait les ouvrages qui défendaient le plateau d'Ormesson, et qui étaient établis au Sud de la route.

Château de Grand-Val. — Un épaulement pour infanterie, partant de la batterie inférieure, coupait le vallon, venait couvrir le château de Grand-Val, et s'arrêtait à la route qui monte à Sucy, où il se terminait par une batterie de deux ou trois pièces, dirigées sur les deux routes.

Sucy-en-Brie. — Le village de Sucy-en-Brie, qui vient

ensuite, était couvert à l'Ouest par des murs crénelés et une batterie pour six pièces, et, un peu plus bas, par un épaulement pour infanterie dont le saillant était armé de quatre pièces. Enfin, sur le plateau même, une batterie pour six pièces était établie dans une position telle qu'elle flanquait tout le versant de ces hauteurs depuis Sucy-en-Brie jusqu'à Valenton.

Boissy Saint-Léger. — En avant de Boissy Saint-Léger, et au pied de la colline, des épaulements et des murs crénelés formaient une série d'ouvrages pour infanterie qui venaient se relier à ceux de Sucy-en-Brie.

Sur la hauteur, entre Boissy Saint-Léger et le château du Piple, un fort épaulement pour douze pièces d'artillerie était établi de telle sorte que six pièces flanquaient Sucy-en-Brie, tandis que les six autres battaient le côté Est de la route de Bâle, en même temps qu'une deuxième batterie de six pièces, placée un peu plus bas et à l'Ouest de Boissy Saint-Léger, battait le côté Ouest de la même route.

Château de Brevannes. — Les plus grandes défenses étaient concentrées autour du château et du village de Brevannes qui occupaient le centre de cette ligne. Une série de murs crénelés et de tranchées, établis dans la plaine, enveloppaient le village et le château. Deux batteries, l'une de six pièces et l'autre de deux, placées en avant de ces défenses, battaient le revers du plateau de Montmesly, tandis que deux batteries de six pièces chacune, placées sur la hauteur à l'Est de Limeil, dominaient l'ensemble de ces défenses et protégeaient leur front.

Valenton. — En avant du village de Valenton, et au coude de la route, trois épaulements, chacun pour six pièces d'artillerie, battaient la plaine entre les fermes de Lhopital et Montmesly; mais il existait peu de travaux pour infanterie. Ils étaient reportés à l'Ouest, dans le voisinage de la route et du chemin de fer. En ce point, une sorte de redoute pour infanterie, avec deux pièces d'artillerie à l'angle, était placée à l'Est de la route, tandis qu'un deuxième épaulement, partant de la Seine, venait s'appuyer au chemin de fer, et se terminait par une batterie de quatre pièces. Au-dessus de ces ouvrages, et à mi-coteau, deux batteries pour six pièces, dominant les ouvrages précédents, battaient la Seine entre Choisy-le-Roi et Villeneuve.

Ainsi, ce versant tout entier avait été en quelque sorte utilisé comme un front de fortifications, sur lequel les batteries d'artillerie avaient été disposées par étages, de manière à se protéger et à se flanquer les unes les autres. Les ouvrages pour infanterie étaient généralement peu nombreux, et étaient surtout concentrés sur Brevannes, qui occupe le rentrant que forment ces collines.

La disposition de ces défenses permettait aux assiégeants, dans le cas d'une attaque sérieuse, de se replier successivement jusque sur les hauteurs, en ayant toujours une ligne d'artillerie couvrant la retraite des lignes placées en avant.

Derrière cette position, les bois qui couvrent le plateau sur une très-grande étendue offraient un nouvel obstacle, infranchissable même aux meilleures troupes, et permettaient à l'armée en retraite de se reformer en dehors des feux de l'armée victorieuse.

IV.

TRAVAUX FRANÇAIS ET ALLEMANDS.

FRONT SUD.

DU FORT D'IVRY AU FORT D'ISSY ET AU POINT-DU-JOUR. — DE CHOISY-LE-ROI A LA VALLÉE DE SÈVRES.

Le front Sud de Paris s'étend entre la Seine et la vallée de Sèvres ; sur toute son étendue il est dominé par une ligne de hauteurs coupée par la vallée de la Bièvre et la vallée de Meudon. Les cinq forts d'Ivry, de Bicêtre, de Montrouge, de Vanves et d'Issy, dont les trois premiers furent confiés à la défense de la marine, occupent les versants Nord de cette ligne de collines.

Plateau de Villejuif. — Entre la Seine et la Bièvre s'étend le plateau de Villejuif, dont les Hautes-Bruyères et le moulin d'Argent-Blanc forment la ligne de faîte. Il se termine du côté de l'Est et de l'Ouest par des pentes assez rapides, descendant d'une part vers la plaine d'Ivry, et de l'autre vers la Bièvre. Du côté du nord se détachent deux monticules moins élevés que le plateau lui-même, sur lesquels sont construits les forts d'Ivry et de Bicêtre. Du côté du sud, au contraire, il se prolonge par une pente douce vers Villeneuve-le-Roi, et à partir de ce point se relève vers Montlhéry.

Ce plateau ne présente pas d'accidents de terrain, les habitations sont peu nombreuses et groupées en un petit nombre de villages ; il est coupé dans sa longueur par la route d'Antibes, et dans sa largeur par les deux routes qui se dirigent de Choisy-le-Roi sur l'Hay par Thiais et Chevilly, et sur Versailles par Fresnes et Rungis.

Plateau de Clamart. — Le plateau de Clamart, qui s'étend entre la Bièvre et la vallée de Meudon, se termine du côté Nord par le plateau de Châtillon et les hauteurs boisées de Clamart, qui se prolongent vers l'enceinte par une série de collines, sur lesquelles s'élèvent les villages de Bagneux, de Châtillon et de Clamart, au delà desquels sont construits les forts de Montrouge, de Vanves et d'Issy. Du côté de l'Ouest il s'étend par les bois jusqu'à Satory. La Bièvre et les bois de Verrières le limitent au Sud. A l'Est il descend vers la vallée de la Bièvre par les collines accidentées et boisées de Fontenay, de Sceaux et de Châtenay. Ce plateau est découvert et livré à la grande culture ; quelques fermes isolées sont les seules habitations qu'on y rencontre : les villages riches et populeux occupent les versants de l'Est et du Nord. La seule route de Bièvre, qui coupe au Petit-Bicêtre la route de Choisy à Versailles, le traverse du Nord-Est au Sud-Ouest.

Plateau de Sèvres. — Les plateaux de Meudon et de Bellevue qui font partie du plateau de Sèvres terminent cette série de collines. Ces hauteurs boisées, qui dominent le fort d'Issy et le Point-du-Jour, se prolongent jusques à la Seine par des pentes accidentées, couvertes de villages et de parcs qui offraient à l'armée allemande toutes les ressources d'une défense facile.

Travaux français. — La position qu'occupaient les forts détachés par rapport à la ligne de hauteurs qui les dominait dans toute son étendue avait nécessité la construction d'ouvrages avancés qui, soutenus par les forts, devaient assurer la possession de ces points importants. Aussi, dès la mise en état de défense de Paris, des travaux considérables furent-ils entrepris sur toute l'étendue de ce front.

Les forts d'Ivry et de Bicêtre, dominés par le plateau de Villejuif, dont ils ne voyaient que les versants et dont la crête arrêtait la vue à une distance de 1,200 mètres environ, furent couverts par les redoutes du Moulin-Saquet et des Hautes-Bruyères, dont l'action s'exerçait sur les vallées de la Seine et de la Bièvre, et plus particulièrement sur le grand plateau que cette dernière redoute commandait dans presque toute son étendue.

Entre la Bièvre et la vallée de Meudon, les conditions dans lesquelles se trouvaient les forts de Montrouge, de Vanves et d'Issy par rapport au plateau de Clamart étaient analogues. Les hauteurs de Bagneux, de Châtillon et de Clamart formaient autour d'eux un cordon au delà duquel leur action était arrêtée et d'où l'ennemi pouvait les écraser. Il en était de même pour les hauteurs de Meudon et de Sèvres.

Un ouvrage devait être construit à l'éperon de Bagneux; soutenu par les redoutes des Hautes-Bruyères et de Châtillon, il eût commandé les vallées de Sceaux et de Fontenay, mais il fut à peine commencé. Tous les efforts furent concentrés sur le plateau de Châtillon, où fut élevée une vaste redoute qui par sa position commandait à la fois le plateau et les vallées qui du côté de l'Est descendent vers la Bièvre. La redoute du Moulin-de-Pierre devait compléter l'ensemble de ces ouvrages complémentaires.

Dans la partie comprise entre la vallée de Meudon et la vallée de Sèvres, deux ouvrages furent construits, l'un en avant de la face du château qui regarde la forêt, l'autre sur l'extrémité de la grande terrasse qui regarde l'avenue de Trivaux. Une redoute fut commencée sur les hauteurs de la Capsulerie pour battre la vallée de Sèvres. Enfin le monticule de Brimborion, qui ferme cette vallée du côté de la Seine, reçut une série d'ouvrages importants qui en auraient fait une position très-forte si de tous côtés elle n'avait été dominée par des hauteurs boisées.

Aucun de ces derniers travaux ne fut terminé. Les seules positions du Moulin-Saquet, des Hautes-Bruyères et de Châtillon purent être utilisées. Mais, incomplètement armées, elles furent évacuées le 19 septembre en même temps que toutes les positions avancées, en sorte qu'au début du siége la défense du front Sud fut limitée à la ligne des forts.

Les positions du Moulin-Saquet, de Villejuif et des Hautes-Bruyères, qui dominaient immédiatement les forts d'Ivry et de Bicêtre, mais que l'armée allemande n'avait pas osé occuper fortement à cause du trop grand voisinage de ces forts, furent reprises dès le 30 septembre et solidement occupées. Les travaux qui furent exécutés à dater de cette époque continuèrent à fortifier la ligne qui s'étend du barrage de Port-à-l'Anglais aux redoutes de Saquet et des Hautes-Bruyères.

Entre la Seine et Vitry, une forte batterie pour six pièces d'artillerie fut construite en avant de la grande usine de Port-à-l'Anglais et soutenue par une division de canonnières. Une tranchée fut creusée entre le barrage et Vitry, et deux épaulements pour artillerie de campagne furent établis sur les remblais du premier pont du chemin de fer. Les maisons crénelées de Vitry complétèrent cette ligne, que protégeaient les deux forts de Charenton et d'Ivry et la redoute de Saquet.

Sur le plateau, cette dernière redoute fut réunie à celle des Hautes-Bruyères par une ligne continue d'épaulements pour infanterie et artillerie, ou de murs crénelés qui, passant sur le front Sud du village de Villejuif et couvrant la route de ce village à la redoute des Hautes-Bruyères, se continuait vers l'Ouest jusqu'à l'aqueduc d'Arcueil, en suivant les déblais du canal de dérivation de la Vanne. Enfin une tranchée creusée à 500 mètres en avant de la redoute de Saquet relia le Petit-Vitry à la vallée de la Bièvre, en passant à 200 mètres environ en avant des Hautes-Bruyères.

Dans le courant de novembre, en prévision des opérations de l'armée assiégée, la ligne des ouvrages fut portée dans la plaine de Vitry jusqu'en avant de la Pépinière, qui fut transformée en une grande redoute dont la face Sud fut armée d'une puissante artillerie. A l'Est, une ligne d'épaulements pour infanterie relia cette redoute aux batteries établies au port Mazagran et à la redoute du bord de l'eau et ferma la trouée comprise entre le chemin de fer et la Seine. Du côté de l'Ouest, des épaulements analogues vinrent rejoindre les premiers ouvrages construits en avant de la redoute du Moulin-Saquet. Les lignes avancées furent ainsi portées à 1,000 mètres à peine des ouvrages allemands qui couvraient Choisy-le-Roi et à 600 mètres environ de la Gare-aux-Bœufs, qui ne put être occupée que par des postes avancés.

En avant des Hautes-Bruyères, une tranchée cheminant

en zigzag entre les deux canaux de dérivation fut poussée jusqu'à 200 mètres de l'Hay.

La redoute de Châtillon, placée dans une position presque inabordable du côté de Paris, ne fut pas reprise; aussi, sur cette partie du front Sud, la ligne de défense demeura ce qu'elle avait été au début, excepté en avant du fort de Montrouge, où les ouvrages qui primitivement avaient été élevés à la hauteur de l'aqueduc d'Arcueil furent portés en avant de la maison Millaud jusqu'à la courbe du chemin de fer de Sceaux, dont les déblais furent utilisés. Deux forts ouvrages pour artillerie furent construits entre le chemin de fer et la route, dont le côté Ouest fut mis en communication avec la Grange-Ory par une tranchée, tandis que des épaulements longeant la route de Cachan les mettaient en communication avec ce village.

Les forts de Vanves et de Montrouge furent réunis par un épaulement continu à peu près parallèle à la route stratégique.

Entre Vanves et Issy, une lunette placée à mi-distance de ces deux forts fut réunie à chacun d'eux par une tranchée. Ce dernier fort, couvert par la tranchée du chemin de fer de Versailles et la vallée de Meudon, porta ses travaux avancés sur son front Ouest en avant du cimetière et jusqu'aux carrières, et sur son front Nord dans le parc du château, et jusques à l'île de Billancourt.

Lorsque les batteries allemandes du front Sud ouvrirent leur feu convergent sur les trois forts de Montrouge, de Vanves et d'Issy, des batteries de pièces de siége et de marine furent établies en dehors des forts et dans le voisinage de chacun, dans le but de disséminer le feu des batteries ennemies. Une batterie de quatre pièces, destinée à battre celles de Fontenay, fut construite à l'Ouest de la redoute des Hautes-Bruyères, et une batterie de six pièces fut élevée à l'Ouest du fort de Montrouge en avant de la route stratégique. A Vanves, deux batteries furent établies à droite et à gauche de ce fort. — Enfin au fort d'Issy deux batteries furent construites : l'une sur le terre-plein de la gare à marchandises de Clamart, pour neuf pièces ; l'autre pour trois pièces, sur le côté Ouest du fort près du cimetière.

Le bastion 73, armé de 6 pièces de gros calibre, servies par la marine, prêta un utile concours aux forts d'Issy et de Vanves en contre-battant les batteries du plateau. Le bastion du Point-du-Jour, armé avec les canons et les équipages des batteries flottantes désarmées, dirigea plus particulièrement son feu contre les batteries de Meudon, dont il gêna l'action contre le fort d'Issy, et soutenu par la division de la flottille des canonnières, couvrit pendant toute la durée du siége cette portion de l'enceinte menacée par les hauteurs qui s'étendent de Meudon à Saint-Cloud.

Front Sud. Travaux allemands. — Entre les vallées de la Seine et de la Bièvre, les deux premières lignes d'investissement élevées par l'armée allemande étaient établies sur les deux routes en éventail qui, partant de Choisy-le-Roi, se dirigent l'une sur l'Hay, l'autre sur Versailles. Une troisième ligne moins étendue, mais non moins importante, s'élevait à la hauteur de Villeneuve-le-Roi.

Choisy-le-Roi. — Le village de Choisy, où l'armée allemande avait établi un quartier général, tirait son importance non-seulement de sa position sur la grande voie de communication de Versailles avec l'Est, mais encore des ressources que ses constructions offraient, pour le logement de troupes nombreuses et pour l'abri de grands approvisionnements. Aussi, dès les premiers jours de l'investissement, le pont suspendu détruit fut-il remplacé par un pont de bateaux qui assura les communications, et des travaux défensifs furent entrepris.

Entre la Seine et la route de Vitry, une ligne d'épaulements ou de murs crénelés relia la manufacture dite Maroquinerie au mur Sud du cimetière et aux ouvrages avancés du moulin d'Argent-Blanc. La Gare-aux-Bœufs, placée sur le bord du chemin de fer, à 500 mètres environ en avant de cette ligne, fut mise en communication avec elle par une tranchée, et cette position avancée, solidement fortifiée, fut occupée par les avant-postes allemands jusqu'au jour où ayant été enlevée à deux reprises par quelques compagnies de matelots-fusiliers de la division Pothuau, les Allemands la firent sauter et ne l'occupèrent plus que par des sentinelles avancées. Deux épaulements pour artillerie de campagne, construits tous deux sur la route de la Pépinière, l'un en avant du cimetière, l'autre sur la première ligne de défense, complétèrent ces travaux.

Sur le côté Ouest de la route, le village de Choisy, déjà protégé par les ouvrages avancés du moulin d'Argent-Blanc, ne reçut que des travaux secondaires ayant pour but de couvrir par une ligne de murs crénelés l'intervalle qui le séparait de Thiais.

Moulin d'Argent-Blanc. — Les travaux destinés à défendre le plateau du moulin d'Argent-Blanc étaient établis à la hauteur du cimetière et se reliaient avec eux par la barricade de la route de Vitry, construite en avant de la Maison-Blanche, où étaient les avant-postes allemands et sur laquelle le fort d'Ivry dirigea son feu à plusieurs reprises. Une sorte de tranchée ou d'épaulement pour infanterie partant de la Plâtrière et suivant le flanc du coteau au-dessus de la route, formait un premier ouvrage pour abriter des troupes destinées à battre la route et la plaine en avant du cimetière.

Un deuxième ouvrage placé sur le revers Sud du plateau, et par conséquent invisible de nos positions, était destiné à battre le plateau lui-même et à joindre ses feux à ceux de l'ouvrage précédent, contre la plaine de Vitry et la route. Il consistait en un grand épaulement pour infanterie, formé de lignes assez irrégulières, mais affectant le tracé d'une grande redoute à trois faces, dont le saillant principal regardait le moulin d'Argent-Blanc. Son côté Ouest se prolongeait dans le Sud jusqu'au chemin de culture qui descend à Thiais et qui, à partir du point où cet épaulement finit, se trouve en déblai. Cette disposition permettait de fournir à des troupes, soit un abri, soit une sorte de retranchement dans lequel l'infanterie pouvait tirer à couvert sur le revers occidental du plateau et flanquer les ouvrages placés sur le front Nord de Choisy.

Thiais. — En avant de Thiais et à la limite de la pente douce qui termine le plateau, était construite une redoute régulière à trois faces pour infanterie. Son côté le plus long, faisant face au plateau, mesurait 80 mètres de longueur. Ses deux côtés en retour n'avaient que 20 mètres environ; celui de l'Est, placé en arrière et au-dessus du chemin creux qui descend de l'ouvrage précédent, battait les pentes vers Choisy et se terminait par un épaulement circulaire pour une pièce d'artillerie. Le côté en retour de l'est coupait le chemin qui passe devant les fermes fortifiées, et se prolongeait de l'autre côté par un épaulement de 80 mètres de longueur placé au-dessus et en arrière du chemin creux de Thiais, jusqu'au point où ce chemin présentait un abri absolu contre les coups de l'extérieur et garantissait une communication couverte avec le village.

A l'Est de la grande redoute, et formant le prolongement de la face principale, existaient sur une même ligne quatre épaulements pour artillerie de campagne. Les trois premiers, de forme circulaire, étaient faits chacun pour une pièce et battaient le plateau. Le dernier, beaucoup plus fort et plus important, était percé de deux embrasures et battait le revers du plateau et la route de Vitry.

Vers l'Ouest, les ouvrages se continuaient sur la même ligne. Entre la redoute et le mur de ferme, sur le point le plus élevé et en avant du chemin, étaient construits six épaulements circulaires pour artillerie de campagne, battant le plateau et son revers occidental, et flanquant en outre les deux redoutes pour infanterie dont nous venons de parler.

Les deux fermes qui font suite avaient été transformées en une véritable redoute pour infanterie; leurs murs, au début, avaient été simplement crénelés; mais plus tard un fossé très-profond et très-large avait été creusé à l'intérieur, et les terres en avaient été rejetées contre le mur, de manière à le couvrir dans toute sa hauteur avec une grande épaisseur. Dans le terrassement avaient été taillées des banquettes pour l'infanterie, qui tirait par-dessus le mur, et le fossé dans toute sa longueur présentait un abri sérieux pour une troupe nombreuse. En outre, deux abris casematés avaient été établis, l'un au centre du premier mur, l'autre à l'angle des deux murs de séparation. Ces casemates étaient sans doute destinées à loger les hommes de garde.

A l'extrémité Ouest, le mur en retour vient se rencontrer à angle droit avec les murs de la partie Sud du village. La route de Chevilly coupe cet angle. Ces deux murs étaient crénelés et défendaient par des feux croisés l'entrée du village et ses abords, et flanquaient le cimetière, qui, placé en avant, était lui-même crénelé dans toute son étendue.

Une tranchée ou épaulement pour infanterie, partant de l'angle nord du cimetière, s'avançait dans la plaine jusqu'à une distance de 300 mètres et faisait face à la route qui vient de la Saussaye à Thiais. A son extrémité, elle se retournait perpendiculairement à sa première direction, sur une longueur de 100 mètres environ, en faisant face à la plaine. Cet ouvrage complétait la défense du village proprement dit, en couvrant son front Nord-Ouest.

Ainsi, depuis la Seine jusqu'à ce dernier point, l'ensemble du système de défense adopté se résume en une ligne de retranchements pour infanterie, disposés de façon à battre les plateaux et les versants et à se flanquer mutuellement, en même temps qu'entre chacun d'eux une batterie d'artillerie concourt à la défense de la ligne ; c'est ce système que nous retrouverons dans les diverses lignes de défense que nous allons continuer à décrire.

La route qui conduit de Thiais à Chevilly, sur laquelle l'artillerie de campagne pouvait se transporter rapidement, avait été utilisée pour l'établissement d'épaulements destinés à un petit nombre de pièces d'avant-garde disposées sur toute l'étendue de la route, entre le village et le carrefour.

Un premier groupe, composé de quatre épaulements circulaires pour artillerie de campagne, était établi au Sud de la route à mi-distance entre Thiais et le réservoir des eaux. Autour du réservoir étaient un petit ouvrage destiné plus spécialement à de l'infanterie et deux abris circulaires pour artillerie de campagne. Enfin, deux épaulements du même type étaient construits un peu avant le carrefour, qui lui-même était couvert par une barricade.

Nous n'oserions pas affirmer d'une manière absolue que ces épaulements circulaires fussent exclusivement destinés à de l'artillerie ; tout porte à le croire, car dans les restes de l'un d'eux il nous a semblé retrouver la trace d'une embrasure. Cependant on pourrait admettre qu'ils étaient aussi destinés à couvrir les avant-postes de la grande ligne d'ouvrages placés en arrière de la route et dont nous allons parler.

Un ensemble de défenses très-fortes couvrait la plaine qui s'étend à l'Ouest de Thiais, entre les routes de Choisy à Chevilly et de Choisy à Versailles.

Plateau de la Belle-Épine. — En partant de la route d'Antibes, un premier ouvrage avait été élevé dans l'emplacement d'un vaste établissement de poudrette. Il était peu apparent, quoique très-fort, et se composait d'un grand fossé creusé à l'avant du mur de clôture. Les terres en avaient été rejetées contre le mur qu'elles protégeaient et derrière lequel était établie une banquette pour infanterie, sur une longueur de 200 mètres environ. A l'extrémité Est, était un abri blindé ayant la forme d'un cavalier. Un épaulement pour trois pièces d'artillerie placé en arrière complétait ce premier ouvrage, destiné principalement à battre la route et le carrefour.

Dans l'Est, et sur le point le plus élevé de cette plaine, faisant suite à cet ouvrage, se trouvait un long épaulement pour infanterie : son tracé général était à peu près parallèle à la route de Chevilly et formait deux redans, dont le premier flanquait par son retour l'ouvrage construit dans l'établissement de poudrette, tandis que le second flanquait la première partie de l'ouvrage en question. Dans la deuxième partie de l'ouvrage étaient deux grands abris permettant de mettre à couvert les troupes chargées de le garder.

Cet ouvrage se prolongeait par des épaulements circulaires pour huit pièces d'artillerie, dont le feu était plus particulièrement dirigé sur Thiais et le revers du plateau d'Argent-Blanc.

La seconde ligne de défense était établie en arrière de celle que nous venons de décrire, sur la route de Choisy à Versailles. Les ouvrages qui la composaient étaient uniquement destinés à de l'artillerie de campagne et s'étendaient sur le côté Nord de la route entre le rond-point du plateau et la Belle-Épine. Ils avaient pour but de protéger les retranchements qui couvraient la plaine en avant de cette route.

Au rond-point lui-même, six épaulements circulaires avec oreillons étaient disposés sur le point culminant et dans le prolongement de la partie droite de la route.

En partant du point où la route se dirige en ligne droite sur la Belle-Épine, on trouvait se faisant suite un premier groupe d'épaulements circulaires pour six pièces de campagne, et un deuxième groupe d'épaulements du même genre pour dix-huit pièces. Ces deux groupes étaient établis en avant du côté Nord de la route sur la déclivité du terrain.

Un peu avant la Belle-Épine, un grand retranchement pour infanterie et artillerie battait la route d'Antibes et flanquait les ouvrages qui couvraient le carrefour. Ces derniers, placés en avant du rond-point, étaient établis à la hauteur de la borne kilométrique et consistaient en deux épaulements pour infanterie de 100 mètres de longueur, avec retour aux extrémités. Ils étaient placés de chaque côté de la route, dont la chaussée était conservée libre.

Villeneuve-le-Roi. — La troisième ligne de défense était reportée à la hauteur de Villeneuve-le-Roi dans la partie étroite du plateau, en arrière de la ligne qui réunit les deux vallées de Fresnes et d'Orly.

Quelques épaulements pour infanterie couvraient le front Nord du village de Villeneuve-le-Roi. Un épaulement pour une batterie de campagne établi à l'Est sur le versant du coteau, permettait de battre la route de Choisy et la Seine, tandis qu'au centre du plateau et à l'ouest de Villeneuve étaient établis sur la route qui va de ce village à Paray trois épaulements pour trente pièces d'artillerie.

Ainsi une armée sortant par la route d'Antibes aurait eu pour se frayer un passage à enlever successivement les deux premières lignes, défendues par une infanterie fortement retranchée, soutenue par une puissante artillerie, et, dans le cas d'un succès, aurait trouvé à la hauteur de Villeneuve-le-Roi la route barrée par les derniers ouvrages que nous venons de décrire, et qui auraient permis à l'armée en retraite de venir se reformer à l'abri des feux de plus de trente pièces de campagne.

A la gauche de la route d'Antibes et à la hauteur de la première ligne d'ouvrages que nous avons décrite, en étaient établis d'autres, mais moins nombreux, qui prolongeaient la première ligne de défense.

Par le travers de l'établissement de poudrette fortifié se trouvait, du côté Ouest de la route, un épaulement pour infanterie, établi en avant du chemin de Rungis; un peu au Nord étaient cinq épaulements pour artillerie de campagne, qui battant la plaine depuis Chevilly jusqu'au carrefour, flanquaient à la fois ce village et la gauche des ouvrages de l'établissement de poudrette, en même temps qu'ils battaient la route d'Antibes jusqu'à une très-grande distance.

Cette première ligne se continuait par les villages de Chevilly, la Rue et l'Hay ; mais avant de la décrire nous achèverons de parler des ouvrages de la plaine.

Rungis et Fresny. — La deuxième ligne de défense que nous avons laissée à la Belle-Épine se prolongeait à l'Ouest de la route d'Antibes jusqu'au versant occidental du plateau. Cette ligne, placée tout entière en avant de la route de Versailles, s'appuyait sur deux redoutes fermées du même type que celles que nous retrouverons sur le plateau de Châtillon et construites, l'une en avant de Rungis, à l'Est de l'aqueduc de la Vanne, l'autre en avant de Fresnes, sur la route qui va de ce village à l'Hay.

Ces deux redoutes, de forme pentagonale, présentaient leur face principale vers Chevilly et étaient armées de quatre pièces de campagne en barbette, dont deux sur la face principale et une à chaque angle; le reste était disposé pour de l'infanterie.

Entre ces deux redoutes et sur la même ligne étaient deux épaulements pour infanterie, l'un sur la route de Rungis à Chevilly, l'autre sur la route de Fresnes à ce même village.

Enfin, en arrière de cette ligne et plus près de la route de Versailles, étaient, dans les créneaux formés par les ouvrages dont nous venons de parler, quatre épaulements pour artillerie de campagne.

Le premier, placé entre la route d'Antibes et l'aqueduc de la Vanne, était fait pour douze pièces, dont sept tiraient sur la route d'Antibes, tandis que cinq étaient dirigées sur Chevilly.

Un deuxième épaulement pour six pièces environ, placé à l'Ouest de l'aqueduc, battait la plaine entre la redoute de Rungis et la route de Chevilly, et flanquait le premier ouvrage pour infanterie.

Un troisième, pour sept pièces, flanquait la face Ouest de la redoute de Rungis.

Enfin, un quatrième, pour six pièces, placé entre la redoute de Fresnes et l'ouvrage voisin, battait le village de la Rue et le chemin qui conduit de ce village à Fresnes.

Cette ligne venait se terminer à la Bièvre par un dernier épaulement pour six pièces de campagne, établi au bord de la route de Versailles, sur le versant du plateau, dont il battait le flanc sur toute la longueur comprise entre cette route et celle qui descend de la Rue à Sceaux.

Quant au village de Fresnes, il n'était protégé que par des ouvrages pour infanterie.

Chevilly. — Le village de Chevilly faisait partie de la première ligne de défense et formait la droite de cette portion si fortement défendue, qui s'étendait de ce village jusqu'à la Bièvre, en couvrant l'Hay, et se reliait par Bourg-la-Reine aux positions de Bagneux et de Châtillon.

A l'extrémité droite de cette ligne, le parc de Chevilly avait été transformé en une véritable redoute. Ce parc, qui présente la forme d'un long rectangle, est coupé en deux parties, dont la première, celle du Nord, renferme des constructions de toute nature, et est entourée de murs élevés formant un des côtés de la rue principale, et dont la deuxième, celle du Sud, constitue le parc et est entourée, sur ses trois faces, par une terrasse plantée d'une double rangée d'arbres au pied de laquelle règne une douve assez profonde et large de 3 mètres environ.

Sur les trois côtés de la partie Nord, les murs avaient été

crénelés. A l'angle Nord-Est, où aboutit la route de Thiais, une sorte de terrasse avait été utilisée comme poste d'observation, et en arrière trois grands abris casematés, communiquant entre eux par des chemins couverts tortueux, avaient été établis pour abriter les hommes de garde contre les feux de la redoute des Hautes-Bruyères.

La partie du mur en retour, qui fait face au Nord-Est et s'étend entre le poste d'observation et la grille où commence la terrasse du parc, était percée de deux rangées superposées de créneaux, et pouvait opposer à l'extérieur deux étages de feux de mousqueterie, au moyen d'une banquette supérieure établie sur un échafaudage qui régnait le long du mur.

La partie de la terrasse qui faisait suite avait été disposée pour recevoir de l'infanterie, qui, à défaut d'épaulement ou de mur suffisamment élevé, était abritée dans des trous creusés pour chaque homme entre chacun des arbres de la terrasse, à une profondeur suffisante pour que, jointe à la hauteur du petit parapet qui couronnait la douve, le soldat fût entièrement couvert.

La douve du Sud-Est et celle du Sud-Ouest avaient été transformées en un vaste casernement. Deux cents lits, pris dans l'établissement des Frères, y étaient installés, et les murs de soutènement avaient été utilisés pour supporter une toiture grossièrement formée de planches, de madriers ou de corps d'arbres que recouvraient des fagots.

En cas d'attaque et de retraite forcée, vers l'extrémité de la terrasse du Sud-Est était établi une sorte de réduit composé de palissades en troncs d'arbres, formant blockhaus, et protégé en avant par des chevaux de frise et des branches d'arbre.

Enfin, sur la face Sud-Ouest, vis-à-vis de l'allée transversale qui correspondait à la séparation du parc et du jardin proprement dit, un pont très-large, protégé par un épaulement faisant face à l'intérieur du parc, était établi sur la douve.

Ce pont, construit avec de gros corps d'arbres, permettait aux troupes battant en retraite de se replier derrière l'aqueduc, et de gagner la Rue ou la plaine de Fresnes : il avait été en même temps utilisé comme abri blindé.

En avant du parc, une série d'épaulements et de murs crénelés couvraient le front Nord du village qui faisait face aux Hautes-Bruyères, et venaient se relier avec les ouvrages de la Rue.

Ces derniers travaux, les seuls que l'on pût voir de la redoute des Hautes-Bruyères, avaient été commencés dès les premiers jours de l'investissement, et signalés au commencement d'octobre.

Batteries de Chevilly, première, deuxième et troisième batteries de siége. — C'est sur la route qui va de Chevilly à la Rue que l'on rencontre les premières batteries de siége établies sur le front Sud, et que nous désignerons sous le nom de batteries de Chevilly.

Elles étaient au nombre de trois, à peu près également espacées, entre la dernière maison de Chevilly et la première de la Rue, et établies sur les bas-côtés de la route, dont elles avaient emprunté une partie de la chaussée.

Elles étaient construites suivant le type ordinaire, avec abris et poudrières, et étaient reliées entre elles par un chemin couvert qui suivait le fossé de la route.

Ces trois batteries étaient destinées à battre la redoute des Hautes-Bruyères, dont le tir gênait beaucoup l'action des batteries de Bagneux et de Fontenay sur Montrouge.

En arrière de ces batteries de siége, et un peu au Sud du cimetière, existaient des épaulements pour six pièces d'artillerie de campagne, dont l'établissement remontait aux premiers jours d'octobre, car dès cette époque on pouvait distinguer des Hautes-Bruyères, les travailleurs ennemis élevant des ouvrages en ce point, en même temps que se faisaient les travaux destinés à couvrir Chevilly et l'Hay.

L'Hay, quatrième batterie de siége. — La batterie de siége suivante était établie dans le parc situé au Sud de l'église de l'Hay, et que longe la route de ce dernier village à Sceaux.

Elle avait été construite derrière des massifs d'arbres qu'il avait suffi d'abattre pour la démasquer. Elle était entièrement cachée de Bicêtre et des Hautes-Bruyères par le village de l'Hay et les grands arbres du parc. Disposée sur le plan incliné qui descend vers la Bièvre, elle était naturellement défilée des feux de la redoute des Hautes-Bruyères; malgré cela, un massif en terre, d'une grande hauteur et d'une grande épaisseur, placé à son extrémité Nord-Est, et sous lequel on avait ménagé soit un abri, soit une poudrière blindée, achevait de la couvrir des coups d'écharpe qui auraient pu lui venir de cette redoute.

Cette batterie était armée de quatre canons, et tirait sur le fort de Montrouge, qu'elle dominait. En outre, elle enfilait dans toute sa longueur la route de Cachan.

Un chemin couvert, tracé dans le parc, la reliait avec les batteries de la Rue par les ouvrages qui couvraient ces deux villages.

Le village de l'Hay, placé sous le feu de la redoute des Hautes-Bruyères, formait l'extrême gauche de la première portion de la ligne de défense que nous avons suivie depuis Choisy-le-Roi.

Cette position avait une grande importance pour l'armée allemande, car elle couvrait à la fois le plateau de Villejuif et l'éperon de Bagneux. Aussi les défenses avaient-elles été accumulées autour de ce village de manière à opposer à l'assaillant des réduits successifs, permettant à l'armée attaquée de se replier de ligne en ligne jusque sur la plaine de Fresnes, en conservant sa gauche appuyée à la Bièvre, et sa droite à Chevilly. Les ouvrages eux-mêmes avaient un caractère de solidité et de résistance que l'on ne trouve pas ailleurs, mais qui était nécessité par le voisinage de cette redoute, qui menaçant sans cesse cette position, et la couvrant de ses feux, avait obligé à des précautions plus grandes pour protéger les troupes chargées de sa garde.

La première ligne de défense couvrant le front Est et le front Nord s'appuyait presque en entier sur le remblai du canal de dérivation de la Vanne. En partant du point où ce canal coupe la route de Chevilly à la Rue, la face Ouest du remblai avait été transformée en épaulement et chemin couvert jusqu'à la route de Chevilly à l'Hay. Au-dessus de ce point, et sur une longueur de 150 mètres, ce même remblai avait été transformé en un épaulement plus régulier, pour infanterie et artillerie, avec abris blindés. Cet ouvrage croisait ses feux avec ceux des murs crénelés de Chevilly.

Un chemin couvert, partant de son extrémité Nord, le mettait en communication avec le premier parc, situé au-dessous du cimetière en deçà de la route, et dans lequel se trouvaient des abris blindés communiquant entre eux, et avec les travaux extérieurs par des fossés.

Au Sud de la route qui va à Villejuif, la partie du déblai comprise entre l'angle du parc et la route avait servi d'appui à l'établissement de trois abris casematés, établis derrière une épaisseur de terre de quatre ou cinq mètres, et couronnés par une banquette pour infanterie, destinée à battre les abords du village.

Un simple épaulement en terre couvrait l'angle formé par les deux routes qui sortent de l'Hay, et qui toutes deux étaient fermées par une barricade construite au Sud du cimetière.

A partir de ce point, le canal de dérivation court à peu près Est et Ouest, et descend perpendiculairement à la Bièvre, sur une longueur de trois cents mètres environ, pour se retourner ensuite à angle droit vers Paris.

Cette ligne qui protégeait le village contre un mouvement exécuté par le flanc occidental du plateau, nécessitait une surveillance continue. Aussi, outre les épaulements pour infanterie qui couronnaient le déblai du canal, sept abris casematés, dans le genre de ceux que nous avons déjà rencontrés à l'entrée du village, étaient établis contre le déblai lui-même, et permettaient de mettre à couvert un nombre de troupes suffisant pour résister à une surprise. Une sorte de place d'armes, dans laquelle on aurait peut-être pu mettre une pièce d'artillerie de campagne, terminait l'extrémité Ouest de cet ouvrage, qui communiquait avec le village par un boyau étroit, coupé de traverses nombreuses, destinées à abriter des projectiles des Hautes-Bruyères.

A partir de ce point, la ligne de défense se continuait par un simple épaulement à dents pour infanterie, jusqu'à la route de Cachan, en partie coupée par une barricade. Il se retournait vers le Sud, en suivant la route qu'il coupait en avant du coude, et, se pliant à angle droit, se dirigeait vers la Bièvre par une ligne endentée, dont les feux se croisaient avec ceux de la ligne parallèle à la route. Ces derniers ouvrages faisaient sans doute partie de la deuxième ligne de défense.

En avant de la place d'armes qui terminait les ouvrages établis sur le canal de dérivation, la route de Cachan et la vallée étaient couvertes par un ouvrage avancé qui, partant de la place d'armes, suivait parallèlement la route sur une longueur de cent à cent cinquante mètres, puis se retournait à angle droit, coupait les deux routes et se prolongeait jusqu'à la Bièvre. La première partie était un simple épaulement pour infanterie, dont le côté Est était flanqué par la place d'armes. La deuxième partie, construite dans les prairies de la Bièvre, et plus éloignée de l'Hay, avait trois abris casematés qui permettaient d'avoir sur ce point un plus grand nombre d'hommes prêts à résister à toute attaque.

La deuxième ligne, qui fut établie dès les premiers jours du siége, était en arrière de la première, et, dans certains points, se confondait avec elle. Il est probable qu'elle partait de l'entrée de Chevilly, et suivait le fossé de la route sur laquelle furent établies plus tard les batteries de siége. Elle longeait les clôtures de la ferme de la Rue, dont elle empruntait les murs, entrait dans le grand parc, et venait se relier au petit parc du nord par un grand épaulement construit sur toute la longueur de la rue. Les murs crénelés du petit parc et le cimetière en complétaient la face Est. La défense du front Nord devait suivre l'intérieur des jardins, en arrière du cimetière, et rejoindre la ligne d'ouvrages dont nous avons parlé, qui coupait la route à son entrée dans le village, du côté de Cachan, et venait s'appuyer à la Bièvre.

La troisième ligne, comme les deux précédentes, suivait la route de Chevilly à Versailles, couvrant les carrefours et les routes qui conduisent dans la plaine de Fresnes par des barricades, des épaulements et des murs crénelés, et venait finir au moulin de l'Hay, placé au point où cette route traverse la Bièvre.

En raison de la nature même du terrain et de sa forme accidentée dans la partie de la zone d'investissement qui s'étend entre la Bièvre et la vallée de Sèvres, les lignes allemandes n'avaient pas été portées aussi loin que sur la plaine de Villejuif. Le plateau et les vallées qui s'en détachent vers l'Est avec les villages qui en couronnent les hauteurs, formaient autant d'obstacles naturels derrière lesquels pouvait successivement se concentrer la défense et qui permettaient de disputer le terrain pied à pied.

Bourg-la-Reine. — La première ligne dont nous avons laissé les derniers ouvrages en avant de l'Hay se continuait par Bourg-la-Reine sur Bagneux et Châtillon jusqu'au pied même du plateau.

Les ouvrages établis à Bourg-la-Reine, vis-à-vis de Cachan, étaient tous compris entre la route de Toulouse et la Bièvre, et se composaient d'une série d'épaulements pour infanterie.

De l'autre côté de la route, la défense s'appuyait uniquement sur les maisons du village de Bagneux, dont les murs de jardin faisant face à nos forts étaient crénelés. Quelques épaulements pour artillerie de campagne, destinés à flanquer les tranchées de Bourg-la-Reine et à battre la route, devaient être établis à l'éperon situé à l'extrémité orientale de ce village, mais nous n'en avons pas retrouvé la trace.

Cette ligne se continuait par le village de Châtillon jusqu'au cimetière qui se trouve placé sur le versant Nord du plateau et se reliait soit avec les maisons de la tour de Crouy, soit avec les deux séries de tranchées placées au-dessus et au-dessous de la route de Clamart.

Si l'on en excepte les ouvrages pour artillerie qui ont dû être faits à l'éperon, on comprend que la défense des deux villages de Bagneux et de Châtillon n'exigeât pas de travaux particuliers, et que de simples barricades coupant les rues, et quelques murs crénelés fussent suffisants pour arrêter tout mouvement offensif, lorsque l'on considère que placés sur un monticule déjà élevé et n'offrant à l'assaillant que des rues étroites, qui ne permettaient pas un grand développement de forces, ils étaient en outre sous le feu direct du plateau, qui avec son artillerie en couvrait les abords et aurait écrasé les troupes qui les auraient occupés.

Sceaux, cinquième, sixième et septième batteries de siége. — La deuxième ligne se reliait à celle qui suit la route de Chevilly que nous avons laissée au moulin de l'Hay, et qui se continuait sur la rive gauche de la Bièvre par la route de Sceaux au Plessis-Piquet.

Quelques petits épaulements peu importants étaient établis en avant et en arrière de la route de Versailles, entre le moulin de l'Hay et la route de Toulouse. Au delà, le mur qui forme la clôture du parc de Trévise était transformé en épaulement ou crénelé sur toute son étendue, depuis le carrefour jusqu'à l'église de Sceaux, sauf quelques interruptions.

Trois batteries de siége étaient établies des deux côtés de cette route.

La première, placée sur le côté Nord, s'appuyait contre l'établissement des Eaux et empruntait une partie de la chaussée; elle devait compter quatre canons et pouvait battre Montrouge, Bicêtre et les Hautes-Bruyères; elle battait aussi le chemin de fer et la route dans toute leur longueur, et communiquait avec le parc de Trévise au moyen d'une tranchée et d'un pont jeté sur le saut-de-loup qui longe cette portion du parc.

Selon toute probabilité, cet ouvrage était primitivement destiné à de l'artillerie de campagne et avait dû être transformé plus tard en batterie de siége.

La deuxième batterie était placée à 100 mètres au delà sur le côté Sud de la route, et était établie derrière un mur de clôture très-élevé, dans lequel on avait pratiqué les embrasures.

Elle n'était armée que de deux canons, peut-être même étaient-ce deux mortiers, et tirait sur Montrouge.

Enfin, un peu plus haut, à la boucle du chemin de fer, dans un jardin particulier, se trouvait une troisième batterie armée de six canons.

Cette batterie était cachée en partie de Bicêtre et des Hautes-Bruyères par la maison d'habitation, elle était dirigée sur le fort de Montrouge, sur lequel elle ne pouvait tirer que par-dessus l'éperon de Bagneux, au moyen d'un alignement.

Dans les deux jardins faisant suite à celui où était établie la batterie que nous venons de décrire, se trouvait un long épaulement pour douze pièces de campagne destinées à battre la vallée de Fontenay et le revers du coteau de Bagneux.

Un épaulement pour six pièces était placé en avant de la terrasse du jardin public, et deux épaulements pour trois pièces étaient construits à gauche de la route qui descend à la station de Fontenay. Toute cette artillerie, dirigée sur la vallée et le village de Fontenay, et soutenue par l'artillerie du plateau de Châtillon, assurait la défense de la ville et du plateau lui-même.

Plessis-Piquet. — Au delà, les murs de clôture des divers parcs qui forment la face Est du Plessis-Piquet avaient été crénelés dans toute leur étendue, ainsi que ceux qui bordent la route.

Une batterie pour six pièces d'artillerie de campagne établie sur la terrasse du parc Hachette, dans une position qui domine toute la plaine, soutenait cette ligne de murs crénelés et concourait à couvrir le plateau de Châtillon contre toute attaque venant par cette vallée.

Fontenay-aux-Roses et Bagneux. — Les batteries de Fontenay et de Bagneux étaient spécialement dirigées sur le fort de Montrouge. Établies dans la vallée comprise entre Châtillon, Bagneux et Fontenay, elles n'étaient visibles d'aucun des autres forts. La batterie des Hautes-Bruyères pouvait seule les battre, bien qu'elle ne vit la plupart d'entre elles que par la fumée des canons. Cette condition explique les batteries de siége de Chevilly, dont le but était d'inquiéter le tir des Hautes-Bruyères.

Fontenay-aux-Roses, huitième et neuvième batteries de siége. — Une première batterie, dite batterie du château, était établie dans le jardin potager de l'habitation Labayssière, qui se trouve à une petite distance à l'Ouest de l'église.

Placée dans un fond entouré de murs, de maisons et d'arbres, elle n'était visible d'aucun de nos forts, et elle-même ne voyait pas Montrouge ; elle ne pouvait donc tirer que par des alignements.

Cette batterie était établie d'après le même système que toutes les autres, avec des abris blindés aux deux extrémités et une poudrière adossée au mur de la terrasse; des chemins couverts, la plupart blindés, faisaient communiquer ses deux extrémités avec le village d'une part et de l'autre avec la batterie suivante.

Elle était armée de huit canons, dont quatre de douze et quatre Krupp.

En avant de cette batterie et à petite distance, mais de l'autre côté du chemin qui conduit au cimetière, était une deuxième batterie de siége qui, ainsi que nous venons de le dire, communiquait avec la précédente au moyen d'un boyau étroit et en partie casematé.

Elle était spécialement dirigée sur Montrouge et défilée de tous les autres forts, même des Hautes-Bruyères, dont elle était masquée par les hauteurs de Bagneux. Elle avait été construite derrière un mur de jardin qui avait été renversé pour la démasquer et était très-difficile à voir avant l'ouverture du feu. Cependant elle n'était pas aussi cachée que la précédente, le bastion 3 de Montrouge pouvait l'apercevoir.

Outre ces deux batteries de siége, il existait quelques travaux de campagne ayant un caractère uniquement défensif.

Sur l'avenue du château Labayssière étaient établis, entre les arbres, quatre épaulements pour artillerie de campagne, et à l'extrémité de la terrasse qui est à angle droit sur l'avenue, un épaulement pour deux pièces de campagne.

Ces batteries balayaient la vallée entre Bagneux et Châtillon et battaient le plateau de Bagneux.

Bagneux, dixième, onzième et douzième batteries de siége.
— A l'Ouest de Bagneux, sur la pente qui descend de ce village vers Châtillon, et au milieu de pépinières, étaient établies deux fortes batteries de siége, disposées sur une même ligne normale à la direction de Montrouge.

Ces deux batteries avaient pu être construites sans être vues, et les terrassements, un peu apparents à cause de la nature jaunâtre de la terre remuée, avaient été couverts de branches d'arbres verts.

Elles étaient dirigées contre Montrouge et armées chacune de six pièces de gros calibre séparées par des traverses, avec traverse-abri au centre et abris casematés aux deux extrémités.

Invisibles de tous les autres forts et de la redoute des Hautes-Bruyères, elles communiquaient avec Châtillon par une tranchée à travers les parcs voisins, et avec Bagneux par une tranchée couverte contre les feux du fort de Montrouge, par les hauteurs mêmes du village.

En outre, une tranchée qui régnait en arrière de ces batteries permettait de communiquer à couvert entre Bagneux et Châtillon sans passer par les batteries.

Batterie de mortiers. — Un peu à l'Est et au-dessus de ces deux batteries, derrière l'église de Bagneux et sur le revers Sud du coteau, était établie une batterie de deux mortiers.

L'épaulement était creusé dans les formes du terrain, dont la déclivité est très-forte en ce point : il avait un tracé demi-circulaire et était couronné par un épaulement pour infanterie qui battait les maisons de Bagneux.

On ne s'explique pas très-bien cet épaulement. Il est plus probable qu'au début il était dirigé sur la vallée de Fontenay, comme les ouvrages que l'on trouve dans le parc qui fait suite dans l'Est à cette batterie de mortiers. Cette batterie, dominée par le sommet du coteau et les maisons du village, n'était visible de nulle part et ne pouvait tirer sur Montrouge qu'avec des alignements très-rapprochés.

A gauche était un abri casematé servant de poudrière, et un peu plus loin un grand abri blindé de 50 mètres de longueur qui devait être destiné à loger les hommes qui servaient ces trois batteries.

A l'Est, un chemin couvert ou épaulement pour infanterie se prolongeait jusque dans le parc voisin, qu'il traversait dans sa longueur en venant rejoindre un belvédère placé à l'extrémité du jardin.

Cet épaulement, qui dominait la vallée, avait pour but de défendre le village contre toute attaque par la vallée de Fontenay, et permettait en cas d'échec la retraite sur Châtillon d'abord et sur le plateau ensuite.

Châtillon, treizième et quatorzième batteries de siége. — Il existait dans Châtillon deux batteries de siége. La première, construite au milieu des jardins, presque invisible, ne présentant aucune particularité de construction, armée de quatre canons et dirigée sur Vanves seulement, était la plus rapprochée du centre de Paris (6,700 mètres du Panthéon).

La trace noire de poudre laissée sur quelques gabions indique qu'elle a été armée et qu'elle a tiré, mais on ne voyait pas la trace de l'entrée des canons.

Au-dessus de cette batterie, derrière la route de Clamart et vis-à-vis du cimetière, était établie une deuxième batterie armée de six canons et tirant sur Vanves seulement.

Construite sur un plateau dénudé et cachée seulement par les arbres qui se trouvaient en avant du cimetière, elle pouvait être battue par les deux forts de Vanves et d'Issy; aussi affectait-elle une disposition particulière et se composait-elle de deux portions de batteries, armées de trois pièces chacune, et placées de manière à être défilées des feux d'Issy.

Plateau de Châtillon, ouvrages défensifs. — Les premiers travaux qui furent élevés sur le plateau de Châtillon par l'armée d'investissement durent avoir un caractère purement défensif; exécutés soit à l'abri de la forêt, soit derrière des rideaux d'arbres, il a été difficile de les suivre aussi bien que sur les autres fronts; nous ne pouvons donc que donner des opinions vagues sur l'époque à laquelle remonte leur construction.

Selon les probabilités, le premier soin de l'armée allemande avait été de se couvrir contre un retour offensif, et les travaux durent consister à utiliser la redoute abandonnée en la retournant contre l'assiégé, et à établir dans les terrassements existants des épaulements pour infanterie et pour artillerie. On retrouve en effet aux deux extrémités de la face qui regarde Paris la trace d'embrasures pour des canons de campagne et d'une banquette pour infanterie.

En avant et sur les côtés de ce réduit central, des barricades durent être construites sur les routes qui descendent à Clamart et à Châtillon, et des créneaux furent percés dans les murs de jardin des maisons qui font suite à la Tour-à-l'Anglais, et des maisons de la tour de Crouy. La batterie du Télégraphe qui battait la vallée de Fontenay fut construite; enfin, aux extrémités des diverses voies qui montent sur le plateau, furent placés, soit des obstacles infranchissables, soit des épaulements pour batteries de campagne, qui complétèrent la défense des abords du réduit.

Tel est l'état de défense que dut présenter le plateau dès les premiers jours de son occupation. Mais ces ouvrages ayant été fortement augmentés dans la suite et ne pouvant être décrits dans l'ordre de leur établissement, nous prendrons le plateau tel que nous l'avons trouvé au mois de mars, et nous donnerons l'ensemble de ses défenses à cette époque.

Sur la face Nord, en partant de la route de Châtillon, et en avant d'un petit étang qui est à la hauteur de la tour de Crouy, un petit épaulement pour infanterie suivait le sentier qui contourne la crête du plateau, et, au point où ce sentier descend vers Clamart, se retournait à angle droit, pour se diriger sur la Tour-à-l'Anglais, contournait la crête des carrières de sable et joignait le cimetière neuf, dont les murs étaient utilisés. — Il suivait ensuite le fossé de la grande route jusqu'à la hauteur de la maison du garde, sur laquelle il se dirigeait à angle droit par un épaulement plus fort, destiné à battre le chemin qui descend à Clamart, et se continuait sur la même ligne jusqu'à la batterie de la porte de Châtillon.

Cette ligne de défense n'était pas uniquement destinée à de l'infanterie ; plusieurs portions étaient réservées à de l'artillerie de campagne : en outre, toutes les parties de cette ligne d'épaulements n'avaient pas la même importance.

Un premier ouvrage pour trois ou quatre pièces d'artillerie de campagne destinées à battre le village de Clamart, était établi au premier angle de l'épaulement, au point où quittant la crête nord il se dirigeait vers la Tour-à-l'Anglais. A la suite de cette tour, sur la portion du plateau au pied de laquelle sont les carrières à sable, l'épaulement était disposé de manière à recevoir douze pièces de campagne, dont quatre battaient l'arrière du village et la route de Paris, tandis que les huit autres battaient le chemin qui monte au plateau. Enfin, de l'autre côté de ce même chemin, et au-dessus de la carrière à sable, était un petit ouvrage destiné à deux pièces de campagne dont les feux se combinaient avec ceux de la dernière batterie dont nous venons de parler.

Du côté de l'Est, la défense du plateau était beaucoup plus simple, puisque les positions de Châtillon et de Bagneux le protégeaient sur ce flanc. Aussi les ouvrages consistaient-ils uniquement dans un petit épaulement en avant des moulins et dans la batterie du Télégraphe, dont nous avons déjà parlé.

Au-dessous de cette première ligne de tranchées s'en trouvait une seconde qui fut construite pendant le siége à une époque assez indéterminée. Elle s'appuyait à droite sur la grande plâtrière de la route de Chevreuse, remontait parallèlement à la route pour contourner un pli de terrain, puis suivait horizontalement une ligne presque parallèle à la route de Châtillon à Clamart et à mi-distance entre cette route et le plateau qu'elle enveloppait tout entier jusqu'au-dessous de la Tour-à-l'Anglais, où une tranchée la mettait en communication avec les ouvrages du plateau.

Enfin, une troisième tranchée parallèle à la précédente était placée en avant de la route ; elle s'appuyait à l'Est au cimetière de Châtillon, et s'étendait presque en ligne droite en suivant le sentier jusqu'à la route de Clamart à Paris. Au delà, elle empruntait les murs des jardins qui bordent la rue de Saint-Cloud jusqu'au Moulin-de-Pierre, dont elle suivait les fossés, et venait se relier à la tranchée du chemin de fer et au Val de Meudon par les remblais de la nouvelle route de Clamart à Boulogne et quelques tranchées creusées dans les champs.

On ne s'explique pas le but de cette dernière ligne autrement que par un projet d'attaque de vive force contre les forts d'Issy et de Vanves, car les ouvrages des deux premières lignes suffisaient à protéger le plateau contre toute attaque sérieuse.

Sur le plateau proprement dit existait une série d'ouvrages importants, établis à 2,000 mètres en arrière de la grande redoute. Ils étaient disposés sur une même ligne entre la ferme de Trivaux et le Plessis-Piquet, en arrière de la partie où le plateau, resserré entre la vallée du Haras de Meudon et les gorges du Plessis-Piquet, ne présente qu'une largeur de 7 à 800 mètres. Leur disposition permettait de concentrer tout l'effort de la défense sur ce passage étroit, dans le cas où une surprise eût rendu l'armée assiégée maîtresse de la partie occupée par l'ancienne redoute de Châtillon.

Le premier ouvrage, désigné sous le nom de Redoute de Trivaux, était de forme pentagonale : son grand côté, mesurant 80 mètres de longueur, faisait face au bois et à la plaine ; à chacun des angles qui terminaient cette face étaient des plates-formes destinées à trois pièces d'artillerie de campagne tirant en barbette. Sur toutes les autres parties de l'épaulement étaient disposées des banquettes pour infanterie. Une sorte de lunette pentagonale couvrait l'entrée, et au centre était construit un abri blindé, destiné probablement aux munitions.

Le deuxième ouvrage, désigné sous le nom de Redoute de la Route, était établi contre la route elle-même, sur son côté Nord et en avant d'une petite ferme. Il était de forme hexagonale, présentant l'angle de ses deux faces majeures vers la plaine. Cet angle saillant et chacun de ceux qui terminaient les deux faces principales, étaient disposés pour recevoir quatre pièces d'artillerie de campagne sur plates-formes; tout le reste de l'ouvrage était affecté à l'infanterie. Les dispositions de la gorge et de l'abri central étaient les mêmes que dans le premier ouvrage.

Enfin, au Sud de la route et en avant de la mare des Noyers, était construite la troisième redoute, en tout point semblable à la première.

Cette ligne se prolongeait à la gauche jusqu'à la ferme de Trivaux par un épaulement pour infanterie qui, partant de la première redoute, venait se relier aux murs crénelés de la ferme elle-même. En avant étaient deux ouvrages avancés placés l'un au rond-point de Trivaux, dans l'axe de la grande coupure qui fait face à la terrasse de l'orangerie du château; il se composait d'un petit épaulement pour infanterie et deux pièces de campagne; l'autre, un peu à l'Ouest du premier, était composé de six épaulements circulaires pour artillerie de campagne.

Sur la droite, cette grande ligne était flanquée par le village du Plessis-Piquet, dont les murs de ferme qui font face à la plaine étaient crénelés sur toute leur étendue.

En arrière de cette seconde ligne, il n'existait pas d'ouvrages importants. Le rond-point du Petit-Bicêtre était couvert par une tranchée qui, partant de la Gendarmerie, coupait en partie la route et se prolongeait de l'autre côté jusqu'à une maison dont les murs étaient crénelés; mais il est probable que ces défenses remontaient à l'origine de l'investissement, et qu'elles ne figuraient en rien dans l'ensemble des défenses définitives.

On comprend, en effet, que si l'armée assiégée était parvenue à s'emparer de cette ligne, ce n'eût été qu'après deux grandes batailles livrées l'une au plateau même, l'autre sur la plaine, et qu'en présence de ces deux échecs l'armée battue devait se replier au delà de la Bièvre.

Plateau de Châtillon ; quinzième, seizième, dix-septième, dix-huitième, dix-neuvième et vingtième batteries de siège. Première batterie. — La première batterie du plateau de Châtillon était établie sur la route pierreuse qui descend de la Glacière au village de Châtillon, dans une carrière à sable peu profonde. Construite suivant le type général, elle était armée de six canons de gros calibre et tirait sur le fort de Vanves seulement; elle était défilée du fort d'Issy, mais visible du fort de Montrouge.

Une tranchée-abri, qui traversait les jardins et les clôtures, la mettait en communication avec la Glacière et la deuxième batterie en coupant la route qui descend à Châtillon.

Deuxième batterie. — La deuxième batterie était établie sur le côté Nord de la route, en arrière d'un petit étang et d'un rideau d'arbres qu'il avait suffi d'abattre pour la démasquer. Construite suivant le type ordinaire et armée de huit canons, elle était dirigée sur Vanves seulement.

Une tranchée profonde la reliait avec la plaine et avec les deux casernements blindés établis entre les deux grands étangs du plateau qui lui faisaient suite et dont nous avons donné la description.

Troisième et quatrième batteries. — Au delà de ces deux casernements et communiquant avec eux par une tranchée couverte, se trouvaient la troisième et la quatrième batterie du plateau, placées à la suite l'une de l'autre. La première, construite sur le prolongement des deux casernements, était armée de six canons tirant sur Vanves seulement. La deuxième, inclinée sur la direction de la précédente, était armée de sept canons, dont un sur Vanves et les six autres sur le fort d'Issy.

Cette deuxième batterie communiquait par un chemin couvert très-sinueux avec la batterie suivante, placée à côté de la Tour-à-l'Anglais, et avec les tranchées du plateau lui-même. Ces deux batteries, quoique établies sur le point le plus avancé du plateau, avaient pu être construites sans être inquiétées par les forts, parce qu'elles étaient cachées par un petit rideau d'arbres.

Cinquième batterie. — La cinquième batterie, établie près de la Tour-à-l'Anglais, était construite suivant le type ordinaire et armée de six canons dirigés sur Issy seulement; elle était invisible des autres forts, et communiquait avec les batteries précédentes et avec le plateau par les tranchées dont nous avons parlé.

Batteries de mortiers. — Deux batteries de mortiers complétaient l'armement du plateau. L'une, établie à la suite de la cinquième batterie près de la Tour-à-l'Anglais, était dirigée sur le fort d'Issy. L'autre, établie au Sud des grands casernements blindés construits entre la deuxième et la troisième batterie, était dirigée sur Vanves. Chacune d'elles était armée de deux mortiers seulement.

Porte de Châtillon; vingt et unième et vingt-deuxième batteries de siége. — En avant de la porte du bois, dite Porte de Châtillon, se trouvaient encore deux batteries de siége.

La première, appelée Batterie de la porte de Châtillon, était établie en arrière de la lisière du bois, sur la limite de la plaine.

Elle était construite suivant le type ordinaire, et armée de six canons dirigés sur Vanves seulement.

La ligne de tranchées et d'épaulements dont nous avons parlé dans la description des défenses du plateau la reliait avec les ouvrages précédents; elle communiquait avec la batterie suivante par une tranchée à travers bois.

Cette deuxième batterie, établie à la limite du plateau et en pleine forêt, dominait le village de Clamart; construite avec beaucoup de soin et d'après le type général, elle était armée de six canons dirigés sur Issy seulement.

Cette deuxième batterie communiquait par une tranchée avec la plaine sur laquelle étaient établis de nombreux abris casematés, destinés à loger les hommes affectés au service et à la garde des ouvrages que nous venons de décrire.

Ces deux batteries, élevées au milieu des bois, n'ont pu être aperçues que lorsqu'elles ont été démasquées : leur position, surtout celle de la première, a toujours été considérée comme incertaine, à cause de la difficulté que présentait leur détermination.

Plaine de Châtillon, entre les bois et le Petit-Bicêtre. — En outre de la grande ligne d'ouvrages qui s'étendait entre le Plessis-Piquet et la ferme de Trivaux, de nombreux travaux avaient été exécutés sur le plateau dans le but de défendre ses abords par les grandes avenues de la forêt, de loger les troupes de réserve, et enfin de créer des ateliers de fabrication pour les nombreux gabions qu'avait nécessités la construction des batteries de siége.

Sur la ligne des bois avaient été construits plusieurs épaulements pour un petit nombre de pièces de campagne.

L'un d'eux était établi vis-à-vis de la route qui descend au vieux cimetière de Clamart, les autres au débouché des allées principales.

Deux abris blindés avec un soin extrême, et destinés sans doute à servir de poudrière de réserve pour toutes les batteries du plateau, étaient construits au sommet de la gorge qui descend au haras de Meudon.

Les campements destinés à loger les troupes étaient aussi sur la lisière de la forêt. Nous en avons donné la description dans le premier chapitre, nous n'y reviendrons pas.

Quant aux ateliers de fabrication de gabions et de fascines, ils étaient établis en plein champ près du cimetière du Plessis-Piquet. Quelques abris formés de branches d'arbres semblent être les seules précautions prises contre les rigueurs de la saison. Une longue tranchée qui suivait le fossé de la route et dans laquelle étaient pratiqués des refuges dont le nombre augmentait en approchant des batteries, mettait cet atelier en communication avec le plateau.

Clamart; vingt-troisième, vingt-quatrième et vingt-cinquième batteries de siége. — En avant du plateau de Clamart étaient trois batteries.

Batterie de la porte du bois. — La batterie de la porte du bois de Clamart, qui était établie en arrière du mur de clôture, près de la maison du garde, était la dernière des batteries dirigées contre Vanves. Elle présentait les mêmes dispositions que les ouvrages du même genre et était armée de six canons. Les communications avec le village se faisaient à l'abri du mur de clôture de la forêt.

Moulin-de-Pierre. — La batterie du Moulin-de-Pierre,

construite pendant le bombardement, n'a ouvert son feu que très-tard. Elle était établie dans les terrassements de l'ancienne redoute française. Les fossés qui étaient au Sud de l'ouvrage avaient été fortement approfondis, et transformés en abris pour les hommes. La poudrière était établie à leur extrémité Est.

Cette batterie était armée de quatre canons, et tirait sur le fort d'Issy.

Un chemin couvert la reliait au village de Clamart par la rue des Rochers.

En avant de cette batterie, les fossés de la gorge de la redoute française avaient été utilisés comme épaulement pour infanterie et faisaient partie de cette ligne de tranchées dont nous avons parlé et qui s'étendait entre le cimetière de Châtillon et le val de Meudon.

Batterie des Chalets. — La batterie des Chalets, établie dans le parc du chalet Schneider, occupait l'espace qui s'étend entre le chalet principal et les communs. La portion de l'épaulement qui couvrait la maison d'habitation et qui faisait suite au corps principal de la batterie était occupée par deux abris blindés servant sans doute de poudrières. Un troisième abri était placé à l'extrémité opposée, près des communs.

Cette batterie, construite d'après le type ordinaire, ne présentait aucune particularité.

Elle était armée de huit canons, et tirait uniquement sur Issy. Cependant elle a dû tirer quelques coups sur le Point-du-Jour.

Une tranchée la reliait avec le parc Pastoret et le village de Fleury.

Terrasse de Meudon; vingt-sixième, vingt-septième, vingt-huitième, vingt-neuvième batteries de siége. — Les Allemands avaient accumulé sur la terrasse de Meudon une grande force d'artillerie de siége, répartie entre quatre batteries formant un total de 24 pièces, dont 8 dirigées sur le Point-du-Jour et 16 sur le fort d'Issy.

Ces batteries, que l'on avait crues établies sous la terrasse supérieure, avec des embrasures taillées dans les murs de soutien, et armées avec des canons reposant sur les affûts les plus fantastiques, ne présentaient en réalité aucune particularité. Quelques éboulements dans le mur de soutènement, produits par les travaux faits pour les terrassements des batteries elles-mêmes, avaient pu donner lieu à une partie de ces suppositions.

Ces batteries étaient donc établies simplement sur la grande terrasse inférieure, et construites d'après le type ordinaire.

A l'angle Sud étaient deux batteries de six canons chacune, tirant uniquement sur Issy : outre les abris ordinaires qui accompagnent toutes les batteries de siége, une tranchée de quatre mètres de profondeur avait été creusée dans toute la largeur de la terrasse, entre ces batteries et le château, avec lequel elles établissaient une communication couverte. Cette tranchée servait de galerie, et donnait accès à des abris creusés sous terre à la même profondeur, et destinés à loger sans doute de grands approvisionnements de munitions et aussi un assez grand nombre d'hommes.

Un chemin couvert, parallèle à la face Est de la terrasse, faisait communiquer ces deux batteries avec une troisième, placée aux deux tiers de la terrasse, construite dans les conditions ordinaires et armée de quatre canons, qui tiraient sur Issy seulement.

Au Sud de cette batterie, et dans le prolongement de l'épaulement, étaient établis deux abris fortement casematés, probablement destinés à des logements d'officiers, parce qu'ils étaient plus soignés que les autres. Ce qui semblerait confirmer cette opinion, c'est qu'aux deux extrémités de cette même batterie étaient deux petits réduits circulaires qui semblaient destinés à servir d'observatoire.

Une tranchée sinueuse, partant de cette batterie, conduisait à une grande poudrière placée près des écuries, en suivant en diagonale la partie Nord de la terrasse.

Enfin, à l'angle Nord-Est était établie la quatrième batterie, construite sur le type général, armée de huit canons, et tirant uniquement sur le Point-du-Jour.

Cette batterie et celle de Breteuil sont les seules que nous ayons trouvées dirigées sur ce point de nos fortifications.

Les épaulements de cette batterie, qui coupaient en biais l'angle de la terrasse se prolongeaient sur la face Est et renfermaient de nombreux abris blindés.

En arrière, et devant les écuries, était une poudrière très-considérable, composée de deux compartiments distincts et recouverte d'une masse considérable de terre : c'est la plus grande que nous ayons vue, et cependant elle n'était destinée à fournir l'approvisionnement que des seules batteries du Nord et du milieu, avec lesquelles elle était mise en communication par des tranchées directes.

En avant de la terrasse, à droite et à gauche de l'avenue Jacqueminot, des murs crénelés et deux épaulements en terre pour infanterie constituaient la défense de cette position.

Batterie de la gare de Meudon; trentième batterie de siége. — Au nord de la gare de Meudon, et à vingt mètres à peine de la maison qui fait face à la gare dans la cour de la station, était établie une batterie destinée à battre le fort d'Issy et la batterie du cimetière placée à l'Ouest du fort.

Elle était construite d'après le type général, avec trois abris blindés, et armée de 4 canons, dont 3 sur le fort d'Issy et 1 sur la batterie du cimetière.

Un chemin couvert conduisait de cette batterie au bas Meudon.

Brimborion. — La position de Brimborion, qui terminait le front Sud, abandonnée en même temps que tous les autres ouvrages avancés, ne fut jamais sérieusement occupée par l'armée allemande; elle ne reçut que des postes avancés, plus particulièrement destinés à recevoir les communications officielles de l'armée assiégée. — Un arbre isolé, seul débris du parc que détruisirent les ouvrages entrepris pour fortifier ce point, servit à hisser le pavillon parlementaire pendant toute la durée du siége.

V.

FRONT OUEST.
DU POINT-DU-JOUR A SAINT-DENIS.

Nous donnons, pour le front Ouest de Paris, un travail analogue à celui que nous avons donné pour les autres fronts, dans le but de ne pas laisser de lacune dans nôtre publication. Toutefois, cette partie sera traitée d'une manière moins détaillée.

La sixième carte, destinée à compléter la collection qui accompagne ce travail, est à une échelle un peu moins grande, nécessitée par les limites des cadres, mais suffisante pour suivre les opérations qui ont été exécutées dans cette zone.

Sur le front Ouest, la Seine forme, en avant de l'enceinte, deux lignes de défenses naturelles qui s'appuient au Sud sur les hauteurs de Montretout, au Nord sur Saint-Denis, et entre lesquelles s'étend la presqu'île de Gennevilliers.

La forteresse du Mont-Valérien, construite sur un piton isolé, entre ces deux bras de la Seine, constituait l'unique défense avancée de ce front.

Malgré la position sur laquelle cette forteresse était construite, son action ne s'étendait que sur une partie de la presqu'île : au Sud, les hauteurs de Montretout lui enlevaient toute action sur les vallées de Saint-Cloud et de Sèvres ; à l'Ouest, les villages de Rueil et de Nanterre, quoique placés sous le feu de ses canons, lui étaient cachés par la crête des collines au pied desquelles ils étaient élevés ; enfin, du côté du Nord, ses feux ne se croisaient pas avec ceux des ouvrages de Saint-Denis : une grande partie de la presqu'île se trouvait ainsi sans défense.

C'est afin de combler cette lacune que la redoute de Montretout et la redoute de Gennevilliers avaient été construites.

Redoute de Montretout. — La redoute de Montretout, placée sur la crête du coteau qui domine Saint-Cloud, et protégée par la forteresse du Mont-Valérien, par le Point-du-Jour et le fort.d'Issy, devait, avec les ouvrages de Brimborion, couvrir les vallées de Sèvres et de Saint-Cloud, tandis que la redoute de Gennevilliers, appuyée par le fort de la Briche, devait défendre l'extrémité nord de la presqu'île. L'espace trop grand qui séparait cette dernière redoute du Mont-Valérien devait être occupé par des ouvrages moins importants.

La redoute de Montretout fut évacuée, comme les autres positions avancées, le 19 septembre, et ne fut pas reprise. Du reste, placée trop immédiatement sous le feu du Mont-Valérien et des batteries du Point-du-Jour, elle ne fut pas occupée par l'armée allemande, qui se borna à y maintenir quelques avant-postes.

Redoute de Gennevilliers. — Quant à la redoute de Gennevilliers, dont les travaux n'étaient pas suffisamment avancés pour fournir aux troupes chargées de la défendre un abri suffisant contre les hauteurs d'Orgemont qui la dominaient, elle ne fut jamais armée; en conséquence, la ligne de défense se reporta au début, en arrière de la Seine, depuis les hauteurs de Saint-Ouen jusqu'au Point-du-Jour.

Les premiers efforts consistèrent à fortifier cette ligne, qui plus tard fut portée jusque sur la rive qui fait face à Bezons et Argenteuil.

Travaux français. — En dehors de l'enceinte continue, une ligne d'ouvrages fut exécutée dans la zone qui comprend Billancourt et Boulogne.

Cette ligne, qui faisait suite à celle qui reliait le fort d'Issy à la Seine, empruntait toutes les ressources du terrain; elle partait du pont de Billancourt, suivait l'avenue des Princes jusqu'à la porte de ce nom, et se prolongeait jusqu'au parc de Longchamps, en suivant la lisière du bois qui borde l'hippodrome des courses.

Un épaulement pour deux pièces de campagne était établi à la porte des Princes, deux épaulements à la porte de Boulogne, enfin, 3 batteries de 4 pièces battaient l'hippodrome.

Deux batteries, de deux pièces chacune, défendaient le carrefour de la grande cascade, et une batterie de quatre pièces, placée à l'Est du parc de Longchamps, enfilait le pont de Suresnes.

En arrière de cette ligne étaient des travaux secondaires ayant pour but de couper les grandes avenues.

Enfin, une batterie de six pièces de marine de gros calibre, dirigée contre les hauteurs de Saint-Cloud, fut établie à la butte Mortemart.

Plus tard, cette ligne fut portée jusqu'à la Seine, dont elle suivit la berge dans toute son étendue, entre l'extrémité Sud de l'hippodrome et le pont de Billancourt.

Au Nord du Mont-Valérien, les ouvrages destinés à compléter la défense furent tous élevés dans la presqu'ile de Gennevilliers. Outre la batterie du moulin d'Hérode, qui avait été construite pendant la mise en état de défense de la forteresse, deux ouvrages importants destinés à battre les villages de Rueil et de Nanterre, que les plis du terrain dérobaient à la vue du fort, furent construits au moulin de Rueil et au moulin des Gibets.

Ces deux ouvrages consistaient en deux fortes batteries d'artillerie, protégées sur l'avant par une ligne de retranchements qui couronnaient la crête du coteau.

Au rond-point de la Grande-Armée, les avenues étaient coupées par des barricades avec barbettes pour une pièce de campagne. Au nord du rond-point, en arrière des talus du chemin de fer, une forte batterie, armée de dix pièces de gros calibre, battait la plaine entre ce point et le pont de Bezons.

La batterie et les ouvrages de la Folie, la grande batterie de Charlebourg et la redoute de Colombes, établies sur la crête des hauteurs qui prolongent le Mont-Valérien et dominent le cours de la Seine, achevèrent de couvrir le centre de la presqu'île contre toute attaque venant par Bezons.

En avant de ces redoutes, une ligne continue s'étendit sur le bord de la Seine, dont elle emprunta les digues. Cette ligne, qui commençait au Petit-Colombes et se prolongeait jusqu'à la pointe de l'île Saint-Denis, était appuyée à sa gauche sur un ouvrage ayant la forme d'une demi-lune, construit sur des déblais de carrières, et sur une batterie de six pièces qui, placée à la hauteur du Petit-Colombes, battait le village de Bezons.

Sur cette grande ligne, disposée dans toute son étendue pour recevoir de l'infanterie, et dont une tranchée couvrait les communications avec Colombes, trois ouvrages pour artillerie formant bastion, et destinés à flanquer les faces de la digue, étaient établis, deux en avant de Colombes et un au Nord du pont d'Argenteuil.

Travaux allemands. — Les travaux exécutés par les Allemands sur cette vaste ligne ne présentent un grand intérêt que dans la partie Sud, sur les plateaux de la Bergerie et de la Celle Saint-Cloud.

Au delà, la Seine opposait par elle-même un obstacle suffisant pour qu'une simple ligne d'ouvrages suffît à en défendre le passage.

Pavillon de Breteuil, trente et unième batterie de siége. — En partant de la vallée de Sèvres et se dirigeant sur Saint-Cloud, on rencontrait la dernière batterie de siége qu'il nous reste à décrire. Elle était établie au-dessus des communs qui font face au pavillon de Breteuil. Construite derrière les arbres de l'avenue, et appuyée sur le mur de soutènement du fond de la cour des écuries, elle était dans une position qui la mettait à l'abri de toute attaque.

Elle était armée de six pièces, dirigées toutes sur le Point-du-Jour. En arrière se trouvaient des carrières et un pont qui avaient été utilisés pour construire, avec peu de travail, des abris et des poudrières. Un chemin couvert, partant de la batterie et suivant l'allée qui contourne le plateau, en faisant face à la vallée, conduisait à un poste télégraphique qui communiquait avec Versailles. Au delà, cette tranchée se continuait jusque dans le village de Sèvres.

Lanterne de Démosthène. — Le pavillon connu sous le nom de lanterne de Démosthène avait été détruit. La terrasse sur laquelle il était construit ne portait la trace d'aucun ouvrage.

La grande avenue qui joint la lanterne au rond-point de chasse avait été abattue dans toute son étendue sur la face Sud. Il en était de même du côté du Nord de l'avenue qui conduit du rond-point à la porte Jaune.

Rond-point de chasse. — Le rond-point de chasse, couvert par un fort épaulement en terre pour infanterie, dans lequel étaient ménagés des épaulements pour quatre batteries d'artillerie, dirigées sur les avenues qui y aboutissent, formait l'extrême gauche d'une grande ligne d'ouvrages qui, suivant le côté Nord de l'avenue de la porte Jaune, venait se relier aux murs crénelés du château de Villeneuve-l'Étang et aux ouvrages de la Bergerie placés en arrière de Garches. Cette ligne d'ouvrages consistait en une série d'épaulements pour infanterie et artillerie. Ces derniers, placés en avant de Villeneuve-l'Étang, étaient faits pour dix-huit pièces de campagne destinées à battre non-seulement la vallée de Saint-Cloud, mais encore le revers des hauteurs de Montretout.

Château de Saint-Cloud. — En avant de cette grande ligne de retranchements, quelques travaux avaient été faits, sur le front Nord et le front Est du château, dans le parc réservé et sur la terrasse de la cascade. — Les clôtures du parc qui longent la route entre le pont de Saint-Cloud et le pont de Sèvres devaient être utilisées pour recevoir des avant-postes.

Sur le plateau de Montretout, et dans la redoute abandonnée, il n'existait aucune trace d'ouvrages. Ils étaient reportés sur le plateau qui s'étend de la Bergerie à la Celle Saint-Cloud.

La Bergerie. — Les murs de clôture de la Bergerie, qui se reliaient au Nord avec ceux du château de Buzenval, et qui se prolongeaient dans le Sud par une série d'ouvrages en terre, coupaient le coteau perpendiculairement à sa ligne de faîte, et formaient une première ligne de défense qui couvrait le plateau à la fois contre une attaque par son versant Nord, par son sommet et par la vallée de Garches. De Buzenval à la Bergerie, la défense consistait en une ligne continue de murs crénelés; au sud de la Bergerie, un épaulement en terre pour infanterie, et deux forts épaulements chacun pour six pièces d'artillerie, battaient la vallée de Garches.

Sur cette ligne d'ouvrages s'appuyait une seconde ligne qui couvrait la face Nord des bois qui limitent au Sud le plateau de la Bergerie et s'étendait jusqu'à l'angle Nord-Est du haras Lupin. Ces ouvrages, consistant en une série presque continue d'épaulements pour infanterie qui se flanquaient les uns les autres et que couvrait une ligne d'abatis de bois, se terminaient par une batterie pour huit pièces d'artillerie de campagne placée contre les murs de clôture du haras, et dont les feux battant toute la plaine de la Bergerie couvraient la face des ouvrages que nous venons de décrire.

Haras Lupin. — A l'angle Nord-Est du haras et au point de croisement des routes, une batterie circulaire était faite pour trois pièces d'artillerie tournées l'une contre la plaine, les deux autres contre chacune des routes qui se dirigent de ce point sur Villeneuve-l'Étang.

Le haras par lui-même formait une sorte de vaste réduit. Le front Nord et le front Est étaient crénelés. Sur le front Nord, un blockhaus était établi vers le centre, vis-à-vis d'une route de la forêt qui descend à l'étang de Saint-Cucufa; une barricade avec épaulement pour deux pièces de campagne battant tout ce front, fermait la route à l'extrémité Ouest de cette face.

A l'extrémité Sud du front Est, une barricade avec deux embrasures pour deux pièces de campagne fermait la route qui descend à Vaucresson et battait celle qui va à Villeneuve-l'Étang et à Garches.

Dans l'intérieur étaient placés sur une même ligne Est et Ouest, parallèle aux murs de clôture, trois ouvrages en terre. Le premier, de forme bastionnée et tout entier pour infanterie, s'appuyait sur le mur de clôture de l'Est et couvrait la ferme. Le deuxième, occupant le centre, était construit pour six pièces d'artillerie de campagne. Enfin, à l'extrémité Ouest se trouvait le troisième ouvrage pour infanterie et artillerie, pouvant recevoir quatre pièces de campagne.

Ces ouvrages se continuaient sur cette même ligne dans le clos Toutain, et se terminaient par une sorte de redoute établie sur le Butard.

La Celle Saint-Cloud. — Sur le plateau de la Celle Saint-Cloud, de forts épaulements étaient placés à l'Est et au-dessus du village. Ces épaulements, tous destinés à de l'artillerie de campagne et armés de quinze à dix-huit pièces, étaient protégés par de forts abatis de bois et battaient toute la zone qui s'étend de la Jonchère à Buzenval et à la Bergerie.

Bougival. — Deux batteries pour six pièces de campagne, placées sur les hauteurs de Bougival en face du château de la Jonchère, terminaient cette grande ligne. Ces deux batteries battaient non-seulement les abords du plateau de la Jonchère, mais encore la route de Rueil et la Seine.

L'ensemble de ces défenses comprenait donc les trois côtés d'un grand quadrilatère qui enveloppait le plateau de la Bergerie sur trois faces :

La première ligne s'étendait du château de Buzenval à Villeneuve-l'Étang, la deuxième de Bougival au Butard, et la troisième, perpendiculaire aux deux premières, réunissait ces deux lignes en suivant la lisière des bois et couvrant la route de Rocquencourt.

Une armée arrivant sur ce plateau après avoir forcé la première ligne, se serait donc trouvée dans l'angle formé par la deuxième et la troisième ligne, écrasée par les feux

33.

convergents des batteries qui les armaient et qui, presque toutes cachées derrière des bouquets d'arbres, étaient difficiles à contre-battre.

Au delà de Buzenval, la ligne d'investissement suivait la rive droite de la Seine.

Chatou. — Au Sud de Chatou et à la pointe Nord de l'île de la Chaussée, une batterie de six pièces de campagne battait le bras de la Seine qui forme le côté Est de l'île du Chiard. Des épaulements pour infanterie étaient élevés en arrière du chemin qui longe la Seine sur toute la face du village.

Carrières Saint-Denis. — Un long épaulement pour infanterie, s'appuyant sur les murs du château, réunissait Chatou à Carrières Saint-Denis, et deux ouvrages, l'un pour une batterie de quatre pièces de campagne, l'autre pour une batterie de huit pièces placées au-dessus de cet épaulement, sur la ligne des hauteurs qui s'étendent à droite et à gauche de ce dernier village, battaient la plaine de Nanterre et le chemin de fer. La face Est du village de Carrières Saint-Denis était couverte par des murs crénelés qui se prolongeaient au nord par des épaulements en terre qui étaient flanqués par un ouvrage établi sur le remblai du chemin de fer, en arrière de la ferme de la Folie.

Bezons. — Au delà et jusqu'à Bezons on ne trouvait pas de trace d'ouvrages. Ce village était couvert du côté de la Seine par quelques murs crénelés et un grand épaulement qui enveloppait sur ses deux faces l'avenue du pont. Dans l'espace qui sépare Bezons d'Argenteuil, une longue tranchée pour infanterie avait été établie par le travers de l'île Marande, en face de notre grande ligne qui s'appuyait sur la digue.

Argenteuil. — La face Sud d'Argenteuil était protégée par deux lignes de tranchées dont la première, s'appuyant sur le château du Marais, venait couper obliquement la grande route et se terminait à la Seine; une série de petits épaulements était placée en avant de cette deuxième partie de la ligne, parallèlement à la Seine. La deuxième tranchée était construite à la hauteur d'Argenteuil, au pied du plateau du moulin de la grande Tour, et devait s'appuyer sur les dernières maisons à l'Ouest de ce village. Sur la grande promenade placée en avant de la ligne des maisons qui font face à la Seine, un épaulement pour infanterie, établi sur la route qui conduit au pont, battait toute la partie Sud de cette grande place.

La disposition de ces deux lignes d'ouvrages semblerait indiquer qu'ils étaient élevés en vue de s'opposer à un passage de la Seine à la hauteur de l'île Marande. Ils formaient la première ligne de défense de la chaîne des collines de Sannois, dont nous avons parlé au commencement de la description des ouvrages du front Nord.

VI.

TABLEAUX.

Les tableaux par lesquels nous terminons cette deuxième partie sont destinés à donner l'ensemble des batteries élevées par l'armée allemande sur chaque front.

Le nombre de canons de siége mis en batterie se décompose de la manière suivante :

Front Nord.

107 canons répartis dans 16 batteries, dirigés sur les forts de la Briche, de la Double-Couronne et de l'Est, et la ville de Saint-Denis.

18 canons répartis dans trois batteries, dirigés sur Aubervilliers, la Courneuve et la Croix de Flandre.

Total. 125 canons répartis dans 19 batteries.

Front Est.

102 canons répartis dans 17 batteries, dirigés sur les forts de Noisy, Rosny, Nogent et la Faisanderie, et sur le plateau d'Avron.

12 canons répartis dans 2 batteries, dirigés sur la plaine de Bondy, mais dont un petit nombre pouvait tirer sur le fort de Noisy.

12 canons répartis dans 2 batteries, dirigés spécialement sur Avron.

Total. 126 canons répartis dans 21 batteries.

Front Sud.

167 canons répartis dans 29 batteries, et dirigés sur les Hautes-Bruyères, les forts de Montrouge, Vanves, Issy, et le Point-du-Jour.

6 mortiers répartis dans 3 batteries, dirigés sur les forts de Montrouge, Vanves et Issy.

Total. 173 canons ou mortiers répartis dans 32 batteries.

D'après les chiffres que nous venons de donner, le bombardement aurait nécessité 418 canons, répartis dans 75 batteries.

Ce chiffre est évidemment exagéré, car le bombardement des trois fronts n'ayant pas été simultané, on peut admettre qu'une partie du matériel de siége a dû être transportée du front Est sur les fronts du Nord et du Sud.

Quant au nombre des batteries, il ne peut être inférieur au chiffre que nous donnons, puisque toutes celles qui sont portées ont été reconnues et levées.

Si on admet que le cube de la terre remuée pour l'établissement de chaque batterie est de 350 mètres cubes, on trouve pour les 75 batteries 26,250 mètres cubes. Si on ajoute pour les chemins couverts le complément à 30,000 mètres cubes et que l'on prenne ce chiffre pour le volume de ces ouvrages, en admettant qu'un homme puisse remuer 1 mètre cube de terre par journée de 10 heures, on arrive à ce résultat, que l'établissement de toutes les batteries de siége représente à peine 2 heures de travail pour chaque homme de l'armée allemande, en la supposant seulement de 150 mille hommes.

Si on cherche quel était le nombre de canons que les Allemands pouvaient tourner à un moment donné contre chaque fort, on trouve, sur le front Nord :

Le fort de la Briche, pouvant être battu par 64 canons armant 9 batteries réparties sur un secteur de 112 degrés.

La Double-Couronne, par 65 canons armant 10 batteries réparties sur un secteur de 120 degrés.

Le fort de l'Est, par 37 canons armant 6 batteries réparties sur un secteur de 90 degrés.

La ville de Saint-Denis, par 107 canons armant 16 batteries réparties sur un secteur de 130 degrés.

Mais ces chiffres ne se rapportent qu'à un cas exceptionnel. Pour avoir le nombre probable de canons dirigés sur chaque fort, il faut partir du nombre de 107 canons dirigés sur les trois forts de la Briche, de la Double-Couronne et de l'Est, et remarquer que le fort de l'Est ayant été relativement moins atteint que les autres et n'ayant, selon de grandes probabilités, été battu que par 14 canons, il reste pour les deux autres forts 93 canons, ce qui donne une moyenne de 47 canons pour chacun d'eux.

Sur le front Est on trouve :

Le fort de Noisy, pouvant être battu par 12 canons armant 4 batteries réparties sur un secteur de 5 à 6 degrés.

Le fort de Rosny, par 70 canons armant 12 batteries réparties sur un secteur de 75 degrés.

Le fort de Nogent, par 54 canons armant 9 batteries réparties sur un secteur de 45 degrés.

La Faisanderie, battue par 12 canons armant 2 batteries réparties sur un secteur de 7 degrés.

Enfin le plateau d'Avron, par 70 canons armant 12 batteries réparties sur un secteur de 140 degrés.

Si l'on en excepte le plateau d'Avron, contre lequel toutes les batteries portées dans le tableau étaient spécialement dirigées et pour lequel il n'y a pas lieu de faire de réduction, les chiffres donnés pour les autres forts sont exagérés.

Pour le fort de Noisy, nous n'avons compté que deux canons tirant des batteries 1, 2 et 4 du Raincy, ce qui a réduit à 12 le nombre de pièces dirigées contre ce fort.

Une réduction analogue doit être faite pour certaines batteries ayant tiré sur le fort de Rosny. Cette réduction s'applique aux batteries 4, 5 et 6 du Raincy, que l'on doit réduire à 2 pièces par batterie et aux 4 batteries de Gagny, qui doivent être réduites dans la même proportion. Il en résulte que les 70 canons donnés par le tableau se réduisent à 45 environ.

Pour le fort de Nogent, la réduction doit porter sur deux batteries de Noisy-le-Grand et sur deux batteries de Cœuilly ; le nombre de cinquante-quatre canons se trouve ainsi réduit à trente environ, chiffre plus rapproché de la probabilité.

Sur le front Sud, les incertitudes ne portent que sur les deux batteries de la route de Sceaux, celle du Réservoir et celle du chemin de fer ; partout ailleurs, chaque batterie ayant un objectif unique, le résultat donné par les tableaux doit être considéré comme rigoureusement vrai. On trouve donc :

Les Hautes-Bruyères, battues par 18 canons armant 3 batteries réparties sur un secteur de 10 degrés.

Le fort de Montrouge, par 44 canons et 2 mortiers armant 9 batteries réparties sur un secteur de 73 degrés.

Le fort de Vanves, par 43 canons et 2 mortiers armant 9 batteries réparties sur un secteur de 55 degrés.

Le fort d'Issy, par 54 canons et 2 mortiers armant 10 batteries réparties sur un secteur de 122 degrés.

Enfin, le Point-du-Jour, par 14 canons armant 2 batteries réparties sur un secteur de 42 degrés.

RÉCAPITULATION
DES BATTERIES DE SIÉGE ÉTABLIES PAR L'ARMÉE ALLEMANDE
SUR LES DIVERS FRONTS.

FRONT NORD [1], D'ORGEMONT AU RAINCY.

Groupe	N°	Batterie	Canons	Distances (Mètres)			
ORGEMONT. 6 canons. 1 batterie.	1	Batterie Est du Moulin...	6	Cette batterie n'a été armée que de deux canons la veille de l'armistice, et ils n'ont pas tiré.			
ÉPINAY. 26 canons. 4 batteries.	2	— d'Ormesson.	6	La Briche... 2,690			
	3	— de la Barre.	6	— ... 2,950			
	4	— d'Enghien..	6	— ... 3,340	D^{le}-Couronne. 4,280		
	5	— de la Chevrette...	8	— ... 2,650	— 2,850		
18 canons (douteux). 3 batteries.	6	— des Presles.	6	Ces trois batteries, construites pendant le bombardement, n'ont pas dû être armées.			
	7	— du Temps-Perdu...	6				
	8	— des Alluets.	6				
MONTMORENCY. 14 canons. 2 batteries.	9	1re batterie...	6	La Briche... 4,220	D^{le}-Couronne. 4,800		
	10	2e batterie...	8	— ... 4,200	— 4,700		
BUTTE PINSON. 14 canons. 2 batteries.	11	Batterie Ouest.	8	— ... 2,535			
	12	Batterie Est..	6	» »	— 2,535		
6 canons (douteux). 1 batterie.	13	— du Moulin..	6	(Douteuse).			
PIERREFITTE, 5 canons. 1 batterie.	14	Batterie de Pierrefitte..	5	D^{le}-Couronne. 2,150	Est... 3,550		
NORD DE STAINS. 28 canons. 4 batteries.	15	1re batterie..	8	La Briche... 3,920			
	16	2e batterie..	8	— 3,900			
	17	3e batterie..	6	D^{le}-Couronne. 3,000	Est... 3,535		
	18	Batterie de la Cerisaie...	6	— 3,370	— ... 3,580		
MOULIN DE STAINS. 18 canons (douteux). 3 batteries.	19	1re batterie.	6	Ces trois batteries, construites pendant le bombardement, n'ont pas dû être armées.			
	20	2e batterie.	6				
	21	3e batterie.	6				
LE GLOBE. 6 canons.	22	Batterie du Globe...	6	D^{le}-Couronne. 2,240			

[1] Toutes ces batteries, à l'exception de celles composant le dernier groupe désigné sous le nom de Batteries diverses, ont pris part au bombardement de Saint-Denis.

FRONT NORD, D'ORGEMONT AU RAINCY (suite).

Nord du Bourget. 14 canons. 2 batteries.	23	1re batterie.	6	» »	Est. 4,200
	24	2e batterie.	8	Dte-Couronne. 4,780	Est. 4,120
Batteries diverses. 18 canons. 3 batteries.	25	Batterie Est du Bourget.	6	Ces trois dernières batteries ne pouvaient pas tirer sur le corps de place; elles étaient dirigées sur les batteries de la Courneuve, de la Croix de Flandre et de Drancy. Elles ont tiré sur le fort et le village d'Aubervilliers et essayé d'atteindre l'enceinte. Quelques obus sont arrivés jusque sur les glacis, mais n'ont causé aucun dégât.	
	26	Batterie du Pont-Iblon.	6		
	27	Batterie de Blancmesnil.	6		

FRONT EST, DU RAINCY A CHAMPIGNY.

			Canons.		Mètres.	
Raincy. 34 canons. 6 batteries.	1	1re bat.	6	Bondy. — Bobigny. — Drancy.	»	»
	2	2e bat.	6	»	»	»
	3	3e bat.	6	Noisy... 5,040	Rosny... 4,100	»
	4	4e bat.	6	Rosny... 4,200	Avron... 2,350	»
	5	5e bat.	6	Rosny... 4,450	Avron... 3,350	»
	6	6e bat.	4	Rosny... 4,470	Avron... 2,270	»
Gagny. 24 canons. 4 batteries.	7	1re bat.	6	Rosny... 5,180	Avron... 2,300	»
	8	2e bat.	6	Rosny... 5,200	Avron... 2,310	»
	9	3e bat.	6	Rosny... 5,280	Avron... 2,350	»
	10	4e bat.	6	Rosny... 5,680	Avron... 2,740	»
Gournay. 12 canons. 2 batteries.	11	1re bat.	6	»	Avron... 4,750	»
	12	2e bat.	6	»	Avron... 4,850	»
Noisy-le-Grand. 12 canons. 3 batteries.	13	1re bat.	6	Rosny... 5,950	Avron... 3,960	Nogent. 4,720
	14	2e bat.	6	Rosny... 6,000	Avron... 4,040	Nogent. 4,700
	15	3e bat.	6	Rosny... 5,940	Avron... 4,000	Nogent. 4,550
Brie-sur-Marne. 6 ou 8 canons. 1 batterie.	16	Bat.	6 ou 8	»	»	Nogent. 3,550
Coeuilly. 18 canons. 3 batteries.	17	1re bat.	6	»	»	Nogent. 5,500
	18	2e bat.	6	»	»	Nogent. 5,640
	19	3e bat.	6	»	»	Nogent. 5,680
Champigny. 14 canons. 2 batteries.	20	1re bat.	8	Nogent.. 4,600	»	»
	21	2e bat.	6	Deux sur Nogent. 4,740	Quatre sur Faisanderie. 4,450	»

FRONT SUD[1], DE CHEVILLY AU PAVILLON DE BRETEUIL.

Position	N°	Batterie	Canons/Mortiers	Objectif	Distance
CHEVILLY. 18 canons. 3 batteries.	1	Batterie 1............	6 canons.	H^{tes}-Bruyères..	2,180
	2	— 2............	6 —	—	2,130
	3	— 3............	6 —	—	2,100
L'HAY. 4 canons. 1 batterie.	4	Batterie du Château..	4 —	Montrouge...	3,680
SCEAUX. 12 canons. 3 batteries.	5	Batterie du Réservoir.	4 —	Montrouge...	3,590
	6	— de la Ferme..	2 —	— ...	3,600
	7	— du Chemin de fer.....	6 —	— ...	3,610
FONTENAY. 16 canons. 2 batteries.	8	Batterie du Château..	8 —	Montrouge...	3,020
	9	— du Cimetière.	8 —	— ...	2,910
BAGNEUX. 12 canons. 2 mortiers. 3 batteries.	10	Batterie 1............	6 —	Montrouge...	2,390
	11	— 2............	6 —	— ...	2,360
	12	— 3............	2 mortiers.	— ...	2,250
CHATILLON. 10 canons. 2 batteries.	13	Batterie 1............	4 canons.	Vanves.....	1,250
	14	— 2............	6 —	— ...	1,330
PLATEAU DE CHATILLON. 31 canons. 4 mortiers. 7 batteries.	15	Batterie 1.re........	6 —	Vanves.....	1,860
	16	— 2............	8 —	— ...	1,920
	17	— 3............	6 —	— ...	1,875
	18	— de mortiers..	2 mortiers.	— ...	1,930
	19	— 4............	7 canons.	Un sur Vanves.	1,850
	20	— 5............	6 —	Six sur Issy...	2,280
	12	— de mortiers..	2 mortiers.	—	2,270
BOIS DE CLAMART. 12 canons. 2 batteries.	22	Batterie de la porte du bois de Châtillon..	6 canons.	Vanves.....	2,850
	23	Batterie du Bois.....	6 —	Issy........	2,500
CLAMART. 18 canons. 3 batteries.	24	Batterie de la porte du bois de Clamart...	6 —	Vanves.....	2,250
	25	Batterie du Moulin-de-Pierre...........	4 —	Issy........	1,170
	26	Batterie des Chalets..	8 —	—	1,800
TERRASSE DE MEUDON. 4 batteries.	27	Batterie Nord......	8 —	Point-du-Jour.	3,520
	28	Batterie du Milieu...	4 —	Issy.......	2,775
	29	Batteries Sud, 1re bat.	6 —	—	2,810
	30	— 2e bat.	6 —	—	2,830
MEUDON. 4 canons. 1 batterie.	31	Batterie de la Gare..	4 —	Issy.......	1,850
BRETEUIL. 6 canons. 1 batterie.	32	Batterie de Breteuil..	6 —	Deux sur Issy..	3,820
				Quatre sur Point-du-Jour....	2,920

[1] Toutes les batteries du front Sud, à l'exception de celles de Chevilly, l'Hay et Sceaux, ont dû prendre part au bombardement de Paris.

RÉPARTITION DU PERSONNEL[1].

Le contre-amiral DE DOMPIERRE D'HORNOY, directeur du personnel, délégué du ministre de la marine et des colonies, à Paris.

Humann, lieutenant de vaisseau, officier d'ordonnance.

DIVISION DES MARINS
DÉTACHÉS A PARIS.

Le vice-amiral baron DE LA RONCIÈRE LE NOURY, commandant en chef.

ÉTAT-MAJOR GÉNÉRAL.

Chef d'état-major général : LE NORMANT DE KERGRIST, capitaine de vaisseau.

Vignes, capitaine de frégate, aide de camp.

Chodron de Courcel, lieutenant de vaisseau, aide de camp

Fournier (François-Ernest), lieutenant de vaisseau, officier d'ordonnance, détaché au fort de Rosny.

Touchard, lieutenant de vaisseau, officier d'ordonnance, détaché au fort de Noisy.

Burignot de Varenne, enseigne de vaisseau, officier d'ordonnance, détaché au fort de Romainville.

De la Panouse, enseigne de vaisseau, officier d'ordonnance.

Verschneider (M. C. L.), enseigne de vaisseau, officier d'ordonnance, détaché au fort de Bicêtre.

Brunet, lieutenant de vaisseau, attaché à l'état-major général.

Buge, lieutenant de vaisseau,   *id.*

Lemyre de Vilers, enseigne de vaisseau,   *id.*

---

[1] Ces répartitions et les effectifs donnés ont souvent changé. Plus tard, les bataillons de marins-fusiliers et ceux de l'infanterie de marine ont été détachés des forts. Un certain nombre de marins furent en outre distraits pour le service des ballons, des sémaphores, etc., etc. Enfin, le feu de l'ennemi rendit de nombreuses mutations nécessaires pour combler les vides faits dans les rangs de nos officiers et de nos matelots.

De l'Héraule, chef de bataillon de mobiles, officier d'ordonnance.

De Talleyrand-Péricord, prince de Sagan, sous-lieutenant de cavalerie, officier d'ordonnance.

Le Fraper, commissaire de la marine, chef du service administratif.

Pumpernéel, sous-commissaire, chef du secrétariat du chef du service administratif.

Mayranx, aide-commissaire.

Julien, médecin principal de la marine, chef du service de santé de la division.

Boscal de Réals, chef d'escadron d'état-major, chef d'état-major du corps d'armée de Saint-Denis.

De Rancot, lieutenant d'état-major, attaché à l'état-major du corps d'armée de Saint-Denis.

Denfert, sous-lieutenant de mobiles, officier d'ordonnance.

Manen, ingénieur hydrographe de 2e classe, attaché à l'état-major général.

SERVICE SÉMAPHORIQUE.

Koenig, lieutenant de vaisseau, chef du service.
Hennecart, lieutenant de vaisseau.
Chanoine, lieutenant de vaisseau.

SUBDIVISION DES FORTS DE L'EST.

Commandant supérieur : le contre-amiral SAISSET, au fort de Noisy.

Clément (Charles), lieutenant de vaisseau, aide de camp.
Escande, lieutenant de vaisseau, officier d'ordonnance.
Roussin, capitaine de mobiles, officier d'ordonnance.
Buthiau, capitaine de la garde nationale, officier d'ordonnance.
Roussin, sous-commissaire, commissaire de la subdivision.

FORT DE ROMAINVILLE.

Zédé (Émile), capitaine de vaisseau, commandant supérieur.
Burignot de Varenne, enseigne de vaisseau, officier d'ordonnance du vice-amiral commandant en chef.
L'abbé Bourgade, aumônier supérieur de la marine.

ÉTAT-MAJOR DES PLACES.	ROBARDEY DE FULL, chef de bataillon, commandant de place.
GÉNIE...	HAMEL, lieutenant-colonel. PROVOST, garde. SCHPECK, capitaine de compagnie. VÉSIGNIER, lieutenant auxiliaire.
ARTILLERIE DE TERRE.	COURTINE, garde.
ARTILLERIE DE MARINE (bombardiers)	VAILLANT, lieutenant. ARCHINARD, sous-lieutenant.
ELÈVES DE L'ÉCOLE POLYTECHNIQUE	BOYER. STAMM. ROUGIER. BAZAILLE.
TÉLÉGRAPHES.	DARCOURT. ESTINÈS. CORNET.

2º bataillon de marins (Cherbourg).

SALMON, capitaine de frégate, commandant.
LENÉRU, lieutenant de vaisseau, adjudant-major.
ADAM, aide-commissaire, officier d'administration.
CASAL, médecin de 1re classe.
BARRET (Paul), aide-médecin.
BARRET (Eugène),   id.

1re compagnie.	BARRÉRA, lieutenant de vaisseau. ARAGON, enseigne de vaisseau.
2e compagnie.	DELASSALLE, lieutenant de vaisseau. DE GHAISNE DE BOURMONT, enseigne de vaisseau.
3e compagnie.	MOYE (Gaspard), lieutenant de vaisseau. DE LA HUPPE DE LARTURIÈRE, enseigne de vaisseau.
4e compagnie.	CHASSÉRIAU, lieutenant de vaisseau. DALMAS DE LA PÉROUSE, enseigne de vaisseau.
5e compagnie.	ESNAULT, lieutenant de vaisseau. ROZÉE D'INFREVILLE, enseigne de vaisseau.

INFANTERIE DE MARINE.

3ᵉ *bataillon.*

Bargone, chef de bataillon.
Lecomte, capitaine adjudant-major.
Duflocq, lieutenant, officier payeur.
Thaly, médecin aide-major.

Compagnie A.
- Borderel, capitaine.
- Augreny, lieutenant.
- Berger, sous-lieutenant.
- Nuty,   id.

Compagnie B.
- Kelland, capitaine.
- Chessé, lieutenant.
- Lamanille, sous-lieutenant.
- Gauthier,   id.

Compagnie C.
- Ronmy, capitaine.
- Phélippot, lieutenant.
- Gondard, sous-lieutenant.
- Fleury,   id.

Compagnie D.
- Dupuy, capitaine.
- Déoux, lieutenant.
- Riboullet, sous-lieutenant.

EFFECTIFS.

Génie.	80
2ᵉ bataillon de marins.	738
Artillerie de marine.	17
3ᵉ bataillon d'infanterie de marine.	813
Total.	1,648

FORT DE NOISY.

(M. le contre-amiral Saisset a son quartier général dans ce fort.)

Massiou, capitaine de frégate, commandant supérieur du fort et commandant le 4ᵉ bataillon (remplacé après sa blessure par le capitaine de frégate Trève).

Ouchard, lieutenant de vaisseau, officier d'ordonnance du vice-amiral commandant en chef.

L'abbé Cléret, aumônier de la marine.

ÉTAT-MAJOR DES PLACES.	Meurice, chef de bataillon, commandant de place.
Génie....	Devèze, lieutenant-colonel. Capperon, capitaine. Buisson, lieutenant. Malrich, garde principal.
Artillerie DE MARINE (bombardiers).	Mounier, capitaine. Millon d'Ailly de Verneuil, sous-lieutenant.
Télégraphes.	Jaoul. Simon.

4ᵉ bataillon de marins (Rochefort).

Massiou, capitaine de frégate, commandant.
Mignard, lieutenant de vaisseau, adjudant-major.
Sauve, aide-commissaire, officier d'administration.
Gourcuil, médecin de 1ʳᵉ classe.
Husseau, aide-médecin.
Rousseau, id.

1ʳᵉ compagnie.	Lavison, lieutenant de vaisseau. De Percin, enseigne de vaisseau.
2ᵉ compagnie.	Chopin, lieutenant de vaisseau. Ardisson, enseigne de vaisseau.
3ᵉ compagnie.	Maury-Bonnelle, lieutenant de vaisseau. Germain, enseigne de vaisseau.
4ᵉ compagnie.	Touboulic, lieutenant de vaisseau. Feyzeau, enseigne de vaisseau.
5ᵉ compagnie.	Labarthe, lieutenant de vaisseau. Berchon des Essarts (G. A.), enseigne de vaisseau.
6ᵉ compagnie.	Lafitte, lieutenant de vaisseau. Courcelle-Seneuil, enseigne de vaisseau.
7ᵉ compagnie.	Daniel (Pierre-Jean), lieutenᵗ de vaisseau. Arnaud, enseigne de vaisseau.

INFANTERIE DE MARINE.

4ᵉ bataillon.

Bousicon, chef de bataillon.
Dulieu, capitaine adjudant-major.

VILLEMAIN, sous-lieutenant, officier payeur.
LÈBRE, aide-médecin.

Compagnie A.
- CHEVILLOT, capitaine.
- MEUNIER, sous-lieutenant.
- ROUX, id.
- MATHIEU, id.

Compagnie B.
- PILORGE, capitaine.
- SEGUIN, sous-lieutenant.
- GRANIER, id.
- LEGENDRE, id.

Compagnie C.
- TORRACINTA, capitaine.
- LANGE, lieutenant.
- MORELLI, sous-lieutenant.
- BUQUET, id.

Compagnie D.
- REYGASSE, capitaine.
- RANCILLAZ, sous-lieutenant.
- VIDAL, id.
- AMSTUTZ, id.

EFFECTIFS.

Génie.	55
4ᵉ bataillon de marins.	770
Artillerie de marine.	36
4ᵉ bataillon d'infanterie de marine.	797
Total.	1,658

FORT DE ROSNY.

MALLET, capitaine de vaisseau, commandant supérieur.

FOURNIER (François-Ernest), lieutenant de vaisseau, officier d'ordonnance du vice-amiral commandant en chef.

L'abbé FRÉVILLE, aumônier de la marine.

ÉTAT-MAJOR DES PLACES.
- SARRAT, capitaine.

GÉNIE. . . .
- BÉNÉZECH, chef de bataillon.
- ROUSSEL, capitaine.
- DE FEYDEAU, sous-lieutenant.
- CHOYNOT, garde.
- REMY, id.

ARTILLERIE DE TERRE. { BERNARD, capitaine.

ARTILLERIE DE MARINE (bombardiers). { GUIARD, lieutenant.
DE NAYS, sous-lieutenant.
D'ALBE, id.

TÉLÉGRAPHES. { DUCHON.
OUDIN.

5e bataillon (Toulon).

LEFORT, capitaine de frégate, commandant (devient ensuite commandant supérieur du fort de Nogent).
MERLIN, aide-commissaire, officier d'administration.
PELON, médecin de 1re classe.
MAHÉO, aide-médecin.
JACQUEMIN, aide-médecin auxiliaire.

1re compagnie. { PELLEGRIN, lieutenant de vaisseau.
DE MARLIAVE, enseigne de vaisseau.

2e compagnie. { LEFÈVRE (Jules), lieutenant de vaisseau.
DE CHAULIAC, enseigne de vaisseau.

3e compagnie. { GUIBAUD, lieutenant de vaisseau.
GELLY, enseigne de vaisseau.

4e compagnie. { BOUISSET, lieutenant de vaisseau.
MARQUIS, enseigne de vaisseau.

5e compagnie. { BIONNE, lieutenant de vaisseau.
SALATS, enseigne de vaisseau.

6e compagnie. { KIESEL, lieutenant de vaisseau.
FOILLARD, enseigne de vaisseau.

BERBINAU, lieutenant de vaisseau, détaché au fort de Nogent.

INFANTERIE DE MARINE.

1er bataillon.

VESQUE, chef de bataillon.
BRAQUET, capitaine adjudant-major.
ADAM, sous-lieutenant, officier payeur.
RIGOBERT, médecin aide-major.

Compagnie A. { LEMAÎTRE, capitaine.
CÉRACIOLI, sous-lieutenant.
MENUT, id.
ANTOINE, id.

Compagnie B.
- De Rattazzi, capitaine.
- Lefèvre (J. T.), lieutenant.
- Jay, sous-lieutenant.
- Ottomani, *id.*

Compagnie C.
- Lorenziti, capitaine.
- Girard, sous-lieutenant.
- Authier, *id.*

Compagnie D.
- Bertaut, capitaine.
- Faure, sous-lieutenant.
- Gaussen, *id.*

EFFECTIFS.

Génie	62
Artillerie de terre	9
4ᵉ bataillon de marins	703
Artillerie de marine	19
1ᵉʳ bataillon d'infanterie de marine	827
Total	1,620

SUBDIVISION DES FORTS DU SUD.

Commandant supérieur : le contre-amiral POTHUAU, au fort de Bicêtre.

Brown, lieutenant de vaisseau, aide de camp.

Benoist d'Azy, lieutenant de vaisseau, officier d'ordonnance.

Alquier, sous-commissaire, commissaire de la subdivision.

Besaucèle, chef d'escadron d'état-major, faisant fonction de chef d'état-major.

Comte Roger (du Nord), lieutenant-colonel de la garde nationale, attaché à l'état-major de la division pour les rapports avec la garde nationale.

De Beausire de Seyssel, lieutenant de mobiles, officier d'ordonnance.

Schnaiter, capitaine d'état-major, attaché à l'état-major de la division.

FORT D'IVRY.

Krantz, capitaine de vaisseau, commandant supérieur.

L'abbé Bionne, aumônier de la marine.

État-major des places. { Garnier, capitaine.

Génie....	Fauvel, chef de bataillon.
	Badère, capitaine.
	Bérard, sous-lieutenant.
	Georgeon, garde.
Artillerie de terre.	Pichon, sous-lieutenant.
	Cahuzac, id.
	Sturm, garde.
Artillerie de marine (bombardiers).	Prat, capitaine.
	De Milhaud, lieutenant.
	De l'Estourbeillon, lieutenant.
Élève de l'école polytechnique.	Bonneau.
Télégraphes.	Gilbaud.
	Treich.

6ᵉ *bataillon de marins* (Brest).

Ollivier, capitaine de frégate, commandant.
Longueville, lieutenant de vaisseau, adjudant-major.
Le Cardinal, aide-commissaire, officier d'administration.
Méry, médecin de 1ʳᵉ classe.
Pethiot, aide-médecin auxiliaire.

1ʳᵉ *compagnie.* { Chateauminois, lieutenant de vaisseau.
                   Zuber, enseigne de vaisseau.

2ᵉ *compagnie.* { N.
                  Morel, enseigne de vaisseau.

3ᵉ *compagnie.* { Trillot, lieutenant de vaisseau.
                  N.

4ᵉ *compagnie.* { Lombart, lieutenant de vaisseau.
                  Perié, enseigne de vaisseau.

5ᵉ *compagnie.* { Fournier (Charles), lieutenant de vaisseau.
                  N.

6ᵉ *compagnie.* { Bayot, lieutenant de vaisseau.
                  Moriceau, enseigne de vaisseau.

7ᵉ *bataillon de marins* (mixte).

De Larret-Lamalignie, lieutenant de vaisseau, commandant.
Rousseau, lieutenant de vaisseau, adjudant-major.
Turle, aide-commissaire, officier d'administration.
Bonifanti, aide-médecin.

1re compagnie. { DELISLE, lieutenant de vaisseau.
LEGALL, enseigne de vaisseau.

2e compagnie. { CHASSÉRIAUD, lieutenant de vaisseau.
BROUSSET, enseigne de vaisseau.

3e compagnie. { NABONA, lieutenant de vaisseau.
POTIER (Pierre-Jules), enseigne de vaisseau.

4e compagnie. { GATIER, lieutenant de vaisseau.
SERVAN (Jules), enseigne de vaisseau.

5e compagnie. { DORLODOT-DESSART (Georges), lieutenant de vaisseau.
LYON, enseigne de vaisseau.

6e compagnie. { GIGON, lieutenant de vaisseau.
LABASTIE, enseigne de vaisseau.

7e compagnie. { DE LARRET-LAMALIGNIE, lieutent de vaisseau.
MORITZ, enseigne de vaisseau.

INFANTERIE DE MARINE.

Une compagnie du 2e bataillon est détachée du fort de Bicêtre au fort d'Ivry.

EFFECTIFS.

Génie. 71
6e bataillon de marins. 513
7e bataillon de marins. 740
Artillerie de marine. 37
Une compagnie du 2e bataillon d'infanterie
de marine. 199

Total. 1,560

FORT DE BICÊTRE.

(M. le contre-amiral POTHUAU a son quartier général dans ce fort.)

FOURNIER (Armand-Marie), capitaine de frégate, commandant supérieur du fort et commandant le 9e bataillon de marins.
VERSCHNEIDER, enseigne de vaisseau, officier d'ordonnance du vice-amiral commandant en chef.
L'abbé LUCAS, aumônier de la marine

ÉTAT-MAJOR DES PLACES. { JULIEN, capitaine.

PERSONNEL.

GÉNIE....
- Castel, chef de bataillon;
- Lestelle, capitaine.
- Picot, sous-lieutenant.
- Bergerot, garde.
- Mignatou, *id.*

Artillerie de marine (bombardiers).
- Robaut, capitaine.
- Bigaré, sous-lieutenant.

Élève de l'école polytechnique
- Bédel.

Télégraphes.
- Ithourburu.
- Michaut.

9ᵉ *bataillon de marins (Brest).*

Fournier (Armand-Marie), capitaine de frégate.
Christy de la Pallière, lieutenant de vaisseau, adjudant-major.
Laurençon, aide-commissaire, officier d'administration.
Grenet, médecin de 1ʳᵉ classe.
Lambert, aide-médecin.

1ʳᵉ *compagnie.*
- Passemard, lieutenant de vaisseau.
- Dupuy, enseigne de vaisseau.

2ᵉ *compagnie.*
- N.
- Coffinières de Nordeck, enseig. de vaisseau.

3ᵉ *compagnie.*
- Perrin (Armand), lieutenant de vaisseau.
- Verschneider, enseigne de vaisseau.

4ᵉ *compagnie.*
- Testard, lieutenant de vaisseau.
- Véron, enseigne de vaisseau.

5ᵉ *compagnie.*
- Roussin (Paul), lieutenant de vaisseau.
- Babeau, enseigne de vaisseau.

6ᵉ *compagnie.*
- Nogues, lieutenant de vaisseau.
- Perrodeaud, enseigne de vaisseau.

INFANTERIE DE MARINE.

2ᵉ *bataillon.*

Darré, chef de bataillon.
Portait, capitaine adjudant-major.
Larue, sous-lieutenant, officier payeur.
Piedallu, médecin aide-major.

Compagnie A.
- Naudin, capitaine.
- Lefebvre, lieutenant.
- Trilha, sous-lieutenant.
- Ducelay, id.

Compagnie B.
- François, capitaine.
- Thomas, sous-lieutenant.
- Maligne, id.

Compagnie C.
- Gillot, capitaine.
- Nicollet, sous-lieutenant.
- Pieton, id.
- Tournadre, id.

Compagnie D.
- Stanislas, capitaine.
- Daviaud, lieutenant.
- Bridoux, sous-lieutenant.
- Rotgié de la Valette, sous-lieutenant.

EFFECTIFS.

Génie.	89
9e bataillon de marins.	729
Artillerie de marine.	32
2e bataillon d'infanterie de marine (moins deux compagnies détachées au fort d'Ivry et au fort de Montrouge).	419
Total.	1,269

FORT DE MONTROUGE.

Amet, capitaine de vaisseau, commandant supérieur.
L'abbé Lévêque, aumônier de la marine.

État-major des places.
- Portes, capitaine.

Génie.
- Lévy, lieutenant-colonel
- Laurent, lieutenant.
- Robert, sous-lieutenant.
- Brand, garde.

Artillerie de terre.
- Gonthier, capitaine.
- Grammont, garde.
- Bory, id.

ARTILLERIE DE MARINE (bombardiers).	RENARD (Louis), lieutenant. DEBOAISNE, sous-lieutenant. ARROUS, garde.
TÉLÉGRAPHES.	BÉCLOT. BOULART.

12e bataillon de marins (Toulon).

D'ANDRÉ, capitaine de frégate, commandant.
CADANELLAS, lieutenant de vaisseau, adjudant-major.
COULAZOU, aide-commissaire, officier d'administration.
BONNET, médecin de 1re classe.
LORO, aide-médecin auxiliaire.
RIT,   id.

1re compagnie.	SALES DE BANIÈRES, lieutenant de vaisseau. CAILLARD, enseigne de vaisseau.
2e compagnie.	BELLANGER, lieutenant de vaisseau. N.
3e compagnie.	LE FRAPPER, lieutenant de vaisseau. PUECH, enseigne de vaisseau.
4e compagnie.	SANTELLI, lieutenant de vaisseau. DE SAISSET, enseigne de vaisseau.
5e compagnie.	DESPORTES, lieutenant de vaisseau. DE FAUCHER DE LA LIGERIE, enseigne de vaisseau.
6e compagnie.	PELLETIER, lieutenant de vaisseau. GRANIER, enseigne de vaisseau.
7e compagnie.	VIDAL, lieutenant de vaisseau. VIARIZIO DI LESEGNO dit VIARIS, enseigne de vaisseau.
8e compagnie.	DE COURTHILLE, lieutenant de vaisseau. CARON, enseigne de vaisseau.
9e compagnie.	CARVÈS, lieutenant de vaisseau. N.

INFANTERIE DE MARINE.

Une compagnie du 2e bataillon est détachée du fort de Bicêtre au fort de Montrouge.

EFFECTIFS.

Génie.	73
Artillerie de terre.	14
12e bataillon de marins.	1,014
Artillerie de marine.	24
Une compagnie du 2e bataillon d'infanterie de marine.	198
Total.	1,323

BATTERIE DE SAINT-OUEN.

11e bataillon de marins (Brest, Lorient).

Coudein, capitaine de frégate, commandant de la batterie et du 11e bataillon de marins.
De Bray, capitaine de frégate, commandant en second.
Moreau, lieutenant de vaisseau, adjudant-major.
Reboul, aide-commissaire, officier d'administration.
Kermorvant, aide-médecin.

1re compagnie. { Laplace, lieutenant de vaisseau.
De Rotrou, enseigne de vaisseau.

2e compagnie. { Roustel, lieutenant de vaisseau.
Thesmar, enseigne de vaisseau.

4e compagnie. { Latapy, lieutenant de vaisseau.
Douillard, enseigne de vaisseau.

6e compagnie. { Feytaud, lieutenant de vaisseau.
Lormier, enseigne de vaisseau.

De Carné-Marcein, enseigne de vaisseau.
Lafontaine, enseigne de vaisseau, détaché auprès de M. Dupuy de Lôme.

Télégraphes. { Lombart.
Prévost.

Effectif. 407

BATTERIE DES BUTTES MONTMARTRE.

Lamothe-Tenet, capitaine de frégate, commandant.
D'Oncieu de la Batie (Auguste), lieutenant de vaisseau, adjudant-major.
Clément, aide-commissaire.
Chailloux, aide-médecin.

PERSONNEL.

11ᵉ bataillon de marins (*Brest, Lorient*).

3ᵉ *compagnie*.
- FOUGÈRES, lieutenant de vaisseau.
- LE GUEN, enseigne de vaisseau.

5ᵉ *compagnie* (marins-fusiliers).
- GLON dit VILLENEUVE, lieutenant de vaisseau.
- SALAUN DE KERTANGUY, enseigne de vaisseau.

7ᵉ *compagnie*.
- GOURCUEN, lieutenant de vaisseau.
- WOLLASTON, enseigne de vaisseau.

8ᵉ *compagnie* (marins-fusiliers).
- CORDIER (Jules), lieutenant de vaisseau.
- NÉRON, enseigne de vaisseau.

Effectif. . . . . . 551.

BATAILLONS DE MARINS-FUSILIERS.

1ᵉʳ BATAILLON [1] (effectif : 629).

LADRANGE, capitaine de frégate, commandant.
BRETEL, lieutenant de vaisseau, adjudant-major.
FOURNIER, aide-commissaire, officier d'administration.
AUBE, aide-médecin.

1ʳᵉ compagnie (*Bicêtre*).
GERVAIS, lieutenant de vaisseau, capitaine.
HUGUET, enseigne de vaisseau, lieutenant.

2ᵉ compagnie (*Bicêtre*).
BIENAIMÉ, lieutenant de vaisseau, capitaine.
DONNARIEIX, enseigne de vaisseau, lieutenant.

3ᵉ compagnie (*Bicêtre*).
BUTTE, lieutenant de vaisseau, capitaine.
DE LA COUR, enseigne de vaisseau, lieutenant.

4ᵉ compagnie (*Bicêtre*).
PELET-LAUTREC, lieutenant de vaisseau, capitaine.
BORY, enseigne de vaisseau, lieutenant.

5ᵉ compagnie (*Bicêtre*).
RICHARD, lieutenant de vaisseau, capitaine.
D'AVOUST, enseigne de vaisseau, lieutenant.

---

[1] Les emplois de sous-lieutenant étaient remplis dans les compagnies, à défaut d'aspirants de 1ʳᵉ classe, par des premiers maîtres.

6ᵉ compagnie (*Bicêtre*).

Lucas, lieutenant de vaisseau, capitaine.
Berchon des Essarts (Maurice-Édouard), enseigne de vaisseau, lieutenant.

2ᵉ BATAILLON (effectif : 697).

Desprez, capitaine de frégate, commandant.
Le Dô, lieutenant de vaisseau, adjudant-major.
D'Haranguier de Quincerot, aide-commissaire, officier d'administration.
Pethiot, aide-médecin.

1ʳᵉ compagnie (*Ivry*).

Le Gorrec, lieutenant de vaisseau, capitaine.
Leffet, enseigne de vaisseau, lieutenant.

2ᵉ compagnie (*Ivry*).

De Tesson, lieutenant de vaisseau, capitaine.
Goez, enseigne de vaisseau, lieutenant.

3ᵉ compagnie (*Ivry*).

Le Pontois (Louis), lieutenant de vaisseau, capitaine.
Duplessis de Grénédan, enseigne de vaisseau, lieutenant.

4ᵉ compagnie (*Montrouge*).

Ravel, lieutenant de vaisseau, capitaine.
Delaunay, enseigne de vaisseau, lieutenant.

5ᵉ compagnie (*Montrouge*).

Rendu, lieutenant de vaisseau, capitaine.
Quoniam, enseigne de vaisseau, lieutenant.

6ᵉ compagnie (*Montrouge*).

Roustan, lieutenant de vaisseau, capitaine.
Nouet, enseigne de vaisseau, lieutenant.

3ᵉ BATAILLON (effectif : 689).

Valessie, capitaine de frégate, commandant.
Perrain, lieutenant de vaisseau, adjudant-major.
Marchal, aide-commissaire, officier d'administration.
Leroy, aide-médecin.

1re compagnie (Romainville).

MORAND, lieutenant de vaisseau, capitaine.
PELLETIER, enseigne de vaisseau, lieutenant.

2e compagnie (Romainville).

PELTEREAU, lieutenant de vaisseau, capitaine.
WYTS, enseigne de vaisseau, lieutenant.

3e compagnie (Noisy).

AGNANT, lieutenant de vaisseau, capitaine.
BONNAIRE, enseigne de vaisseau, lieutenant.

4e compagnie (Rosny).

FOURNIER (François-Ernest), lieutenant de vaisseau, officier d'ordonnance du vice-amiral commandant en chef, capitaine.
HARLÉ, enseigne de vaisseau, lieutenant.

5e compagnie (Noisy).

PATIN, lieutenant de vaisseau, capitaine.
DUQUESNE, enseigne de vaisseau, lieutenant.

6e compagnie (Noisy).

LABORDE, lieutenant de vaisseau, capitaine.
LE BARZIC, enseigne de vaisseau, lieutenant.

FLOTTILLE DE LA SEINE.

THOMASSET, capitaine de vaisseau, commandant en chef.
RIEUNIER, capitaine de frégate, chef d'état-major.
GOUX, capitaine de frégate, commandant en second.
SALETA, lieutenant de vaisseau, officier d'ordonnance.
COURME, mécanicien principal de 1re classe.
LECOMTE, aspirant de 1re classe.
JOYAUT DE COUESNONGLE, sous-commissaire, commissaire de division.
BADIN, aide-commissaire, adjoint au sous-commissaire de division.
NOURY, médecin de 1re classe, médecin de la division.
GUIOL, médecin de 2e classe.
CONNEAU, lieutenant de vaisseau, capitaine du *Puebla*.

Rocomaure, lieutenant de vaisseau, capitaine de la batterie flottante n° 1.
De Rosamel, lieutenant de vaisseau, capitaine de la batterie flottante n° 2.
Chopart, lieutenant de vaisseau, capitaine de la batterie flottante n° 3.
Poucin de Maisonneuve, lieutenant de vaisseau, capitaine de la batterie flottante n° 4.
Manescau, lieutenant de vaisseau, capitaine de la batterie flottante n° 5.
D'Ainezy de Montpézat, lieutenant de vaisseau, capitaine de la canonnière *l'Estoc*.
Farcy, lieutenant de vaisseau, capitaine de la canonnière *Farcy* et de *la Caronade*.
Pouvreau (G.), lieutenant de vaisseau, capitaine de *l'Escopette*.
Forestier, lieutenant de vaisseau, capitaine de *la Bayonnette*.
Auger-Dufresse, lieutenant de vaisseau, capitaine de *la Claymore*.
De la Tour du Pin, lieutenant de vaisseau, capitaine du *Perrier*.
Scias, lieutenant de vaisseau, capitaine de *la Rapière*.
Petit, lieutenant de vaisseau, capitaine du *Sabre*.
Chauvin, lieutenant de vaisseau, capitaine des chaloupes vedettes n°ˢ 1, 3, 5.
Weyl, lieutenant de vaisseau, capitaine des chaloupes vedettes n°ˢ 2, 4, 6.

PERSONNEL DE L'ARTILLERIE DE MARINE
MIS A LA DISPOSITION DU DÉPARTEMENT DE LA GUERRE.

Général de division.

Frébault, commandant en chef de l'artillerie de la 2ᵉ armée.
Sébert, capitaine d'artillerie de marine, aide de camp.
Chevillotte, colonel d'artillerie de marine, ⎫
Meynot, capitaine du génie, ⎬ attachés à l'état-major général.
Leherle, capitaine d'artillerie de marine, ⎭

PERSONNEL.

Général de brigade.

PELISSIER, commandant de l'artillerie de la rive droite.
MAUGER, capitaine d'artillerie de marine, aide de camp.

Colonels.

OLIVIER (Louis), commandant l'artillerie des forts et du corps d'armée de Saint-Denis.
HUDELIST, commandant l'artillerie du 9e secteur.
RÉGNAUD (Louis), directeur de l'artillerie au ministère de la marine. P. I.
VIRGILE, commandant l'artillerie du 6e secteur.
MAILLARD, attaché à l'état-major du général Ducrot.

Lieutenants-colonels.

ROCHE, commandant du parc aux Tuileries.
DE GUILHERMY, commandant l'artillerie du 8e secteur.
VERGNAUD, attaché à la direction de l'artillerie (bureau technique).
KERMAREC, parc du 13e corps d'armée.
BRIENS, commandant trois batteries à la division de réserve de la 2e armée.

Chefs d'escadron.

GRASSIN-LERAT, commandant deux batteries de la 2e armée.
NOTKIEWICZ, adjoint à l'état-major du général Guiod.
MALLAT, adjoint au commandant de l'artillerie du 7e secteur.
MICHEL (Pierre), adjoint au commandant de l'artillerie du 5e secteur.
DURAN (Hippolyte), commandant l'artillerie au fort de la Briche.
DE PREPETIT DE LA GARENNE, commandant l'artillerie du fort d'Aubervilliers.
MOUNIER (Eugène), adjoint au commandant de l'artillerie du 3e secteur.
PARIS, sous-chef d'état-major de l'artillerie du 1er corps de la 2e armée.
GEOFFROY (Emmanuel), adjoint au commandant de la réserve générale de l'artillerie de la 2e armée.
CHAULE, adjoint au commandant de l'artillerie du 7e secteur.
DENIS, à la disposition du commandant en chef de l'artillerie.

Capitaines en premier.

HARDIVILLÉ, inspecteur d'armes, sous les ordres du général Morin.

Chevrillon, hors cadre, chef de bataillon dans l'artillerie de la garde nationale mobile.
Mourette, au 4ᵉ secteur.
Monistrol, au 7ᵉ secteur.
Simon (Victor), 19ᵉ batterie, fort d'Aubervilliers.
Deshays, 18ᵉ batterie, 4ᵉ secteur.
Horr, 2ᵉ batterie *bis*, 7ᵉ secteur.
Second, 2ᵉ batterie du 11ᵉ régiment.
Vailhen, au fort de l'Est, 15ᵉ batterie *bis*.
Brinster, au fort de la Double-Couronne, à Saint-Denis, 23ᵉ batterie.
Huchet de Cintré (Alfred), 23ᵉ batterie du 11ᵉ régiment.
Bernard (Alphonse), 2ᵉ batterie montée.
Gustave (Pierre), au fort de Vanves.
Beauchamp, commandant une compagnie de canonniers volontaires.
Bacay, aide de camp du général Olivier.
Chapotin, 16ᵉ batterie, fort d'Aubervilliers.
Robaut, 23ᵉ batterie du 4ᵉ régiment, fort de Bicêtre.
Révillon, 1ʳᵉ batterie montée.
Beauvais, 13ᵉ batterie *bis*, fort de la Briche.
Weber, 15ᵉ batterie montée.
Candelot, 12ᵉ batterie montée.
Levrard, adjoint au commandant de l'artillerie de réserve de la 2ᵉ armée.
Clabaud, 11ᵉ batterie montée.

Capitaines en second.

Masse, 23ᵉ batterie *bis* du 11ᵉ régiment.
Morat, 16ᵉ batterie du 11ᵉ régiment.
Prat, 19ᵉ batterie du 4ᵉ régiment, fort d'Ivry.
Bouillon, au fort d'Issy.
Mery, 1ʳᵉ batterie *bis*, 4ᵉ secteur.
Théron, 22ᵉ batterie du 11ᵉ régiment.
Le Pontois, 11ᵉ batterie montée.
Caron, état-major du général Favé.
Meresse, 20ᵉ batterie du 11ᵉ régiment.
Vaillant, 27ᵉ batterie, fort de Romainville.
Hervieu, 12ᵉ batterie montée.
Dubois (Alberique), 15ᵉ batterie du 4ᵉ régiment.
Bertin, 15ᵉ batterie montée.

PIEL, 2e batterie montée.
RENARD (Pierre), 11e batterie *bis*, fort de l'Est.
DE L'ESTOURBEILLON, fort d'Ivry, 17e batterie, puis Vanves.

Lieutenants en premier.

RENARD (Louis), 27e batterie, fort de Montrouge.
MANEC, 12e batterie montée.
OLIVIER (Marius), 15e batterie montée.
GRAVELOTTE (René), 15e batterie montée.
PÉRISSÉ (Joseph), 1re batterie montée.
PLONQUET, 12e batterie montée.
PUEL, 1re batterie montée.
CARIAGE, 24e batterie du 4e régiment.
LECHIEN, 22e batterie du 11e régiment.
ANNEQUIN, 23e batterie du 4e régiment.
GAUDIN, 23e batterie du 11e régiment.
BOYER (Charles), 22e batterie du 11e régiment.
DE SURVILLIERS, 11e batterie montée.
PETIOT, 23e batterie, Double-Couronne.
MOREAU (Henri), 23e batterie du 11e régiment.

Lieutenants en second et sous-lieutenants.

MÉNÉTRIER, 1re batterie *bis*, Mont-Valérien.
GUIARD, 11e batterie montée, fort de Rosny.
ROBIN (Eugène), 18e batterie.
COQUEREL, 2e batterie montée.
CUZON, 17e batterie, Vanves.
BIGARÉ, 27e batterie, fort de Bicêtre.
JOYAU, 12e batterie montée.
HUMBERT, 11e batterie *bis*, fort de l'Est.
DEBOAISNE, 16e batterie, Montrouge.
DE MILHAU, 27e batterie, fort d'Ivry.
VERRIER, 23e batterie, Double-Couronne.
BERAUD, 13e batterie, fort de la Briche.
MILLON D'AILLY DE VERNEUIL, 18e batterie, Noisy.
VUILLEMIN, 19e batterie, Vanves.
ARCHINARD, 27e batterie, fort de Romainville.
DE NAYS-CANDAU, 2e batterie *bis*, Rosny.
DURET, 19e batterie, Aubervilliers.
ROUAULT-CHAMPCLEN, 2e batterie *bis*, 7e secteur.
PÉRICAULT, 13e batterie, la Briche.
ÉTIENNE, 11e batterie *bis*.

DALBE, 27ᵉ batterie, fort de Rosny.
DUCKET, parc des Tuileries.
RIPOTEAU, 1ʳᵉ batterie montée.
TROUDE, 15ᵉ batterie *bis*.
LE TALLEC, 23ᵉ batterie, Montrouge.
DIÈRES-MONTPLAISIR, 19ᵉ batterie, détaché à Issy.

Gardes d'artillerie (section des comptables).

BEAUFILS, garde principal, rive droite.
DAMUN, *id.*, Saint-Thomas d'Aquin et palais de l'Industrie.
ECKENFELDER, garde de 1ʳᵉ classe, Arsenal.
COLLARD, *id.*, Saint-Thomas d'Aquin.
GILBERT, *id.*, poudrière Solferino.
L'HOSTIS, *id.*, *id.*
MACHETEL, *id.*, Saint-Thomas d'Aquin et Palais de l'Industrie.
RIVIÈRE, garde de 2ᵉ classe, rive droite.
LEGRAIN, *id.*, rive gauche.
PÉCHÉ, *id.*, rive droite.
MEYNIEUX, *id.*, parc de réserve des Tuileries.

Section des artificiers.

PERSY, garde principal,
REINICHE, garde de 2ᵉ classe, } Manufacture des tabacs.
FORT, *id.*,
DARD, *id.*,

Section des ouvriers d'état.

GRAAT, garde principal, direction de l'artillerie au ministère de la marine.
PHILIPPE, garde de 1ʳᵉ classe, direction de l'artillerie au ministère de la marine.
TANGUY, garde de 1ʳᵉ classe, flottille de la Seine.
DESFORGES, garde de 2ᵉ classe, à Saint-Denis (usine Claparède).

Section des contrôleurs d'armes.

DECHAMBE, garde principal, direction de l'artillerie à la marine.

OFFICIERS DE L'INFANTERIE DE MARINE
MIS A LA DISPOSITION DU DÉPARTEMENT DE LA GUERRE.

FARON, général de division, commandant la 2e division de l'armée de réserve; après l'armistice, commandant la division armée occupant Paris.

DISNEMATIN-DORAT, capitaine, aide de camp du général FARON.

CULLARD, capitaine, officier d'ordonnance.

GENDARMERIE MARITIME.

LAMBERT, chef d'escadron, détaché au 7e secteur.

OFFICIERS DE LA MARINE
DÉTACHÉS DANS LES SECTEURS DE PARIS.

1er secteur.

FARON, général d'infanterie de marine.

Puis : BAROLET DE PULIGNY, général d'infanterie de marine.

BOUTIN, capitaine, aide de camp du général BAROLET.

3e secteur.

BOSSE, vice-amiral, commandant supérieur.
CLÉMENT (Félix), capitaine de frégate.
FRIZAC,   id.
HINSTIN, lieutenant de vaisseau.
STOLZ,   id.

4e secteur.

COSNIER, contre-amiral, commandant supérieur.
MARTIN, capitaine de vaisseau.
D'ELISSALDE DE CASTREMONT, capitaine de vaisseau.
DUCOURTHIAL DE LASSUCHETTE, capitaine de frégate.
LEFEBVRE D'ABANCOURT,   id.
DE BEAUVOIR,
DE TERSON,
LANNES DE MONTEBELLO, } lieutenants de vaisseau.
SALIVES,
HOUZÉ DE L'AULNOIT,
DULAURENS, enseigne de vaisseau.

5ᵉ secteur.

LE COURIAULT DU QUILIO, contre-amiral, commandant supérieur.

VIVIER-DESLANDES,
LAFERTÉ,
DELAPORTE,
DE LA LANDELLE, } lieutenants de vaisseau.

BELLET, enseigne de vaisseau.
CABANES, id.

6ᵉ secteur.

Vicomte DE FLEURIOT DE LANGLE, contre-amiral, commandant supérieur.

DENUC, capitaine de frégate, chef d'état-major.
PROTET, capitaine de vaisseau.
PHILIPPE, capitaine de frégate.
SALY, capitaine de frégate.

BROSSARD DE CORBIGNY,
SAPIÉHA,
LABROUSSE, } lieutenants de vaisseau.

7ᵉ secteur.

Marquis DE MONTAIGNAC DE CHAUVANCE, contre-amiral, commandant supérieur.

DE LONGUEVILLE, capitaine de frégate.
LAMBERT, chef d'escadron de gendarmerie maritime.
RACIOT, lieutenant de vaisseau.
DE CORIOLIS D'ESPINOUSE, lieutenant de vaisseau.
COSTA DE BEAUREGARD, lieutenant de vaisseau.
BAILLY, id.
LE DIEU, examinateur d'admission à l'École navale.

8ᵉ secteur.

Baron MÉQUET, contre-amiral, commandant supérieur.
GRASSET, capitaine de vaisseau.

DE LAPLANCHE,
VILLEDIEU DE TORCY,
Comte MORAND,
GARREAU, } capitaines de frégat

GARNIER,
ÉVEILLARD,
CONQUÈRE DE MONT-BRISON,
VIMONT,
BARBEY,
DE TURENNE, } lieutenants de vaisseau.

PERSONNEL.

9e secteur.

HUGUETEAU DE CHALLIÉ, contre-amiral, commandant supérieur.
Comte d'Harcourt, capitaine de vaisseau.
Salicis, capitaine de frégate.

Chabaud-Arnaud,
Gardoni,
Thomassin,
Massienne,
Coste,
De Paris,
Leblanc de Lacombe,
Faveris,
} lieutenants de vaisseau.

OFFICIERS DU GÉNIE MARITIME
A LA DISPOSITION DE LA DÉFENSE.

Dupuy de Lôme, inspecteur général en retraite, membre du Comité de défense.
Delapoix de Fréminville, ingénieur de 1re classe, chargé des torpilles de la rive gauche.
Lisbonne,   id.,   id.
Leclert, sous-ingénieur de 1re classe,   id.
Boden,   id.,   id.
Korn, sous-ingénieur de 1re classe, commandant une batterie de mitrailleuses au 4e régiment d'artillerie montée.
Choron, élève-ingénieur, détaché aux bastions 86-87.
Groslous,   id.,   id.
Marchal,   id.,   détaché au Mont-Valérien.

INGÉNIEURS HYDROGRAPHES.

Delamarche, ingénieur hydrographe de 1re classe, détaché au dépôt des cartes et plans.
Estignard, ingénieur hydrographe de 1re classe, à l'Arc de triomphe.
Ploix, ingénieur hydrographe de 1re classe, à Saint-Sulpice.
Bouquet de Lagrye, ingénieur hydrographe de 2e classe, à la tour Solferino.
Manen, ingénieur hydrographe de 2e classe, à Saint-Denis, attaché à l'état-major général.

Ploix (Alexandre), ingénieur hydrographe de 2ᵉ classe, à l'Arc de triomphe.
Vidalin, ingénieur hydrographe de 2ᵉ classe, à Saint-Sulpice.
Germain, sous-ingénieur hydrographe de 1ʳᵉ classe, à l'Arc de triomphe.
Héraud, sous-ingénieur hydrographe de 1ʳᵉ classe, à Saint-Sulpice.
Larousse, sous-ingénieur hydrographe de 1ʳᵉ classe, à Saint-Sulpice.
Guieysse, sous-ingénieur hydrographe de 2ᵉ classe, à la tour Solferino.
Hanusse, sous-ingénieur hydrographe de 3ᵉ classe, à la tour Solferino.
Bouillet, sous-ingénieur hydrographe de 3ᵉ classe, à l'Arc de triomphe.

OFFICIERS DU COMMISSARIAT DE LA MARINE

MIS A LA DISPOSITION DU DÉPARTEMENT DE LA GUERRE.

Danguillecourt, commissaire de la marine, faisant fonction de sous-intendant militaire de la division du général de Liniers.
Laurent, *id.*, division du général Corréard.
Luneau, commissaire-adjoint, *id.*, division du général de Beaufort d'Hautpoul.
Hamon, inspecteur-adjoint, *id.*, faisant fonction de sous-intendant militaire de la division du général d'Hugues.
Aubry-Lecomte, commissaire de la marine, *id.*, division du contre-amiral Potuuau.
Portier, inspecteur, attaché à l'intendance de la troisième armée.
Saurin, sous-commissaire, faisant fonction de sous-intendant du 1ᵉʳ secteur.

De Lapérouse,	*id.*,	*id.*,	5ᵉ secteur.
Guès,	*id.*,	*id.*,	4ᵉ secteur.
Petit,	*id.*,	*id.*,	3ᵉ secteur.
Foucaud,	*id.*,	*id.*,	7ᵉ secteur.
Gestin, aide-commissaire,		*id.*,	2ᵉ secteur.
Le Brisois de Surmont,		*id.*,	8ᵉ secteur.
De Lafaille,		*id.*,	9ᵉ secteur.

De la Rue, ancien commissaire de marine, *id.*, 6ᵉ secteur.
Ruizand, agent comptable des magasins de la marine, à Paris.

PERSONNEL.
CORPS DE SANTÉ DE LA MARINE.

PERSONNEL DE L'AMBULANCE DU MINISTÈRE DE LA MARINE.

REYNAUD, inspecteur général.
VINCENT, inspecteur adjoint.
WALTHER, inspecteur adjoint.
LEROY DE MÉRICOURT, médecin en chef.
RICHÉ, médecin de 1re classe.
MAHÉ, médecin de 1re classe.
CONSTAN, médecin de 2e classe.
CONOR, médecin auxiliaire de 2e classe.
CAZALIS, pharmacien de 2e classe.
BROUSMICHE, aide pharmacien auxiliaire.
PORTIER, sous-commissaire de la marine.
CARDONNE, sous-agent comptable.

PERSONNEL MIS A LA DISPOSITION DU GOUVERNEUR DE PARIS.

PELLEGRIN, médecin principal; GARNIER, médecin de 1re classe, fort de Vincennes.
AUDE, médecin de 1re classe, fort de Nogent.
DOUÉ, médecin de 1re classe, redoute de la Gravelle.
DE FORNEL, médecin de 1re classe, fort d'Aubervilliers.
AUTRIC, médecin de 1re classe, Double-Couronne.
ROUX, médecin de 1re classe, fort de la Briche.
JACOLOT, médecin de 1re classe, fort de l'Est.
CLAVIER, médecin de 1re classe, Mont-Valérien.
BEAUMANOIR, médecin de 1re classe; MARTIN, POUZOL, MENDOUSSE, médecins de 2e classe, ambulance du fort d'Issy.
BAQUIÉ, médecin de 1re classe, fort de Vanves.
VEILLON, médecin de 1re classe, fort de Charenton.
FIAUX, CHATIN, médecins de 2e classe, détachés aux mobiles de la Seine.

PERSONNEL MARIN

DÉTACHÉ POUR SERVIR DES CANONS DE LA MARINE DANS LES FORTS DE LA GUERRE OU DANS DIVERSES BATTERIES.

	OFFICIERS.	MARINS.
Fort de Nogent	1	62
Fort de Charenton	1	20
Fort d'Aubervilliers	»	13
Fort de Vanves	1	40
Mont-Valérien	2	28

Redoute de la Boissière.	1	41
Route stratégique de la Boissière à Montreuil.	3	71
Redoute de Montreuil.	2	59
La Courneuve.	1	36
Point-du-Jour (6ᵉ secteur).	4	110
Bastion 73 (7ᵉ secteur).	2	100
Bastion 40 (4ᵉ secteur).	»	18
Wagons blindés.	2	47
Vitry.	1	31
Saquet.	2	100
Charlebourg.	2	45
La Folie.	2	47

POSTES SÉMAPHORIQUES.

POSTES.	PREMIERS MAÎTRES.	SECONDS MAÎTRES.	QUARTIERS MAÎTRES.	MATELOTS.
Arc de triomphe.	»	1	1	13
Saint-Sulpice.	»	»	1	11
Tour Solferino.	1	»	1	10
Nouvel Opéra.	»	1	1	4
Bastion 17.	»	1	»	3
Bastion 23.	»	»	1	3
Bastion 73.	»	»	1	3
Bastion 76.	»	»	1	3
Bastion 84.	»	»	»	4
Bastion 91.	»	»	1	3
Fort de l'Est.	»	»	1	3
Fort d'Aubervilliers.	»	»	1	3
Fort de Nogent.	»	»	1	3
Fort de Vincennes.	»	»	»	4
Redoute de la Gravelle.	»	»	1	3
Fort de Charenton.	»	»	1	2
Fort d'Issy.	»	»	1	2
Fort de Vanves.	»	»	1	3
Mont-Valérien.	»	1	1	6
Cathédrale de Saint-Denis.	1	1	»	3

NOTES.

NOTE 1.

Effectif des bataillons de la garde nationale, par secteurs et arrondissements, au 11 octobre 1870.

1ᵉʳ SECTEUR.

De la Seine à la rue de Montreuil.

Général de brigade d'infanterie de marine FARON, puis général de division BAROLET DE PULIGNY.

BASTIONS 1 A 11. BERCY.

ARMEMENT (*).	BATAILLONS.	CHEFS DE BATAILLON.	GÉNIE AUXILIAIRE.	ARRONDISSEM^{ts}.	EFFECTIFS.
T	14ᵉ	Boursier		1ᵉʳ	1,654
T	48ᵉ¹	Leclaire		»	1,005
T	49ᵉ²	De Folly		»	964
T	50ᵉ³	Dupertuis		»	1,400
T	51ᵉ⁴	Guyot		»	1,370
T	52ᵉ	De Rancy		12ᵉ	1,426
T	53ᵉ	Laforest		4ᵉ	1,550
T	56ᵉ	Billotte		12ᵉ	1,479
T	73ᵉ	De Roth		12ᵉ	1,369
R	93ᵉ	Eon		12ᵉ	1,463
R	94ᵉ	Poinat		4ᵉ	1,347
R	95ᵉ	Huber		4ᵉ	1,761
L	96ᵉ	Horace de Choiseul		4ᵉ	1,393
R	99ᵉ	Charles		»	712
R	121ᵉ	Verneaux		12ᵉ	1,477
R	122ᵉ	De Montaigut		12ᵉ	1,538
L	126ᵉ	De Brunet		12ᵉ	1,560
R	150ᵉ	Desforges		4ᵉ	1,600
L	162ᵉ	Chevé-Arson		4ᵉ	2,125
R	182ᵉ	Saint-Raymond		4ᵉ	1,479
T	183ᵉ	Couturier		4ᵉ	1,334
T	198ᵉ	Mathieu		12ᵉ	1,309
L	199ᵉ	Chevillard		12ᵉ	1,106
L	200ᵉ	Leblois		12ᵉ	1,519
	210ᵉ	Sidoux		»	817
L	211ᵉ	Robichon		4ᵉ	1,154
R	212ᵉ	Pilhes		4ᵉ	1,629
	254ᵉ	Cellier		4ᵉ	1,256
		Total			38,786

(*) T (fusils à tabatière). — R (à canon rayé). — L (à canon lisse).
¹ Montreuil, Rosny, Villemomble.
² Vincennes, Saint-Mandé, Fontenay.
³ Joinville, Nogent, Saint-Maur, Brie, Champigny.
⁴ Charenton, Saint-Maurice, Maisons-Alfort, Créteil, Bonneuil.

De la rue de Montreuil à la route de Pantin.

2ᵉ SECTEUR.[1]

Général CALLIER.

BASTIONS 12 A 24.   BELLEVILLE.

ARMEMENT.	BATAILLONS.	CHEFS DE BATAILLON.	GÉNIE AUXILIAIRE.	ARRONDISSEMENTᵗˢ.	EFFECTIFS.
T	27ᵉ	Hourdequin.		20ᵉ	750
T	30ᵉ	Lardier.		20ᵉ	973
T	31ᵉ [1]	Baker.		»	789
T	54ᵉ	Mimin (Eugène).		3ᵉ	1,439
T	55ᵉ	Durand.		3ᵉ	2,469
T	57ᵉ	Chanudet.		11ᵉ	1,650
T	58ᵉ	Bondonneau.		11ᵉ	1,601
R	63ᵉ	Durand.		20ᵉ	2,000
R	65ᵉ	Ruinet.		11ᵉ	1,636
R	66ᵉ	Avrial.		11ᵉ	1,500
R	67ᵉ	Villard.		11ᵉ	1,171
R	68ᵉ [2]	Escargueil.		»	1,000
R	74ᵉ	Lullier.		20ᵉ	1,569
R	75ᵉ	N.		20ᵉ	»
R	76ᵉ	Latappy.		20ᵉ	1,480
R	80ᵉ	Landolphe.		20ᵉ	1,409
R	86ᵉ	Clays.		3ᵉ	1,620
R	87ᵉ	Renoult.		3ᵉ	1,947
R	88ᵉ	Franky-Magniadas.		3ᵉ	2,006
R	89ᵉ	Dopfeld.		3ᵉ	1,500
T	123ᵉ	Sassetti.		11ᵉ	600
L	130ᵉ	Gorin.		11ᵉ	1,692
L	135ᵉ	Casse (Germain).		20ᵉ	1,560
L	138ᵉ	Eudes.		11ᵉ	1,600
L	140ᵉ	Olivier.		11ᵉ	1,600
L	141ᵉ	Ranvier.		11ᵉ	1,500
L	144ᵉ	Chatenoud.		3ᵉ	1,517
L	145ᵉ	Marchand.		3ᵉ	1,271
L	159ᵉ	Granger.		20ᵉ	1,550
	172ᵉ	Abelouse.		20ᵉ	2,000
	173ᵉ	Flourens.		20ᵉ	2,000
	174ᵉ	Nicolaïdes.		20ᵉ	2,000
R	180ᵉ	Fonte.		11ᵉ	1,589
T	190ᵉ	Dietsch.		11ᵉ	1,475
T	192ᵉ	Lonchamp.		11ᵉ	1,399

[1] Noisy-le-Sec, Drancy, Bondy, le Bourget.
[2] Saint-Denis.

(1) Ce secteur était le seul qui ne fût pas commandé par un officier général de la marine. Nous en donnons néanmoins la composition, pour compléter l'ensemble de cette partie de notre travail.

2ᵉ SECTEUR (SUITE).

BASTIONS 12 A 24.   BELLEVILLE.

ARMEMENT.	BATAILLONS.	CHEFS DE BATAILLON.	GÉNIE AUXILIAIRE.	ARRONDISSEMᵗˢ.	EFFECTIFS.
L	194ᵉ	Far............		11ᵉ	1,294
R	195ᵉ	Godin..........		11ᵉ	1,430
	201ᵉ	De Postel.......		20ᵉ	200
T	204ᵉ	Levraud.........		11ᵉ	1,000
R	205ᵉ	Froment.........		3ᵉ	1,082
	206ᵉ	Bailly..........		11ᵉ	2,400
R	208ᵉ	Millière.........		20ᵉ	1,614
R	209ᵉ	Coller..........		11ᵉ	1,500
L	211ᵉ	Robichon........		11ᵉ	1,154
R	213ᵉ	Lambert.........		11ᵉ	970
	214ᵉ	De Persin.......		11ᵉ	1,000
R	218ᵉ	Koëly (Nicolas)..		20ᵉ	1,134
T	219ᵉ	Didier..........		11ᵉ	1,500
R	234ᵉ	Richard.........		20ᵉ	740
	232ᵉ	Marguin.........	Gⁱᵉ	11ᵉ	934
	236ᵉ	Géraldin.........	Gⁱᵉ	11ᵉ	918
	237ᵉ	Louvain-Lenoir...	Gⁱᵉ	11ᵉ	1,009
	239ᵉ	Salandre........		3ᵉ	350
	240ᵉ	Cornemuse.......		20ᵉ	2,000
	241ᵉ	Branche.........	Gⁱᵉ	11ᵉ	1,030
	233ᵉ	Ragonneau.......		20ᵉ	436
		Total..........			75,517

De la route de Pantin à la grande rue de la Chapelle.

3ᵉ SECTEUR.
Vice-amiral BOSSE.

BASTIONS 25 A 33.

LA VILLETTE.

ARMEMENT.	BATAILLONS.	CHEFS DE BATAILLON	GÉNIE AUXILIAIRE.	ARRONDISSEMᵗˢ.	EFFECTIFS.
T	9ᵉ	Saunier.		10ᵉ	1,924
T	10ᵉ	Thorel.		10ᵉ	1,924
T	23ᵉ [1]	Brunet.		2ᵉ	1,564
T	24ᵉ	Stuber.		»	1,309
T	25ᵉ [2]	Demars.		10ᵉ	1,965
T	26ᵉ [3]	Jazerand.		»	889
T	28ᵉ [4]	Baille.		»	925
T	29ᵉ	Dubourg.		»	1,219
R	62ᵉ [5]	Boijeol.		19ᵉ	1,602
L	107ᵉ	Brunel.		»	1,630
L	108ᵉ	Villemot.		10ᵉ	1,688
L	109ᵉ	Moret.		10ᵉ	1,386
L	110ᵉ	Arnoult.		10ᵉ	1,500
R	114ᵉ	Ulrich de Fonvielle. . . .		10ᵉ	1,301
R	128ᵉ	Artault.		19ᵉ	1,931
R	137ᵉ	Baral.		10ᵉ	1,573
R	143ᵉ	Dubois.		10ᵉ	1,500
L	147ᵉ	Louis Noir.		10ᵉ	1,500
L	153ᵉ	Hevin.		19ᵉ	2,125
L	157ᵉ	De Frémicourt.		10ᵉ	1,553
R	164ᵉ	Jacquot.		19ᵉ	1,699
R	167ᵉ	Grille.		19ᵉ	1,500
	170ᵉ	Bravard.		10ᵉ	1,483
R	175ᵉ	Prodhomme.		10ᵉ	1,064
Carab.	179ᵉ	Designolle.		10ᵉ	1,552
R	186ᵉ	Journault.		19ᵉ	1,320
R	188ᵉ	Crave.		10ᵉ	1,501
R	191ᵉ	Jules Vallès.		10ᵉ	1,000
T	197ᵉ	Advenant.		19ᵉ	1,545
R	203ᵉ	Janvier.		19ᵉ	1,500
	224ᵉ	Cournet.		10ᵉ	1,547
	230ᵉ	De Chastenet.	Gⁱᵉ	19ᵉ	»
	231ᵉ	Braconnot.	Gⁱᵉ	19ᵉ	»
	238ᵉ	Dumont.	Gⁱᵉ	19ᵉ	»
	242ᵉ	Monier (pompiers).	Gⁱᵉ	10ᵉ	»
	246ᵉ	Lacroix.	Gⁱᵉ	19ᵉ	1,696
					»
		Total.			46,390

[1] Saint-Denis.
[2] Aubervilliers, la Courneuve-Dugny.
[3] Épinay, Saint-Ouen, Villetaneuse, Pierrefitte, île Saint-Denis.
[4] Pantin, Prés-Saint-Gervais, Romainville, Bobigny, Bagnolet, les Lilas.
[5] Saint-Denis.

De la grande rue de la Chapelle à la route d'Asnières.

BASTIONS 24 A 45.

4ᵉ SECTEUR.
Contre-amiral COSNIER.

MONTMARTRE.

ARMEMENT.	BATAILLONS.	CHEFS DE BATAILLON.	GÉNIE AUXILIAIRE.	ARRONDISSEMᵗˢ.	EFFECTIFS.
T.	6ᵉ	Jannin............		1ᵉ	1,983
T.	7ᵉ	Comte Martin du Nord...		1ᵉ	2,252
T	11ᵉ	Van Hoorick........		2ᵉ	1,725
T	32ᵉ	Le Roy............		18ᵉ	1,500
T	34ᵉ¹	Vabre............		»	1,182
T	36ᵉ²	Pommier..........		»	1,629
R	61ᵉ	Razoua...........		18ᵉ	1,871
R	64ᵉ	Piat..............		18ᵉ	1,740
R	77ᵉ	Langlois..........		18ᵉ	1,626
R	78ᵉ	Sauger...........		18ᵉ	1,500
R	79ᵉ	Barberet..........		18ᵉ	1,581
R	116ᵉ	Langlois..........		9ᵉ	2,616
R.	117ᵉ	Brunereau.........		1ᵉ	2,600
L	124ᵉ	Lemaitre..........		18ᵉ	1,236
R	125ᵉ	Vauthier..........		18ᵉ	1,366
R	12 ᵉ	Guichard..........		18ᵉ	1,405
L	142ᵉ	Gandy............		18ᵉ	1,214
R	152ᵉ	Bourgeois.........		18ᵉ	1,500
L.	154ᵉ	Hervé............		18ᵉ	1,443
R	158ᵉ	N................		18ᵉ	1,360
R	166ᵉ	Brunelet..........		18ᵉ	1,528
L	168ᵉ	Epardeaux........		18ᵉ	1,560
T L	169ᵉ	Blanqui...........		18ᵉ	1,360
T.	18 ᵉ	Michenaux........		18ᵉ	1,500
R	215ᵉ	Bachélery.........		18ᵉ	1,000
T	216ᵉ³	Léo..............		9ᵉ	756
	220ᵉ	Rattier...........		18ᵉ	1,391
	225ᵉ	Pecquet (vétérans)...		18ᵉ	1,516
	228ᵉ	Mayard...........		1ᵉ	1,500
L.	229ᵉ	De Pauville........		1ᵉ	1,500
	235ᵉ	Foubert...........		»	»
	245ᵉ	Hairy.............	Gⁱᵉ	18ᵉ	»
	247ᵉ	Levraud...........	Gⁱᵉ	9ᵉ	1,131
	253ᵉ	Usse..............	Gⁱᵉ	1ᵉ	1,267
	256ᵉ	Couche (bataillon du chemin de fer du Nord)....		»	»
	258ᵉ	Périer............	Gⁱᵉ	18ᵉ	»
	252ᵉ	Chassin (bataillon de l'Ile-de-France)........	Gⁱᵉ	9ᵉ	»
		Total.........			40,348

¹ Colombes, Gennevilliers, Courbevoie.
² Clichy, Levallois-Perret.
³ Bataillon du gaz.

De la route d'Asnières à l'avenue de l'Impératrice.

BASTIONS 46 A 54.

5e SECTEUR.

Contre-amiral DU QUILIO.

LES TERNES.

ARMEMENT.	BATAILLONS.	CHEFS DE BATAILLON	GÉNIE AUXILIAIRE.	ARRONDISSEM^{ts}.	EFFECTIFS.
T	2e	Koller..............		8e	1,170
T	3e	De Saint-Geniès.......		8e	1,282
T	8e	Jacob..............		2e	1,563
T	33e	Anner..............		17e	1,500
T	35e [1]	Dusiré.............		»	1,430
T	37e [2]	Francillon..........		»	1,860
L	70e	Thierry.............		1er	1,317
R	90e	Pasturin............		17e	1,646
R	91e	Marie (Alphonse).....		17e	1,686
L	92e	Roux (Philippe)......		2e	2,107
R	100e	Poisson............		2e	1,867
R	111e	Loiseau (batail. de la Poste).		»	»
L	112e	Gouband............		1er	1,392
R	113e	Philippon...........		1er	1,613
R	132e	Bousiot............		»	1,411
T S	148e	Delacour...........		2e	1,500
R	149e	Quevauvillers.......		2e	1,538
R	155e	Raullot............		17e	1,401
R	171e	Douradou..........		1er	1,043
R	181e	Noirot.............		2e	1,500
R	196e	Roger d'Epinay......		1er	4,421
R	207e	Dulau..............		17e	1,000
	222e	Catois.............		17e	1,300
	223e	Flotte.............		17e	1,457
	227e	Wemphen..........		2e	1,702
	244e	Surdrin............	G^{ie}	17e	»
		Lerude (bataillon de Rueil).		»	»
		Bousquet (bat. d'Argenteuil).		»	»
		Duinat (bat. de Versailles)..		»	»
	257e	Montarlot..........	G^{ie}	17e	1,400
	259e	Frémony...........	G^{ie}	17e	»
	260e	Pacini.............	G^{ie}	8e	»
		Total........			40,086

[1] Neuilly.
[2] Puteaux, Suresnes, Nanterre.

De l'avenue de l'Impératrice à la Seine.

6ᵉ SECTEUR.

Contre-amiral DE FLEURIOT DE LANGLE.

BASTIONS 55 A 67.   PASSY.

ARMEMENT.	BATAILLONS.	CHEFS DE BATAILLON.	GÉNIE AUXILIAIRE.	ARRONDISSEMᵗˢ.	EFFECTIFS.
T	1ᵉʳ [1]	Bertin de Vaux........		1ᵉʳ	1,138
T	4ᵉ	D'Avril..............		8ᵉ	1,401
T	5ᵉ	Vasseur.............		1ᵉʳ	1,774
T	12ᵉ	Mosneron-Dupin......		1ᵉʳ	1,863
T	13ᵉ	Prestat.............		1ᵉʳ	844
T	38ᵉ	Lavigne.............		16ᵉ	1,996
T	39ᵉ [2]	Girod...............		»	1,186
R	6ᵐᵉ	Tessier de Marguerittes....		8ᵉ	1,502
R	71ᵉ	Mauduit.............		8ᵉ	1,362
R	72ᵉ	De Brancion.........		16ᵉ	1,610
	221ᵉ	Sassary.............		8ᵉ	973
		Bataillon de Saint-Cloud...		»	250
		Bataillon de Sèvres.....		»	759
	226ᵉ	Bataillon de l'Octroi.....		»	»
		Total........			16,658

[1] Deux compagnies du ministère de la marine, composées de tous les employés, agents ou ouvriers de l'ordre civil, l'une sédentaire, l'autre de marche, sous les ordres du commandant Barré, sont attachées à ce bataillon.
Les garçons de bureau et les hommes de peine du ministère étaient rattachés à la section de pompiers de l'arrondissement.
[2] Boulogne.

De la Seine
à la route de Vanves.

BASTIONS 68 À 76.

7ᵉ SECTEUR.
Contre-amiral DE MONTAIGNAC DE CHAUVANCE.
VAUGIRARD.

ARMEMENT.	BATAILLONS.	CHEFS DE BATAILLON.	GÉNIE AUXILIAIRE.	ARRONDISSEM^ts.	EFFECTIFS.
T	15ᵉ	De Narcillac.........		7ᵉ	1,436
T	17ᵉ	De Crisenoy.........		7ᵉ	1,074
T	41ᵉ¹	Jametel.............		"	1,797
T	45ᵉ	Joute-Dumoulin......		15ᵉ	1,103
T	47ᵉ	Malbec.............		15ᵉ	1,091
L	81ᵉ	Dupré..............		15ᵉ	1,834
L	82ᵉ	Faltot..............		15ᵉ	1,526
R	105ᵉ	Rosset.............		7ᵉ	1,532
R	106ᵉ	Ibos...............		7ᵉ	1,530
R	127ᵉ	Martin.............		15ᵉ	1.500
B	131ᵉ	Pérol..............		15ᵉ	1,500
L	156ᵉ	Leclerc............		15ᵉ	1,500
R	165ᵉ	Joubert............		15ᵉ	1,438
R	178ᵉ	Bernier............		15ᵉ	1,500
	187ᵉ	Corbet.............		7ᵉ	1,180
		Total........			21,641

¹ Plessy, Issy, Vanves, Clamart, Montrouge.

De la route de Vanves à la Bièvre.

8ᵉ SECTEUR.
Contre-amiral MEQUET.

BASTIONS 77 A 86. — MONT-PARNASSE.

ARMEMENT.	BATAILLONS.	CHEFS DE BATAILLON.	GÉNIE AUXILIAIRE.	ARRONDISSEMᵗˢ	EFFECTIFS.
T	16ᵉ	De Carneville............		7ᵉ	1,000
T	18ᵉ	Richard Bérenger.......		6ᵉ	1,060
T	19ᵉ	Germa................		6ᵉ	917
T	20ᵉ	Cottu................		6ᵉ	944
T	40ᵉ [1]	Chatain..............		»	612
T	43ᵉ [2]	Huillier..............		»	1,108
T	46ᵉ	Letellier		14ᵉ	1,078
L	83ᵉ	Audbourg............		6ᵉ	1,567
T	84ᵉ	Maurice Bixio........		6ᵉ	1,522
L	85ᵉ	Colfavru.............		6ᵉ	1,408
L	103ᵉ	Laurent..............		14ᵉ	1,702
L	104ᵉ	Cassius Boyer........		14ᵉ	1,434
L	115ᵉ	Goupil...............		6ᵉ	1,315
R	136ᵉ	Brun.................		14ᵉ	1,418
L	146ᵉ	N....................		14ᵉ	1,459
L	193ᵉ	Varlin................		6ᵉ	1,500
T	202ᵉ	Massot................		14ᵉ	1,459
C P M G	217ᵉ	Martin................		14ᵉ	1,528
	243ᵉ	Chatelais (bataillon du chemin de fer de l'Ouest...	Gⁱᵉ	14ᵉ	»
	240ᵉ	De Strada...........	Gⁱᵉ	6ᵉ	1,260
		Total.........			24,2 2

[1] Arcueil, Villejuif, Vitry, Ivry.
[2] Sceaux, Châtillon, Fontenay, Bagneux, Antony, Bourg-la-Reine, Châtenay.

De la Bièvre à la Seine.

9ᵉ SECTEUR.

Contre-amiral HUGUETEAU DE CHALLIÉ.

BASTIONS 87 A 94.   LES GOBELINS.

ARMEMENT.	BATAILLONS.	CHEFS DE BATAILLON.	GÉNIE AUXILIAIRE.	ARRONDISSEM^ts.	EFFECTIFS.
T	21ᵉ	Rousseau............		5ᵉ	1,083
R	22ᵉ	Néel................		4ᵉ	1,600
T	42ᵉ	Garnier.............		13ᵉ	862
T	44ᵉ [1]	Bayvet..............		»	604
T	59ᵉ	Chapert.............		5ᵉ	1,621
T	60ᵉ	Galle................		5ᵉ	1,455
R	97ᵉ [2]	Gaudet..............		8ᵉ	843
R	98ᵉ	Raynaud............		»	1,126
R	101ᵉ	Baronnet............		13ᵉ	1,667
R	102ᵉ	Jacquelin...........		13ᵉ	1,618
L	118ᵉ	A. de Fonvielle......		5ᵉ	1,553
R	119ᵉ	Maximilien Marie....		5ᵉ	1,488
L	120ᵉ	Leprince............		13ᵉ	1,595
R	133ᵉ	Chrétien.............		13ᵉ	1,551
L	134ᵉ	Charreau............		13ᵉ	1,595
L	151ᵉ	Barbieux............		5ᵉ	1,335
R	160ᵉ	Zanote..............		5ᵉ	1,548
L	161ᵉ	Denax...............		5ᵉ	1,355
L	163ᵉ	Robert..............		5ᵉ	1,236
L	176ᵉ	Vézin...............		13ᵉ	1,322
L	177ᵉ	Gaillard.............		13ᵉ	1,459
L	184ᵉ	Bionne..............		13ᵉ	1,624
L	185ᵉ	Chartier.............		13ᵉ	1,404
	248ᵉ	Longuet	G^ic	5ᵉ	1,223
	251ᵉ	Solacroup (bataillon du chemin de fer d'Orléans)...		9ᵉ	»
		Total.........			32,737

[1] Choisy, Thiais, Orly, Chevilly, Chaillé, Fresnes, Rungis.
[2] Gentilly.

NOTE N° 2.

Affût du vice-amiral Labrousse, au 4ᵉ secteur, bastion 40.

La partie du 4ᵉ secteur comprise entre le chemin de fer de l'Ouest et la route de Saint-Ouen n'étant protégée à l'extérieur par aucune autre défense que le cours de la Seine, qui pouvait être franchie sur le pont du chemin de fer d'Asnières, on avait, dès les premières prévisions du siége de Paris, songé à créer, de ce côté des fortifications, d'importants moyens de défense : à Saint-Ouen, une batterie de pièces de marine enfilait le cours de la Seine; sur les buttes Montmartre, une batterie semblable dominait toute la plaine de Genevilliers; enfin, au bastion 40, on plaça le canon dont l'affût, inventé par le regrettable vice-amiral Labrousse, eut bientôt une vogue de curiosité et le surnom de *Joséphine*, sous lequel il attira chaque jour une foule de visiteurs.

Cette pièce est un canon de 19 centimètres en fonte frettée, monté sur un affût (chef-d'œuvre de mécanique et de simplicité) qui transforme le recul en un mouvement de descente qu'on modère à volonté à l'aide de ressorts Belleville, et qui permet au canon de se mettre à l'abri du rempart. Dans cette position, on le charge et on le pointe; quand on veut exécuter le feu, un mouvement de levier desserre les freins des ressorts, le canon se relève sans secousse, parallèlement à lui-même, en conservant mathématiquement le même pointage; il ne reste au-dessus du rempart que pendant le temps infiniment court nécessaire pour faire feu, et le recul produit par le tir le fait se rabattre sur l'affût par un mouvement résultant de la résistance des ressorts.

L'affût étant sur pivot, le pointage latéral embrasse une grande étendue d'horizon, en sorte que ce canon a tous les avantages des pièces en barbette sans en avoir aucun inconvénient : s'il n'est pas dans une position dominée, il est presque toujours défilé du feu de l'ennemi, et ses servants le sont toujours. Son feu est extrêmement rapide, parce que son chargement et son pointage sont faciles et prompts; ses mouvements de recul et en batterie sont presque instantanés. Enfin son pointage en hauteur pouvant se faire sous les plus grands angles, on atteint avec une charge relativement faible (10 kilog.) une portée de 8,200 mètres; avec la charge de 8 kilog., on a une portée de 7,200 mètres. Ces charges ont l'avantage de ne pas fatiguer le canon, et avec elles le mécanisme de l'affût se comporte parfaitement, lorsque les servants sont habitués à la manœuvre des freins.

L'armement habituel de la pièce est de quatre servants, le chef et le pourvoyeur. Le nombre d'hommes destinés à approvisionner la pièce dépend de la distance de la poudrière et de la rapidité du tir.

C'est pour répondre à ces divers besoins et aux non-valeurs qu'il faut prévoir, lorsque des hommes passent tout un hiver sous la tente, que le détachement affecté au service du canon de M. le contre-amiral Labrousse avait été composé de 15 matelots et 3 chefs de pièce.

Cet affût a été inventé pour les canons enfermés dans les tourelles des navires ; il peut se mettre ainsi dans des tourelles fixes et tirer en barbette sans exposer ni le canon ni les servants.

Il est, en outre, applicable à toute pièce d'artillerie de rempart et donne l'avantage d'un champ de tir embrassant un grand horizon en conservant la pièce généralement abritée et n'exposant jamais son équipage. Il permet de manœuvrer les plus gros canons avec très-peu d'hommes. Son seul inconvénient est de ne pas être portatif.

Le rôle de ce bel engin de guerre a malheureusement été nul pendant le siége de Paris. On sait, en effet, que les efforts des Prussiens ne se sont pas portés sur le côté nord-ouest des fortifications.

Lors de la capitulation de Paris, cet affût fut soigneusement déposé au dépôt des cartes et plans, rue de l'Université. Pendant la Commune, la *Joséphine* fut réinstallée au bastion 40 et servit contre nos troupes dans les combats livrés à Asnières.

Par les soins de la Direction de l'artillerie de la marine, l'affût et le canon ont été enfin envoyés à Cherbourg.

NOTE N° 3.

Arrêté concernant l'organisation du service administratif de la division des marins détachés à Paris.

Les marins appelés à Paris pour armer les forts seront considérés comme embarqués, afin de les mettre à même d'obtenir les avancements en grade et en classe qu'ils pourraient mériter.

Dans ces conditions, chaque bataillon devra s'administrer comme s'il était un bâtiment annexe du *Louis XIV*, et sera distingué par un numéro d'ordre que lui donnera le vice-amiral commandant en chef.

Le numéro sera porté sur la couverture extérieure et en tête du rôle d'équipage et autres registres, ainsi que sur toutes les pièces de comptabilité, avec l'indication suivante :

DIVISION DES MARINS DÉTACHÉS A PARIS.

Vaisseau le Louis XIV, *comptant au port de Toulon.*

ANNEXE N° ...

Les états-majors généraux, les officiers et agents non compris dans les cadres des bataillons, figureront sur un rôle spécial que tiendra le sous-commissaire, secrétaire du chef du service administratif.

Le conseil d'administration sera composé de l'officier supérieur commandant le bataillon, du plus ancien capitaine de compagnie et de l'aide commissaire trésorier.

Les officiers, officiers-mariniers et marins, et agents divers voyageant en corps ou en détachement, seront inscrits sur les rôles d'équipage à partir du jour où ils auront cessé de compter pour la solde aux divisions des équipages de la flotte.

Ceux expédiés isolément des ports seront portés sur lesdits rôles à compter de la date de leur cessation de payement dans le port, par suite de leur mise en route sur Paris.

Ceux désignés de Paris même le seront à partir de la date de leurs ordres individuels de service.

La solde à la mer et la ration journalière en rade seront allouées à tout le personnel composant la division des marins.

Les officiers des différents corps attachés aux états-majors généraux jouiront de la solde dite d'état-major général.

Les officiers de tous les grades, ainsi que les premiers-maîtres, les maîtres et les commis aux vivres comptables recevront en outre les indemnités de séjour déterminées par le décret du 12 janvier 1870.

Les indemnités courront, pour ceux envoyés des ports, à partir du jour de leur arrivée dans la capitale; pour ceux déjà présents à Paris, d'après la date de l'ordre de service les attachant à la division des marins.

Chaque trésorier de bataillon recevra un supplément mensuel de 33 fr. 33 c., taux de l'allocation déterminée par le tarif n° 9 du décret du 15 août 1856, annexé au décret du 19 octobre 1851 pour les officiers d'administration des frégates à hélice de premier rang.

Les frais de bureau seront ainsi réglés :

50 fr. par mois aux chefs d'état-major et aux chefs de service administratif.

30 fr. aux capitaines de vaisseau commandant les forts, aux premiers aides de camp des contre-amiraux et aux sous-commissaires détachés près de ces officiers généraux.

25 fr. à chaque officier supérieur commandant un bataillon et à chaque aide commissaire trésorier.

10 fr. à chaque médecin-major de bataillon.

5 fr. à chaque commis aux vivres, comptable d'un bataillon.

Les officiers-mariniers, quartiers-maîtres et marins brevetés des diverses spécialités jouiront des suppléments de fonctions qui leur reviendraient d'après les décrets en vigueur, s'ils étaient effectivement embarqués.

Il ne sera toutefois alloué aux gabiers brevetés à titre définitif de 1re et de 2e classe, que les suppléments journaliers de 0 fr. 25 et 0 fr. 20 prévus à l'article 7 du décret du 11 mai 1866.

Le vaguemestre attaché à chaque état-major général recevra un supplément de 0 fr. 50 par jour. Celui de chaque bataillon touchera 0 fr. 40.

Les plantons, dont le nombre devra être fixé par le vice-amiral commandant en chef au chiffre strictement nécessaire pour assurer le service, toucheront un supplément de 0 fr. 25 par jour.

Il sera accordé dans chaque compagnie un nombre de suppléments facultatifs de 0 fr. 10 qui ne devra jamais dépasser le taux de 10 pour 100 des marins sans spécialité. Les fractions seront négligées.

Les états mensuels de payement devront être remis à la direction des services administratifs, le 25 de chaque mois au plus tard, et expédiés d'urgence dans chaque bureau compétent.

Le commissaire chef du service administratif de la division adressera le 20 de chaque mois au chef du bureau de la solde un aperçu de la dépense mensuelle.

Un fond de prévoyance, imputable sur le chapitre 18 et s'élevant à *cinq mille francs* au maximum, sera immédiatement mis à la disposition du plus ancien des aides commissaires détachés dans chacun des forts, afin de pourvoir à l'achat, par économie, des rafraîchissements de malades nécessaires aux ambulances, tels que poules, oranges, citrons, œufs, lait, etc. Seront également acquittés au moyen de ce fonds :

1° Toutes les menues dépenses de matériel ordonnées par le commandant en chef.

2° Les dépenses de solde et de frais de route des officiers-mariniers, marins et agents divers incorporés dans les bataillons, qui recevant *individuellement* l'ordre de quitter la division dans le courant du mois et de *voyager isolément*, seraient ainsi dirigés des forts sur les diverses gares de chemin de fer sans avoir besoin de venir au ministère pour se faire expédier.

3° Celles relatives aux frais extraordinaires de voitures, d'omnibus, etc., que nécessiteraient les services urgents et prescrits par les autorités que désignera à cet effet le vice-amiral commandant en chef.

Ces diverses dépenses seront l'objet de régularisations successives au moyen de pièces comptables qui seront remises au bureau compétent du ministère par les soins du chef du service administratif de la division.

Le vice-amiral commandant en chef,
Signé : DE LA RONCIÈRE-LE NOURY.

Approuvé :
Le ministre de la marine et des colonies,
Signé : Amiral RIGAULT DE GENOUILLY.

Paris, 19 août 1870.

NOTE N° 4.

Note concernant l'artillerie sur wagons blindés employés par la défense de Paris contre l'armée allemande.

Au commencement du mois d'octobre, le comité de défense de Paris fut saisi de la question de l'emploi de l'artillerie portée sur des wagons blindés et se mouvant sur les chemins de fer rayonnant de la capitale.

M. Solacroup, directeur des travaux de la Compagnie du chemin de fer d'Orléans, et M. Delannoy, ingénieur de cette même compagnie, vinrent ensemble, présentés par le gouverneur de Paris, exposer au comité la pensée qu'ils avaient eue, qu'on pourrait utilement employer sur la ligne du chemin de fer d'Orléans, pour attaquer les positions de l'ennemi devant Choisy-le-Roi, deux canons de gros calibre portés sur une plate-forme reposant sur deux trucks marchant côte à côte sur les deux voies de la route. Cette plate-forme devait porter à l'avant un masque solide formant comme l'épaulement d'une batterie pour abriter dans cette direction les deux canons et leurs servants.

Pour attaquer Choisy-le-Roi, cet appareil devait se placer dans une partie de la voie ferrée qui est en déblai, ce qui l'eût mis à l'abri des coups latéraux.

Il devait être amené à son poste de combat au moyen de chevaux qui l'eussent poussé devant eux, agissant sur des brancards appliqués à l'arrière.

L'examen de cette proposition fit ressortir les difficultés qu'on éprouverait à faire marcher côte à côte sur les deux voies les deux trucks portant la plate-forme des canons, même en ne fixant cette plate-forme qu'à l'un des trucks et la laissant glisser sur l'autre pour obvier aux variations de distance des voies entre elles, cette disposition limitant d'ailleurs à des cas très-particuliers l'emploi d'un appareil de ce genre.

A la suite de la discussion qui survint dans le sein du comité de défense sur cette question, M. Dupuy de Lôme, membre de ce comité, inspecteur général du génie maritime en retraite, fut chargé de dresser les plans de wagons cuirassés pour canons et de faire exécuter le plus tôt possible ces plans appropriés à un service plus général sur les voies ferrées autour de Paris et présentant des dispositions que nous allons décrire sommairement. M. le général d'artillerie de marine Frébault, également membre de ce comité, fut chargé de faire exécuter des affûts spéciaux combinés pour le service de ces wagons.

Le vice-amiral commandant en chef fut en même temps chargé d'organiser le personnel d'officiers de marine et de matelots canonniers qui auraient à faire fonctionner cette artillerie.

Les plans ainsi dressés pour les wagons cuirassés porte-canons sont de deux sortes, présentant des dispositions principales différentes.

Le premier plan, comme le second, ont cela de commun que le wagon marche sur une seule voie et ne porte qu'une seule pièce d'artillerie; mais pour l'un, la caisse cuirassée qui protége le canon et les servants, ainsi que les essieux et les roues du wagon, forme un parallélipipède fixe. Son canon fonctionne sur un châssis à pivot central et tire en barbette par-dessus la muraille cuirassée; enfin le châssis à pivot ne pouvant faire un tour complet entre les murailles latérales, le pointage est limité à 30 degrés de chaque côté de la tangente à la direction de la voie ferrée.

Dans l'autre plan, la caisse cuirassée se compose de deux parties superposées; la partie inférieure enveloppe les trucks, les essieux et les roues, et descend même pour protéger ces dernières aussi bas que possible, de façon toutefois à éviter les trottoirs existant sur les côtés de la voie et qu'on ne pouvait pas aller partout détruire à l'avance; puis la partie supérieure de la caisse cuirassée qui contient le canon tourne autour d'un pivot central au-dessus de la caisse fixe du dessous.

La partie tournante est mise en mouvement par deux servants placés à l'intérieur, de chaque côté du canon, et qui la font jouer au moyen d'un pignon en fer s'engrenant avec une crémaillère circulaire également en fer, incrustée dans le dessous du caisson fixe. Avec cette disposition, le canon a sa volée dans une embrasure étroite et haute qui ne permet que le pointage vertical. Le pointage horizontal dans une direction quelconque illimitée est obtenu par le mouvement même de la caisse à pivot.

Pour mettre en mouvement ces wagons porte-canons, M. Dupuy de Lôme proposa de faire construire en même temps un moteur spécial cuirassé. Les locomotives existantes ne pouvaient recevoir une cuirasse efficace sans conduire à un poids total incompatible avec la force de résistance des rails. Il proposa comme moyen de circonstance de monter sur deux trucks une locomobile, en mettant son arbre en communication au moyen de deux chaînes articulées avec les essieux des roues des trucks; puis en enveloppant le tout par une caisse de bois cuirassée comme les wagons porte-canons; en y ajoutant même au-dessus de la cuirasse de la chaudière un plafond horizontal cuirassé n'ayant d'autre ouverture que le passage de la cheminée, la face arrière du caisson restant ouverte comme pour les wagons porte-canons.

Deux wagons porte-canons du premier système à caisse fixe, et deux autres à caisse tournante du second système, enfin une locomotive cuirassée improvisée comme il vient d'être dit, furent entrepris au mois d'octobre et exécutés en moins d'un mois sous la direction de M. Dupuy de Lôme, par MM. Solacroup et Delannoy, de la Compagnie d'Orléans, et par M. Claparède, constructeur-mécanicien à Saint-Denis, qui mirent à ce travail la plus grande activité.

Voici les dimensions principales et les poids de ces engins :

1° Wagon cuirassé a murailles fixes, portant un canon rayé de la marine de $0^m,14$ tirant en barbette.

Longueur totale du coffre blindé.	5ᵐ830
Largeur totale du coffre blindé en dehors des cuirasses.	3,190
Longueur intérieure sur la plate-forme.	5,485
Largeur intérieure au dedans des murailles latérales. .	2,500
Hauteur de la muraille cuirassée au-dessus de la plate-forme.	1,400
Distance du bas de la muraille cuirassée au-dessus des rails.	0,300
Épaisseur du massif en chêne de la muraille.	0,290
Épaisseur de la cuirasse en fer.	0,055
Angle de pointage du canon (total des deux bords), 60 degrés.	

Poids.

Truck à huit roues.	6,800 kilogr.
Muraille en bois, plate-forme, chevillage compris.	11,050 —
Cuirasse avec vis à bois.	15,615 —
Fargues latérales en tôle au-dessus des murailles.	470 —
Bâche de recouvrement en fer, tôle ou toile. .	355 —
Canon, son affût à châssis, caisson en tôle et les munitions pour 92 coups.	7,350 —
11 hommes.	880 —
Poids total du wagon armé.	42,520 kilogr.

2° Wagon cuirassé avec caisses a pivot, portant un canon rayé de la marine de $0^m,16$.

Longueur totale du wagon cuirassé tournant.	5ᵐ050
Longueur totale en dedans de la muraille-avant. . . .	4,750
Long. des caissons tournants { en dehors des murailles.	3,100
{ en dedans des murailles.	2,500
Longueur totale du caisson cuirassé fixe.	5,050
Largeur totale du caisson en dehors.	3,100
Hauteur de la muraille cuirassée au-dessus de la plate-forme.	1,600
Distance de la muraille cuirassée au-dessus des rails. .	0,300
Épaisseur du bois de chêne massif de la muraille. . . .	0,250
Épaisseur de la cuirasse en cinq tôles superposées. . .	0,050
Angle du pointage du canon. — Tout l'horizon.	

Poids.

Truck à six roues sans les murailles cuirassées.	6,250	kilogr.
Murailles en bois et plate-forme.	12,070	—
Pivot, crémaillères, pignons, treuils.	670	—
Cuirasse et vis à bois.	14,560	—
Canon de 0^m,16, affût, caisson et approvisionnements pour 70 coups.	7,845	—
Bâche de recouvrement.	355	—
13 hommes.	1,040	—
Poids total du wagon armé.	42,790	kilogr.

3° LOCOMOTIVE BLINDÉE.

Longueur totale en dehors de la muraille cuirassée.	5^{m}050
Longueur totale en dedans de la muraille cuirassée.	4,750
Largeur { en dehors des murailles cuirassées.	3,100
{ en dedans des murailles cuirassées.	2,500
Hauteur totale de la muraille cuirassée.	2,900
Distance du bas de cette muraille au-dessus des rails.	0,300
Hauteur totale du caisson au-dessus des rails.	3,210
Saillie de la cheminée au-dessus du plafond.	0,900
Épaisseur du bois de chêne massif de la muraille des côtés.	0,050
Épaisseur de la cuirasse en fer de ces murailles.	0,050
Épaisseur du bois de chêne massif du plafond.	0,150
Épaisseur de la cuirasse en fer du plafond.	0,020
Puissance de la machine en chevaux de 75 kilogrammètres. — 48 chevaux.	
Nombre de cylindres. — 2.	
Diamètre du cylindre.	0,250
Courbe de leurs pistons.	0,300
Nombre de tours par minute. — 110 tours.	
Nombre de tours correspondants pour les roues motrices. — 36 tours et demi.	
Vitesse à cette allure.	6,785

Poids.

Châssis à 3 roues, sans les murailles cuirassées.	7,250	kilogr.
Bois de chêne des murailles et chevillage.	10,930	—
Cuirasse et vis à bois.	16,900	—
Machine, transmission, eau et charbon.	10,140	—
2 mécaniciens.	160	—
Poids total de la locomotive en service.	45,380	kilogr.

Pour obtenir plus de vitesse que n'en pouvait procurer cette locomotive de faible puissance attelée à des wagons cuirassés du poids précité, il avait été aussi entendu qu'on les conduirait près du lieu d'action au moyen d'une locomotive ordinaire attelée de la manière suivante :

On placerait deux wagons cuirassés près l'un de l'autre, mais chacun sur une voie différente du chemin, l'un un peu en avant de l'autre, en les reliant ensemble par des amarrages. Le wagon placé en arrière serait celui roulant sur la voie du côté par lequel on aurait à craindre le feu de l'ennemi; la locomotive serait placée sur l'autre voie à côté de ce wagon, en arrière du premier. De cette façon, elle serait protégée de l'avant par un wagon cuirassé et de côté par l'autre.

NOTE N° 5.

Torpilles.

L'emplacement de ces torpilles déterminé de concert avec l'officier du génie du fort, le commandant Lefort se mit à l'œuvre avec un petit nombre d'officiers de vaisseau et de matelots qui furent spécialement affectés à ce service.

Des essais furent faits, entre autres à Noisy. Dans la torpille ainsi essayée, l'explosion fut instantanée, et tous les officiers présents furent unanimes à mettre leur confiance dans cet engin puissant. La charge de 100 kilogrammes de poudre fut trouvée trop forte. Elle avait été exagérée un peu pour parer à la diminution de force résultant forcément de l'humidité après les premières pluies et un séjour prolongé sous terre, malgré toutes les précautions de mise en place : puisard dans le fond pour recevoir les eaux de pluie, lits de paille et bâtis en bois pour supporter les barils de poudre dans une position inclinée, de façon à ne point leur faire toucher la terre.

On forma les hommes et on les instruisit pour arriver à faire sauter sans hésitation, avec sang-froid et au moment opportun, les mines construites autour des forts.

On fit également à Noisy des essais de torpilles à pression. Cette torpille se compose d'une boîte en fonte chargée de poudre et d'une étoupille. On creuse dans l'emplacement choisi un trou de 10 centimètres, on y place la boîte, dont on enlève le bouchon pour y mettre l'étoupille. L'étoupille se compose d'un tube en cuivre contenant du fulminate dans une gaîne de caoutchouc

NOTES.   573

Effet produit par une torpille de Noisy, portant 600 *pavés de moyenne dimension, déplaçant* 4 *mètres cubes et couverts de* 1 *mètre de terre.*

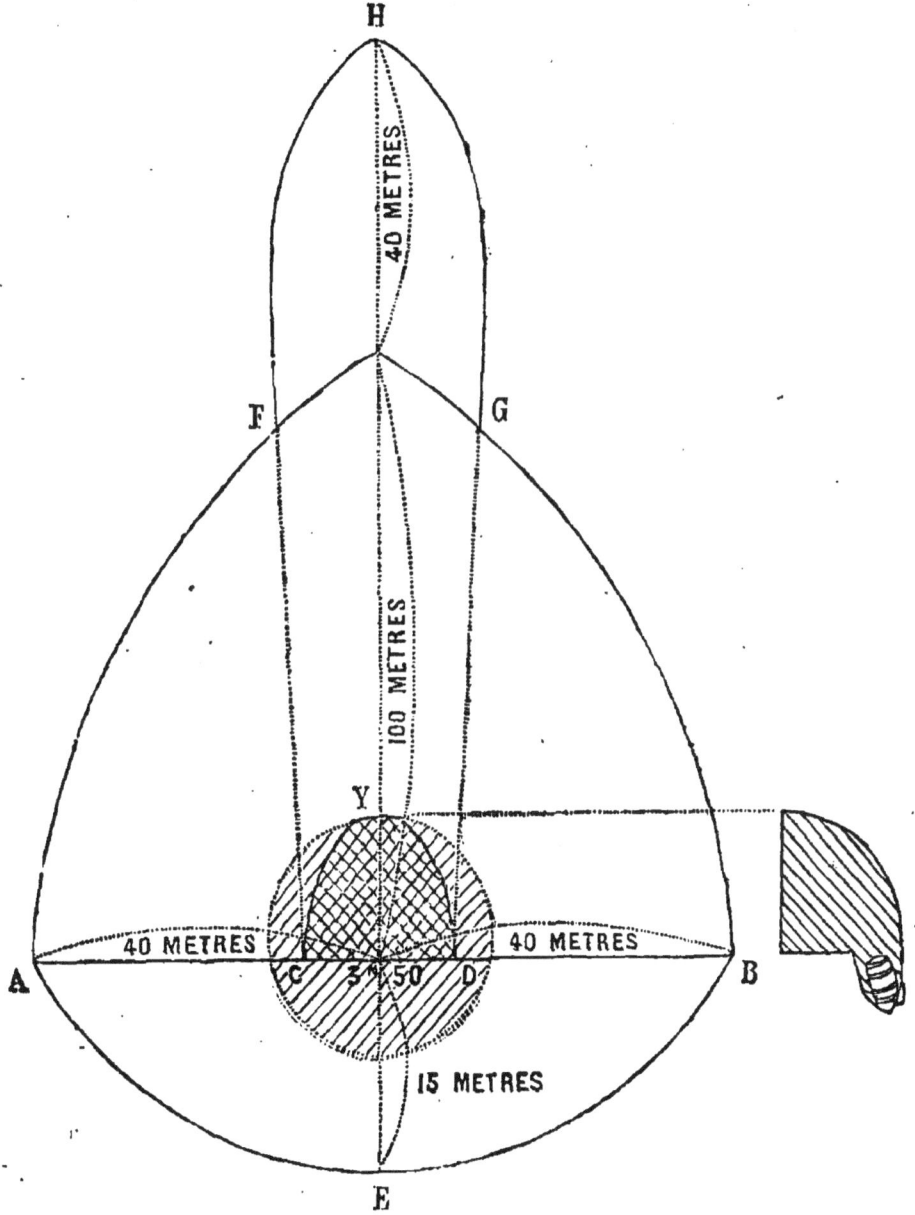

PROJECTION HORIZONTALE.

C D Y, trou primitif en projection horizontale. Autour de C D, le pointillé indique le terrain remué par l'explosion. En A E B, une vingtaine de pavés et de mottes de terre ont été projetés horizontalement, en arrière de la direction de la torpille. En A F G B, plus de cinq cents pavés sont lancés horizontalement en avant. En F H G, environ soixante pavés sont également lancés horizontalement et sont enfoncés d'un pied dans la terre. En hauteur, la gerbe a lancé de la terre à trente mètres en l'air et des pierres à vingt mètres.

et d'une tige en fer. Cette tige en fer est mise dans la gaine de manière qu'elle s'y appuie sans pression. On mastique ensuite la jonction pour l'humidité. L'étoupille est alors mise en place avec précaution. On recouvre le tout légèrement de terre. A la première pression du pied, la torpille éclate. Ces torpilles sont fort dangereuses, et ne peuvent être employées que dans des cas définis, par exemple sur un point où on sait sûrement que l'ennemi va venir, ou sur un chemin qu'il fréquente exclusivement. Et encore dans le cas où l'ennemi en ferait éclater une, il pourrait en rester dont nos soldats seraient ensuite victimes. L'idée est ingénieuse; mais les éclats ne sont pas très-grands et l'étoupille est trop sensible.

Note sur les torpilles établies aux approches de l'enceinte fortifiée de la rive gauche. 7ᵉ, 8ᵉ et 9ᵉ secteur.

(Le génie militaire établit lui-même les torpilles de l'enceinte fortifiée de la rive droite).

D'après une décision du conseil de défense, prise sur l'initiative de M. Dupuy de Lôme, inspecteur général du génie maritime en retraite, les abords de l'enceinte fortifiée durent être protégés par des torpilles, réparties le long des principales voies donnant accès à la place.

La direction du génie désigna les points à défendre et l'état en fut arrêté à la date du 10 septembre. M. Dupuy de Lôme se chargea de faire exécuter les travaux et confia ce soin à quelques ingénieurs de la marine qui se trouvaient à Paris sans occupation. Les travaux furent entrepris de suite et conduits avec la plus grande activité; attaqués sur tous les points à la fois, sur un développement de 14 kilomètres, ils étaient en voie d'achèvement, et les torpilles prêtes à fonctionner sur toute la ligne, à la date du 29 septembre; à partir de cette époque, il n'y avait plus que quelques installations de détail à perfectionner, et tout le travail était complétement terminé le 5 octobre.

Les torpilles ou fougasses électriques consistaient en des charges de poudre enfouies sous terre, dont on déterminait l'explosion au moyen d'une décharge électrique fournie par une pile d'Arras manœuvrée dans un poste situé à l'intérieur de l'enceinte. Les torpilles étaient réparties sur trois zones : la première à la place d'armes des redans établis devant les postes, la deuxième à 150 mètres et la troisième à 300 mètres environ de l'enceinte; elles étaient au nombre de 41 en tout, réparties aux approches des différentes portes des trois secteurs; elles contenaient en totalité 18,000 kilogrammes de poudre; les fils électriques d'un même groupe venaient se réunir dans un poste qui renfermait les piles correspondant à chaque fougasse et soigneusement numérotées. Ce poste fermé à clef était sous la garde d'un agent spécial chargé de déterminer l'explosion au moment voulu et au commandement qui lui serait donné.

Après quelques tâtonnements, l'organisation qui a semblé donner les meilleures garanties pour la surveillance, l'entretien et la mise en œuvre des torpilles a été la suivante : dans chaque secteur, un ingénieur a été chargé de la surveillance journalière de tous les postes de ce secteur, et à chaque poste a été attaché un surveillant pris parmi les simples soldats des compagnies de douaniers casernés dans chaque secteur; tous les jours, l'ingénieur chargé du secteur faisait une ronde pour vérifier l'état des courants et s'assurer de la présence des gardiens.

Grâce à cette précaution, et malgré la longueur du siége et toutes les causes défavorables qui en ont résulté, les torpilles ont été maintenues en état jusqu'au dernier moment; on a pu rétablir les amorces altérées par l'humidité, circonstance qui se signalait par l'interruption du courant, ou réparer les fils conducteurs coupés par les projectiles ennemis, comme cela s'est produit au 6e secteur, bastion 68.

Enfin, circonstance qu'il est bon de noter, dans une opération aussi délicate que la manœuvre des torpilles, on n'a eu aucun accident à déplorer, soit pendant leur établissement, soit pendant tout le temps qu'elles ont été maintenues en état de fonctionner.

NOTE N° 6.

POINTS VUS DU FORT DE ROMAINVILLE.

	Mètres.
1 Clocher de Sarcelles.	12,700
2 Tour du parc d'Écouen (observatoire prussien).	15,000
3 Château d'Ecouen (quartier général prussien).	15,500
4 Clocher de Belloy.	23,500
5 Clocher de Villiers-le-Bel.	14,000
6 Clocher de Dugny.	8,000
7 Station du Bourget-Drancy.	5,100
8 Butte de Mareil-lez-Louvres.	21,000

		Mètres.
9	Clocher de Bouqueval.	15,800
10	Clocher du Bourget.	6,000
11	Butte de Chatenay-lez-Louvres.	20,500
12	Clocher de Gonesse.	11,500
13	Pont du chemin de fer de Creil.	15,400
14	Pont-Iblon.	8,200
15	Batterie prussienne de Pont-Iblon.	9,200
16	Station de Goussainville.	16,000
17	Clocher de Puiseux.	21,000
18	Ferme de la Malmaison (Gonesse).	11,200
19	Moulin de Puiseux.	20,500
20	Clocher de Goussainville.	14,800
21	Moulin de Marly.	22,500
22	Ferme de Drancy.	3,700
23	Ferme de la Grange des Noues.	16,800
24	Clocher du Thillay.	13,500
25	Clocher de Marly.	22,600
26	Batterie prussienne.	9,200
27	Patte d'oie de Gonesse.	11,600
28	Station de Louvres.	20,000
29	Clocher de Drancy.	4,400
30	Pont de Moleret.	6,000
31	Passage à niveau de Drancy (chemin de fer de Soissons).	5,600
32	Château de Blancmesnil.	7,600
33	Chapelle de la butte de Montmélian.	25,000
34	Clocher de Vémars.	23,400
35	Clocher de Roissy.	14,700
36	Maison de la route des Petits-Ponts.	4,500
37	Batterie prussienne.	8,300
38	Passage à niveau de Groslay.	6,000
39	Ferme de Groslay.	5,250
40	Batterie prussienne.	8,200
41	Troisième passage à niveau (chemin de fer de Soissons).	6,700
42	Clocher d'Aulnay-lez-Bondy.	8,300
43	Passage à niveau de la route des Petits-Ponts.	7,000
44	Clocher du Tremblay.	14,500
45	Clocher de Villepinte.	12,000
46	Batterie prussienne d'Aulnay.	7,400
47	Passage à niveau de la Nonneville.	7,250
48	Clocher de Dammartin.	27,000
49	Ferme de la Nonneville.	6,500
50	Clocher de Saint-Mard.	26,000
51	Ferme de Fontenay avec cheminée (Sevran).	8,700
52	Clocher de Mitry.	18,000
53	Maison verte du Petit-Noisy.	3,900
54	Usine de la voirie de Bondy.	6,100
55	Village de Monthion.	28,000
56	Tour de Vaujours (observatoire prussien).	12,000

NOTES.

POINTS VUS DU FORT DE NOISY.

		Mètres.
1	Ferme du Petit-Drancy.	4,000
2	Église de Bobigny.	2,550
3	Clocher du Bourget.	6,300
4	Clocher de Drancy.	4,300
5	Clocher de Gonesse.	11,600
6	Passage à niveau de Drancy (chemin de fer de Soissons).	5,400
7	Maison de la route des Petits-Ponts.	4,100
8	Pont du Moleret.	5,800
9	Patte d'oie de Gonesse.	11,400
10	Château de Blancmesnil.	7,300
11	Passage à niveau au-dessus de la ferme de Groslay.	5,600
12	Ferme de Groslay.	4,600
13	Batterie prussienne.	7,600
14	Chapelle de la butte de Montmélian.	25,000
15	3e Passage à niveau (chemin de fer de Soissons).	5,850
16	Batterie prussienne.	7,100
17	Passage à niveau de la route des Petits-Ponts.	6,100
18	Clocher d'Aulnay-lez-Bondy.	7,100
19	Ferme de Savigny.	8,100
20	Maison verte du Petit-Noisy.	2,800
21	Batterie prussienne d'Aulnay.	6,300
22	Maison du passage à niveau de la Nonneville.	6,300
23	Ferme de la Nonneville.	5,400
24	Ferme de Fontenay avec cheminée (Sevran)	7,600
25	Clocher de Dammartin.	25,000
26	Clocher de Sevran.	8,400
27	Usine de la voirie de Bondy.	4,800
28	Clocher de Bondy.	3,100
29	Maison à deux toits.	3,650
30	Barricade prussienne du pont de la Poudrette.	4,100
31	Clocher de Mitry	17,000
32	Maison sur la route de Metz.	4,000
33	Village de la voirie de Bondy ou des onze maisons.	4,300
34	Maisons du garde de l'avenue de Raincy.	4,250
35	Cimetière de Bondy.	3,200
36	Maison grise de l'avenue du Raincy	4,300
37	Route de Metz (éclaircie).	4,800
37 bis	Station de Bondy.	2,400
38	Clocher de Livry.	8,300
39	Maison rouge de l'avenue du Raincy.	4,600
40	Ouvrages prussiens de Livry. . . . . . . 7,800 et	8,200
41	Tour de Vaujours (observatoire prussien).	10,500
42	Château Sévigné (ancienne abbaye).	7,200
43	Tente prussienne près de Clichy-sous-Bois.	7,900
44	Tournant de la route de Livry à Clichy-sous-Bois.	7,600
45	Pavillon de Clichy.	8,000

		Mètres.
46	Maison blanche couverte en zinc, du Raincy	4,150
47	Village de Clichy-sous-Bois	7,700
48	Usine de la porte de Livry	6,000
49	Église du Raincy	5,600
50	Maison Chartier, à Clichy	7,700
51	Écuries anglaises du Raincy	5,300
52	Maison Mathieu (brûlée)	3,700
53	Poste prussien du Raincy	5,100
54	Pont détruit du chemin de fer de Strasbourg (au Raincy)	3,500
55	Maison n° 1 du Raincy	4,950
56	Maison n° 2 du Raincy	5,000
57	Maison n° 3 du Raincy	5,050
58	Ancien chenil du Raincy avec tourelles	4,850
59	Institution Charlemagne	4,450
60	Station du Raincy	4,500
61	Cheminée de la plâtrière du Petit-Raincy	5,600
62	Bâtiment de la plâtrière	5,550
63	Maison blanche de Gagny	6,000
64	Château Marchand (à Villemomble)	3,800
65	Clocher de Gagny	6,200
66	Station de Gagny	5,600
67	Angle sud-ouest de la propriété Marchand	3,400
68	Plâtrière de Villemomble	4,000
69	Cimetière de Villemomble	4,100
70	Château de l'Aunay	5,100

POINTS VUS DU FORT DE ROSNY.

1	Ferme de Groslay	5,900
2	Passage à niveau au-dessus de Groslay	6,800
3	Château de Blancmesnil	8,600
4	Troisième passage à niveau (chemin de fer de Soissons)	6,800
5	Clocher de Bondy	3,600
6	Passage à niveau de la route des Petits-Ponts	6,850
7	Ferme de la Nonneville	6,050
8	Batterie prussienne d'Aulnay	7,100
9	Cimetière de Bondy	3,500
10	Clocher d'Aulnay-lez-Bondy	7,800
11	Maison à deux toits	4,000
12	Barricade du pont de la Poudrette	4,400
13	Maison de la route de Metz	4,250
14	Village de la voirie de Bondy	4,500
15	Maisons de garde de l'avenue du Raincy	4,350
16	Maison grise de l'avenue du Raincy	4,300
17	Clocher de Villepinte	11,400
18	Clocher du Tremblay	13,700
19	Village de Sevran	8,500
20	Maison rouge de l'avenue du Raincy	4,250
21	Maison Mathieu (brûlée)	3,050

NOTES. 579

		Mètres.
22	Pont détruit du chemin de fer de Strasbourg.	2,800
23	Clocher de Mitry.	16,800
24	Clocher du Raincy.	4,800
25	Ouvrages prussiens de Livry. . . . . . . 7,200 et	7,600
26	Poste prussien du Raincy.	4,100
27	Première maison du Raincy.	4,000
28	Tour de Vaujours (observatoire prussien).	10,000
29	Château Marchand (à Villemomble).	2,500
30	Deuxième maison du Raincy.	4,000
31	Troisième maison du Raincy.	4,000
32	Ancien chenil du Raincy avec tourelles.	3,700
33	Station du Raincy.	3,350
34	Vieux château de Villemomble.	2,100
35	Cheminée de la plâtrière du Petit-Raincy.	4,250
36	Bâtiment de la plâtrière (poste prussien).	4,200
37	Barricade du chemin de fer (à la montagne Savard).	3,700
38	Retranchements prussiens devant la maison Guyot.	5,700
39	Maison Guyot (à Gagny).	5,800
40	Château de l'Aunay.	3,500
41	Station de Gagny.	4,000
42	Clocher de Gagny.	4,650
43	Clocher de Saint-Thibault.	16,000
44	Village de Gournay.	7,500
45	Barricade de Ville-Évrard.	5,300
46	Cimetière de Neuilly-sur-Marne.	4,000
47	Clocher de Torcy.	13,500
48	Clocher de Ville-Évrard (asile d'aliénés).	5,600
49	Clocher de Champs.	9,700
50	Barricade prussienne de Neuilly-sur-Marne.	4,750
51	Clocher de Neuilly-sur-Marne.	4,400
52	Clocher de Noisy-le-Grand.	5,700
53	Épaulements prussiens de Noisy-le-Grand	5,350
54	Château neuf de Noisy-le-Grand.	5,650
55	Église de Val-Plaisance.	2,750
56	Maison à tourelles de Brie-sur-Marne.	4,700
57	Cheminée de la plâtrière de Neuilly-sur-Marne.	3,400
58	Cimetière de Villiers-sur-Marne.	6,300
59	Quartier général prussien de Villiers-sur-Marne.	6,500
60	Cimetière de Brie-sur-Marne.	5,000
61	Château Devinck.	4,750

POINTS VUS DU FORT D'IVRY.

1	Clocher de Joinville-le-Pont.	5,800
2	Château de Villiers-sur-Marne.	11,000
3	Clocher de Villiers-sur-Marne.	11,300
4	Premier four à chaux de Champigny.	9,200
5	Pont par-dessus le chemin de fer de Mulhouse.	10,500
6	Station de Villiers-sur-Marne.	11,200

		Mètres.
7	Clocher de Saint-Maur-les-Fossés.	6,000
8	Maison blanche de la Lande.	12,200
9	Observatoire prussien de Cœuilly.	9,800
10	Maison du haut de Champigny (dite des Chevris).	9,800
11	Maison de Chennevières (à l'angle du chemin de Cœuilly).	10,400
12	Clocher de Maisons-Alfort.	3,000
13	Clocher de Chennevières.	10,000
14	Maison Casenave (état-major prussien).	9,700
15	Clocher de Créteil.	5,200
16	Plâtrière de la butte d'Ormesson.	10,100
17	Château de Sucy-en-Brie.	10,000
18	Clocher de Sucy-en-Brie.	10,000
19	Premier retranchement prussien de Mesly.	6,000
20	Réservoir de Sucy.	10,000
21	Deuxième retranchement prussien de Mesly.	6,200
22	Plâtrière du Mont-Mesly.	6,500
23	Hameau de Mesly.	5,600
24	Château du Piple.	8,500
25	Clocher de Boissy Saint-Léger.	8,500
26	Maison du passage à niveau du chemin de fer de Lyon (barricade prussienne).	3,700
27	Montagne de Boissy Saint-Léger (route de Paris à Bâle).	8,000
28	Grande maison de Brévannes.	9,200
29	Carrefour Pompadour.	4,600
30	Vert de Créteil.	3,800
31	Fermes de la Tour (6,000) et de l'Hôpital.	5,800
32	Clocher de Limeil.	9,200
33	Château de la Grange (Yères).	11,200
34	Clocher de Valenton.	8,100
35	Maison du passage à niveau du chemin de fer de Lyon.	5,600
36	Pavillon de Valenton.	8,000
37	Pavillon du Mont-Griffon (Yères).	11,000
38	Remise de locomotives de la gare de formation du chemin de fer de Lyon.	6,800
39	Réservoir de Villeneuve-Saint-Georges (ancien moulin).	9,400
40	Château de Beauregard.	9,400
41	Ferme Dubois (Vitry).	1,500
42	Station de Villeneuve-Saint-Georges.	8,900
43	Gare-aux-Bœufs.	2,900
44	Clocher de Villeneuve-Saint-Georges.	9,400
45	La Folie (abattoir de Choisy).	3,700
46	Colonne du pont de Villeneuve Saint-Georges (avec tête de pont prussien).	9,000
47	Clocher de Montgeron.	11,600
48	Maison crénelée du passage à niveau de Choisy-le-Roi.	3,400
49	Café restaurant du pont de Choisy-le-Roi.	4,000
50	Pont suspendu de la gare à bateaux de Choisy-le-Roi.	3,750
51	Pompe de Choisy-le-Roi.	5,000

		Mètres.
52	Fabrique de Bayvet (maroquinerie)...........	3,400
53	Pompe de Villeneuve-Saint-Georges	9,300
54	Cimetière de Choisy...................	3,100
55	Église de Choisy.....................	3,950
56	Usine Groult........................	1,550
57	Ferme de Rouvre (Vigneux)..............	12,800
58	Clocher de Vitry.....................	1,000
59	Hameau de Mainville (Draveil)............	13,000
60	Deuxième maison crénelée de Choisy........	3,000
61	Première maison crénelée de Choisy........	2,650
62	Maison Noël à Villeneuve-le-Roi...........	8,100
63	Cheminée Noël à Villeneuve-le-Roi.........	8,100
64	Plâtrière Bresseau avec cheminée..........	2,300
65	Plâtrière Michel.....................	2,500
66	Redoute prussienne de la voie de Thiais......	3,100

POINTS VUS DU FORT DE BICÊTRE.

1	Batterie prussienne du moulin de Thiais.......	5,000
2	Réservoir de Thiais...................	4,100
3	Croix de Berny......................	5,450
4	Temple protestant à Bourg-la-Reine.........	3,550
5	Ancien marché de Sceaux................	4,250
6	Église de Bourg-la-Reine................	3,700
7	Maison du maréchal Forey...............	4,200
8	Réservoir de Bourg-la-Reine..............	4,300
9	Château de Sceaux....................	4,900
10	Maison rouge de Bourg-la-Reine...........	3,100
11	Maison couverte en zinc de Sceaux.........	4,350
12	Maison Barbeau......................	3,000
13	Clocher de Sceaux....................	5,000
14	Gare de Sceaux......................	4,925
15	Plâtrière Barbeau....................	3,450
16	Plâtrière Surivet.....................	3,350
17	Maison au delà de Fontenay..............	5,400
18	Église de Fontenay...................	4,750
19	Barricade de l'entrée de Bagneux..........	3,500
20	Télégraphe de Fontenay................	5,650
21	Moulin de Fontenay (marchand de vin).......	5,650
22	Clocher de Bagneux...................	3,700
23	Moulin de la Tour (avec ailes)............	5,600
24	Redoute de Châtillon..................	5,650
25	Clocher de Châtillon..................	4,500
26	Cimetière de Bagneux.................	3,500

POINTS VUS DE LA REDOUTE DES HAUTES-BRUYÈRES.

1	Épaulements prussiens de la voie des Bassins.....	3,750
2	Maison Colin........................	3,800
3	Maison Bricage......................	2,000

		Mètres.
4	Clocher de Thiais.	4,100
5	Cimetière de Thiais.	3,600
6	Mur Boutet.	3,800
7	Réservoir de Thiais.	3,000
8	Batterie prussienne du moulin de Thiais.	3,900
9	Épaulement de la voie de Chevilly.	2,750
10	Dépôt de poudrette.	3,200
11	La Belle-Épine (maison Thibault).	4,550
12	Croisement de la route d'Orly.	5,100
13	Terrasse du jardin du séminaire de Chevilly.	2,200
14	Ouvrage prussien de Rungis.	4,200
15	Barricade de Chevilly.	2,000
16	Ferme Joseph (côté droit).	2,200
17	Pavillon ouest du séminaire.	2,225
18	Clocher de Rungis.	4,450
19	Cimetière de Chevilly (épaulements prussiens).	2,050
20	Angle du clos Lebourrelier.	1,900
21	Cimetière de Fresnes.	3,800
22	Ferme Lebourrelier.	2,000
23	Colombier Chevreul.	1,650
24	Mairie de Larrue.	2,100
25	Ouvrage prussien de Fresnes.	3,800
26	Barricade de l'Hay.	1,300
27	Angle du mur du cimetière de l'Hay.	1,150
28	Petit Massy.	6,400
29	Clocher d'Antony.	5,450
30	Croix de Berny.	4,000
31	Ancien marché de Sceaux.	3,000
32	Temple protestant de Bourg-la-Reine.	2,300
33	Clocher de Bourg-la-Reine.	2,500
34	Maison du maréchal Forey.	2,950
35	Cimetière de Bourg-la-Reine.	2,050
36	Clocher de Châtenay.	5,600
37	Château de Sceaux.	3,700
38	Réservoir de Bourg-la-Reine.	3,100
38 bis.	Pavillon du parc de Sceaux.	3,400
39	Station de Bourg-la-Reine.	2,600
40	Maison couverte en zinc.	3,200
41	Clocher de Sceaux.	3,850
42	Gare du chemin de fer de Sceaux.	3,800
43	Maison rouge de Bourg-la-Reine.	2,050
44	Maison Barbeau.	2,000
45	Plâtrière Barbeau.	2,600
46	Télégraphe de Fontenay.	4,900
47	Église de Fontenay.	4,000
48	Moulin de Fontenay (marchand de vin).	5,000
49	Moulin de la Tour (avec ailes).	5,000
50	Redoute de Châtillon.	5,100

NOTES. 583

	Mètres.
51 Tour de Crouy............................	5,000
52 Plâtrière Surivet........................	2,700

POINTS VUS DU FORT DE MONTROUGE.

1 Cimetière de l'Hay.......................	3,000
2 Maison Barrué (brûlée).................	3,200
3 Maison Leboutellier....................	3,250
4 Maison Flouquet.......................	3,150
5 Sœurs de l'Hay.........................	3,100
6 Maison Blanche (entrée de l'Hay).....	2,950
7 Maison Bernard........................	3,250
8 Maison Benoist.........................	3,300
9 Regard (n° 8)..........................	3,300
10 Tournant de la propriété Benoist.....	3,550
11 Regards (Fresnes) n° 6 à 4,100 et n° 4 à.	5,200
12 Ouvrage prussien de Fresnes.........	5,300
13 Tuilerie de Fresnes...................	5,300
14 Station de Bourg-la-Reine............	3,000
15 Maison du maréchal Forey............	3,400
16 Réservoir de Bourg-la-Reine.........	3,350
17 Ferme de Sceaux......................	3,650
18 Château de Sceaux....................	3,850
19 Plâtrière Barbeau.....................	1,975
20 Clocher de Sceaux....................	3,700
21 Plâtrière Surivet......................	1,650
22 Barricade de Bagneux.................	1,600
23 Clocher de Bagneux...................	1,675
24 Église de Fontenay....................	2,950
25 Pavillon de Plessis-Piquet............	4,800
26 Télégraphe de Fontenay...............	3,600
27 Moulin de Fontenay (marchand de vin).	3,500
28 Moulin de la Tour (avec ailes)........	3,400
29 Redoute de Châtillon..................	3,500
30 Clocher de Châtillon..................	2,250
31 Maison du Pot-Crasseux..............	1,500
32 Maison Hémard (Châtillon)..........	2,200
33 Moulin-de-Pierre de Clamart.........	4,300
34 Cheminée d'usine.....................	1,060

NOTE N° 7.

Appareil de M. Lissajoux.

Le système de télégraphie optique de M. Lissajoux est celui-ci : Un poste est muni de deux longues-vues. Un miroir, s'il y a du soleil, une lampe, si c'est la nuit, projette un rayon de lumière sur l'oculaire d'un des deux appareils. Un obturateur à levier permet d'intercepter ou de laisser passer les rayons. On signale ainsi, par les intervalles, des brèves, des longues, des longues doubles, analogues aux points et aux traits de l'appareil Morse. Les longues-vues sont disposées de telle sorte que celle par laquelle l'observateur regarde est en face et dans l'axe de celle qui reçoit au poste correspondant le rayon lumineux, et réciproquement. Le grand avantage de ce système est que, comme il suffit d'une très-petite ouverture pour correspondre, les observateurs sont à l'abri, et que, pour apercevoir les signaux, l'ennemi devrait être placé exactement dans la ligne qui les joint.

NOTE N° 8.
Appareils de M. Serrin.

Le 27 août, un marché fut passé avec M. Serrin pour la fourniture d'appareils automatiques dont il est l'inventeur, et qu'il perfectionna encore pendant le siége par des efforts incessants. En dehors de la pile électrique dont cet appareil est muni et d'un régulateur automatique, un réflecteur parabolique, articulé sur son propre foyer, projette la lumière dans un manchon en tôle. L'opérateur, plongé dans l'ombre, dirige à l'aide d'un levier la lumière à l'horizon. A quatre cents mètres, on distingue parfaitement un homme dans la campagne. Non-seulement ces appareils furent d'un utile secours pour surveiller nos approches dans les nuits obscures, mais ils furent encore utilisés dans les travaux de construction de nuit des redoutes de Gennevilliers et de Villejuif et de fermeture de la porte de la Muette.

Pointage de nuit de M. Leroux.

M. Leroux, répétiteur à l'École polytechnique, fournit à nos officiers un système de pointage de nuit fort ingénieux, quoique très-délicat. Il consiste à effectuer un pointage et à le retrouver exactement sans voir le but à atteindre. On remplace la masse de mire par une lentille, placée et construite de telle façon que son axe soit précisément à la hauteur de la masse de mire correspondant à la pièce. Il en résulte dès lors que lorsqu'une pièce est pointée sur un objet, l'image réfléchie renversée de cet objet vient se former à la hauteur du chapeau mobile de la hausse. En un mot, on aperçoit une petite photographie renversée de tout le paysage embrassé par l'œil dans le champ de la lentille.

Ce procédé, mathématiquement exact, ne peut être employé que dans les tirs fort lents, où la précision d'un coup de canon isolé a son intérêt. Le pointage est très-délicat, quoique chacune des opérations de tâtonnement par lesquelles il faut passer ne soit pas en elle-même difficile à exécuter.

Instrument de M. Revoil.

Nos ingénieurs-hydrographes se servirent de l'instrument de M. Revoil, architecte. Cet instrument est une application de la chambre claire à la longue-vue.

Ce dispositif, très-simple, adapté à l'oculaire, permet de dessiner sur une feuille de papier, avec une scrupuleuse exactitude, tous les objets que l'œil distingue dans la lunette. L'inventeur a eu surtout en vue la reproduction fidèle de tous les détails d'architecture dont il est difficile d'approcher.

NOTE N° 9.

Ballons-poste lancés pendant le siége de Paris sous la conduite de marins.

Le 16 octobre, *le Jean-Bart,* LABADIE, quartier maître de Bicêtre; descendu à Évrechelles (Belgique).

Le 19 octobre, *le Lafayette,* JOSSEC, matelot de Bicêtre; descendu à Laugentre (Ardennes).

Le 25 octobre, *le Montgolfier,* HERVÉ, matelot de Bicêtre; descendu à Heclegenbert (Bas-Rhin).

Le 27 octobre, *le Vauban,* GUILLAUME, matelot de Bicêtre; descendu à Vignolle, près de Metz. S'est sauvé par la Belgique, emportant les dépêches.

Le 2 novembre, *le Fulton,* LE CLOARNEC, matelot de Bicêtre; descendu à Nort (Loire-Inférieure), mort de la petite vérole à son arrivée à Tours.

Le 4 novembre, *le Galilée,* HUSSON, matelot de Noisy; descendu près de Chartres, occupé par les Prussiens. Le voyageur seul s'est sauvé.

Le 8 novembre, *la Gironde,* GALLEY, timonier de Romainville; descendu à Granville (Eure).

Le 12 novembre, *le Niepce,* PACANO, matelot de Romainville, porteur de l'appareil photo-microscopique. Tombe à Coolus (Marne), s'échappe; est accompagné du matelot Herbault, de Bicêtre, envoyé en mission spéciale.

Le 12 novembre, *le Daguerre*, Jubert, matelot de Montrouge; descendu à Ferrières.

Le 20 novembre, *l'Archimède*, Buffet, matelot de Bicêtre; descendu à Castelzée, en Hollande.

Le 28 novembre, *le Jacquart*, Prince, matelot de Montrouge; n'a jamais reparu.

Le 2 décembre, *le Volta*, Chapelain, matelot de Montrouge; à 5 heures du matin, descendu à Beuvron (Loire-Inférieure).

Le 5 décembre, *le Franklin*, Marcia, matelot de Montrouge; parti à 1 heure du matin. Tombé à Saint-Aignan, près de Nantes.

Le 7 décembre, *le Denis-Papin*, Daumalin, matelot d'Ivry; descendu à la Ferté-Bernard (Sarthe).

Le 17 décembre, *le Gutenberg*, Perruchon, matelot de Rosny, emportant trois voyageurs; descendu à Montepreux (Marne), occupé par les Prussiens, se sauve emportant toutes les dépêches et les pigeons.

Le 17 décembre, *le Parmentier*, Paul, matelot de Rosny; descendu près de Vitry-le-François, occupé par les Prussiens, se sauve emportant toutes les dépêches officielles.

Le 18 décembre, *le Davy*, Chaumont, matelot de Rosny; descendu à Beaune (Yonne).

Le 22 décembre, *le Lavoisier*, Ledret, matelot d'Ivry; tombé à Beaufort-en-Vallée (Maine-et-Loire).

Le 24 décembre, *le Rouget de l'Isle*, Ihan, matelot de Montrouge; ballon particulier, parti à 2 heures 15 minutes du matin, emportant M. Garnier, son propriétaire; descendu à la Ferté-Macé (Orne).

Le 27 décembre, *le Tourville*, Mouttet, matelot de Noisy; parti à 3 heures 45 du matin, descendu à Eymoutiers (Haute-Vienne); plié son ballon sur une rivière gelée.

Le 29 décembre, *le Bayard*, Réginensi, matelot de Montrouge; parti à 4 heures du matin, arrivé à 10 heures 45 minutes du matin, descendu à Lamotte-Achard (Vendée).

Les deux matelots Mouttet et Réginensi sont revenus à Paris en traversant les lignes prussiennes, porteurs de dépêches du gouvernement de Bordeaux.

Le 4 janvier 1871, *le Newton*, Ours, quartier maître de Noisy; parti à 4 heures du matin, descendu à Digny (Eure-et-Loir), a sauvé les dépêches.

Le 9 janvier, *le Duquesne*, ballon à hélice, système du vice-amiral Labrousse; parti à 2 heures 58 minutes du matin, conduit par RICHARD, matelot de Romainville, aidé par les trois matelots Aymond, Chemin et Lallemagne, du fort d'Ivry; descendu à Lude (Marne).

Le 11 janvier, *le Kepler*, Roux, matelot de Rosny; parti à 3 heures 30 du matin; descendu à Laval (Mayenne).

Le 13 janvier, *le Monge*, RAOUL, matelot de Bicêtre; descendu à Arpheuil (Indre).

Le 15 janvier, *le Vaucanson*, CLARIOT, matelot de Montrouge; descendu à Erquinghen (Nord).

Le 22 janvier, *le Général Daumesnil*, ROBIN, matelot de Bicêtre; 3 heures 50 du matin; descendu à Marchienne (Belgique).

Le 24 janvier, *le Toricelli*, BÉLY, matelot d'Ivry; 3 heures du matin; descendu à Fumechon (Oise), dépêches sauvées.

Le 28 janvier, *le Général Cambronne*, TRISTAN, matelot d'Ivry; 5 heures 45 du matin; descendu dans la Sarthe, près de Mayenne.

57 ballons furent lancés pendant le siége, soit par M. Godard, soit par MM. Yon et Dartois.

NOTE N° 10.

Ferme-bouche Denayrouse.

Au réservoir à air Denayrouse, appareil simple et léger, vient s'ajouter un tube en caoutchouc à soupape terminé par un fermebouche avec un flotteur. Ce flotteur a l'inconvénient de pouvoir donner l'éveil à l'ennemi.

Un bon plongeur, connaissant bien le cours de la Seine, aurait pu, avec de l'audace, cheminer de nuit sur une rive, et plonger et repasser sur l'autre rive à la première alerte.

NOTE N° 11.

Sensibilisation des obus de la marine.

Les mécanismes percutants des obus de la marine sont réglés de façon à éviter les éclatements prématurés produits par les ricochets sur l'eau. Le projectile ne doit éclater réglementairement que lorsqu'il frappe des plaques de blindage ou un corps résistant.

Ces projectiles n'étaient donc plus assez sensibles pour le service à terre.

Un des procédés pour les sensibiliser davantage fut de mettre des fusées de 24 de la guerre aux obus de canons de 16 centimètres. On obtint aussi de bons résultats en démontant les mécanismes, nettoyant la surface du marteau et son logement, et diminuant l'épaisseur du frein.

Ces délicates opérations, faites par les matelots canonniers, ne donnèrent heureusement lieu à aucun accident.

Modifications apportées à l'affût de 24 de place.

On remarqua aussi que des modifications étaient utiles à apporter à l'affût de 24 de place en usage dans les forts, pour augmenter l'angle de tir et profiter ainsi des longues portées de ce canon.

Dans ce but, on abaissa l'encastrement de la vis de pointage, pour permettre de baisser davantage la culasse, et on ajouta un taquet allongé sur l'avant des flasques de la sole, pour élever l'avant de la pièce quand elle est au sabord.

NOTE N° 12.

Dans le but de réprimer les attentats à la propriété, le maraudage, le vol, l'espionnage, qui se propagent dans les banlieues de Paris, le président du Gouvernement, gouverneur de Paris, a ordonné l'institution de cours martiales à Vincennes et à Saint-Denis, et dans les 13e et 14e corps d'armée.

Ces cours fonctionneront d'après les règles suivantes :

Tout officier général investi du commandement supérieur, ou opérant isolément devant l'ennemi, qui aura connaissance d'un crime commis contre le devoir militaire, et à l'égard duquel le Code de justice militaire a édicté la peine de mort, aura le droit de réunir, soit immédiatement, soit après l'opération militaire terminée, mais *toujours dans les vingt-quatre heures*, un tribunal spécial, dit *cour martiale*, composé d'un officier supérieur et de deux capitaines pris en dehors de la troupe à laquelle appartient l'accusé.

L'accusé sera amené devant cette cour. Un défenseur lui sera donné, à son choix ou d'office.

La cour entendra aussitôt soit la lecture du rapport écrit, présentant l'accusation, s'il en a été rédigé un, soit les dépositions verbales et sous serment de témoins, qui doivent être au moins au nombre de deux.

Le défenseur entendu, ainsi que l'accusé, la cour rendra son jugement, qui sera sans appel.

Le jugement prononcera soit la condamnation du coupable, soit son acquittement. En cas de doute, la cour pourra demander l'envoi devant un conseil de guerre, qui sera saisi par les moyens ordinaires.

La condamnation sera exécutée, séance tenante, par le piquet commandé pour garder le lieu de la séance.

La prévôté pourra être appelée à prêter son concours. Un officier ou sous-officier de cette force publique dressera le procès-verbal sommaire du jugement et de l'exécution.

Ce procès-verbal sera transmis au commandant en chef.

Le président du gouvernement, gouverneur de Paris,
Général TROCHU.

Paris, le 26 septembre 1870.

Le Gouvernement de la défense nationale,

Vu l'arrêté, en date du 26 septembre 1870, pris par le président du gouvernement, gouverneur de Paris, ledit arrêté portant institution de cours martiales à Saint-Denis, à Vincennes et dans les 13e et 14e corps d'armée.

DÉCRÈTE

Art. 1er. Les jugements rendus par les cours martiales pourront être attaqués par la voie du pourvoi en révision.

Art. 2. Les conseils de révision siégeront au même lieu que les cours martiales. Ils seront composés d'un officier général et de deux officiers supérieurs, ou, à défaut, des officiers présents les plus élevés en grade.

Le conseil nommera lui-même le commissaire de la République.

Art. 3. Le conseil de révision sera immédiatement saisi et statuera sans aucun délai.

Art. 4. En cas d'annulation par le conseil de révision, l'inculpé sera renvoyé devant une nouvelle cour martiale, qui statuera sans désemparer et sans nouveau recours possible.

En cas de rejet, il sera immédiatement procédé à l'exécution.

Art. 5. L'arrêté susvisé reste exécutoire en toutes ses parties non modifiées par les dispositions précédentes.

Fait à Paris, le 2 octobre 1870.

(Suivent les signatures.)

NOTE N° 13.

Au gouverneur de Paris.

8 octobre 1870.

Lorsque des troupes de l'armée de terre, des francs-tireurs ou autres corps indépendants, font des opérations en avant des forts, il est souvent très-difficile à ceux-ci de reconnaître ces troupes, de prévoir ce qu'elles doivent faire, et d'appuyer leurs opérations, soit par un feu dirigé opportunément, soit par un secours d'hommes, de vivres, de munitions.

Je pourrais citer telle circonstance où un défaut de moyens de communication de cette nature a paralysé une action qui eût pu être très-efficace.

Un aide de camp peut, il est vrai, porter un ordre, mais l'exécution de cet ordre n'a pas toujours l'instantanéité nécessaire.

Il me semblerait donc utile de préparer sans retard un code sommaire de signaux entre les forts et les troupes opérant dans leur voisinage.

J'ai préparé les éléments de ce travail en faisant faire sur des cartes un carroiement numéroté.

Quant au mode de signaux, la marine en a plusieurs, et il y aurait lieu d'examiner celui qui serait préférable.

Dans ce but, je vous demanderai, Monsieur le gouverneur, si vous ne jugeriez pas à propos de nommer une commission qui s'occuperait sans désemparer de ce travail. Toutes les ressources des forts de la marine seraient mises immédiatement à la disposition de cette commission.

Je ne prétends pas proposer un mode général de signaux pour toute l'armée, je me borne à ne m'occuper que de ce qui est dans mes attributions, c'est-à-dire trouver un moyen rapide d'entente entre les forts confiés à la marine et les troupes qui opèrent à leur portée.

Signé : De la Roncière-le Noury.

NOTE N° 14.

Le gouverneur de Paris au général commandant supérieur des gardes nationales de la Seine et aux officiers généraux commandant les secteurs; au commandant en chef des 13e et 14e corps; aux commandants supérieurs de l'artillerie et du génie de l'armée de Paris ; au vice-amiral commandant en chef les forts et les troupes de la marine; à l'intendant général de l'armée de Paris ; aux commandants des forts et des troupes de l'armée de terre.

Mon cher général,

Je suis absolument résolu à faire cesser les vieux errements originaires de la guerre d'Afrique, qui consistent à citer, après chaque engagement, une foule de noms qui commencent par ceux des généraux et finissent à ceux de quelques soldats. Ce système a créé la banalité dans un ordre de principes, de sentiments et de faits qui devraient garder une haute valeur aux yeux des troupes, comme aux yeux du pays, et qui sont la véritable base de l'état moral des armées.

Je veux qu'une citation à l'ordre de l'armée de Paris soit une récompense qui prime toutes les autres, et qui soit enviée par les plus haut placés comme par les plus humbles défenseurs de la capitale.

Nous avons à faire pénétrer dans l'esprit de nos officiers et de nos soldats cette grande pensée, dont n'ont pas voulu les monarchies et que la République doit consacrer :

« Que l'opinion seule peut récompenser dignement le sacrifice de la vie. »

Dans ces vues, vous m'adresserez, pour les combats des 19 et 30 septembre et du 13 octobre, une liste de quarante noms sans plus ; et rappelez-vous que si la notoriété publique militaire ne ratifie pas un à un les choix que vous allez faire, vous aurez gravement compromis votre responsabilité devant moi, et gravement compromis en même temps le grand principe que je veux faire prévaloir.

Que vos investigations soient lentes et sûres; qu'elles descendent jusqu'aux derniers échelons de la hiérarchie ; qu'elles soient contrôlées sévèrement; que ce soit une enquête d'honneur, faite avec le temps et avec la maturité nécessaires. Les titres antérieurs doivent disparaître en face des titres spéciaux que le combat a créés et qui font ressortir des individualités qu'il est de notre devoir d'honorer devant le pays et de montrer aux troupes comme un encouragement et comme un exemple.

Recevez, etc.

Signé : TROCHU.

(*Journal officiel* du 18 octobre 1871.)

Les marins, artilleurs ou soldats d'infanterie de marine qui étaient mis à l'ordre du jour en recevaient la notification par une lettre du ministre de la marine, dont le vice-amiral, commandant en chef, prescrivait la lecture publique devant les troupes rassemblées.

Voici une de ces lettres. Elle est adressée au soldat d'infanterie de marine Chenot :

Soldat Chenot,

M. le gouverneur de Paris, président du gouvernement de la défense nationale, vous a mis à l'ordre du jour de l'armée pour le sang-froid et le dévouement que vous avez déployés au combat de Drancy, le 30 octobre dernier.

Mention de votre noble conduite est faite au *Journal officiel*, au *Journal militaire* et au *Bulletin de la marine et des colonies*.

Mais je veux aussi vous féliciter, tant en mon nom qu'en celui de vos chefs immédiats, et vous adresser la présente lettre, destinée à perpétuer dans votre famille le souvenir d'un acte des plus honorables. Au péril de votre vie, vous n'avez pas hésité à sauver d'une mort certaine un de vos camarades blessé.

Recevez ici l'expression de ma gratitude : vous avez bien mérité du pays dans les circonstances douloureuses qu'il traverse.

Le ministre par délégation de la marine et des colonies,

Signé : Contre-amiral de Dompierre d'Hornoy.

NOTE N° 15.

VOTE DU 3 NOVEMBRE 1870.

MARINS ET TROUPES DE TERRE DÉPENDANT DES FORTS DE LA MARINE.

COMPOSITION DES CORPS.	ÉLECTEURS VOTANTS.	OUI.	NON.	BULLETINS BLANCS	BULLETINS NULS.
État-major général et personnel annexé.	227	225	2	»	»
Fort de Romainville.	1,603	1,547	43	7	6
Francs-tireurs des Lilas.	50	50	»	»	»
Fort de Noisy.	1,782	1,712	16	8	46
Redoute de la Boissière.	1,385	1,242	57	»	86
Redoute de Montreuil.	554	529	14	3	8
Lunette de Noisy.	176	152	23	»	1
Fort de Rosny.	1,406	1,253	84	»	69
Eclaireurs de Rosny.	83	78	4	»	1
Bataillons de l'Hérault.	3,068	2,983	33	9	43
4e bataillon des éclaireurs de la Seine à pied.	451	308	124	»	13
Fort d'Ivry.	1,787	1,634	76	»	77
Marins détachés.	114	111	2	»	1
1er bataillon de mobiles (Seine-Inférieure).	1,168	1,146	1	»	4
3e bataillon de mobiles (Seine-Inférieure).	1,017	877	»	»	6
3e bataillon du 1er régiment des éclaireurs de la Seine.	334	255	21	»	»
8e bataillon mobile de la Seine.	803	714	25	»	11
Escadrons de cavalerie des éclaireurs de la Seine.	420	380	4	»	»
Fort de Bicêtre.	1,801	1,636	60	»	105
Fort de Montrouge.	1,512	1,481	25	6	»
Batterie Montmartre.	512	500	3	»	»
Batterie Saint-Ouen.	385	367	2	»	1
Totaux.	20,638	19,189	619	33	478

NOTE N° 16.

Aux contre-amiraux Saisset et Pothuau.

Je vous transmets ci-joint copie d'une lettre que m'adresse M. le gouverneur de Paris, au sujet d'observatoires militaires à établir à Romainville et à Bicêtre.

Le service de ces observatoires, confié à des observateurs militaires, sera, d'après cette lettre, aux mains du commandant du génie de chacun de ces forts, sous la direction de M. Laussédat.

Vous donnerez des ordres pour faciliter l'exécution des intentions du gouverneur, mais (comme je vous l'ai déjà écrit le 14 de ce mois) vous aurez à prévenir les officiers attachés à ce service qu'ils seront, comme tout le personnel des forts, sous les ordres du commandant supérieur. L'unité de commandement est la base de notre discipline, et vous ne devez pas permettre qu'il y soit porté atteinte.

Vous remarquerez que l'observatoire de Villejuif devient une annexe de celui de Bicêtre.

Signé : DE LA RONCIÈRE-LE NOURY.

NOTE N° 17.

Rapport sur l'usage de la couverture et de la tente-abri employées comme plastron, par M. le lieutenant-colonel de Boisdenemetz, commandant le 135ᵉ de ligne.

J'ai l'honneur de vous rendre compte des effets obtenus, à la prise du village d'Épinay, par l'usage de la couverture et de la tente-abri disposées sur la poitrine et le ventre comme plastron pare-balle.

Les résultats constatés sont de trois sortes :
1° Comme plastron ;
2° Comme influence morale ;
3° Comme effet hygiénique.

1° Comme plastron :
— Les rapports des douze commandants de compagnie affirment que cette cuirasse a préservé vingt-deux hommes. Les vingt-deux couvertures et tentes représentées, traversées dans tous leurs plis, rendent le fait constant.

D'une autre part, le médecin-major du corps me dit dans son

rapport : « L'efficacité du plastron, dans le combat du 30 no-
» vembre, à Épinay, est évidente pour trois blessés, en ce mo-
» ment à l'ambulance :

» 1° Gleizes, 3° bataillon, 1re compagnie, a reçu une balle au
» sommet de la poitrine, au niveau de l'articulation du sternum
» avec la clavicule. Cette balle, après avoir traversé le plastron
» dans toute son épaisseur, s'est amortie sur la peau et n'a pro-
» duit qu'une contusion violente, mais sans gravité. Il me paraît
» indubitable que, sans les obstacles qu'elle a traversés, la balle
» aurait produit une blessure plus grave, soit une fracture, soit
» une plaie pénétrante ;

» 2° Duthoit, sergent-major, 3° bataillon, 3° compagnie, a
» reçu une balle à l'abdomen. La couverture a été traversée,
» mais le projectile n'a pas pénétré dans la cavité abdominale et
» n'a produit qu'une plaie contuse dont les suites, très-proba-
» blement, ne seront pas graves;

« 3° Dups, 2° bataillon, 1re compagnie, a reçu une balle à la
» partie antérieure droite de la poitrine. La couverture a été
» traversée obliquement, le projectile a glissé sous la peau sans
» pénétrer dans la cavité thoracique. »

Ces trois exemples suffisent pour constater tout le parti qu'on peut tirer de l'emploi comme pare-balles de la couverture ainsi disposée en plastron, devant deux cavités qui contiennent les organes essentiels de la vie.

Les déclarations des hommes préservés permettent de conclure que jusqu'à 150 mètres le plastron seul est traversé; qu'au-dessous il y a blessure, mais considérablement amoindrie. Ainsi Gleizes, Duthoit et Dups ont été atteints par des balles tirées à moins de 150 mètres.

2° Comme influence morale :

Les commandants de compagnie prétendent que l'effet moral est considérable et que cette cuirasse donne à l'homme une très-grande confiance.

L'ardeur de mon régiment à l'attaque d'Épinay a été telle que je suis tenté de partager l'opinion de mes capitaines.

3° Comme effet hygiénique :

La guerre actuelle étant presque toute de tirailleurs, les soldats sont très-souvent appelés à prendre la position de tirailleur couché. Or, ici, le plastron rend encore un très-grand service, en isolant le corps du contact avec le sol froid et humide.

Tels sont les avantages constatés de ce très-ingénieux moyen de porter la couverture et la tente-abri.

38.

Il n'est pas signalé d'inconvénients; cependant on en ferait naître si ce paquetage était employé pour une longue marche, c'est-à-dire dans d'autres circonstances qu'un coup de main, une attaque ou un déploiement en tirailleurs.

Dans le principe, on avait craint que le plastron ne vînt gêner le mouvement de l'homme mettant en joue. Une simple précaution dans le pliage, proportionné au développement de la poitrine de l'homme, a bien vite rassuré.

Quoique très-enthousiasmé de cette nouvelle cuirasse, qui m'a préservé environ 25 hommes, c'est-à-dire 14 p. 100 de mes blessés, je ne crois point cependant m'illusionner en assurant qu'il y a un avantage très-sérieux à introduire cette innovation dans l'armée.

NOTE N° 18.

Rapport pour établir des signaux lumineux avec des armées extérieures.

La commission, après s'être arrêtée à l'emploi des fusées blanches, a porté ses études sur quatre points :

1° Hauteur sur laquelle on peut compter dans l'emploi des fusées, et distance de l'horizon visuel;

2° Intensité lumineuse et portée de la lumière;

3° Transmission des signaux lumineux.

La commission constate :

1° En ce qui concerne le premier point, que des fusées de $0^m,03$ de diamètre s'élèvent à une hauteur de 250 à 300 mètres, celles de $0^m,04$ à 400, celles de $0^m,05$ à 500 et plus.

La hauteur de 400 mètres répond à 70 kilomètres d'horizon, celle de 500 à 89 kilomètres. De plus, dans la pratique, les plus belles fusées lumineuses ont une limite maxima de 91 kilomètres, à laquelle elles peuvent être aperçues. La commission arrête donc son choix aux fusées de $0^m,05$ de diamètre.

2° Les expériences d'intensité lumineuse ont porté sur les étoiles garnies au sulfure d'antimoine ou étoiles de feu d'artifice, sur les étoiles garnies au sulfure d'arsenic additionné d'un dix-septième de magnesium ou feux Coston, et enfin sur les feux garnis au sulfure d'arsenic, connus sous le nom de moines.

Les premières ont donné une intensité lumineuse représentée par 129 becs de carcel, les deuxièmes par 110, et les troisièmes par 480.

Par suite, les fusées de $0^m,05$ de diamètre, contenant 35 et même 40 étoiles de sulfure d'antimoine, et se développant sur une surface de 25 à 30 mètres, donnent une intensité représentée par plus de 3,500 becs de carcel. Toutefois, comme l'éclat n'est que de deux secondes, et que plusieurs étoiles peuvent prendre l'une après l'autre, ou même ne pas prendre du tout, il ne faut compter que sur 2,000 becs.

En se rapportant aux expériences faites dans les phares, on reconnaît dès lors que, dans les circonstances atmosphériques exceptionnellement belles, ces fusées se verront de 91 kilomètres; dans les circonstances moyennes, à 40 kilomètres, et dans les plus défavorables, à 20 kilomètres.

En somme, les fusées blanches de $0^m,05$, au sulfure d'antimoine, peuvent se voir à une distance moyenne de 60 ou 70 kilomètres.

3° Pour le mode de transmission des signaux lumineux, la commission adopte les propositions de M. le lieutenant de vaisseau Kœnig. Ces signaux se diviseront en signaux à un temps, à deux temps, à trois temps et à quatre temps. Chaque temps se compose d'une à cinq fusées, séparées par un intervalle d'une à deux minutes. On arrive ainsi à 780 articles.

Dans chaque temps, les fusées sont allumées successivement et sans interruption, à mesure que la précédente est éteinte.

Le signal d'appel est arrêté à deux fusées lancées simultanément, et l'aperçu à une seule.

Pour ne pas que l'ennemi réussisse à nous dérouter en envoyant lui-même des fusées, on établit en dehors du livre des signaux un signal de reconnaissance à un ou deux temps, servant de mot d'ordre, dépendant soit de la date du mois, soit du jour de la semaine, soit de l'un et de l'autre.

Ce signal ne se ferait qu'exceptionnellement, lorsqu'il y aurait doute, et à la demande de l'une des stations. Cette demande est formulée dans le livre des signaux.

4° La composition du livre des signaux est confiée à M. le chef de bataillon du génie Curie.

Les signaux à un et à deux temps forment trente articles, n'ont qu'une seule signification, et sont exprimés en chiffres romains.

Les signaux à trois et à quatre temps, formant la suite naturelle des nombres de un à cent cinquante, peuvent avoir une signification correspondant à des articles. Ces articles, groupés en grande division, forment une table facile pour les recherches.

Nous savons que, dans la marine, un de nos ingénieurs hydrographes, M. Bouquet de la Grye, chargé de relever l'emplacement du plateau de Rochebonne, à l'entrée de Rochefort, a pu prendre des relèvements de fusée à une distance de 70 kilomètres.

Tableau donnant les lieux élevés desquels on peut correspondre avec Paris par signaux lumineux.

NOTA. — Les principaux points de Paris d'où l'on peut observer, sont :

Le PANTHÉON, hauteur au-dessus de la mer du sommet de la lanterne.	144m.
L'ARC DE L'ÉTOILE, — du sommet.	107
BUTTES CHAUMONT, — du sol.	101
MONTMARTRE, — du sol.	128
ROMAINVILLE, — du sol.	117
MONTREUIL, — du sol.	120

INDICATION DES LIEUX ÉLEVÉS	COTES DE HAUTEUR DU SOL	POSITION PAR RAPPORT AU PANTHÉON.		AUTRES POINTS DE PARIS DESQUELS L'OBSERVATION PEUT ÊTRE FAITE.
		Distance.	Direction.	
		k.		
Les Alluets.	184	32,4	O. 14° N.	Arc de l'Étoile, Montmartre.
Ferme de l'Hautie.	168	28,3	O. 33° N.	Étoile, Montmartre, buttes Chaumont.
Courdimanche.	144	33,0	O. 40° N.	Id.
Puiseux, près de Pontoise.	116	33,7	O. 44° N.	Étoile, Montmartre.
Hérouville.	114	32,5	N. 29° O.	Buttes Chaumont.
Forêt de Carneille.	209	31,1	N. 4° O.	Montmartre, buttes Chaumont, Romainville.
Saint-Martin du Tertre, télégraphe.	200	29,0	N. 1° E.	Id.
Mareil, arbre signal.	188	26,0	N. 13° E.	Étoile, Montmartre, buttes Chaumont, Romainville.
Chatenay.	160	26,0	N. 18° E.	Id.
Montmélian, près de Mortefontaine.	200	32,4	N. 32° E.	Id.
Dammartin, moulin de la Justice.	176	33,4	N. 43° E.	Id.
Montgé, belvédère.	200	36,2	E. 36° N.	Buttes Chaumont, Romainville, Montreuil.
Monthyon, moulin.	166	39,6	E. 28° N.	Romainville, Montreuil.
Penchard, ancien télégraphe.	164	39,9	E. 23° N.	Id.
Saint-Fiacre, moulin.	165	46,0	E. 10° N.	Id.
Sommet au sud du moulin.	171	45,5	E. 8° N.	Id.
Moulin de Belle-Assise, près de Ferrières.	153	31,0	E. 4° S.	Id.
Lumigny, tour.	157	45,2	E. 17° S.	Id.
Yèbles, mamelon voisin.	108	38,3	E. 37° S.	Montreuil.
Brie-Comte-Robert, moulin à vent.	101	25,1	E. 42° S.	Id.
Bois de Vert-Saint-Denis, près de Melun.	106	38,4	S. 32° E.	Id.
Ferme Malvoisine.	150	37,5	S. 8° E.	B. Chaumont, Montmartre.
Ferme Montaubert, mamelon voisin.	123	28,0	S. 5° E.	Id.
La Ferté-Aleps, hauteur à l'est.	140	40,6	S. 3° E.	Id.
Orgemont, orme signal.	148	40,2	S. 6° O.	Id.
Tour de Montlhéry, sol.	114	24,2	S. 12° O.	Id.
Torfou, télégraphe.	149	36,6	S. 14° O.	Id.
Villiers, près de Nozay.	163	22,3	S. 22° O.	Id.
Signal de Courtabeuf, près d'Orsay.	160	20,3	S. 28° O.	Id.
Janvry.	175	26,3	S. 32° O.	Id.

NOTE N° 19.

Système Lavison, lieutenant de vaisseau.

Le système Lavison se compose de deux avant-trains de pièces de 24 de siége de la guerre, placés dos à dos après quelques modifications. L'avant-train de tête ou n° 1, destiné à supporter la volée, reçoit sur son essieu un massif en bois M^1 de 0,20 centimètres d'épaisseur et faisant corps avec cet essieu. Sur ce premier massif on en place un autre taillé en demi-lune M^2 lié à M^1 par un boulon, de façon à pouvoir tourner sur lui. — L'avant-train n° 2 a son timon renforcé d'un espars d'un diamètre plus fort que lui et le dépassant en longueur de deux mètres environ : c'est l'espars a. Deux autres, b et c, de même grosseur, s'arc-boutent aux deux tiers environ de la longueur de a à partir de l'essieu, s'appuient sur cet essieu, et supportent une pièce de bois d de 0,16 centimètres carrés, de la longueur de l'essieu et parallèle à lui. a, b, c, d sont liés par des boulons et des amarrages. Deux crocs, fixés au moyen de bagues en filin aux extrémités de d, doivent recevoir les chaînes supportant l'arrière de l'affût et la culasse.

Voici comment on procède : la volée est un peu élevée et l'on place dessous le premier avant-train, la demi-lune sur l'AR du bourrelet. L'avant-train AR est amené à toucher les échantignolles, et les crocs en fer de d baissés jusqu'à ce qu'ils crochent les chaînes de fer passées sous l'affut. Dans cette position des crocs, le timon n° 2 est élevé à quarante-cinq degrés environ sur l'horizontale. En pesant sur l'espars a, la pièce est soulagée de terre de 0,35 centimètres quand (a) est horizontal.

Pour maintenir tout le système dans cette position de route, un espars e, de 0,15 centimètres carrés, s'appuie sur le renfort de culasse et vient s'arc-bouter sur le timon, auquel il est fixé par une bague en filin ou un taquet en bois.

Telle est cette installation. Dans la descente, au lieu d'enrayer les roues au moyen de sabots ou d'enrayures en filin, il est plus prudent et plus facile d'enlever l'espars-clef e, et de laisser tomber l'affût sur le sol en le soulageant, quand la pente diminue, en pesant sur l'espars-levier a.

La pièce est accompagnée d'une plate-forme volante et roulante qui sert de semelle à l'affût, et qui, dans les mouvements de recul, joue le rôle d'un affût d'embarcation. A chaque coup la plate-forme, grâce à ses roues, recule de 10 à 15 centimètres, ce qui soulage beaucoup la brague.

Pour mettre la pièce en batterie, on roule la plate-forme dessous, on pèse sur l'extrémité de *a*, on enlève la clef *e*, on amène le canon, et on capelle les bragues aux extrémités du massif avant de la plate-forme. La pièce est prête.

Trois pièces de marine, ainsi amenées à Avron, ont tiré plus de cent coups sans avarie. La manœuvre de descente dans les pentes d'Avron s'est très-bien faite, quoique la nuit et avec le verglas dont la route était couverte.

NOTE N° 20.

Au général Trochu.

12 janvier 1871.

Mon général,

L'examen que j'ai fait à Rosny et à Montrouge des effets produits par l'artillerie ennemie m'a fait entreprendre ici immédiatement des travaux importants pour mettre en état de meilleure défense les forts de Saint-Denis. Ces forts, en effet, sont tels que les ont organisés le génie et l'artillerie, et je me suis cru autorisé d'abord à ne rien y changer. Mais il est incontestable, et les officiers du génie sont aujourd'hui de cet avis, que le fort de la Briche et celui de la Double-Couronne sont, eu égard à la puissance reconnue de l'artillerie prussienne, dans un état de défense tout à fait insuffisant.

M. le général Dubois-Fresnay, qui est venu aujourd'hui à Saint-Denis, sans partager entièrement mon opinion, reconnaît en effet que les défenses de nos forts ne seraient peut-être pas en état de résister aux effets qui se sont produits dans les forts du Sud, par exemple.

J'affirme que, particulièrement à la Briche, il y a d'importants travaux à exécuter, et je viens vous demander, Monsieur le gouverneur, de vouloir bien donner des ordres pour que M. le général de Chabaud-Latour veuille bien inspecter lui-même la situation.

Je connais à peu près les positions où s'établissent les batteries ennemies. Elles sont sur six points différents, et disposées de manière à enfiler chacune des courtines des forts.

Le personnel que j'ai mis dans chacun des forts est disposé à faire vaillamment son devoir. Mais je tenais à constater ce qui

PIÈCE DE 0ᵐ,16 DE LA MARINE MOBILISÉE, SYSTEME LAVISON
lieutenant de vaisseau.
ÉCHELLE DE 1/30.

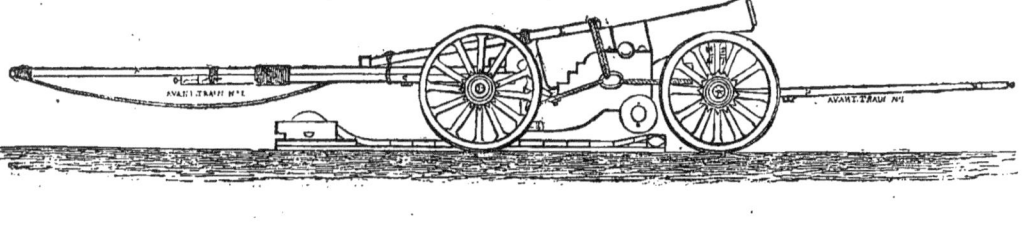

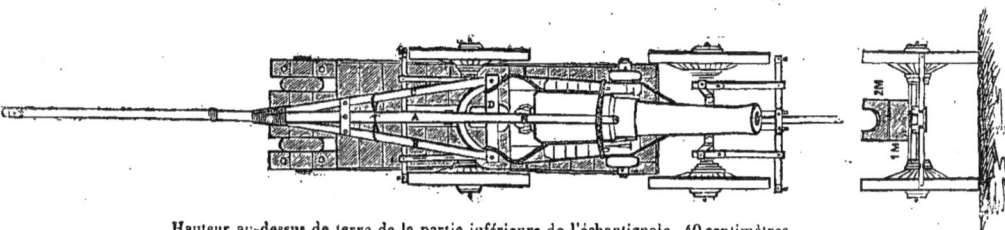

Hauteur au-dessus de terre de la partie inférieure de l'échantignole, 40 centimètres.
Massif avant. Hauteur au-dessus de l'avant-train, 30 centimètres.
Inclinaison, 5 degrés.

précède, afin d'expliquer l'initiative des travaux que j'ai entrepris sans en avoir reçu l'ordre, et en même temps pour vous demander de faire mettre à ma disposition un supplément d'officiers du génie. Trois m'ont été successivement enlevés sans avoir été remplacés, et je ne saurais me passer d'aussi utiles collaborateurs dans un moment où des travaux importants doivent être exécutés peut-être sous le feu de l'ennemi.

Je serais heureux d'ailleurs, Monsieur le gouverneur, que vous puissiez venir constater vous-même la situation des défenses de Saint-Denis.

Je suis, etc.

Le vice-amiral commandant en chef la division des marins et le corps d'armée de Saint-Denis,

Signé : DE LA RONCIÈRE-LE NOURY.

NOTE N° 21.

Au général Vinoy, au Louvre.

24 janvier 1870.

Je vous remercie d'avoir prescrit au général de Maussion de me faire appuyer au besoin par la division Susbielle. Pour le moment, je ne prévois pas avoir besoin de ce secours. Nous n'en sommes encore qu'à un combat violent d'artillerie. Les troupes du génie, de l'artillerie, de la ligne, et les marins, sont animés d'un bon esprit, malgré les défaillances dont la population affolée leur donne le spectacle. J'engage celle-ci, autant que possible, à se retirer à Paris; mais les moyens de transport manquent, même pour emmener les malades et pour enterrer les morts. Aucun voiturier ne veut marcher. J'aviserai la nuit prochaine à employer le chemin de fer. Des officiers et des troupes du génie me seraient bien nécessaires. Les marins suppléent à ces derniers. Mais je n'en ai que 650 valides, et, quelque infatigables qu'ils soient, je ne peux les employer partout. Les rangs des officiers d'artillerie de marine, qui sont au plus fort du danger, s'éclaircissent. Quatre, dont un tué, sont déjà hors de combat. Je vous demande de m'en envoyer, des jeunes autant que possible, afin de maintenir dans leurs postes les chefs de service, sur le dévouement et le courage desquels je compte.

Les rapports individuels des commandants des forts ont dû vous rendre compte des incidents de la journée.

Le corps des ouvriers auxiliaires d'artillerie, au nombre de 120 environ, sous la direction de l'ingénieur des ponts et chaussées Baude, me rend les services les plus importants.

Signé : DE LA RONCIÈRE-LE NOURY.

NOTE N° 22.

Au maire de la ville de Saint-Denis.

Saint-Denis, 28 janvier 1871.

Monsieur le maire,

J'ai lieu de craindre que, dans les stipulations qui ont pour but le ravitaillement de Paris, l'occupation par l'ennemi de toutes les localités qui forment la banlieue de la capitale ne soit une des conditions obligées. Ce n'est pas sans un vif regret que je verrais la ville de Saint-Denis comprise dans cette mesure.

La grande majorité de la population, en effet, contrairement à ce qui s'est passé sur beaucoup de points, n'a jamais quitté la ville. Particulièrement dans le terrible bombardement que nous venons de subir, la plus grande partie des habitants a tenu à honneur de ne pas abandonner ses foyers, et sa vaillante attitude n'a pas peu contribué à l'ardeur de la défense.

C'est donc avec conviction que je joins mes vœux à ceux de vos compatriotes pour que la ville ne subisse pas l'occupation ennemie. Une telle exemption serait un juste hommage rendu à la valeur des habitants, et nul ne pourrait s'en applaudir plus que celui qui, encouragé lui-même par un tel spectacle, a été le témoin de l'abnégation dont ils donnaient une si éclatante preuve.

Si, contrairement à vos veux et aux miens, Saint-Denis était condamné à la juste douleur d'une occupation, permettez-moi, Monsieur le maire, d'engager vos administrés à contenir cette douleur, et à montrer, dans ce grand désastre, une attitude aussi calme que digne. J'ai assez appris à les connaître pour espérer qu'ils ne marchanderont pas ce nouveau sacrifice au salut de la patrie.

Le souvenir laissé par la marine à Saint-Denis ne s'effacera pas, je l'espère, de la mémoire de ses habitants. Là, comme partout sur notre passage, nous laissons de nombreuses victimes dont les restes mortels sont confiés à la garde de la population qui a admiré leur courage et leurs nobles sacrifices.

Recevez, etc.

Signé : DE LA RONCIÈRE-LE NOURY.

NOTE N° 23.

Au gouverneur de Paris.

Saint-Denis, 11 décembre 1870.

Mon général,

En vous remerciant de la faveur que vous me faites, il me reste dans l'esprit un regret que les sentiments d'équité qui vous animent vous feront partager.

Dans le corps d'armée de Saint-Denis, la marine se trouve la première et la seule récompensée. J'ai eu l'honneur de vous adresser, le 6 de ce mois, un certain nombre de propositions pour les différents corps de l'armée de terre, nombre que j'ai essayé de rendre le plus modeste que possible. Tandis que dans toutes les troupes qui opèrent sous vos ordres de nombreuses promotions ont été faites, Saint-Denis n'a participé à aucun de ces avantages, notamment les braves gens qui se sont distingués à Épinay.

Vous m'avez prescrit d'essayer d'améliorer la discipline des troupes qui sont ici. J'ai usé de l'un des moyens d'arriver à ce but, les punitions rapides et sévères. Je suis privé de l'autre moyen, les récompenses immédiates et justes. Il n'appartient qu'à vous, mon général, de me le donner sans retard. Permettez-moi d'insister sur l'urgence de ce que je vous demande.

Mon insistance est d'autant plus justifiée, que ma qualité d'officier général de la marine peut faire croire, fait même croire, j'en ai la preuve, que je n'ai pas souci des troupes de l'armée de terre sous mes ordres, tandis que je ne m'occuperais que des marins. Et en effet, les récompenses accordées aux marins ont été, comme doit l'être cette nature de récompenses, accordées rapidement.

Je suis, etc.

Signé : DE LA RONCIÈRE-LE NOURY.

NOTE DERNIÈRE

Un bataillon, dont les cadres (officiers, sous-officiers et caporaux) sont choisis dans l'infanterie de marine, est organisé au port de Lorient pour l'instruction théorique et pratique des *apprentis fusiliers.*

Les *apprentis fusiliers* sont choisis parmi les marins du recrutement ou ceux provenant de l'engagement volontaire. Ils sont embarqués sur les bâtiments d'instruction établis en rade de Brest, jusqu'au moment où ils doivent être dirigés sur l'école du port de Lorient.

Après un séjour de six mois au bataillon d'instruction, les *apprentis fusiliers* subissent un examen, et reçoivent, suivant leur degré de capacité, des brevets de *marins-fusiliers de 1re, de 2e ou de 3e classe*.

Des officiers mariniers et quartiers-maîtres de toutes spécialités et professions sont appelés aussi à suivre les cours du bataillon des *apprentis fusiliers*, et reçoivent un brevet d'instructeur d'infanterie, après la période d'instruction terminée, quand ils ont satisfait à l'examen prescrit.

Une école théorique et pratique est établie à bord d'un bâtiment armé (*le Louis XIV*) pour l'instruction des *apprentis canonniers*.

Les apprentis canonniers se recrutent parmi les marins de l'inscription maritime et parmi les hommes du recrutement ayant au moins six mois d'embarquement.

Ils sont dirigés sur les compagnies de dépôt de canonniers des divisions de Brest et de Toulon, à moins qu'ils ne soient embarqués sur un bâtiment armé en guerre ou sur un bâtiment d'instruction. Ils embarquent ensuite sur le *vaisseau-école*, où, après un séjour de quatre mois, quand ils ont satisfait à l'examen, il leur est délivré, suivant leur degré de capacité, un brevet de *matelot-canonnier de 1re, de 2e ou de 3e classe*.

Les deuxièmes-maîtres, quartiers-maîtres et matelots canonniers, ainsi que les canonniers brevetés de 1re classe, sortis de l'école de canonnage depuis plus de *quatre ans*, y sont réadmis afin de compléter leur instruction en ce qui concerne les progrès de l'artillerie navale. Après une période d'instruction de quatre mois, ceux qui ont satisfait à un examen reçoivent le brevet de *canonnier vétéran*, qui n'est valable que pour *quatre ans*, à partir de la date.

C'est également à bord de ce vaisseau (*le Louis XIV*) que se trouve l'école des *matelots-timoniers*.

Les matelots inscrits et les novices ayant navigué six mois et plus, qui savent lire et écrire convenablement, et qui ont encore deux années de service à faire après le brevet obtenu, peuvent y être admis comme apprentis.

Il en est de même des matelots du recrutement et de l'engagement volontaire, sachant lire et écrire.

En attendant leur admission à l'école, les *apprentis timoniers* sont affectés à la compagnie des gabiers, pour y recevoir les premiers éléments de l'instruction théorique et pratique, à moins qu'ils ne soient embarqués sur le bâtiment d'instruction mouillé sur rade de Brest.

L'instruction à bord du vaisseau-école ne peut durer moins de quatre mois ni excéder six mois.

A l'expiration de ce délai, les *apprentis timoniers* subissent un examen, et il leur est délivré, suivant leur capacité, un brevet de *matelot-timonier de 1re ou de 2e classe*.

Chaque homme sortant du vaisseau-école, canonnier ou fusilier, est pourvu d'un manuel rédigé avec le plus grand soin par des officiers du *Louis XIV* ou du bataillon de Lorient. Ces manuels sont tenus constamment à jour de tous les perfectionnements par des éditions successives, délivrées par le ministère de la marine.

FIN.

TABLE DES MATIÈRES.

	Pages
Avant-propos.	I
Préliminaires.	1
Journal de siége.	41
Description des travaux français et allemands exécutés autour de Paris pendant le siége 1870-1871.	403
Répartition du personnel.	525
Notes.	553

www.ingramcontent.com/pod-product-compliance
Lightning Source LLC
Chambersburg PA
CBHW051324230426
43668CB00010B/1138